U0529931

晚清高官在民国

刘江华 著

生活·讀書·新知 三联书店

Copyright © 2025 by SDX Joint Publishing Company.
All Rights Reserved.

本作品版权由生活·读书·新知三联书店所有。
未经许可，不得翻印。

图书在版编目（CIP）数据

晚清高官在民国 / 刘江华著. -- 北京：生活·读书·新知三联书店, 2025. 8. -- ISBN 978-7-108-08051-6

Ⅰ. K827=5

中国国家版本馆 CIP 数据核字第 2025E144H4 号

特约编辑	王梓璇
责任编辑	钟　韵
装帧设计	薛　宇
责任印制	卢　岳
出版发行	生活·讀書·新知 三联书店
	（北京市东城区美术馆东街 22 号 100010）
网　　址	www.sdxjpc.com
经　　销	新华书店
印　　刷	河北鹏润印刷有限公司
版　　次	2025 年 8 月北京第 1 版
	2025 年 8 月北京第 1 次印刷
开　　本	635 毫米 × 965 毫米 1/16 印张 28
字　　数	370 千字 图 40 幅
印　　数	0,001-6,000 册
定　　价	69.00 元

（印装查询：01064002715；邮购查询：01084010542）

目 录

绪　章　旧瓦砾上的新民国　1

民主共和的失败 / "礼崩乐坏"的民初社会 / 仕民国者半清朝 / 一群飘摇彷徨的人

罪　臣

穷得不干不净——辛亥革命后盛宣怀的逃亡与复产　19

逃亡 / 穷途 / 背锅 / 碰壁 / 攀附 / 复产 / 秘诀

身为天下笑——"逃跑总督"瑞澂的逃亡岁月　53

罪臣之后 / 良吏声名 / 逃跑总督 / 身为天下笑

复　辟

帝乡回首梦魂中——"悲剧斗士"肃亲王善耆　73

有为的京官 / 笼络革命党人的失败 / 谋求内阁总理大臣的徒劳 / "倾其所有谋复故国"的破灭 / "不履民国寸土"的晚年生活

年年海角愁春去——"复辟狂人"恭亲王溥伟　108

　　闲散亲王／毁家复辟／颠沛困厄／攀附日本／溥仪猜忌

秦庭但闻包胥哭——孤臣升允　135

　　不畏权贵，开罪同僚／不满新政，主动解职／
　　一息尚存，复辟不止／北行库伦，声讨袁氏／
　　乞师日本，暗助张勋／复辟孤臣，奔走至死

阁　臣

一年又过一年春——那家花园的风流与消散　169

　　升官之术／生财之道／遗老生活／那宅今昔／不娶妾室／圆滑处世

处世若大梦，胡为劳其生——庆亲王奕劻的优渥与悲凉　200

　　仕途初起步／频频升迁路／参劾与荣宠／避居寓天津／
　　若干身后事／传闻与辨正

总　督

得勾留处且勾留——李经羲的任性与逢源　231

　　顶撞慈禧被免职／广西平匪露峥嵘／庇护蔡锷获余荫／
　　国会请愿显开明／洪宪称帝挺袁氏／"五日京兆"总理梦

未必天心肯放闲——做民国官修清朝史的赵尔巽　252

　　传奇家世／敢言御史／任事疆臣／宦途老手／圆滑政客／民国史官

承平旧事怀千叟——"笤筐总督"张人骏的传闻与真相　　282

　　收回东沙岛 / 逃离南京城 / 出城的真相 / 运作谢罪折 /
　　晚年当寓公 / 士人的风骨

政界从今不敢谈——张镇芳的官场失意和商场得意　　303

　　十年仕途原地踏步 / 无缘湖南的祸与福 / 四十天的直隶总督 /
　　任河南都督的是非 / 打造北方最好的银行 / 与袁氏称帝若即若离 /
　　卷入张勋复辟的狼狈

此材岂堪论时局——"青发总督"张鸣岐的腾达与落魄　　329

　　献策岑春煊庚子勤王 / 从幕宾到巡抚的十年 / 新政奠基广西近代化 /
　　辛亥革命后去岑附袁 / 当汉奸的传闻与辨正

对　手

不复恋此马蹄声——唐绍仪与袁世凯的交恶　　353

　　得袁世凯赏识 / 组织内阁遇挫 / 借外款遭掣肘 / 督直改委事件 /
　　同袁世凯决裂 / 卅载交谊百日空

缔造艰难思元老——开国总长伍廷芳的民初反转　　395

　　中日谈判泄露机密 / 追索庚子劫银始末 / 二品官转投革命军 /
　　出任司法总长风波 / 围绕司法独立论争 / 与孙中山重修于好

参考书目　　425

绪　章 │ 旧瓦砾上的新民国

1912年1月1日，中华民国在南京成立。1月2日，孙中山以中华民国临时大总统的名义发布《改历改元通电》："中华民国改用阳历，以黄帝纪元四千六百九年十一月十三日，为中华民国元年元旦。"[1] 自此，历史开启了新纪元。2月12日，清帝溥仪发布退位诏书，统治中国二百六十八年的清王朝退出了历史舞台，绵延两千多年的封建帝制终结。此后，以国会制和责任内阁制为代表的西式民主政体在中国勃兴，中华民国开始了民主共和的艰难探索之路。

辛亥鼎革，民国肇建，此次政权的更迭并非千年以来循环式的"改朝换代"，而是中国历史上未有之变局与划时代的大事。最显著的即是国家政治制度的突变——国会、总统、内阁的分权制代替专制的君主集权制，强调民主精神的选举制代替"家天下"的皇位世袭制。据统计，从1912年1月28日开院至1913年4月8日结束，具有国会性质的临时参议院在存续的一年多时间里，共计开会二百二十次，议决议案二百三十余件，通过法律五十五部，"所有重要的开国

---

[1] 中国社会科学院近代史研究所等编：《孙中山全集》第2卷，中华书局1982年版，第5页。

法制，可以说都是临时参议院完成的"。[1]在临时参议院运行的同时，1912年底至1913年初，按照法律规定，中华民国进行了第一届正式国会的选举，登记的选民超过四千万人，约占总人口的十分之一，较前清咨议局选举的选民数增加了二十倍有余，尽管此次选举有种种不足，但产生了中国历史上第一届国会。[2]1913年4月8日国会开幕时，总统府秘书长梁士诒代表大总统袁世凯致辞："我中华民国第一次国会正式成立，此实四千余年历史上莫大之光荣，四万万人亿万年之幸福。"[3]

政治体制革新的同时，这场剧变也迅速蔓延至社会结构、思想信仰、民众生活等方面。1912年3月5日，《时报》的一则报道描述了这一时期全方位的变化：

> 共和政体成，专制政体灭；中华民国成，清朝灭；总统成，皇帝灭；新内阁成，旧内阁灭；新官制成，旧官制灭；新教育兴，旧教育灭；枪炮兴，弓矢灭；新礼服兴，翎顶补服灭；剪发兴，辫子灭；盘云髻兴，堕马髻灭；爱国帽兴，瓜皮帽灭；……阳历兴，阴历灭；鞠躬礼兴，拜跪礼灭；卡片兴，大名刺灭；马路兴，城垣巷栅灭；律师兴，讼师灭；枪毙兴，斩绞灭；舞台名词兴，茶园名词灭；旅馆名词兴，客栈名词灭。[4]

---

[1] 张玉法：《民国初年的政党》，台湾"中央研究院"近代史研究所2002年版，第324页。
[2] 中国社会科学院近代史研究所主编：《中国近代通史》第6卷，江苏人民出版社2007年版，第16页。
[3] 骆宝善、刘路生主编：《袁世凯全集》第22卷，河南大学出版社2013年版，第330页。
[4] 吴冰心：《新陈代谢》，《时报》（上海）1912年3月5日，第6版。转引自林志宏：《民国乃敌国也——政治文化转型下的清遗民》（以下简称《民国乃敌国也》），中华书局2013年版，第2页。

然而，从历史进程来看，社会的发展并不像一条坐标轴那般单一、线性，而是充满"枝蔓"，动态而又多线。正如历史学家托克维尔在描述法国大革命时写道，尽管法国资产阶级百般警惕唯恐把过去的东西带进他们的新天地，并为自己制订了种种限制，要把自己塑造得与父辈迥异，使自己面目一新。但"我深信，他们在不知不觉中从旧制度继承了大部分感情、习惯、思想，他们甚至是依靠这一切领导了这场摧毁旧制度的大革命；他们利用了旧制度的瓦砾来建造新社会的大厦，尽管他们并不情愿这样做"。[1] 法国如此，辛亥革命后肇建的中华民国，亦是如此。

民主共和的失败

自民国建立，中国将自己的命运分为两段，把过去与现在——封建帝制的清王朝与民主共和的民国——用一道鸿沟隔开。然而，"鞑房易驱，民国难建"[2]，旧制度"瓦砾"上建造的民国"大厦"很快岌岌可危：法统之争、总统制和责任内阁制之争、直接民主与代议制民主之争、中央集权和地方分权之争、国会议员席位之争等层出不穷……1912年4月，康有为在《共和建设讨论会杂志发刊词》中写道，"（民国）号为共和，实则共争共乱；号为统一，实则割据分立；号为平等自由，实则专制横行"。[3] 一语成谶，民初历史的走向恰如康有为的判断，民主共和实践很快陷入困境。

清帝逊位后，袁世凯就任民国大总统，将民国政府从南京迁到北京，实现了短暂的南北统一，同盟会会员唐绍仪、无党派人士陆徵祥、进步党人熊希龄等先后组阁，出任国务总理。但南北缓和没多

---

[1] 托克维尔著，冯棠译：《旧制度与大革命》，商务印书馆1992年版，第29页。
[2] 唐德刚：《从晚清到民国》，中国文史出版社2015年版，第375页。
[3] 康有为撰，姜义华、张荣华编校：《康有为全集》第9集，中国人民大学出版社2020年版，第287页。

久，革命派与北洋派的矛盾就再度激化。1913年正式国会选举，国民党获得多数席位。然而，就在国会开幕前夕，代表国民党组阁的宋教仁被暗杀。于是，围绕"宋案""善后大借款"等重要问题，国会中的国民党和进步党形成了反袁和拥袁两大阵营，引发了"二次革命"。随后，袁世凯下令查封国民党本部，解散国民党，并于1914年1月解散国会。在这"一连串的退却"[1]中，权力越来越多地从革命党人手中滑走了，革命党人和袁世凯之间的裂痕也越来越大。就这样，民初为时一年多的民主政治实验归于失败。

1914年5月，《中华民国约法》将责任内阁制改回总统制，明文规定"大总统为国之元首，总揽统治权""大总统为陆、海军大元帅，统率全国陆、海军""行政以大总统为首长，置国务卿一人赞襄之"等。[2]根据新约法，总统拥有了几乎不受限制的权力，袁世凯在新约法公布之日不胜喜悦地说："予今日始入政治新生涯。"[3]至此，作为西式民主代表的国会制和责任内阁制被袁世凯破坏殆尽，中华民国仅剩一个共和国的空壳。到1915年袁世凯称帝时，中华民国更是直接倒退回帝制时代。

1916年6月6日，袁世凯病逝，民国进入军阀割据、政治动荡的阶段，派系斗争与混战愈演愈烈。由于缺少了袁世凯那样可以号令北洋全军的强人，把持中央政权的北洋系逐渐分裂为以段祺瑞为首的皖系，以冯国璋、曹锟、吴佩孚为首的直系和以张作霖为首的奉系。从1916年袁世凯去世到1928年国民革命军北伐推翻北洋政府，民国"城头变幻大王旗"，皖系、直系、奉系轮流坐庄，阁揆有如走马灯般换人。统计表明，从1912年到1926年，北洋政府共经历了四十八次内阁变动，更换了三十位内阁总理。任期短的，像钱能训、颜惠庆、

---

[1]费正清:《剑桥中华民国史》(上卷)，中国社会科学出版社1994年版，第211页。
[2]《袁世凯全集》第26卷，第205—207页。
[3]马震东:《袁氏当国史》，团结出版社2008年版，第192页。

汪大燮、王正廷、黄郛、胡惟德等，往往只有几个月甚至一个月；任期长的如靳云鹏，也不过一年零四个月。[1]总理之外，各部总长的更换也不遑多让，比如农商部总长的平均任职时间不过七个月有余，其中最长者田文烈干了两年三个月，最短者章宗祥只在这个位置上待了二十四天。[2]

中央动荡、北洋系分裂加剧了地方主义、军人政治的抬头，正如孙中山所说"中国现在四分五裂，实在不成一个国家"[3]。无论北洋系，还是非北洋系，都在所占的地盘上自行其是，对中央号令或阳奉阴违，或置之不理，甚至窥伺中央。比如在1917年黎元洪与段祺瑞府院相争时期，时为安徽督军的张勋就曾组织各省督军团干预中央施政、策动清室复辟的闹剧，许多晚清贵族与高官也参与其中；还有曹锟当总统期间，奉系张作霖无论进退，中央均无力控制。财政方面，中央更加难以节制地方。从前以京饷和协饷为代表的地方输送中央、中央调度地方的财政关系，变为"各省独立，财政更形分裂"。[4]1913年，国务总理兼财政总长熊希龄说，自1912年至1913年，地方解交给中央的款项不过二百六十余万元，而中央为地方负担的支出，不下一亿元。到北洋后期，这种中央与地方的断裂更成为常态。1925年，时任财政总长的李思浩说："该年各省收入仅有十分之一缴归中央，其余十分之九自行分配。"[5]

面对张勋复辟失败后段祺瑞"再造共和"、废除约法和旧国会的行径，孙中山于1917年7月发起第一次护法运动，并联合云南、广

---

[1] 更有甚者，颜惠庆1921年12月18日组阁，24日垮台，只有短短的六天。参见钱实甫编著：《北洋政府职官年表》，华东师范大学出版社1991年版，第201—204页。
[2]《中国近代通史》第6卷，第493页。
[3] 中国社会科学院近代史研究所等编：《孙中山全集》第8卷，中华书局1986年版，第326页。
[4] 周秋光编：《熊希龄集》第2卷，湖南人民出版社2008年版，第617页。
[5] 转引自陆仰渊、方庆秋主编：《民国社会经济史》，中国经济出版社1991年版，第87页。

东、广西等南方各省在广州召开非常国会,出任非常大总统,建立与北京段祺瑞政府并立的南方护法军政府,形成南北对峙。而在南方政府内部,孙中山也与陆荣廷、唐继尧、陈炯明等军阀势力斗争不断,分分合合。

1917年后,北洋政府彻底陷入军阀混战的状态,护法战争、直皖战争、两次直奉战争相继爆发,局部地区间的军事冲突也接连不断,如江浙战争、川湘战争……

战乱频仍的同时,南北双方的议会制实践也宣告失败:在南方,孙中山倡设的非常国会由于陈炯明1922年的叛变而不了了之;北京政府方面,1923年10月,曹锟以公然行贿[1]的方式拉拢国会议员选举其为民国大总统,使得西式民主制度在中国声名狼藉,实际上动摇了民国政治的法统。1925年4月,再度执政的段祺瑞以曹锟贿选为由,废除《临时约法》《中华民国宪法》,解散民元国会,并宣布民国"法统已成陈迹"[2]、"法统已坏,无可因袭"[3]。此后,民元国会再也未能召集,议会政治至此告一段落。[4]

议会制、责任内阁制次第失败,带来了国家治理的全面失效。1925年,孙中山痛心疾首地说:"中国的革命有了十三年,现在得到的结果,只有民国之年号,没有民国之事实。"[5]

---

[1] 曹党向议员发放票面价值为五千元的支票,少数支票价值多至一万元甚或更多,须在总统选出三日后由持有人加盖私章向发票银行领取。10月5日,国会正式进行总统选举。当天到场国会员五百九十人,曹锟最终得四百八十票,"成功"当选。见《中国近代通史》第6卷,第458页。

[2]《北洋政府公报》第218册,第407页,1924年4月25日。

[3] 中国第二历史档案馆编:《善后会议》,档案出版社1985年版,第3页。

[4] 国会解散后,段祺瑞政府派军警前往阻止议员开会。参众两院院址,后由内务部接收,成为政法大学、女子大学校址。

[5] 中国社会科学院近代史研究所等编:《孙中山全集》第10卷,中华书局1986年版,第200页。

"礼崩乐坏"的民初社会

国家治理失效，民初社会变成了"一片散沙"[1]。其"礼崩乐坏"的程度，令无论是前清遗民还是民国国民都痛心疾首。

1912年3月，清翰林院编修恽毓鼎感慨道："民国成立已三阅月，而礼服至今未定。大廷（庭）广众，致现种种怪相，尚复成何国家。……无纲常，无名教，无廉耻，人心亡而中国亦亡。"[2]

恽毓鼎所批评的"无纲常，无名教"，反映了民初社会缺少"公共之信条"[3]的局面。千年以来，作为中国正统思想的儒学，经科举选官、文官政治等制度设计被不断强化。通过科举考试选拔的士人，在遵循以儒学为正统的同时，也成为社会的政治主体，构成了稳定的士人社会。但在近代中国面临亡国灭种的危急关头，传统儒学面对"数千年来未有之变局"[4]却无能为力，迫使国人"睁眼看世界"。洋务运动、戊戌维新、清末新政等改革相继兴起，但遗憾的是，都未能起到预期的作用。1905年，为落实新式教育、改革选官标准，清廷废除科举考试，开办新式学堂，儒学逐渐丧失其赖以存在的制度基础。到1912年清帝退位、帝制终结，南京临时政府教育总长蔡元培就明确指出："忠君与共和政体不合，尊孔与信教自由相违。"[5]在西方思潮冲击与维系机制崩坏的双重作用下，儒学作为一种政治意识形

---

[1] 中国社会科学院近代史研究所等编：《孙中山全集》第9卷，中华书局1986年版，第272页。本文中"一片散沙""公共信条"等概念，受杨国强的《两头不到岸：二十世纪初年中国的社会、政治和文化》（以下简称《两头不到岸》，生活·读书·新知三联书店2023年版）启发，谨致谢忱。

[2] 恽毓鼎著，史晓风整理：《恽毓鼎澄斋日记》第2册，浙江古籍出版社2004年版，第590页。

[3] 梁启超：《饮冰室合集》第4册，《文集》之二十八，中华书局1989年版，第50页。

[4] 李鸿章：《李鸿章全集》，时代文艺出版社1998年版，第1063页。

[5] 中国第二历史档案馆编：《中华民国史档案资料汇编》第二辑，江苏古籍出版社1991年版，第474页。

态逐渐退出历史舞台。

民国初年,在儒学作为"数千年公共之信条,将次第破弃"[1]的同时,新的"公共信条"未能随之建立。政局不稳、社会不安之下,各种思潮风起云涌、复杂多变。民初社会,民众思想混乱多元、新旧杂糅,有孙中山的三民主义、新三民主义和五权分立理念,有梁启超的开明专制论,有章太炎反满反帝以及借佛学宣扬平等的学说,有不时沉渣泛起的复辟帝制等反共和主张,有新文化运动时期的"德先生""赛先生",还有俄国十月革命后传入中国的先进的马克思主义……

公共精神的解体之下,分歧与对立丛生,人群不断分化,恰如李泽厚所讲:"先进者已接受或迈向社会主义思想,落后者仍抱住'子曰诗云''正心诚意'不放。同一人物,思想或行为的这一部分已经很开通很进步了,另一方面或另一部分却很保守很落后。政治思想是先进的,世界观可能仍是落后的;文艺学术观点可能是资产阶级的,而政治主张却依旧是封建主义。"[2]

不仅如此,科举制的废除与选官原则的变革,使得传统士人渐渐淡出政治中心,官僚主体大变,再加上革命的兴起,共同催生了武人政治;还从根本上改变了人员与阶层流动的方式,加速了传统士农工商四民社会的解体。

整体来看,清末民初之际,中国进入"礼崩乐坏"的失序时代,"全国离心力发动太剧,而向心力几不足以相维"[3],社会趋于"一片散沙"。

---

[1] 梁启超:《饮冰室合集》第4册,《文集》之二十八,第50页。
[2] 李泽厚:《中国思想史论》(中),安徽文艺出版社1999年版,第745页。
[3] 梁启超:《饮冰室合集》第4册,《文集》之二十九,第85页。

仕民国者半清朝[1]

清末民初的政权更迭、社会剧变引起了中国传统政治秩序、社会秩序、思想秩序的三重解体，构成了新陈代谢的过渡时代——新旧政体嬗递、新旧群体交织、新旧思想杂糅，"互起互伏，波波相续"。[2]清帝虽已退位，但延续两千多年的传统封建思想并不会在一夜之间消失殆尽；民国虽已建立，但生活在神州大地的四万万国民，也不会在一夜之间全部脱胎换骨、"咸与维新"，社会各方面都仍处于"发展中"的持续进程。[3]

参与民国治理的官员，不少曾是前清的两万六七千名[4]品官。除了袁世凯、黎元洪、徐世昌、段祺瑞、冯国璋等民国要人，辛亥革命后各地的新政府都督，也有一些是前清督抚，包括出任江苏都督的原江苏巡抚程德全、出任广西都督的原广西巡抚沈秉堃、出任广东都督的原两广总督张鸣岐、出任安徽都督的原安徽巡抚朱家宝、出任山东都督的原山东巡抚孙宝琦等。许多前清遗老也被清史馆聘请参加《清史稿》的修撰，并在民国任职，"如吴廷燮任国务院统计局局长十余载；王树枬做过国史编纂处编纂、参政院参政，罗惇曧历任总统府、国务院秘书……金兆藩担任财政部佥事、会计司司长"。[5]

在这一新旧过渡阶段，民国官员"强半皆曾仕先朝"。这样的经

---

[1] 语句化自1917年7月3日段祺瑞讨伐张勋通电，"我辈今固服劳民国，强半皆曾仕先朝"。见吴廷燮：《段祺瑞年谱》，中华书局2007年版，第43页。
[2] 梁启超：《饮冰室合集》第1册，《文集》之六，第27—30页。
[3] 罗志田：《权势转移：近代中国的思想与社会》（增订版），生活·读书·新知三联书店2024年版，第227页。
[4] 清朝文武官员的数量，费正清等认为约有2万名文官和7千名武官，见费正清：《剑桥中国晚清史：1800—1911年》（上卷），中国社会科学出版社1985年版，第16页；《中国政治制度通史》统计文武官员约26372人，见白钢主编：《中国政治制度通史》（清代卷），人民出版社1996年版，第533页。
[5] 桑兵：《民国学界的老辈》，《历史研究》2005年第6期，第5页。

历使得他们对前清有着复杂的情感：一方面，为显示自己思想先进，并非迂腐落后之辈，自然要和胜朝割席；但另一方面，受忠君思想影响，为了不被指为忘恩失义，又要表现出对逊帝的眷念。

据曾是溥仪伴读的溥佳回忆，溥仪退位后，北洋政府的一些高官显宦和封疆大吏，还以得到"皇帝"的青睐为荣。每逢婚丧嫁娶，只弄到大总统的匾额尚不过瘾，总要设法让溥仪也"赐"一块，才觉得体面。[1] 溥仪在《我的前半生》中也写道："为了一件黄马褂，为了将来续家谱时写上个清朝的官衔，为了死后一个谥法，那时每天都有人往紫禁城跑，或者从遥远的地方寄来奏折……后来伸手要谥法的太多了，未免有损小朝廷的尊严，所以规定三品京堂以下的不予赐谥，以为限制。"[2]

1922年溥仪大婚，民国政府军、宪、警各机关纷纷主动派出官兵担任警卫。时任民国大总统的黎元洪、前任总统徐世昌、前清军机大臣那桐，张作霖、吴佩孚、曹锟等地方军阀，还有众多前清遗老都前来祝贺送礼。[3] 更为夸张的是，前清陆军大臣荫昌以总统府侍从武官长、民国上将的身份代表民国前来祝贺。在按民国礼节行鞠躬礼之后，他突然跪在地上磕起头来，说"刚才那是代表民国的，现在是奴才自己给皇上行礼"。[4] 同年，以新文化运动主将著称的胡适也入紫禁城"觐见"溥仪，称溥仪为"皇上"。面见溥仪后，胡适在给为二人见面牵线搭桥的溥仪英文老师庄士敦的信中说："我不得不承认，我很为这次召见所感动。我当时竟能在我国最末一代皇帝——历代伟大的君主的最后一位代表的面前，占一席位！"[5] 1924年11月5日，

---

[1] 全国政协文史资料研究委员会编：《晚清宫廷生活见闻》，文史资料出版社1982年版，第1—2页。
[2] 溥仪：《我的前半生》，群众出版社1964年版，第115—116页。
[3] 《我的前半生》，第132—134页。亦见于《晚清宫廷生活见闻》，第129页。
[4] 《我的前半生》，第134页。
[5] 《我的前半生》，第116页。

溥仪被赶出宫，胡适获悉后，立即于当日晚间写信给时任北京政府外交总长兼财政总长的王正廷，提出抗议。[1]

这些都表明，身处新旧更迭之际的人们对帝制与皇帝有着复杂的心态。尤其在民初政治纲纪荡然、军阀混战、民生凋敝的现实下，许多人对民国不满更甚，既明了封建帝制的落后，又反思民主共和之弊病，在不同的身份认知与选择中前后失据、彷徨徘徊。

一群飘摇彷徨的人

清社易屋、民国肇建，逊清皇室以及前清高官切切实实失去了凭恃，往日的政治地位、特权利益以及心理优越不复存在，曾经的"公共信条"、精神支柱面临解体，更现实的是生活保障遽然消失……

根据《清室优待条件》，清帝退位后，民国政府每年拨优待费400万元。[2]然而，民初国家治理混乱，财政异常紧张，优待费难以及时划拨。统计表明，从1912年至1924年这12年间，民国政府所欠的优待岁费为2798.53万两（元）[3]，欠付率为58.3%。也就是说，清室优待费拨付率不及五成。

民国政府一再拖欠优待岁费，导致逊清皇室财政日趋拮据。在逊清小朝廷内务府给民国政府的函件中，"悬磬断炊""势将破产"等言

---

[1] 林志宏：《"我的朋友胡适之"：1920年代的胡适与清遗民》，《近代中国》第十八辑，第247—248页。
[2] 中国第一历史档案馆藏：《大清宣统政纪》（以下简称《宣统政纪》）卷七〇。
[3] 逊清皇室经费在1919年6月前照银两计算，7月1日起照银币计算，见绍英著，张剑整理：《绍英日记》，中华书局2018年版，第474页。清末民初，中国流行的银元有香港铸造的站人洋、墨西哥铸造的鹰洋、北洋政府铸造的袁世凯银元，以及各地铸造的银元等。由于各种银元成色不一，各地经济发展水平存在差异，因此银两和银元的兑换比例并无全国统一的标准。有学者根据清末民初的房地契约推算，清末民初北京地区银两和银元的兑换比例约为1∶1.4—1∶1.5，即100两银大约可兑换140—150银元，见王显国：《清末民初北京地区银元的兴起、盛行及其原因》，《博物院》2022年第3期，第62、63、68页。因而，此处统计的2798.53万不再细分银两和银元之别。

词[1]比比皆是，以恳请民国政府划拨优待岁费。为了维持开支，逊清皇室不得不四处借款，甚至抵押、出售紫禁城所藏的金编钟等金银器物以及慈禧册封金册等[2]，以至于溥仪的英文老师庄士敦愤怒地写道："皇室卑躬屈膝地乞求民国政府，付给它已过期的本应分期偿付的津贴，因而一再将自己置于屈辱和可耻的境地。"[3]

除奕劻等贪墨甚多者外，因无俸禄，再加上优待费的拖欠甚至停发，不少皇室亲贵的生活陷入困顿。比如溥仪生父醇亲王载沣，由于每年5万两的俸银没了着落，生活水平直线下降，昔日的醇亲王府，不得不变卖古玩、田产度日[4]；恭亲王溥伟和肃亲王善耆也不断变卖王府藏品；被逊帝溥仪封为顺承郡王的文仰辰，虽有王爷称号，但因祖业无存，只好以卖画为生；甚至曾为"铁帽子王"之一的克勤郡王晏森，因生活无度破产到街上去拉洋车，"铁帽子王拉洋车"的新闻轰动一时。[5]

载沣等王爷尚且如此，其他前清官员的境况可想而知：居住天津的前军机大臣荣庆将北京的自宅租赁他人，以维持生计[6]；前湖北按察使梁鼎芬一度生活拮据、不能自给，每月必须依靠昔日学生寄奉的500元才得以维生[7]……还有一些前清高官因生活困苦只好另谋生计，如前贵州布政使王乃征在辛亥后定居上海，生计无着，不得不以行医为生，"鬻医自活"。[8]

---

[1] 国家图书馆编：《清内务府档案文献汇编》第9册，全国图书馆文献缩微复制中心2004年版，第3654、3608页。

[2] 《绍英日记》，第569、626页。

[3] 庄士敦著，陈时伟等译：《紫禁城的黄昏》，求实出版社1989年版，第172页。

[4] 《我的前半生》，第32—33页。

[5] 北京市政协文史资料委员会编：《辛亥革命后的北京满族》，北京出版社2002年版，第7页。

[6] 荣庆著，谢兴尧点校：《荣庆日记》，西北大学出版社1986年版，第222、235页。

[7] 《民国乃敌国也》，第78页。

[8] 陈灨一：《新语林》，上海书店出版社1997年版，第34页。

新旧过渡阶段，"与国运和世运相连的世人常常被置于国运和世运的起落之中"[1]。在"明暗之间"[2]，逊清皇室以及前清高官成了一群飘摇彷徨的人。

本书的书写对象，便是这群飘摇彷徨的人。

新朝建立之后，对于胜朝臣子而言，出路无非三条：或隐，如商亡之后不食周粟的伯夷、叔齐；或敌，如南宋抗元之文天祥；或朝，如清初之吴三桂、洪承畴。辛亥鼎革之际，许多前清贵族与高官从政治权力的中心沦落为被时代抛弃的边缘人。站在未有之时代变局前，他们在新与旧的此消彼长之间徘徊纠结，在"遗民"与"新民"的多种身份中，做出不同的人生选择。

选择"隐"者，如原内阁总理大臣奕劻、协理大臣那桐、两江总督张人骏等。他们大多服膺于忠君思想，即使在清廷覆灭后，仍怀着思恋故国的遗民情结，出走京师，避往天津、青岛、大连等地，远离政治中心，过着寓居生活，每每听到"商女不知亡国恨，隔江犹唱后庭花"黯然神伤。

选择"敌"者，如恭亲王溥伟、肃亲王善耆以及原陕甘总督升允等。他们效忠清室，坚决反对民国，采用兵戎相见等激烈方式应对政权更迭，积极动员国内外一切力量开展复辟运动，尽管屡遭挫折，但仍前仆后继。

选择"朝"者，如原云贵总督李经羲、署直隶总督张镇芳、邮传大臣唐绍仪等。他们入仕民国，成为整合新旧力量、衔接政权更迭的重要人物，使得民国在"旧瓦砾"上建立起来。然而，即使腾达如唐绍仪、李经羲、张镇芳者，在民初也形格势禁——唐绍仪担任民国首届国务总理短短三个月后即挂冠而去；李经羲曾取代段祺瑞出任国务

---

[1]《两头不到岸》，第133页。
[2] 鲁迅：《影的告别》，《野草》，《鲁迅全集》第2卷，人民文学出版社2005年版，第169页。"我终于彷徨于明暗之间，我不知道是黄昏还是黎明。我姑且举灰黑的手装作喝干一杯酒，我将在不知道时候的时候独自远行。"

绪　章　旧瓦砾上的新民国 | 13

总理，但在位时间只有短短的十天，可谓"五日京兆"……他们的境遇，也反映了在民初政局中，失去武人等新兴政治力量支持后，前清高官政治地位的飘摇与政治影响的衰减。

诚如历史发展并非线性单向，个人的选择也并非一成不变，往往随着政治局势的动荡而在不同的身份之间跳转。民国以来，由于薪俸断绝、生存艰难，很多前清官员为了维持生计，不得不放弃往昔坚守的精神信条，一改初衷出仕民国。比如记名道员冒广生在清帝逊位第二天即携母亲避隐天津，他本与友人相约不出仕民国，还在个人名刺上印着"前清四品京堂"。[1]但最终，他还是为五斗米折腰，于1912年12月应聘为北京政府财政部顾问，后前往浙江温州担任瓯海关监督，兼温州交涉员。[2]与此相映成趣的是，随着取代专制的共和制度在中国弊窦丛生，社会各界对动荡政局、混乱社会的不满与厌倦日渐蔓延，一些人选择"离开"民国，比如主张共和的伍廷芳和唐绍仪，曾积极推动南北和谈，对民国肇建功莫大焉，却在民国建立不久后不约而同地"疏远民国"。

尽管选择与出路并不相同，但他们各式各样的命运际遇都映射着过渡时代中个体的飘摇人生与彷徨心理，也共同构成了新旧更迭之中虽动荡混乱、多线复杂但也充满各种可能性的民国。

将这群人作为本书的书写对象，一方面是由于他们自身具有相当的代表性意义，承载了时代的特殊印记。另一方面则是因为他们被书写较少[3]——既有研究大多关注政治体制、社会结构、思想观念等宏观层面的新旧更迭，较少看到史实背后一个个鲜活的人物；具体的人物研究也往往更侧重于趋新一派，许多晚清高官似乎落入帝制王朝与中华民国之间的"历史鸿沟"中，随着清朝的覆灭而被遗忘，面目

---

[1] 张寅彭主编：《民国诗话丛编》（二），上海书店出版社2002年版，第69页。
[2] 冒怀苏编著：《冒鹤亭先生年谱》，学林出版社1998年版，第176、178页。
[3] 由于体例的原因，对于这些在清朝最后阶段发挥重要作用的人物，拙著《清朝最后的120天》（生活·读书·新知三联书店2021年版）介绍甚少。

模糊不清，外界对他们的认识也基本固化为落后守旧的遗老遗少。因而，尽最大可能去找寻晚清民国时期的可靠史料，努力还原他们在民国初年的政治选择、个人作为、日常生活和心理心态等，进而从微观个人史的层面丰富清末民初这一历史转折点的多种面向，这是本书写作的初衷。

历史的发展总是充满曲折和变化。在军阀割据、战争不断的北洋时代后期，孙中山等反思共和之弊，改组国民党，建立广东革命政府；陈独秀、李大钊等先进知识分子宣扬马克思主义，成立中国共产党以救亡图存。与此同时，随着民族危机的加重，民族主义快速兴起，成为新的社会"公共信条"，重构了民众的精神秩序与社会秩序，"主张通过教育、实业与社会试验来救国的知识分子，纷纷投身于国共两党领导的革命大潮之中"。[1] 至1926年5月，国共两党合作挥师北伐，在形式上终结了辛亥以来军阀混战的政治乱局，继之而起一个革命的全新时代与历史阶段。

在历史的车轮滚滚前进之时，这批晚清高官以及诸多大清遗民日渐边缘化，并淡出历史舞台。以报纸新闻为例证，1912年前湖广总督瑞澂去世时，《申报》专门刊文讥讽，1916年盛宣怀去世时，上海各大报纸的相关报道连篇累牍；但到了20世纪20年代后，当时的报纸对这些前清官员的报道寥寥无几，1925年那桐去世、1927年张人骏去世、1936年溥伟去世的消息似乎都未见于报端。前清时代，他们可谓权倾一时；如今，已变得湮没无闻。

一片散沙的社会，一群飘摇的人……盛宣怀、瑞澂、奕劻、那桐、溥伟、善耆、升允、赵尔巽、张人骏、唐绍仪等前清高官，有着大清遗民的代表性；他们的遭际，也正是大清遗民最后的遗响。

---

[1] 章永乐：《旧邦新造：1911—1917》，北京大学出版社2011年版，第79页。

罪臣

《清史稿》中,盛宣怀和瑞澂二人合为一传。盛宣怀因处理铁路问题激起民变、致使武昌起义爆发而被评为"首恶",身为湖广总督的瑞澂在起义发生时未做抵抗即弃城逃跑,被谥为"罪首"。

身后获恶名的二人都曾风光无限,但在清亡后的际遇大相径庭。盛宣怀曾纵横官商两界,辛亥革命后被迫逃亡,失去"官力"。但长袖善舞的他,奇迹般地索回了被革命军查封、抵押的上千万两财产,再次站到人生的巅峰。素有良吏之称的瑞澂,却在出逃武昌城后,躲进上海哈同花园,跌入人生低谷。

穷得不干不净
——辛亥革命后盛宣怀的逃亡与复产

盛宣怀（1844—1916），字杏苏，号愚斋，江苏武进人，洋务运动代表人物、近代著名实业家，官至邮传部尚书、皇族内阁大臣。武昌起义后被革职，逃亡海外。民国建立后，他不断运作终收回家产，重新掌握汉冶萍公司等企业大权。

宣统三年（1911）九月初五日，武昌起义爆发十六天后，清翰林院侍讲程棫林、监察御史范之杰以及资政院总裁世续[1]等人同时上折，弹劾邮传大臣、铁路干线国有政策的推行者盛宣怀"违法侵权、激生变乱"，可谓误国首恶，理应严惩。当日，清廷下旨，将盛宣怀"即行革职，永不叙用"。[2]

但革职还不足以平怨。第二天，给事中陈庆桂上折要求将盛宣怀

---

[1] 见夏东元：《盛宣怀年谱长编》，上海交通大学出版社2004年版，第936—937页。
[2] 本段所引，均见中国第一历史档案馆藏：《军机处上谕档》（以下简称《上谕档》），宣统三年九月初五日。

明正典刑。[1] 众多议员也纷纷弹劾盛宣怀"激成兵变之罪",按律"当绞"。[2]

据日本驻华公使伊集院彦吉呈外务大臣林董的报告,清廷宣布革盛宣怀之职的同时,即撤走位于府学胡同的盛氏住宅之护兵,这让本来就担心为革命党所害的盛宣怀"对其一身之安危颇为忧虑"。[3] 九月初七日一早,盛宣怀即投往日本正金银行北京支店长实相寺寓所寻求庇护,并决定当晚离开京城。经美、英、法、德驻京外交代表交涉,庆亲王奕劻被迫承诺不会将盛宣怀明正典刑。

九月初七日深夜,英、法、德、美、日五国使馆分别派出两名卫兵组成一支十人卫队,趁着夜色,护送盛宣怀搭特别列车急赴天津塘沽。[4]

纵横官商两界多年的一代巨贾,恓惶离京,此后至死未再踏足过京城。

逃 亡

九月初八日晨抵达天津后,盛宣怀立即换乘德国船"提督"号去青岛"避难"。

当盛宣怀从京师辗转天津前往青岛时,一路上不离不弃的,还有日本人高木陆郎。高木时为日本三井物产公司北京支店长,曾任正金银行驻汉冶萍公司代表。他一直跟随盛宣怀左右,名为保护,实属监视和控制——盛宣怀刚刚离开京城,日本驻华公使伊集院彦吉就向

---

[1] 中国第一历史档案馆、海峡两岸出版交流中心编:《清宫辛亥革命档案汇编》第66册,九州出版社2011年版,第290—293页。
[2]《盛宣怀年谱长编》,第936页。
[3] 邹念之编译:《日本外交文书选译——关于辛亥革命》(以下简称《日本外交文书选译》),中国社会科学出版社1980年版,第51、54页。
[4]《日本外交文书选译》,第52页。

日本国内报告,"实相寺将随至塘沽,高木则不论其前往何处,均将随行到底"。[1]这表明,高木的行动实际听命于日本政府。

美国驻华使馆参赞丁嘉立送盛宣怀上船时,曾力劝盛"仍住青岛"。[2]盛宣怀的亲家、山东巡抚孙宝琦[3]也于九月十三日连致四电给盛宣怀,促其避居青岛。[4]但日方抓住盛宣怀急于保全汉冶萍公司以及家产的心理,以商议汉冶萍公司贷款及中日"合办"为由,由日本驻上海原总领事、正金银行董事小田切万寿之助出面,于九月二十六日密电邀请盛氏前往日本控制下的大连。[5]原拟在德国人的庇护下长期留居青岛的盛宣怀,接电后于十月二十四日由青岛转赴大连。之后以罹患肺病为由,在儿子盛恩颐、盛重颐的陪同下于十一月十二日由大连赴日本,于神户之盐屋山"养病",直至1912年10月回国。

盛宣怀身体确实抱恙,病状主要是咯血。在孙宝琦宣统二年(1910)给盛宣怀的一封信中,即有"前闻公偶患咯血之症"[6]之语,为此还寄去阿胶、木瓜等助盛氏疗病;1912年5月13日在给侄子盛国华的信中,盛宣怀说到自己的病情,"无如肺病不能用心"[7];同年5月20日在给招商局会办郑观应的信中,盛宣怀也说"弟因咳常

---

[1]《日本外交文书选译》,第52页。
[2]陈旭麓、顾廷龙、汪熙主编:《辛亥革命前后——盛宣怀档案资料选辑之一》(以下简称《盛档之一》),上海人民出版社1979年版,第226页。丁嘉立,亦写作丁家立。
[3]孙宝琦为前山东巡抚张曜的女婿,其大女儿孙用慧嫁给盛宣怀四子盛恩颐,第五个女儿则嫁给了袁世凯的第七子袁克齐。
[4]《盛档之一》,第219页;王尔敏、吴伦霓霞合编:《盛宣怀实业朋僚函稿》(以下简称《朋僚函稿》)(下),台湾"中央研究院"近代史研究所1997年版,第1469—1470页。
[5]《盛档之一》,第230页。
[6]《朋僚函稿》(下),第1457页。
[7]《盛档之一》,第275页。

咯血"[1]。

光绪三十四年（1908）八月，盛宣怀曾往日本就医，顺道考察日本钢铁厂矿和银行各业。[2]日本医生对其肺病并无根治之法，回国后盛宣怀的咯血病还经常犯，主要服用前两广总督岑春煊所送的紫贝天葵。[3]岑春煊送的紫贝天葵产自广东罗浮。为此，1912年5月，人在日本的盛宣怀还托郑观应帮忙购买寄来。[4]由此看来，如果仅仅为了养病，盛宣怀不一定非得前往日本。他选择东渡，更有避祸和同日方洽谈汉冶萍公司合作等意图。

本来，孙宝琦曾劝盛宣怀去瑞士等欧洲国家疗养[5]，但盛宣怀最终选择了日本。最初的地点，是位于日本九州岛的长崎。宣统三年十一月，小田切万寿之助在给正金银行总行经理三岛弥太郎的信中说："盛的病情，较之青岛出发时，并无好转，到大连后，亦每天就诊。青岛德医生及本地日医，皆劝其尽快去温暖地方避寒，盛自己也有意去日本，特别从既靠近制铁所所在地，又和上海相隔不很远这点来考虑，他想住在长崎附近，并坚请我同行。"[6]但最终，目的地改为本州岛的神户。

盛宣怀或许并不知道，自离开京城始，他的行踪就在日方的严密监控之下：在乘德国轮船"提督"号经大连往青岛时，船刚进大连港，日本关东民政长官白仁武即向外务部发机密电文，报告高木侦知的盛宣怀将往青岛或上海之行踪；而后盛宣怀一行二十人刚抵神户，日本兵库县知事便急电报告外务部。报告的内容，既包括抵达时

---

[1]《盛宣怀年谱长编》，第954页。
[2] 夏东元：《盛宣怀传》，四川人民出版社1988年版，第529页。
[3]《盛宣怀年谱长编》，第954页。紫贝天葵，即紫背天葵，有解毒、止咳、活血、消肿之效。
[4]《盛宣怀年谱长编》，第954页。
[5] 孙宝琦在宣统三年九月十三日的一封电文中说，"沪上不宜遽去，若赴外洋，只有瑞士南境为佳，地气温和"。见《朋僚函稿》（下），第1457页。
[6]《盛宣怀年谱长编》，第940—941页。

间——上午11时，也包括入住旅馆——盐屋市东方旅馆，甚至还有所乘轮船名号——"台中"号。[1]

避居日本不久，盛宣怀即感受到日方撕下温情面纱之后的冷漠面孔。因汉冶萍公司急需巨款，从1911年11月到1912年1月，他三次提出以公司产业为担保，请小田切万寿之助帮忙向正金银行贷款五百万日元。但小田切以汉冶萍公司贷款较多、时下尚难开工而无货物抵押为由，不留情面地予以拒绝。不仅如此，小田切还趁火打劫，提出只有盛氏同意合办汉冶萍铁矿，方可商量贷款之事。[2]

由于留日中国学生中同情革命者甚众，盛宣怀的妻子庄德华（字畹玉）也在来信中多次提醒盛宣怀注意安全，出门时"须多请洋人四五名前后保护，方免意外"。1912年1月17日，旅日华人商会会长吴作镆请日本当地警署派两名警察到盐屋东方旅馆保护盛宣怀的安全。日方虽于第二天予以批准，但来函要求将"派警所需费用"立即送至警署，"以清手续"。[3] 显然，对曾位居大清国务大臣的盛宣怀，日本政府方面已无相应的外交礼遇。

由于住旅馆开销太大，5月13日，盛宣怀告诉侄子盛国华，他已经搬出盐屋东方旅馆，改为租屋八间，供一行二十人居住，自己"终日看书课子，生平未曾有过此清闲日子"。[4] 或许是为了节省开销，或许是为了打发时光，盛宣怀甚至还在日本买地，开垦后用来种菜。他告诉郑观应："现于海滨买山种菜，不愿再闻故国兴亡事，惜太孤寂，无可与谈。"[5]

从烈火烹油、鲜花着锦，到漂泊异乡、清冷孤寂，对于曾经纵横官商两界的名利场红人盛宣怀来说，避居日本，实在不是足以忘机的

---

[1]《日本外交文书选译》，第54、354页。
[2]《盛档之一》，第231、234页。
[3]《盛档之一》，第228页。
[4]《盛档之一》，第274页。
[5]《盛宣怀年谱长编》，第954页。

清闲日子，而是度日如年的困顿时光。

穷　途

就在盛宣怀辗转青岛、大连和避居日本期间，国内形势发生着重大变化。1912年11月5日，革命之风席卷至苏州，苏州宣告独立，那里留有一处盛宣怀的"家产"——留园。身为前清高官，又主导了引起巨大民愤的铁路干线国有政策，盛宣怀无疑成了革命的对象。据《申报》所载："盛氏留园[1]，昨已为民军派人看守，现在已将该园为民军事务所，曾为红十字会医院之用。城内如久大等各典当及中市住宅一所，均为盛氏私产，现亦已派军巡看守。"[2]江苏都督府还发布通告，查封盛氏在苏州的当铺、货铺等产业，以及盛公馆、留园等房产。[3]

不仅如此，江苏谣传盛宣怀代表清政府与各国签订贷款合同时收受回扣数百万两，当地百姓因此"大愤"。[4]应当地士绅和代表的强烈请求，江苏都督府又发布公告，查封盛氏在江苏省内的所有财产。[5]此后，又扩至其兄弟子侄和亲族的所有动产、不动产。[6]

查封盛氏财产的，不仅有江苏都督府，还有上海沪军都督府、浙江都督府等。沪军都督府要将盛氏在上海的六百亩地抵押借款八十万

---

[1] 留园，著名的古典园林。始建于明代，原名"东园"。清乾隆时为刘恕所购并改建，得名"刘园"。同治年间，盛宣怀之父盛康买下并加以修缮，改名"留园"。
[2] 《申报》1911年11月9日，第5版。
[3] 《申报》1911年11月16日，第1张后幅第3版。
[4] 盛宣怀撰：《愚斋未刊信稿》，文海出版社1974年版，第245页。
[5] 《申报》1911年11月18日，第1张后幅第3版。盛宣怀还致信伊集院彦吉，请其查明自己并无收受回扣并转告江苏都督程德全，希望程氏取消查封命令。见《愚斋未刊信稿》，第245页。
[6] 《盛档之一》，第353页。

两,以充军饷[1];浙江方面,则没收了盛宣怀在西湖边上购置的近百亩田产,这些田亩收入,本来主要用于在杭州祠堂祭扫盛氏祖父盛隆和父亲盛康。[2]

江苏、上海、浙江都督府查封的主要是盛宣怀的地产、典当等不动产。南京临时政府则盯上了盛宣怀拥有大量股份的汉冶萍公司、轮船招商局[3]等实业。1912年1月,财政极为困顿的南京临时政府拟以汉冶萍公司作抵押,向日本贷款。为此,临时政府陆军总长黄兴还特委任何天炯为南京临时政府代表[4],前往日本与盛宣怀接洽。尽管有求于盛宣怀,但自恃手握盛宣怀想保全财产命门的南京临时政府却毫不客气:因迟迟得不到盛宣怀同意的"确切回答",黄兴认为盛氏"不诚心赞助民国",1月28日在信中最后通牒式地警告盛氏说:"即日将借款办妥,庶公私两益,否则民国政府对于执事之财产将发没收命令也。"[5]招商局方面,1月26日在上海为盛宣怀料理业务的钦其宝来信说:"本月十四日系招商局开股东会,到场者均系革党,其宗旨要在招商局借银一千万两;其次为公所有股票悉数充公。"[6]

1916年4月27日,盛宣怀在上海去世。李鸿章之子李经芳、曾

---

[1]《申报》1911年12月29日,第2张第2版。
[2]《盛档之一》,第363页。盛宣怀祖父盛隆曾任浙江海宁州知州,父亲盛康曾任浙江杭嘉湖兵备道按察使。
[3] 关于汉冶萍公司股本总额,有1250万元、1700余万元、2000万元等多种说法。在1912年7月15日盛宣怀给孙宝琦的信中,谈及汉冶萍股份,盛氏旁注说:"共收一千三百万之股分。"应该说,盛宣怀的说法更为可信。见《盛宣怀年谱长编》,第941、950、957页。盛宣怀去世时,拥有汉冶萍各类股票13.399万股,时值约270万两,还有招商局股票3.3万股,时值190.3万两。见丁士华整理:《盛宣怀遗产分析史料》,《近代史资料》总111号,第176页。
[4] 黄兴给何天炯的委任状写道:"兹因军事需财孔亟,特委任何君天炯赴东借募巨款,所有订立条件悉有全权,但不得损失国权及利等弊。须至委任者何君天炯执据。"见《盛档之一》,第233页。
[5] 湖南省社会科学院编:《黄兴集》,中华书局1981年版,第107页。
[6]《盛档之一》,第323页。本月,指的是宣统三年十一月。

任民国总理的孙宝琦、袁世凯心腹杨士琦等盛氏好友,以及亲信、亲属等人员组成遗产清理小组,对盛氏遗产做全面的梳理并进行分割。尽管财产清单以及清理小组的会议记录等原始文件已散佚,但复旦大学档案馆保存了这些文件的抄本——这是迄今为止发现的有关盛氏财产情况最完整的记载。根据这些档案统计,截至1920年1月,盛宣怀的财产,包括地产、各项股票、各典股本存款和现款等,合计不低于1349.3万两。[1]因此,革命党查封、占用、没收其财产等举动,无疑令盛宣怀损失巨大。

  除财产被没收之外,还有家事烦扰。此时盛宣怀的父亲盛康已逝世,但盛康之妾许氏尚住在留园。苏州宣布独立的第二天,江苏都督程德全即派兵对盛家加以看管,向许氏索银1.2万元充饷。尽管许氏已同意给1万元,但革命军仍不满意,威胁说"设如不允,立置死地,将家属驱出,财产一律充公"。被勒捐的许氏来到上海盛宣怀公馆,以受盛宣怀牵连为由,要庄德华给银5万两。与此同时,盛宣怀的弟媳张氏也上门要银30万两。庄氏"因无款应付,只得逃避",但各处亲戚均不肯收留,无奈之下只得入住旅店。未料,旅店楼下尽是革命党,庄氏行踪很快被侦知。但由于在租界里抓人易被巡捕房干涉,革命党人便开出1万两的赏格,密嘱马夫将庄氏带出租界,再行抓捕。如此一来,庄氏只好又躲回盛氏公馆:出门,很有可能被革命党人抓走;在家,会有亲族前来索银。"寸步难移"的庄氏在信中不禁抱怨盛宣怀上月不同意她前往日本,"直至今日,大有逃不出之势。若竟不走,至年底约非两万不得开交"。谁能想到,原本富可敌国的盛氏家族,竟会为银钱而愁眉不展?避居日本期间,侄子盛国华为盛宣怀积极奔走在京津一带打探消息。1912年5月,盛国华来信,请求

---

[1] 丁士华整理:《盛宣怀遗产分析史料》,《近代史资料》总111号,第160页。而据学者云妍研究,《盛宣怀遗产分析史料》所记单位为规元两,而1库平两为1.069规元两。见云妍:《盛宣怀家产及其结构》,《近代史研究》2014年第4期,第137页。若按此比率计算,盛氏财产约为1262.2万两。

盛宣怀资助1万元让其办报纸。尽管盛国华在信中表示要用此报纸为盛家复产鼓呼，但盛宣怀仍表示无能为力，"此时万事灰心，手中无现钱，极想助侄臂力，只能俟诸异日"。[1]

不止如此，1912年3月中旬，盛宣怀长孙盛毓常在上海被浙江军政府拘捕。幸好，沪军都督陈其美以"盛氏罪状未定"为由，予以释放。[2]

为清廷所不容又为革命党人所追索，汉冶萍公司、轮船招商局被民国政府控制，家产遭查封，自己又被迫避难东洋——此时的盛宣怀，可以说正处于人生的穷途，"每接上海家信，内地房产、典铺悉被民军占夺，在沪公司股票均已押售，只剩房租养家过度，告穷告苦，耳不忍闻"。[3]

一时间，昔日长袖善舞、在政商两界左右逢源的盛宣怀，竟有穷途末路之窘。其内心的泣血，可想而知。

背　锅

避居日本的盛宣怀，其实对归国和复产一刻未尝忘怀。当时的中国，实际秉权者，北方有袁世凯，南方有孙中山、黄兴等。由于盛宣怀的财产大部分在南方，此时正为革命党人所控制，因此与孙中山、黄兴等革命党领袖搞好关系成为当务之急。而南京临时政府欲以汉冶萍公司和轮船招商局抵押贷款的计划，以及1912年4月的江皖大水，为盛宣怀提供了复产的机会。

既然汉冶萍公司已在临时政府掌握之下，为何孙中山等还要主动联系身家难保的盛宣怀办理贷款呢？学者朱浒的研究指出，由于清末

---

[1] 本段所引，见《盛档之一》，第351、226、227、275页。
[2]《盛档之一》，第329页。
[3]《盛档之一》，第274页。

以来关涉利权的问题经常酿成猛烈的社会风潮，临时政府自然会担心中日合办汉冶萍公司可能会引发相当不利的社会舆论。此外，从法理上讲，此时的盛宣怀依然是汉冶萍公司的总经理。[1]

另一方面，自汉冶萍公司于光绪三十四年（1908）成立，日方就想与中方合办。据盛宣怀《东游日记》，日本内阁总理大臣桂太郎曾向其提出两国合办汉冶萍之意，"敝国原料不多，故有购运大冶矿石之举。鄙见最好两国合办，贵国富原料，敝国精制造，资本各半，利益均分，通力合作"。[2]由于当时清朝的法律不允中外合办，故未得逞。但资源稀缺的日本，一直没有放弃觊觎之心。

南京临时政府要盛宣怀出面借款，隐含着孙中山"不欲担此坏名"[3]之意，老谋深算的盛宣怀，自然也洞悉窍要。故此，他在答应的同时也想极力拉临时政府"下水"，并趁机提出复产的要求。

1912年1月14日，盛宣怀告知临时政府，筹款之事自当"义不容辞"，又指出日方表示只有合办汉冶萍公司方可借款。在此电中，盛宣怀提出或"由（临时）政府与日合办"或由"（汉冶萍）公司与日合办"[4]两种方案。1月24日给黄兴的电报中，盛宣怀说得更为明白，"合办虽系旧矿律所准，然以法律论，必应政府核准，方敢遵行"。[5]如此种种，盛宣怀自是希望由南京临时政府背上批准合办之责。

与此同时，盛宣怀还趁机提出复产的要求。1月15日，汉冶萍公司职员陈荫明代表盛宣怀前往南京面见孙中山，请求"将（汉冶萍）公司产业及盛私产已充公者一律发还"。[6]孙中山为了让盛氏尽快借

---

[1] 朱浒：《滚动交易：辛亥革命后盛宣怀的捐赈复产活动》，《近代史研究》2009年第4期，第114—115页。
[2] 《盛宣怀年谱长编》，第949—950页。
[3] 《盛档之一》，第232页。
[4] 《盛档之一》，第231页。
[5] 《盛档之一》，第234页。
[6] 《盛档之一》，第232页。

款，表示同意，"民国于盛并无恶感情，若肯筹款，自是有功，外间舆论过激，可代为解释。……动产已用去者，恐难追回；不动产可承认发还。若回华，可任保护"。[1]

现有史料表明，在何天炯与盛宣怀联系之前，孙中山就答应了日方以汉冶萍公司合办来换取借款的"一切条件"。[2]何天炯也在1月21日致函汉冶萍公司："刻接南京政府来电，须将该公司改为华日合办，因等巨款以接济军费，兹请贵公司即日照行。"1月26日，南京临时政府与日本三井物产株式会社签订了中日合办汉冶萍公司草约（俗称"宁约"）。根据该草约及相关合同，汉冶萍公司股本共三千万日元，日方出资一千五百万元，其中的一千万元用于偿还汉冶萍公司的欠款；新借的五百万元则转借给临时政府使用。[3]

1月29日，小田切万寿之助在神户将中日合办汉冶萍公司的合同交盛宣怀草签（称"神户约"），合同第一款即为"改汉冶萍煤铁厂矿公司之组织为华日合办有限公司"[4]，表明盛宣怀本人当时也同意中日合办汉冶萍公司，但由于列强基于中立的态度反对日方借款，且合办之举严重侵害中方利权也遭国内各方强烈反对，2月23日，孙中山被迫下令废除"宁约"，盛宣怀冀望通过借款复产的计划也因之落空。

借款案取消后，孙中山一度担心盛宣怀会将内幕公之于世，致使南京临时政府遭国人唾骂。为此，他特于2月23日让人转告盛宣怀，"万不能以已由政府核准为借口"[5]继续践约与日方合办。与此同

---

[1]《盛宣怀年谱长编》，第943页。
[2]武汉大学经济学系：《旧中国汉冶萍公司与日本关系史料选辑》，上海人民出版社1985年版，第296页。1912年1月13日，一封自神户发出的电文称："革命党财政代表何天炯携来孙中山电，提出汉冶萍公司合办案，承诺日本提出之一切条件，另由公司向革命党提供五百万元。"亦见于《盛档之一》，第238页。
[3]《盛档之一》，第233、235、238页。
[4]《盛档之一》，第240页。
[5]《盛档之一》，第253页。

时，孙中山又安慰盛宣怀，表示将与袁世凯沟通，努力促成盛氏回国，"现在南北调和，袁公不日来宁，愚意欲乘此机会，俾消释前嫌，令执事乐居故里"。[1]

借款案发酵之际，一度风传"孙、黄被盛蒙蔽"[2]，致使盛宣怀再度成为被攻击的目标。2月23日至25日，民社、湖南共和协会等七个社会团体联合发文，认为"汉冶萍公司成案均其（盛宣怀）一手所规定"，如不能取消合办合约，则"惟有处以最激之办法"，将"盛宣怀所有私产概行充公"，并宣判其死刑。[3]

借款案最早由南京临时政府提议，最终却由盛宣怀背锅。如此一来，盛氏不免心生冤屈，在给梁启超等人的信中多次为自己辩解。[4]但由于自己的大部分家产为革命党人所控制，盛宣怀不得不选择了妥协：先指示国内召开汉冶萍公司股东会，于3月22日通电废除"合办"草约。[5]随后，又致函孙中山承诺"一人愿负责任，不得另生枝节"。[6]

虽借款未成，但无论如何，盛宣怀主动背锅之举增加了孙中山对其的好感。在3月15日给盛宣怀的信中，孙中山说："各事能曲谅执行者之苦衷，曷胜纫感。"[7]

碰　壁

汉冶萍合办借款案浇灭了盛宣怀心中归国复产的热望，但1912

---

[1]《孙中山致盛宣怀函两通》，《社会科学战线》1981年第4期，第72页。
[2]《盛档之一》，第250页。
[3]《申报》1912年2月25日，第3版。
[4]《盛宣怀年谱长编》，第945、957、965页。亦可见《旧中国汉冶萍公司与日本关系史料选辑》，第276页，以及《盛宣怀传》，第540页。
[5]《盛档之一》，第261—262页。
[6]《盛档之一》，第333页。
[7]《盛宣怀年谱长编》，第948页。

年4月,江苏、安徽两省赈灾又为其提供了新契机。

1911年入夏以后,刚在上年遭受洪灾的江、皖两省又发生严重水患,安徽淫雨成灾,"大水淹灌南京城内",以致"学堂停课,商店停市,米粮绝迹"。[1]又正值南北战乱、救助不力,到1912年初,两省灾情依然严重。据查勘,当时"灾民约计江北一百万人,江苏中部十万人,安徽五十万人,安徽中部三十万人",而赈款"极少需洋一千万元"。[2]

盛氏后人曾说,盛宣怀"平生最致力者实业而外,惟赈灾一事"[3],《清史稿》也载有"宣怀有智略,尤善治赈"。[4]光绪三十年(1904),盛宣怀出任中国红十字会首任会长。光绪三十二年(1906)江淮水灾,他利用自己的官商地位和影响力,募集巨款,很大程度上分担了政府的责任和压力,清廷为此赐匾褒奖,"赏尚书吕海寰匾额曰'泽拯江淮',侍郎盛宣怀匾额曰'惠流桑梓'"。[5]盛宣怀生前还曾立下遗嘱,上千万两遗产一半取出来平分给各堂子孙,另一半则建愚斋义庄,救济盛氏贫苦族人,开办慈善事业。1912年3月,伍廷芳等三十一人联名向孙中山、袁世凯、副总统黎元洪及相关各省发公呈,举荐盛宣怀办理赈务,"论其心力,实足以担任此事,尤未便听其侨居海外,置两省无数灾黎于不顾"。[6]

在3月8日给孙中山的信中,盛宣怀就表示"拟将敝族产业暂交

---

[1] 李文海等:《近代中国灾荒纪年》,湖南教育出版社1990年版,第793—797页。
[2] 朱浒:《滚动交易:辛亥革命后盛宣怀的捐赈复产活动》,《近代史研究》2009年第4期,第119页。
[3] 盛恩颐等:《盛宣怀行述》,《常州文史资料》第11辑,第82页。
[4] 赵尔巽等:《清史稿·列传二五八》,中华书局1977年版,第12812页。
[5] 中国第一历史档案馆藏:《大清德宗景皇帝实录》(以下简称《德宗实录》)卷五七九。
[6]《筹募江皖工赈公呈稿》,盛宣怀未刊档案,上海图书馆藏,档号:00043003。转引自朱浒:《滚动交易:辛亥革命后盛宣怀的捐赈复产活动》,《近代史研究》2009年第4期,第120页。

日商抵押一款"[1]帮助江皖赈济。3月17日，在给孙中山、黄兴、唐绍仪的电报中，他再次表示愿从名下各当铺公款中捐三十万元用以赈灾，还透露了先复产再捐赈之意，请孙中山等"速电苏、扬各都督，将久大、肇大等典及地产仍归原业主执管，以便赶办"。[2]3月29日，他再度函请孙中山尽快下令归还产业，以抵借捐赈款项，"惟闻苏州都督仍以未奉公令，无所率从，而动产日日销磨，将归乌有，殊负仁人爱护之初心"。[3]

盛宣怀太过明显的捐赈复产意图，连陶湘、陈荫明等亲信都觉得不妥，"保产与捐赈合在一电，显系交易"。[4]代理江苏都督庄蕴宽也说："某公（即盛宣怀）冰雪聪明，何如今若是之拙！……如与产业并提，则公私各半，必将群起反对。"[5]

果不其然，盛宣怀的捐赈也引发了孙中山及唐绍仪等人的不满和猜疑。3月19日，孙中山复电时对归还产业只字不提，同时表示自己即将解职，赈济款可直接交给华洋义赈会。[6]事后又不无讥讽地对上海总商会会长陈作霖说："盛君函押九典助赈，众闻无不为怪。我复信不提九典，至捐如不捐，听他自与义赈会接洽。"[7]

1月时孙中山"不动产可承认发还"的表态曾让盛宣怀燃起复产的希望，但直至4月1日正式交卸临时大总统之职，孙中山始终没有下令让地方都督发还财产。盛氏产业能否归还仍是一个悬案，盛宣怀不免大失所望。

---

[1]《盛宣怀年谱长编》，第947页。

[2]《盛宣怀年谱长编》，第948页。

[3]《盛档之一》，第333页。

[4]朱浒：《滚动交易：辛亥革命后盛宣怀的捐赈复产活动》，《近代史研究》2009年第4期，第121页。

[5]《盛档之一》，第337页。

[6]《盛档之一》，第330页。

[7]朱浒：《滚动交易：辛亥革命后盛宣怀的捐赈复产活动》，《近代史研究》2009年第4期，第122页。

1912年3月，唐绍仪当选国务总理。本来，盛宣怀觉得唐氏为其旧交，当能助己一臂之力。[1]但事实很快证明，这只是他的一厢情愿，唐绍仪非但没有帮忙，反而对盛宣怀画饼充饥式的捐赈颇有微词。在4月给袁世凯的信中，盛宣怀曾提出以自己汉冶萍公司的原始股作抵押，向正金银行借款一百万元，用于江皖救灾。[2]但唐绍仪直言时局动荡，汉冶萍股票根本不值钱，很难抵押到一百万元。5月9日，亲信陶湘向盛宣怀转述了唐绍仪的原话："某公捐振，或云汉冶萍押出之股票，或云当产抵押，要知汉冶股票必须集有现款一百五六十万，方能收其二十余万之结果，如今时世，当产不能值钱，何从抵借！某公皆属空谈，无济于事也。"[3]唐绍仪虽然没有点名，但联系上下文，这里的"某公"，显然指的就是盛宣怀。

　　如此一来，盛宣怀办赈复产的计划只能落空。5月13日，他告知侄子盛国华"已函复南绅辞谢，决计暂不归国"。同日，他又告知孙宝琦"愿捐赈而不必办赈"。[4]

　　在走孙中山、唐绍仪等上层路线的同时，盛宣怀还试图通过私人关系，疏通两任江苏都督庄蕴宽、程德全的门路，以求复产。

　　1912年2月3日，孙中山签署命令，要内务部通饬所属保护人民财产。[5]同日，内务部颁布《通饬保护人民财产令》，第三条还专门对前清高官财产做出了规定，"前为清政府官吏所得之私产，现无确

---

[1]《盛档之一》，第328页。盛宣怀主持的轮船招商局、电报局等实业由邮传部主管，唐绍仪时为邮传部侍郎，相当于盛氏上司。盛宣怀后来也担任过邮传部侍郎、尚书。

[2]《盛档之一》，第273页。盛宣怀给袁世凯的信后半部分缺失，捐一百万元是不是盛宣怀真实意愿的表达，不得而知。据陶湘1912年5月给盛宣怀的信，当财政总长熊希龄提出让盛宣怀捐百万元时，上海总商会会长陈作霖说："即此卅万已觉费力，何言百万！"见《盛档之一》，第342页。由此看来，盛宣怀捐百万元之说多不可信。

[3]《盛档之一》，第342页。

[4]《盛档之一》，第274—276页。

[5]《孙中山全集》第2卷，第59页。

实反对民国证据,已在民国保护之下者,应归该私人享有"。[1]

这些,在盛宣怀听来不啻于玉诏纶音,为其索产增添了底气。为了走通庄蕴宽的门路,盛宣怀通过江北都督蒋雁行的秘书长张春帆进行疏通——张氏与盛宣怀的亲信陶湘关系甚笃。受陶湘之托,张春帆在4月借公务之机拜会庄蕴宽,"于人静时"递上盛宣怀希望收回家产的呈文。但庄蕴宽知晓革命党人把持的财政司必定反对而感到"实处两难之地位",没有答应。[2]

据陶湘等人分析,财政司之所以反对,是因为盛宣怀提出要捐的当铺现款,其实已被花掉。同意盛宣怀所请,意味着财政司需重新筹款,否则就会背上侵吞赈款的骂名,而无论如何,财政司是不愿意的。[3]

1912年4月,盛宣怀又致函接替庄蕴宽出任江苏都督的程德全,重申捐出典当现款、希望归还产业等请求。[4]出任江苏都督前,程德全为南京临时政府内务总长,《内务部通饬保护人民财产令》即由其签发。盛宣怀本冀望程德全能依令助其复产,但此函寄出后,如同泥牛沉入东海,杳无音信。

1912年的3、4月是盛宣怀谋求复产最为艰难的时期。就在他为复产四处碰壁之际,前清高官家产得以归还的消息不时传出:前云贵总督李经羲在上海等地的财产发还了,前湖广总督瑞澂在江西瓷业公司的股份发还了[5],胡雪岩创办的杭州胡庆余堂归还给前山东布政使志森,就连曾在南京光复时与革命军激战、被视为"中华民国最有罪之人"的张勋,其产业也已经发还。[6]类似消息接踵而至,更令盛宣怀寝食难安。

---

[1]《内务部通饬保护人民财产令》,《近代史资料》总25号,第42页。

[2]《盛档之一》,第341页。

[3]《盛档之一》,第341页。

[4]《盛档之一》,第335—336页。

[5]《盛档之一》,第347页。民国政府归还瑞澂财产细节,参见本书"身为天下笑——'逃跑总督'瑞澂的逃亡岁月"章。

[6]《盛档之一》,第344页。

攀 附

1912年4月孙中山解职后，盛宣怀立即将目光投向了袁世凯。

与辛亥革命后才夤缘孙中山不同，盛宣怀与袁世凯的渊源可谓久远。两人同为李鸿章属下，有观点认为"袁世凯在军事、政治上继承了李鸿章的衣钵，盛宣怀则主要是李鸿章经济设施方面的属意人"。[1]另外由于二人在改革军制、筹饷练兵、戊戌变法等重大事件上态度一致，在八国联军侵华期间都坚决主张剿拳、惩凶、护使、不援京师、拒签俄约，在庚子事变后都主张变法，因此很长一段时间里，他们的关系都十分紧密。光绪二十七年（1901）九月二十七日李鸿章逝世当日，盛氏即向正在西安伴驾的军机大臣王文韶推荐袁世凯，"直督一席，慰廷颇负众望"。[2]清廷在李鸿章去世当日即任命袁世凯署理直隶总督兼北洋大臣[3]，虽然盛氏的推荐是否起作用尚难悬揣，但足以看出当时盛宣怀与袁世凯关系之近。光绪二十八年九月二十三日，父亲盛康去世的第二天，在家守制的盛宣怀致电袁世凯说："生平知己，文忠而后莫如我公。"[4]袁世凯也多次向外界表示对盛宣怀经营实业、理财能力的钦佩，正如孙宝琦在给盛宣怀的信中所说："庚子前项城最服膺我哥，不意庚子后误听人言未能融洽……弟前亦接来函，极称佩我哥。"[5]

但就在盛宣怀丁忧期间，身为直隶总督兼北洋大臣的袁世凯认为轮船招商局、上海电报局本为北洋大臣李鸿章创办，自应由北洋接管。于是他先派心腹杨士琦去管理轮船招商局，接着又提议将上海电报局改归官办。这一做法，严重削弱了盛宣怀对这两家企业的控制

---

[1]《盛宣怀传》，第355页。
[2] 盛宣怀：《愚斋存稿》卷56，文海出版社1975年思补楼藏影印版，第27页。
[3]《德宗实录》卷四八七。
[4]《愚斋存稿》卷58，第30页。文忠，指李鸿章。
[5]《朋僚函稿》（下），第1467页。袁世凯，河南项城人，故亦称袁项城。

权,侵害了盛宣怀的利益,两人关系因此出现裂痕。最终,趁着宣统元年(1909)袁世凯被载沣勒令"回籍养疴"之机,盛宣怀策动招商局股东大会选举自己为董事长,重新夺回对招商局的控制权并将招商局改归商办。

世易时移,民国初年的盛宣怀如丧家之犬,而袁世凯正如日中天。盛宣怀不得不小心翼翼地维护着自己和袁世凯的关系。1912年,舆论界旧事重提,传盛宣怀和袁世凯素为政敌——当年,袁世凯从盛宣怀手中夺走了招商局等的控制权。如今,盛宣怀又被袁世凯和唐绍仪逼迫而远走日本。盛宣怀得知后,赶忙发声明否认,强调"袁总统与余二十年前老友……外人或疑盛之避居东海,为袁、唐所逼。……盛之东来,为避乱而兼就医也,且在新总统、新总理未选举之先。他日乱平,病稍愈,即当言归故里"。[1]而袁世凯对盛宣怀的态度,则随着其地位和国内外形势的变化而晴雨不定。

1912年初,南京临时政府以汉冶萍抵押贷款时,盛宣怀曾托孙宝琦探问袁世凯的态度。当时的袁世凯,势力范围只在北方数省,对于革命党人控制下的汉冶萍公司,表示无能为力,"汉冶萍事,项城云须问孙逸仙,伊不能作主"。[2]

但在2月,盛宣怀告知管家顾咏铨等人:袁世凯已同意保全其家产。[3]但后来的事实表明,这只是盛宣怀的误判。4月,孙宝琦还告诉盛宣怀,袁世凯曾在2月底与幕友晚餐时,对盛宣怀抱怨袁氏压制太过之事耿耿于怀,"(项城)与同幕诸人晚餐,痛言我公历史,谓昔日公衔其抑制太过,此次不为抑制,遂致为此身败名裂等语"。[4]言语

---

[1]《盛档之一》,第265—266页。1913年3月宋教仁遇刺,孙中山、岑春煊等谋划反袁。6月,看到有报纸传自己和岑春煊联合起来反对袁世凯,盛宣怀赶紧写信解释,请孙宝琦寄给袁世凯。见《盛档之一》,第291页。

[2]《朋僚函稿》(下),第1477页。

[3]《盛档之一》,第326页。

[4]《朋僚函稿》(下),第1477页。

中，袁世凯透露出对盛宣怀遭遇的幸灾乐祸，以及对盛宣怀的反击。

出于政治的需要，无数宿敌上演着暂时联手的戏码，袁世凯、盛宣怀也不例外。1912年3、4月，在袁世凯与唐绍仪闹矛盾之时，袁之长子袁克定曾向盛国华透露袁世凯有意起用一有威望的长者出任财政总长，"一半联络外人，一半减唐之势"，并让盛国华试探盛宣怀是否有意。[1]尽管盛宣怀已于5月表示"衰病如是，断无再入政界之理"[2]，但直到6月还有袁世凯想请盛宣怀办理财政的消息传出。[3]

传言终究只是传言。史料表明，袁世凯内心其实不愿看到盛宣怀复出：4月，盛宣怀托亲家孙宝琦向袁世凯提出回国办赈、归还财产的请求。但5月29日，孙宝琦告诉盛宣怀，鉴于很多人对盛氏尚心存不满，袁世凯并不赞同其复出，"不如暂在日本，稍迟再行设法"。[4]

天无绝人之路，历史轨迹运行的复杂程度，很多时候都远超我们的想象。1912年6月，袁世凯迎接孙中山进京的系列举措给盛宣怀攀附袁世凯、运动复产带来了转机。

3月10日，袁世凯就任临时大总统后，为了积累名望，力邀孙中山进京。为示尊重，袁世凯腾出所住的石大人胡同迎宾馆官邸作为孙中山进京时的居所，自己于6月迁往铁狮子胡同（今张自忠路3号）的清陆军部和海军部旧址办公。

此举为盛宣怀攀附袁世凯创造了机会。原来，铁狮子胡同只是办公之所，家眷居住不是十分方便。因此，袁世凯看上了与陆军部旧址一个胡同之隔的府学胡同1号院，即盛宣怀宅第。

府学胡同1号院，本为李鸿章之孙、招商局董事李国杰所有。宣

---

[1]《盛档之一》，第272页。袁克定与盛国华当年曾结拜为兄弟。
[2]《盛档之一》，第277页。
[3]《朋僚函稿》（上），第279页。
[4]《朋僚函稿》（下），第1479、1481页。直到1913年2月，袁世凯依然持此观点，并让孙宝琦转告已经归国的盛氏暂缓出山，"有人说拟请执事来京，伊恐目下风潮未息，倘到京而又被攻讦，反无以对故人，姑从缓再议"。见《朋僚函稿》（下），第1489页。

穷得不干不净 | 37

统二年（1910），盛宣怀进京就任邮传部尚书。此时正好奉调出使比利时的李国杰便以七万五千两的价格将此宅卖给盛宣怀。盛宣怀接手后，花了三万多两用于添造前后房屋。改造之后的宅院，"洋式楼房两重，虽不华丽，确是爽朗，住眷最宜，洋式家具均备，稍有花木，并有热水管"。[1]之后，盛宣怀以十万五千两的价格抵押给正金银行。

由于前来看房者没有透露实际购买者是袁世凯，正金银行开出了九万五千两的售价，并限三个月内交清。袁世凯得知"正金索价太巨"后十分不悦。[2]

6月，得知袁世凯要购房的消息后，正想攀附袁世凯的盛宣怀立即提出一系列优惠条件：仍以七万五千两的原价出售，花三万多两所添盖和改造的部分免费奉送；不再要求三个月付清，而是不必拘定付款日期；未付款之前，每月给正金的五百两利息无须袁世凯支付，而是由盛宣怀偿还；旧宅原有的马车一辆、青马两匹也送给袁世凯。[3]

最终，袁世凯没有购买此宅，而是改买为租。而且，由于担心盛宣怀此房将来可能有纠纷，袁世凯还特意强调必须支付租金。[4]几经磋议，直到1912年11月，袁世凯才决定租住——租金为每月二百两，内含修缮费。

6月动议，11月定议——延宕近半年，连孙宝琦也对盛宣怀没能好好利用此机会与袁世凯搞好关系表示可惜，"惜夏间初次提议未成，延搁数月，现总统有迁居南海之说，恐亦不能久租此屋也"。[5]果然，1913年3月底，袁世凯就搬至中南海办公，4月初即腾退府学胡同宅，宅院后由陆军总长段祺瑞接住，成为陆军总长的办公地点。

但在互动往来中，盛宣怀终于得到袁世凯保护其财产的承诺。5

---

[1]《盛档之一》，第287页。
[2]《朋僚函稿》（下），第1485页。
[3]《盛档之一》，第288页。
[4]《朋僚函稿》（下），第1485页。
[5]《朋僚函稿》（下），第1489页。

月29日，孙宝琦致信盛宣怀，转达袁世凯答应保护盛氏财产的明确口信："在京往谒项城，谈及……我公不能遽出，不如暂在日本，稍迟再行设法，所有财产任当尽力保护。"[1]

孙宝琦此信，盛宣怀迟至7月14日才收悉。[2]对复产念兹在兹的盛宣怀，收到这封姗姗来迟的信件，不禁大喜过望——"读之不胜感激涕零"，"大总统慨允保护财产，岂仅一人一家之私谊，足以感动人心"。[3]

只是，什么时候是盛宣怀回国的合适时机，袁世凯并没有说。此时正忙于调和南北关系的他，自然不会将这位落魄高官时时萦怀。日子一天天过去，天气一天天转凉，东京的红枫一天天变红，盛宣怀始终没有收到袁世凯让其回国的消息。无奈之下，他只好自我决断。9月9日，他写信给在上海为其料理业务的钦其宝，要其速为毗连盛氏公馆的汉冶萍公司办事处找租户。盛宣怀特意强调，最好是借给领事官做住宅，可以免费，但楼下须空出两间，一旦有什么风吹草动，他可以到此间暂避。在信中，盛宣怀还说，"以速为贵，因东京天气骤凉，不宜久居也"。[4]

一番安排之后，1912年10月，盛宣怀从日本返回上海。[5]此时，家产何时能收回还是未知数，面对"田园荒芜，家产荡洗"[6]的局面，盛宣怀不免郁闷。11月30日，他致信另一位亲家吕海寰，自我调侃："弟一年流离，归国后田园荒芜，家产损失。人欠我者，无可讨索；

---

[1]《朋僚函稿》（下），第1481页。
[2]此前像孙中山2月23日致盛宣怀函，盛氏3月8日即收悉，前后用时半个月左右，见《盛档之一》，第327页。而孙宝琦此函，路途耗时将近五十天，确属迟缓。
[3]《盛档之一》，第348页。
[4]《盛档之一》，第349页。
[5]在1912年11月18日给孙宝琦的信中，盛宣怀有"下走到家将一月矣"之语，可知他于10月下旬回到上海。见《盛档之一》，第355页。
[6]《盛档之一》，第354页。

穷得不干不净 | 39

我欠人者，刻不容缓。所谓穷得不干不净。"[1]

复 产

尽管表态"所有财产任当尽力保护"，但截至目前，综合《袁世凯全集》《北洋政府公报》等史料，并未发现袁世凯下令归还盛宣怀家产的证据。

史料表明，不直接干预盛宣怀复产事是袁世凯的基本态度，他多次表示让盛宣怀将相关呈文递国务院而非总统府。1912年12月31日，在工商总长刘揆一呈报的《汉冶萍公司多关国家实业拟毋庸饬盛宣怀赴鄂等情》公文上，袁世凯批示，"据呈已悉，应由国务院咨行该省查照"。[2] 1913年初，盛宣怀还通过孙宝琦向袁世凯递呈文，申请汉冶萍公司"国有"。此次申请"国有"，一是想借此彻底解决鄂、赣两省图谋接管公司这一难题，二是当时公司欠债额已高达两千四百余万两，通过国有，由国家担保贷款，可以解决资金短缺问题。[3] 4月，袁世凯又告诉孙宝琦，"我处不宜收呈，均交国务院"。[4] 因此，在1912年11月14日的信中，孙宝琦建议盛宣怀直接向江苏、湖北都督递呈，不便再麻烦袁世凯。[5]

1912年11月，盛宣怀以普通公民身份，向江苏都督程德全呈请发还家产。在题为《公民盛宣怀为呈请事》的请愿书中，盛宣怀先铺陈自己悲惨遭遇，"讵料兴国之年，独罹丧家之祸"，表示给自己所加的罪名多是"抽象之辞"，自己"绝无反对国家之事实"，并对革命军

---

[1]《盛宣怀传》，第542页。光绪年间盛宣怀为工部侍郎时，吕海寰是工部尚书。后来，吕海寰接替盛宣怀出任中国红十字会会长。盛宣怀第七子盛升颐娶了吕海寰的女儿。

[2]《袁世凯全集》第21卷，第312页。

[3]《朋僚函稿》（下），第1495页。

[4]《朋僚函稿》（下），第1492页。

[5]《朋僚函稿》（下），第1485—1486页。

"旁坐家庭,甚至兼收祠产,波及同典商股,牵动市面"之做法提出质疑。与此同时,盛氏搬出"本年三月初七日接奉孙前总统函允保护维持,五月十一日迭奉大总统保护人民财产之命令,六月初二日又下令保护旗民财产"等总统令作为依据,强调自己"虽号素封,财无不义",理直气壮地要求发还家产。[1]

但呈请递上之后,又杳无下文。后来盛氏得知,江苏方面希望他捐银百万,才考虑归还家产。盛宣怀大失所望,向孙宝琦抱怨江苏方面不遵袁氏号令,"雪帅欲勒捐巨款,以致尚未解决。项城保全民业,不啻三令五申,而外间阳奉阴违,民不聊生"。[2]

尽管袁世凯曾向孙宝琦表示"苏省欲勒捐百万……殊属不情"[3],但县官不如现管,人在屋檐下,不得不低头。11月23日,盛宣怀致函程德全,捐现款二十万元,用于地方善举。在信中,他还特别强调"除俟查明应扣去各属损失约计十万(元)外,勉筹二十万元以备地方善举,或即为捐助水利联合会之用"。[4]也就是说,尽管现款只有二十万元,但盛宣怀还是捐了三十万元,此前被革命军抢走的当铺现款十万元,仍要算到江苏的头上。当初,押产借款被唐绍仪讥为"空谈",故此番盛宣怀改为现款。3月盛氏曾向孙中山等承诺捐三十万元用于江皖赈灾,后因孙中山未签发复产公令、代理江苏都督庄蕴宽未答应归还典当地产,盛宣怀没有捐出。如今的捐款,不过是昔日承诺的三十万元的移花接木。盛宣怀之精明,可见一斑。

有钱能使鬼推磨。12月10日,江苏都督程德全颁布政令:"盛宣

---

[1] 本段所引,均见《盛档之一》,第353—354页。素封,无官爵封邑而富比封君的人,"今有无秩禄之奉,爵邑之入,而乐与之比者,命曰'素封'"。见司马迁:《史记·货殖列传第六十九》,中华书局1959年版,第3272页。
[2]《盛档之一》,第355页。程德全,号雪楼,故称雪帅。
[3]《朋僚函稿》(下),第1489页。
[4]《盛档之一》,第356页。

怀请发还没收公私产业由,呈悉。准将该公民所有公私产业发还。"[1]

为了这短短一行字,盛宣怀前后运作了一年时间。

12月13日,程德全下令江苏民政长[2]应德闳协助办理归还盛宣怀家产,这意味着复产进入实质性操作阶段。第二天,盛宣怀即致电程德全,感谢程"保护人权、巩固邦本"。[3]同日,他还致电袁世凯,将自己避往日本解释为"出洋就医",将"公私产业悉为地方封没"的原因解释为"其时民国秩序未定",并告知袁世凯江苏都督程德全已下令归还其家产,特向袁世凯表示感谢:"此皆因大总统迭次宽大命令,程督仰体施行。"[4]这也表明,程德全归还盛氏财产之事,袁世凯并没有直接插手。

尽管有江苏都督的政令,但索产过程并非一帆风顺。盛氏地产中至少11处、约328亩土地被宝山县议会公议充公。当盛氏1913年6月致函宝山县知事要求发还时,宝山县不为所动。此外,江宁县境内各处地基17宗、约计800亩,上海境内各处地基50宗、共计219亩,也都未能顺利收回。[5]更为严重的是,1913年7月,"二次革命"爆发,江苏卷入战火,宝山、江宁、上海三处地产的收回一时更加困难。

7月下旬至9月初,张勋、冯国璋率领的北洋军与讨袁军在南京一带展开激战,除双方军队伤亡惨重外,还产生了大批难民,"损失财产几至数千百万"。[6]中国红十字会为此展开了善后救济活动。[7]

---

[1]《盛档之一》,第356—357页。
[2] 民政长为民国初期省的最高行政长官。1913年1月,北洋政府公布《划一现行各省地方行政官厅组织令》,规定各省地方行政长官为民政长,总理全省政务。1914年5月,袁世凯改民政长为巡按使。参见邱远猷主编:《中国近代官制词典》,北京图书馆出版社1991年版,第163页。
[3]《盛档之一》,第357页。
[4]《盛档之一》,第357页。
[5]《盛档之一》,第361—362、366页。
[6]《盛档之一》,第309页。
[7] 池子华:《红十字与近代中国》,安徽人民出版社2004年版,第139—144页。

盛宣怀除捐助之外,还上书张勋、冯国璋等请求开展赈抚事宜。[1]此举深得江苏都督张勋的赞赏。盛宣怀见状,不失时机地提出归还上海、江宁、宝山三县产业的请求,并再次施展移花接木之计,将去年11月向程德全承诺的二十万元捐款,转给张勋作南京赈抚之用,"捐助水利经费二十万元,原为地方善举之用,现查水利工程并未举办,而金陵振抚需款甚巨,似应移缓就急,改拨应用"。[2]

1913年10月12日,张勋下令上海、宝山、江宁三地发还盛宣怀的产业,同时将盛宣怀所捐的二十万元交由"赈抚局存储应用"。两天后,江宁县知事发布告示,将江宁地产"逐一勘查点交,盛绅照常管业",并要求"盛氏各佃户照旧缴租,不得违抗"。[3]

至此,盛宣怀基本收回了在江苏的产业。

同样是向江苏都督呈请发还家产,为何1912年4月时杳无音信,而12月时就马到成功呢?4月,辛亥革命的余波仍在南方尤其是江苏荡漾。而到了12月,孙中山、黄兴等革命领导人早已"功成身退"。袁世凯、孙宝琦等昔日同僚逐渐掌权,多次强调民国要"兴实业"、"宜以实业为先务"[4],颁布《培元气兴实业令》等,顺应工商业的发展,还在当年11月召开首次全国工商会议,后又陆续颁布了《农林政要》《暂行工艺品奖励章程》等促进工商业发展的法规……国家权势的转移和发展经济的需要为盛宣怀复产创造了操作的空间。

1913年7月起,盛宣怀着手收回浙江的产业——约百亩田产。鉴于自己和浙江都督朱瑞并无深交,早在5月,他就先致函日本驻杭州领事深泽暹,请其在朱瑞面前疏通。在听闻杭州田亩界石多被搬动后,他请出当年办理此事的叶学文赴杭州清查。这些无不显示出年近

---

[1] 朱浒:《滚动交易:辛亥革命后盛宣怀的捐赈复产活动》,《近代史研究》2009年第4期,第125页。
[2]《盛档之一》,第366页。
[3]《盛档之一》,第368页。
[4]《袁世凯全集》第19卷,第722、753页。

穷得不干不净 | 43

七十的盛宣怀心思之缜密。1914年2月，杭县公署发布关于发还盛氏产业的处分令。[1]这表明，盛宣怀在杭州的产业已顺利收回。

盛氏财产中，总值最高的是各处地产，其次是在各公司的股票，其中招商局和汉冶萍股票价值就达四百六十万两，约占盛宣怀一千三百多万两家产的四分之一。[2]

追索地产的同时，盛宣怀也着手索回汉冶萍和招商局的股票。武昌起义后，湖北、江西两省以汉冶萍公司属于盛宣怀私产为由，谋划将其分割接管：湖北议会通过没收汉冶萍总公司盛宣怀股份的议案[3]，两省还任命了相关人员，"欲将汉冶萍公司尽行充公"。[4]

汉冶萍公司原由湖北汉阳铁厂（含大冶铁矿）和江西萍乡煤矿组成。汉阳铁厂在光绪十六年（1890）开办时虽属于官办，但光绪三十四年（1908）改组而成的汉冶萍公司却完全属于商办，尽管还保留着汉阳铁厂的官股。因此，湖北、江西准备接收汉冶萍公司的提议，引起强烈反弹。国内方面，汉冶萍公司向湖北都督府递呈，反对没收提案；袁世凯接任临时大总统后，也不同意湖北方面没收汉冶萍公司。[5]国际方面，一直有合办之心的日本也提出干涉。如此一来，鄂、赣两省没收汉冶萍公司的方案不了了之。

袁世凯虽然反对没收汉冶萍公司，但也不同意汉冶萍公司提出的"国有"方案，对此"不以为然"。[6]最终，在1913年3月29日的汉冶萍股东特别会议上，全体股东一致要求取消先前提出的"国有"方案，主张实行完全商办。盛宣怀在会上被推选为总理，会后又被选为

---

[1] 本段所引，见《盛档之一》，第363、361、364、370页。

[2] 丁士华整理：《盛宣怀遗产分析史料》，《近代史资料》总111号，第176页。

[3]《盛档之一》，第347页。

[4]《朋僚函稿》（下），第1502页；《盛宣怀年谱长编》，第957页。

[5] 孙宝琦在1913年2月4日告知盛宣怀："孙武欲攘夺汉冶萍，项城始终未允。"见《朋僚函稿》（下），第1489—1490页。孙武，湖北革命党人，武昌起义后曾任湖北军政府军务部部长。

[6]《朋僚函稿》（下），第1495页。

1913年发行的汉冶萍煤铁厂矿有限公司股票

董事长。至此，盛宣怀再度掌握了汉冶萍公司的控制权，也借此索回自己在汉冶萍公司的股份。

轮船招商局成立于同治十一年（1872）十一月，最初的经费来自直隶总督李鸿章划拨的制钱二十万串（约合银十万两）。宣统元年（1909），盛宣怀当选董事局主席。第二年，又被清政府任命为董事会会长。宣统三年（1911）初，盛宣怀出任邮传部尚书后，辞去会长职务，但仍然持有招商局的大量股份。

武昌起义爆发后，盛宣怀等人立即以招商局所有局产作抵押向汇丰银行借款一百五十万两，企图以外商贷款为挡箭牌，保护招商局资产不受损失。[1] 南京临时政府成立后，多次动议以招商局作为抵押，向日方借款，以缓解财政紧张局面。[2] 但由于招商局大多数董事们的抵制[3]、黎元洪等人的反对[4]，以及日方突然改变主意要将抵押贷款改为中日合资，加上孙中山很快就解职让位于袁世凯，抵押招商局借款之事最终未成。1913年6月，招商局召开股东大会选举董事会，推选杨士琦为会长、盛宣怀为副会长。至此，盛宣怀收回他在招商局的股份。

1914年7月30日，盛宣怀的盛杏记[5]公司与日本朝日商会在上海签订合同，宣布1912年所签的由朝日商会保护盛氏家族财产合同作

---

[1]《日本外交文书选译》，第353页。

[2] 1911年12月，黄兴等与日本大仓洋行代表谈判，拟以招商局的所有财产为抵押，贷款四百万元，见《日本外交文书选译》，第351页。之后内阁会议又为"筹措军饷，拟将招商局抵押一千万两"。见陈锡祺主编：《孙中山年谱长编》，中华书局1991年版，第635页。

[3] 详见《清朝最后的120天》，第359页。

[4] 黎元洪在给孙中山的电报中说，"招商局为国家之重要交通机构，若以该局为抵押让与外人，则扬子江流域交通事业将悉归于外人掌握之中"，"民国之航权必随之丧失净尽"，"万勿因眼前之小利而轻听外人之甘言"。见《日本外交文书选译》，第364—365页。

[5]《盛档之一》，第360页。盛杏记为盛宣怀的股票登记户名。

废。[1]合同的作废,意味着盛宣怀追索家产之事告一段落。此时,距他1916年4月去世,已不到两年。

秘 诀

客观而言,要想完全复原盛宣怀复产的全过程是相当困难的,毕竟其家产牵扯众多。但仅从前文所述,亦可窥见盛氏治产、为官、做人的秘诀。

挟洋自重。如同当初让英、法、德、美、日五国使馆派出卫兵护送离京一样,复产穷途中的盛宣怀,频频上演挟洋自重的故技。

在资产接连被查封、抵押的同时,避居日本的盛宣怀也在马不停蹄地做着财产保全工作。其中关键的一招,就是将其抵押给外国人。除将轮船招商局抵押给汇丰银行外,1911年12月,人在日本的盛宣怀令其亲信钦其宝将五十一张、约计二百五十多亩地的道契,送至外国领事署保存[2];1912年1月,他在神户给日本三井物业上海支店长森恪寄委任状,令其全权处置自己名下财产;1914年7月的一份合同透露,盛宣怀曾将"苏州、南京、杭州、湖北各地基并江苏各典当以及各市房委托朝日商会保护",以地产为抵押向朝日商会借款,还将在上海租界内所置房产等,"归外人保护,以免为军政府抄没"。[3]

复产受阻时,盛宣怀又动了借日方之力逼迫民国政府归还家产的念头,但因遭到亲信李维格、儿子盛同颐等人的一致反对而作罢。李维格在1912年3月告诉盛宣怀:"断不可借外力,以免再激他变。"盛

---

[1]《盛档之一》,第371页。
[2]《盛档之一》,第322页。道契,指上海租界内的房地产契。道契"是中国官方为解决外国人在上海租界永租土地所需,制作的一种特殊契证,因为此证只有上海海关道有权制发,所以俗称'道契'"。参见赵津:《租界与中国近代房地产业的诞生》,《历史研究》1993年第6期,第102页。
[3]《盛档之一》,第325、371、362页;朱浒:《滚动交易:辛亥革命后盛宣怀的捐赈复产活动》,《近代史研究》2009年第4期,第114页。

同颐也说："骤由日人出面，无论有效与否，恐群起反对……万一决裂，几无立足地。"[1]

抓大放小。为了索回家产，盛宣怀捐出了三十万元（含当铺被抢走的约十万元现款[2]），名下的一千四百多亩田地在1911年11月到1912年12月一年多的时间里也收不到租税。对于这些钱财损失，盛宣怀或出于无奈或出于博名，先后表示不再追索，"虽各处损失甚大，既往难追，姑从缄默"。[3]但和千万家产相比，区区数十万元无疑只是"小头"。盛宣怀的"抓大放小"是相当划算的。

在商言商。孙中山就任临时大总统期间，盛氏主动向孙中山表达敬意。1912年3月8日，他去信对孙中山保全其祖产之举表示谢意，"吴中祖业蒙公保护维持，加人一等……使敝族数百家均沾大德，感泐尤深。相见有期，再容陈谢"。而在孙中山解职后，5月13日，盛宣怀在给孙宝琦的信中如此非议孙中山："项城召中山到京，未必肯来，此君似已不得人心"；6月23日，他向孙宝琦点评孙中山在办实业上是"有理想而无经验，不足与谋也"；9月19日则批评孙中山铁路建设规划"惟其念太奢，恐更无步骤"。[4]

在后来的复产过程中，他又多次吹捧袁世凯"不折一矢而定天下，古今中外无其匹矣""实超轶乎汉高、宋祖而上之，方之华盛顿、拿破仑亦有过无不及""项城实一世之雄，论其才识经验，断无其匹"。[5]袁世凯搬入中南海，本是为躲暗杀。[6]盛宣怀对此也不吝赞扬，

---

[1]《盛档之一》，第263、328—329页。
[2]《盛档之一》，第335—336、356页。
[3]《盛档之一》，第363、365页。
[4] 本段所引，见《盛档之一》，第327、276、543、287页。
[5]《盛档之一》，第286—287、291页；《盛宣怀传》，第540页。
[6] 据其女儿袁静雪所言，袁世凯迁至中南海是为避免再度出现清末东华门外的"东兴楼"炸弹事件。搬进中南海后，袁氏再未出中南海半步，直至1916年病逝。见吴长翼编：《魂断紫禁城——袁世凯秘事见闻》（以下简称《魂断紫禁城》），中国文史出版社2001年版，第19页。

"总统移驻南海,示天下以镇定。此种手段,妙手偶得之"。[1]但这些溢美之词也只是表面文章,1913年盛宣怀在与来访的日本客人笔谈时写的亲笔字条,"大清国政府始终不明白,以致失天下。民国袁世凯甚明白。可惜私心多,公心少,用人未见功效"[2],或许更能透露他对袁世凯的真实看法。

盛宣怀这种两面三刀的做法,早有先例。甲午战争后李鸿章失势,盛宣怀转投张之洞、王文韶,开始接二连三地向挚友抱怨李鸿章"亏待"自己之事,"弟事合肥三十年,从不争牌子,合肥亦抑之使不得进。同患难而不能效指臂之力,可长太息也。……合肥用人,惟恐功为人居。此得人失人之不同也"。[3]

从旁观者的角度,这种前恭后倨的做派,显出盛宣怀德行有亏。但对于商人出身的盛宣怀而言,任何时候都不忘计算成本和收益是其天性之一。只是,治国不能照搬经商那一套。正是因为永远摆不脱成本收益信条,他把"在商言商"的逻辑运用到铁路国有政策中,在川汉铁路公司亏本问题上过于锱铢必较,最终酿成四川保路运动和武昌起义。

老谋深算。复产过程中,盛宣怀抱持"定力",专注于攀附袁世凯,与孙中山虚与委蛇,对黎元洪、黄兴等人则从不看好。

在复产最为艰难的时候,盛国华十分着急,接连提出走黎元洪、程德全、黄兴、陈其美等人的门路以复产,不能只靠袁世凯。5月4日,盛国华告知盛宣怀,自己的朋友罗焕章与黎元洪弟弟交好,愿意从中斡旋,帮助索回汉冶萍公司。据盛国华所转述,罗焕章说,"盛氏产业大半在鄂,非将黎结好不可"。盛国华显然十分赞同罗焕章的观点,多次向盛宣怀指出袁世凯、孙中山靠不住,要结交将来接任总

---

[1]《盛档之一》,第289页。
[2]《盛档之一》,第292页。
[3]《盛宣怀传》,第357页。因是安徽合肥人,李鸿章也被称为"李合肥"。

穷得不干不净 | 49

统的黎元洪,"项城不久,孙既难望,黎必接任,不如趁此结好""临时总统八个月任满,将来正式选举大总统,必为黎宋卿所得。南北舆论均注意于黎"。[1]

黎元洪之外,盛国华也多次建议盛宣怀走江苏都督程德全、沪军都督陈其美、南京临时政府陆军总长黄兴的门路。他信誓旦旦地向盛宣怀保证:自己曾为程德全装修过房屋、购置过家具,有一定的私交,先将黄兴、程德全说通,然后再疏通袁世凯,即可收回产业。5月30日,他告知盛宣怀自己结交了湖北革命党人孙武和张振武,并说张振武此次奉调进京,将受到重用。[2]

对于盛国华的这些建议,除同意罗焕章劝黎元洪不要听信有关自己的传言外,其余的,盛宣怀均未采纳。事实上,张振武进京是黎元洪与袁世凯密谋调虎离山、铲除异己的行为。张氏8月即被袁世凯所杀,也为黎元洪所弃。至于临时大总统届满后,当选正式大总统之人也是袁世凯而非盛国华所看重的黎元洪。

汉冶萍公司和招商局抵押贷款案中,年仅三四十岁的孙中山、黄兴等人最后通牒式的口气,难免让年逾七十的盛宣怀心中不快。就关系而言,大半生在清朝为官的他,自然与袁世凯等北洋系更为亲近。就时局而言,尽管袁氏对自己不免心存芥蒂,但盛宣怀心中一直十分清楚,"袁世凯之外,更无他人"。[3]盛国华如走马灯似的推荐黎元洪、黄兴、张振武诸人,盛宣怀却着力于袁世凯,对比之下,更显出盛宣怀的老谋深算和政治敏锐性。

细心的读者可能会发现,既然盛宣怀如此苦心经营与袁世凯的关系,为何袁世凯没有像对待前山东布政使志森那样直接批示归还盛氏财产呢?显然,盛宣怀家产的复杂程度远超志森,因此袁世凯的谨慎

---

[1]《盛档之一》,第274、275、278页。
[2]《盛档之一》,第281、344、283、284页。
[3]《盛档之一》,第292页。

也在情理之中。况且，志森家产的归还，袁世凯也是批交"国务院咨行浙都督办理"。[1]在流程这点上，袁氏对待志森和盛宣怀是一样的。

长袖善舞。同为袁世凯、盛宣怀亲家的孙宝琦，在盛氏复产期间成了二人之间的重要沟通渠道，为盛宣怀回国与复产助力良多。

但孙宝琦的帮忙显然也不是白帮的。在4月17日的信中，他提到"现借款置得一屋，暂得栖止（仅余二竿[2]现款，以内子珠翠等押得六竿，又以房契押得八竿，房价系一万八千），但食指繁多，日用浩大，南中薄有遗产，进款毫无"[3]，希望盛宣怀帮其从正金银行贷款一万两（每月支五百两），以补贴家用。正有求于孙宝琦的盛宣怀自然立即照办，帮孙宝琦办妥借款事宜。而且，盛宣怀还慷慨地代孙宝琦偿付利息。[4]除此之外，盛氏还帮助孙宝琦向德华银行贷款，聘孙宝琦之兄为汉冶萍筹议员，作为回报。[5]

事实证明，盛宣怀在孙宝琦身上的投资是值得的。此后，孙宝琦出任外交顾问、全国税务会办、外交总长等，地位日益尊崇。1913年10月，即将入阁、出任外交总长的他就在信中对盛宣怀直言："倘得登台，将来于尊处诸事亦可暗为维持。"[6]

盛宣怀投资的民初显贵，远不止孙宝琦一人。前文说过，他曾嘱咐亲信钦其宝将道契等抵押给外国人以求保全。1912年7月，钦其宝告知，沪军都督陈其美"索银五千方可准"。对此，盛宣怀毫无犹豫，"此次五千两，允如所请"。盛宣怀同意的原因，并非支持革命，而是

---

[1]《盛档之一》，第347页。袁世凯在给国务院的批示中有"自应查照原呈发还，俾得自行经理，以彰大公"之语。

[2] 竿，即千，二竿就是两千两。

[3]《朋僚函稿》（下），第1477页。

[4]《盛档之一》，第286页。从1912年5月至12月孙宝琦共领了四千两，1913年2月，孙宝琦出任全国税务会办，月薪一千两，遂停止借款。

[5]《朋僚函稿》（下），第1480、1508页。

[6]《朋僚函稿》（下），第1504页。

想借此结交陈其美，方便自己日后办事。[1]这样的长袖善舞，在盛宣怀借日本人夤缘浙江都督朱瑞、借南京赈灾攀附江苏都督张勋等事上，同样得以证明。

自身尚处穷途的盛宣怀，自然也不会有求必应。无论动机如何，侄子盛国华对盛宣怀复产之事可谓十分上心。但当其请求盛宣怀资助万元办报时，盛宣怀就以缺钱为由婉拒了——精明与算计，可见一斑。

近代以来，中国企业的发展经历了由官办到官商合办或官督商办，而官督商办是晚清最为重要的企业组织形式。光绪十年（1884），在李鸿章的提携下，盛宣怀受命督办轮船招商局，积极践行"官督商办"[2]的近代企业模式。此后，他纵横官商两界，在晚清洋务运动、收复利权运动的背景下，抓住民族资本主义迎来发展小高潮的历史机遇，"用商力以谋官……用官势以凌商"[3]，最终官至阁臣，产业也遍及大江南北，成为有清一代最为成功的红顶商人。

辛亥革命爆发后，被认为是"首恶"的盛宣怀既丢掉了高官身份，又丧失了名下产业的控制权，在官场和商界均遭遇重挫。但1912年民国成立，"经由振兴实业而振兴国家的主张被广为提倡及接受"，北京政府也出台了一系列保护民族工商业的举措和法规。[4]失去"官力"的盛宣怀，虽然一度"穷得不干不净"，但又一次抓住了民族资本主义发展的历史机遇，游走于军、政、商各界，在1912—1916年袁世凯执政、政局相对稳定的时间窗口成功复产。

人不能两次踏进同一条河流，盛宣怀却两次成功抓住了历史机遇。在近代自强求富的浪潮中，盛宣怀的个人命运也是近代资产阶级群体的缩影，映射着晚清以降民族工商业的起起伏伏。

---

[1]本段所引，见《盛档之一》，第348、350页。
[2]《李鸿章全集》，第4079页。
[3]《盛宣怀传》，第6页。
[4]《中国近代通史》第6卷，第489—490页。

身为天下笑
——"逃跑总督"瑞澂的逃亡岁月

博尔济吉特·瑞澂（1863—1912），字莘儒，满洲正黄旗人，大学士琦善之孙，官至湖广总督。武昌起义爆发之时，身为总督的他弃城逃亡，被清廷革职缉拿。民国成立后，百万财产被没收，瑞澂也很快病逝于上海。

治下有当时最先进的汉阳铁厂和兵工厂，手握张之洞苦心训练的数千新军，藩库里躺着两千多万元的存银，湖广总督瑞澂可谓有钱、有人、有枪。但武昌起义甫一爆发，他即上演了弃城逃跑戏码，创大清开国以来总督弃城逃跑速度之最的纪录。逃离起义风暴并未让他延年益寿，武昌起义后第二年，瑞澂去世，年仅五十岁。当时影响力最大的《申报》嘲笑道：民国得以成立，"莫非瑞澂之功"。[1]

---

[1]《申报》1912年7月20日，第9版。

罪臣之后

瑞澂,满洲正黄旗人,同治二年(1863)出生于官宦世家:祖父为道咸年间大学士琦善,父亲恭镗官至黑龙江将军,兄长瑞洵为光绪十二年(1886)进士,曾任乌里雅苏台参赞大臣。

琦善是中国近代史上大名鼎鼎的人物,三十岁便出任河南巡抚。道光二十年(1840),第一次鸦片战争爆发,时为两广总督的琦善被指擅将香港岛许予英国并同意通商。道光帝为此免去其钦差大臣、两广总督之职,押送京城治罪,"褫职逮治,籍没家产"。[1]刑部论罪,定为当斩,但道光帝念情开恩,改为发往浙江军营效力。道光末年,琦善重新出山,历任巡抚、总督、协办大学士。咸丰三年(1853)以钦差大臣身份督剿太平军,死于任上,被追赠为太子太保。琦善的经历,可以说是政坛上东山再起的一个传奇。

少年的瑞澂同众多八旗子弟一样纨绔成性,一度与劳子乔、岑春煊并称"京城三恶少"。[2]光绪年间,皇帝念及琦善之功,特准瑞澂入国子监读书。此后,瑞澂改过自新,发愤攻读,最终如愿以偿,步入官场。[3]

光绪十一年(1885),二十三岁的瑞澂以贡生报捐笔帖式,分发刑部行走,十月补授督捕司笔帖式。[4]有趣的是,当年琦善步入官场的第一个职位,也是在刑部。循着祖父的足迹,瑞澂开始了其仕宦人生。

---

[1]《清史稿·列传一五七》,第11503页。
[2]劳子乔的父亲劳崇光在同治年间曾为署两广总督、云贵总督,劳子乔后为御史;岑春煊是云贵总督岑毓英之子,后官至两广、云贵、四川总督和邮传部尚书。
[3]杨飞、乔海东:《清末湖广总督瑞澂的多面人生》,《文史天地》2012年第4期,第66页。
[4]中国第一历史档案馆编:《清代官员履历档案全编》第6册,华东师范大学出版社1997年版,第393页。笔帖式为满语译音,即文书官,官阶一般为未入流至七品,主要职责是抄写,汉、满文翻译。督捕司主要负责八旗及各省驻防逃人之事。

清代官员履历档案显示，从光绪十一年入刑部到光绪二十七年（1901）被授江西广饶九南道（俗称九江道），瑞澂的京官生涯共十六年，大部分时间在刑部就职，短暂在神机营、户部、会典馆、步军统领衙门等处当差。[1]在前十五年的考核中，尽管瑞澂曾有两次京察一等[2]，但始终未获重用。直到光绪二十六年庚子国变，慈禧太后、光绪帝两宫西逃后，瑞澂因留守京城帮助善后而经奕劻推荐，终获外任。

光绪二十三年（1897），因在考评中被记为京察一等，有近百名四五品官员被引见，除瑞澂外，还有宣统年间知名的冯汝骙、那桐、宝棻、庞鸿书等人。[3]四年过去了，当瑞澂外放九江道时，那桐已为户部、礼部侍郎，从二品；冯汝骙为青州知府，宝棻为户部郎中，庞鸿书为直隶大名道。而同为"京城三恶少"的岑春煊因护驾有功已被任命为从二品的山西巡抚。可以说，瑞澂的仕途发展属于同代人的正常水平，并没有那桐、岑春煊那样的"异数"。

良吏声名

从光绪二十七年七月至光绪三十二年（1906）二月，瑞澂在九江道上任职达四年之久，这是他地方官生涯中任期最长的一任。任职期间，他尤重警政建设：仿直隶、湖北两省警察章程，设立九江警察总局；开办警察学堂，饬令警察分段巡防，开江西风气之先。[4]瑞澂重视警务，应与他庚子年间在京城受庆亲王奕劻委派，同日本人川岛浪速办理巡捕学堂等经历有关[5]，而在九江的实践也为他后来在上海

---

[1]《清代官员履历档案全编》第6册，第393—394、685—686页。
[2]清代对文武官员每三年考绩一次，京官称为京察，外地官员称为大计。考核成绩分为称职、勤职、供职三等，一等记名有升任外官的优先权。参见孙永都、孟昭星：《简明古代职官辞典》，北京图书馆出版社1987年版，第78页。
[3]《德宗实录》卷四一〇。
[4]《申报》1902年12月17日，第2版。
[5]参见本书"处世若大梦，胡为劳其生——庆亲王奕劻的优渥与悲凉"章。

推广警政张本。瑞澂在江西官声还算不错,因此当他出任苏松太常道(俗称上海道)时,舆论称赞其"卓卓然为近今之良吏"。[1]

为期约一年半[2]的上海道是瑞澂仕途的亮点。他不仅禁绝了上海的鸦片,而且推动创办了景德镇江西瓷业公司,还在上海结识了犹太富商哈同。这恰好为其在武昌起义后逃离武汉、避居上海"埋下了伏笔"。

甲午战后,国内瓷器市场持续低迷,且有逐渐被外瓷攘夺之势。早在光绪二十二年(1896),两江总督张之洞就上折提议"集股兴办"江西瓷业公司,仿制西式瓷器。[3]尽管按张之洞等人的推算,有此公司中国每年可赚银千万两[4],但由于资金筹集困难,历经十年之久,江西瓷业公司依然是纸上楼阁。光绪三十二年六月,江西瓷业公司总办兼洋务局江西补用道李嘉德赴上海招集商股,拜访上海道瑞澂,后者提议将瓷业公司由官督商办改为集股商办,"定名为商办江西瓷业有限公司,议集股本银二十万元,每股五元,计四万股,由发起人分认一万五千股,俟批准后再行承集二万五千股"。[5]与此同时,瑞澂还慨允集股招商事务,首先以身作则,出资三万元购买瓷业公司股票[6],又找上海总商会总理曾铸、南通实业家张謇等入股。[7]

---

[1]《申报》1906年3月5日,第2版。
[2]瑞澂于光绪三十二年二月正式接任,光绪三十三年八月调补江西按察使。
[3]苑书义、孙华峰、李秉新主编:《张之洞全集》第2册,河北人民出版社1998年版,第1148页。
[4]《张之洞全集》第2册,第1147—1148页。
[5]端方:《端忠敏公奏稿》卷八,文海出版社1967年版,第1002页。
[6]《申报》1912年3月9日,第6版。
[7]《张謇全集》编纂委员会编:《张謇全集》第8卷,上海辞书出版社2012年版,第634页。《景德镇陶瓷史稿》也记载:"这个公司原为官商合办,为张季直、袁秋舫、瑞莘伯(瑞征)等所发起。"见江西省轻工业厅陶瓷研究所编:《景德镇陶瓷史稿》,生活·读书·新知三联书店1959年版,第270页。张謇,字季直;袁蔚章,字秋舫;瑞澂,字莘儒,原书误为瑞征。

身为上海道的瑞澂,为何要主动承担为江西瓷业公司招商这"分外"事呢?原来,瑞澂担任九江道时就对国内瓷器市场逐渐被外国瓷器抢夺的现状颇为担忧,助力瓷业公司成立意在振兴江西乃至国内瓷业。[1]此外,还有一个原因,那就是瑞澂有朋友熟悉瓷器行业,自己有信心搞好此公司。[2]

经过瑞澂的积极介入,江西瓷业公司迅速筹集到启动资金,于光绪三十四年(1908)五月正式开工生产,并将原清御窑厂收入囊中。产品一开始销路甚广,还于宣统二年(1910)获南洋劝业会头等奖。[3]尽管瑞澂曾多次为瓷业公司担保向票号、银行借款,请求官府拨银[4],以缓解资金紧张问题,但因资金先天不足,瓷业公司经营很快陷入委顿,只能艰难维持。[5]1949年后,政府接收该公司,在原有基础上建立了新中国第一个国营瓷厂——建国瓷业公司,后更名为景德镇市建国瓷厂。

瑞澂任上海道时更值得称道的政绩是禁烟。其祖父琦善在直隶总督任内曾大张旗鼓地展开禁烟行动,后来因为鸦片战争而丢官。瑞澂一家,可以说与鸦片颇有"缘分"。

光绪三十二年八月初三日,清政府颁布禁烟上谕:"着定限十年以内,将洋土药之害,一律革除净尽。"随后又出台了包括"限种罂粟、颁给牌照、勒限减吸、禁止烟馆"等十一条禁烟办法。[6]光绪三十三年十月,中英双方达成协议,自第二年起,英属印度输入中

---

[1] 詹伟鸿:《资金短缺困境下的清末民初民族工业》,《城市史研究》第37辑,第112页。
[2] 《申报》1906年8月3日,第4版。
[3] 詹伟鸿:《资金短缺困境下的清末民初民族工业》,《城市史研究》第37辑,第114页。
[4] 《申报》1913年12月22日,第4版;《申报》1910年4月17日,第1张后幅第4版。
[5] 公司原拟筹股四十万元,后来实收股本只有二十万元。见《景德镇陶瓷史稿》,第270—271页。
[6] 本段所引,均见《德宗实录》卷五六三。

国的鸦片每年减少十分之一,试行三年,"若此三年之内,中国果于栽种及吸食实行减少,则本国政府允认三年限满,仍行照前减少"。[1]这意味着:如果中国禁烟有效,十年内英国将禁绝印度非药用鸦片向中国(香港地区除外)的输入。

在此背景下,瑞澂开始在上海禁烟。但此时的上海已形成美、英、法等外国租界与中国地方政府分割管理的局面,中外交涉纷纭。瑞澂沿用在京师和九江的有效做法,组建警察队伍负责查禁鸦片。此举收到奇效,上海辖区内吸食、贩卖鸦片的现象大为减少。

总体上,瑞澂任上海道的表现为外界称道。光绪三十二年十二月,留沪办理商约的工部尚书吕海寰上折保举瑞澂"明敏刚决,有胆有识,实为近来不可多得之才"。[2]此后,瑞澂走上了仕途"快车道":在光绪三十三年(1907)八月由四品的上海道升任正三品的江西按察使;三个月后调任江苏按察使;不到一个月即改任江苏布政使,官至从二品。八月到十二月,四个月时间,瑞澂由四品至从二品,连升三级。不仅如此,因在江苏布政使任上"剿办枭匪出力",光绪三十四年(1908)三月清廷"赏瑞澂正一品封典"。[3]

奇怪的是,就在恩眷正隆之际,瑞澂却于宣统元年(1909)三月,以"因劳致疾"[4]为由奏请解职。

请辞的原因,一种说法是遭遇丧妻之痛——瑞澂原配为载泽之

---

[1] 王铁崖:《中外旧约章汇编》第2册,生活·读书·新知三联书店1959年版,第446页。

[2] 中国第一历史档案馆藏:《军机处录副档》(以下简称《录副档》),档号:03-5471-055。

[3] 《德宗实录》卷五八二、五八四、五八八。当时,江浙交界的太湖一带枭匪猖獗,对过往商旅造成极大的危害。督办苏松太杭嘉湖捕务的瑞澂为此组建太湖水师,经过三个月的努力,终于将贼匪头目夏竹林、余孟亭等先后剿除,安定了地方。见《端忠敏公奏稿》卷十一,第1382—1383页。

[4] 《宣统政纪》卷一一。

妹，光绪三十四年去世。[1]但封建社会并无为妻守孝的礼制，此说法过于勉强。另一种说法是身体原因。据其续弦廖克玉介绍，瑞澂有气喘病[2]；《申报》在报道瑞澂去世消息时也说其"素有痰厥之症"[3]。但这些都是慢性病，况且此时瑞澂仅四十七岁，年富力强，"因劳致疾"显然只是借口。

背后真实的原因，其实是瑞澂对职务安排不满。此时，昔日在同一起跑线上的冯汝骙已是浙江巡抚，尽管同为从二品，但巡抚职位显然要比布政使更加重要。至于那桐，已官至一品大学士。瑞澂见此，难免心生不满，"遂称疾，乞解职"。[4]

机缘凑泊，两个月后，江苏巡抚陈启泰因病去世，瑞澂以布政使实授江苏巡抚。[5]正式步入督抚行列的他，"病"势立痊，欣然赴任。

五月，瑞澂接任巡抚。九月底，清廷举办慈禧奉安大典，直隶总督端方被参奉安大典时有派人沿途照相、乘舆横冲神路、借风水墙内树木架设电线等违例行为。[6]十月，清廷革去端方之职，调湖广总督陈夔龙为直隶总督，出任巡抚不到半年的瑞澂升署湖广总督。

署理湖广总督，让瑞澂超越同侪冯汝骙等人，成就了他仕宦生涯的最高峰。但也是在湖广总督任上，他跌落至人生的最低谷。

逃跑总督

湖广总督正式官衔为总督湖北湖南等处地方提督军务、粮饷兼巡抚事，正式简称为湖北湖南总督，因湖南、湖北两省在明朝时同属湖

---

[1]《申报》1908年4月16日，第5—6版。一说瑞澂为载泽姐夫，见《恽毓鼎澄斋日记》第2册，第567页。
[2]瑞澂丧偶后，娶曾任江西游击一职的廖兆熊十六岁的独生女廖克玉为续弦。
[3]《申报》1912年7月20日，第7版。
[4]连振斌：《〈清史稿·瑞澂传〉补正》，《满族研究》2017年第1期，第97页。
[5]《宣统政纪》卷一三。
[6]《宣统政纪》卷二三。

广省，因此通称为湖广总督。湖广总督治下的武汉当时是长江流域除上海之外最大的商都，也是中国内地的经济核心。让瑞澂担任此职，足见清廷对其之倚重。

然而，瑞澂似乎并不情愿赴武昌就任。任命谕旨十月就已送达，他也于月底正式交卸[1]，但尽管清廷频频催促、湖北军民引颈翘首，他却以看病为由，在上海盘桓了三个月之久[2]，直至宣统二年（1910）二月才溯江西上，接署湖广总督。养病期间，还以"病尚未瘳"为由两度请求清廷收回成命，上任之后，又在十二月以"患病日深"为由恳请开缺。[3]

宣统元年，瑞澂四十七岁。其祖父琦善曾在四十多岁时因处理教案不力而被道光帝革去花翎、降为三品顶戴留任。此时的瑞澂，一反常态、迟迟不肯上任，是不想重蹈祖父的覆辙，还是已经嗅到湖广革命风潮的气息？

接任湖广总督后不久，震惊中外的长沙抢米风潮发生。当时湖南由于遭受特大水灾谷米严重歉收，供应本省已经不足。同样因水灾歉收的湖北等省仍沿袭过去的办法，前往湖南采购粮食。除此之外，外国商人也携资前来买米，"他们取得湖南巡抚岑春蓂的同意，并经清政府外务部批准，竞相携带巨金，来湘抢购"。[4]国内外争相抢购使得湘米大量外流，湖南粮荒日益严重，长沙米价曾一度突破每石八千文大关。粮价高涨，引发抢米风潮，愤怒的饥民"焚毁衙署学堂，波及教堂"。[5]瑞澂下令严捕带头闹事饥民的同时，以"事前疏于防范，临时又因应失宜"等为由，于宣统二年四月参革湖南巡抚岑春蓂等高

---

[1]《申报》1909年12月12日，第1张后幅第3版。
[2] 瑞澂先后于宣统元年十月、十一月和宣统二年正月上折请假，清廷赏假八十天令其在上海就医，见《宣统政纪》卷二三、二六、三〇。
[3]《宣统政纪》卷二三、三〇、四七。
[4] 杨飞、乔海东：《清末湖广总督瑞澂的多面人生》，《文史天地》2012年第4期，第68页。
[5]《宣统政纪》卷三三。

官。[1]一番雷霆手段之下，瑞澂声势日盛，加之其姻亲载泽掌管度支部，一时间竟有超越八大总督中最为位高权重的两江总督和直隶总督之势。

平息长沙抢米风潮后，瑞澂于宣统二年五月实授湖广总督，到第二年八月二十一日因弃城逃跑被革职留任止，在鄂督位上任职约一年半的时间。

宣统三年（1911），东三省鼠疫爆发并蔓延。鉴于汉口是当时的交通枢纽、繁华口岸，为防止疫情输入，瑞澂于二月下令在汉口大智门和广水两个火车站设立防疫办事处，查验往来旅客。[2]对这一有先见之明的防疫举措，清廷予以肯定，下旨赞扬的同时，令户部下拨专项经费帮助湖北防疫。进入三月，鼠疫得到控制，瑞澂在停撤防疫所的同时，将结余的经费用于创办湖北卫生医院。防疫一事，既得到了清廷褒奖，又使得湖北获得经费之实，可谓名实俱得，相当高明。

太湖剿匪、长沙抢米事件展示了瑞澂的手段，上海禁烟体现了瑞澂的精明，武汉防疫彰显了瑞澂的远见。但武昌起义时弃城逃跑，则表明瑞澂临大事时缺少拙守和担当。

武昌起义属于猝发事件，在应对处理时，瑞澂本占得先机。

八月初三日，湖北革命党人议定于中秋节起义，推蒋翊武为临时总司令，孙武为参谋长，刘公为军政府总理。但很快，武汉三镇盛传"八月十五杀鞑子"之说。为此，湖广总督瑞澂下令加强戒备，各军将中秋节"例赏酒肉提前发给各营"，中秋节改在八月十四日过。[3]如此一来，起义总指挥部被迫将起义日期改至八月二十日。

八月十八日午后，孙武等人在俄汉口租界宝善里装配炸弹，为起义做准备，但却不慎发生爆炸，孙武被炸伤入院治疗，刘公机智逃

---

[1]《宣统政纪》卷三五。
[2]《宣统政纪》卷四九。
[3]中国人民政治协商会议湖北省委员会编：《辛亥首义回忆录》第二辑，湖北人民出版社1980年版，第72页。

脱。闻声赶来的俄国巡捕发现了炸药等物，又"用斧把大柜砍开"，搜走名册、旗帜、文告、盖印纸钞等，抓走刘公之妻及弟弟刘同等人，并引渡给清方。[1]瑞澂即令闭城调兵，按照搜到的革命机关地址和党人名录，大肆搜捕革命党人。

同一时间，蒋翊武、刘复基等人在武昌小朝街八十五号起义指挥部召开新军各标营代表会议，说服各代表同意将起义日期延至阴历九月底。可是，人算不如天算，宝善里失事的消息传来，是否立即起义，蒋翊武和刘复基争执不下。情急之下，刘复基一度拔枪，"说服"临时总司令蒋翊武发布命令，定于十八日夜半发动起义。

十八日傍晚，蒋翊武、刘复基等在指挥部等候各营起义。当晚十一点，第八镇统制张彪亲率巡防兵、督院卫兵数十人至小朝街，抓获刘复基、彭楚藩等人。蒋翊武因蓄有长辫、着白布长衫且满脸村气，未被注意而乘间逃脱，而后杨洪胜等三十多位革命党人也被捕。

瑞澂坐镇，军事参谋官铁忠连夜主审，八月十九日凌晨五点将刘复基、彭楚藩、杨洪胜三人杀害。当日上午，军警继续在汉口、汉阳、武昌按图索骥，搜捕革命党人，"使侦骑四出，闭城搜索，大破武汉秘密机关"。[2]瑞澂则一面出示布告，晓谕革命党人"自首"；一面向朝廷奏报自己破获革命党人多处机关、抓获革命党三十二名、起获多件军火炸弹等功劳。在奏折中，瑞澂洋洋得意，"于本月初旬即探闻有革命党匪多人潜匿武昌汉口地方，意图乘隙起事，当即严饬军警密为防缉。虽时传有扑攻督署之谣，瑞澂不动声色，一意以镇定处之"，如今"所幸发觉在先，得以即时扑灭"。[3]

然而，风云突变，宣统三年八月十九日（1911年10月10日），

---

[1] 档案显示，八月十八日前，俄方驻汉领事馆就应清方之请，严密监视宝善里一带。见冯天瑜、张笃勤：《辛亥首义史》，湖北人民出版社2011年版，第235页。
[2] 中国人民政治协商会议湖北省委员会编：《辛亥首义回忆录》第四辑，湖北人民出版社1981年版，第29页。
[3] 中国史学会主编：《辛亥革命》（五），上海人民出版社1957年版，第289—290页。

武昌起义后,仓皇逃跑的清方官吏

武昌起义爆发。数百名起义士兵在秋夜细雨中攻打湖广总督署。惊惶之下,瑞澂令人凿开督署后花园围墙,穿洞而出,逃至停泊在长江上的"楚豫"兵轮。尽管城中尚有五六千自己的心腹部队,数量远超起义官兵,但瑞澂毫无斗志,顺江东逃,先避于九江,后又乔装藏匿于外国轮船逃往上海。交了三千银元保护费后,瑞澂躲入犹太富商哈同(Silas Aaron Hardoon)所建的爱俪园。[1]

就事论事,假若瑞澂处置得当,武昌首义的结果或难逆料。起义爆发之际,不仅全国性革命领袖孙中山、黄兴、宋教仁等人都不在现场,就是湖北革命党首领也无法有效指挥。由于清廷的搜捕,刘公避于汉口不能出,孙武因伤就医,蒋翊武在逃未返,彭、刘、杨三人已成烈士,起义领导机关还被破获。但由于起义甫一爆发,身为湖广总督的瑞澂和湖北提督张彪即仓皇出走,湖北方面的高官如布政使连甲、提学使王寿彭、交涉使施炳燮、巡警道王履康均微服出城,提法

---

[1]《清朝最后的120天》,第134—140页。三千银元保护费的说法,来自瑞澂的续弦廖克玉,见廖克玉口述,王铿整理:《哈同夫妇轶事点滴》,《社会科学战线》1979年第3期,第161页。

使马吉樟、劝业道高松如、盐法道黄祖徽等又不知下落。一众高官出逃，省城武昌群龙无首，仓促发动的起义就这样一举成功，而后汉阳、汉口也相继不保。

瑞澂弃城逃跑，按律当斩。[1]但由于其妹夫、度支大臣载泽的庇护，清廷最初只是将瑞澂撤职留任，令他戴罪图功。获悉瑞澂逃至上海后，清廷才下旨让两江总督张人骏拿问瑞澂、押送来京。但因瑞澂所住的哈同花园位于租界之内，囿于治外法权，瑞澂实际上始终逍遥法外[2]，直至1912年病逝。

关于辛亥革命后的瑞澂，资料较少。据当时的报道，逃往上海后的瑞澂，曾短暂避至日本，后因病回沪，不久病逝。

至于瑞澂去世的时间，一直有1912年和1915年两种说法。

《清史稿》记载，辛亥革命后，"瑞澂居上海四年，病卒"。[3]辛亥革命后四年，即1915年。徐铸成先生在《哈同外传》中写道：瑞澂在上海，一直被哈同保护在爱俪园里。哈同先是摆酒给他压惊。之后，又拨了一部分房子，让他全家居住安享清福，直到1915年，瑞澂做了四年寓公之后死去。[4]

陈旭麓等编的《中国近代史词典》中"瑞澂"条则认为瑞澂死于1912年，"武昌起义爆发，弃城逃往上海。清廷以失守武昌、潜逃出

---

[1]咸丰十年（1860）太平军二破江南大营，时任两江总督的何桂清弃常州出逃，后被慈禧下旨处斩。
[2]各国租界实际上成为在中国领土上不受民国政府管辖、不施行民国政府法律的特殊地区，"在外国租界内逮捕不论是否受外国人雇用的中国居民，惯例都是要求中国官厅须取得首席领事在拘票上的副署，并由外国警察实际执行逮捕"。见胡雪涛：《近代天津寓公群体研究（1912—1937）》，华中师范大学博士学位论文，第21页。
[3]《清史稿·列传二五八》，第12814页。
[4]徐铸成：《徐铸成传记三种》，学林出版社1999年版，第374页。费行简在《近代名人小传》中也写道：瑞澂到上海后"家居不出，民国四年死"。见费行简：《近代名人小传》，文海出版社1967年版，第321页。

省，曾下令逮治，他置之不顾。不久病卒"。[1]

据《申报》的有关报道，瑞澂死于1912年的说法应该更为准确。1912年7月20日，《申报》曾以《可惜多活十个月》为题报道瑞澂去世："前清鄂督瑞澂去秋该省民军起义后，始则潜匿外国兵轮，继则挟资逃往东洋，后又因素有痰厥之症，该处医药不甚合宜，遂即回沪，仍居小沙陀住宅内。近因旧病复发，药石罔效，于前日作古，业已棺殓。"[2]同日"自由谈"栏中有《前清逃督瑞澂昨日卒于沪寓，戏拟废帝谕旨以吊之》的游戏文章，戏谑嘲讽瑞澂"庸懦软弱，昏迈糊涂"。[3]1913年，瑞澂之子国华（国润章）[4]为追讨其父存于江西瓷业公司的一万五千两白银，将江西瓷业公司分销处告上法庭。11月2日，《申报》在报道此事时，就以"已故前清鄂督瑞澂之子"[5]来称呼国华。12月22日，国华在《申报》上刊登《抵店声明》，声明江西瓷业公司为偿付当年由瑞澂担保所借的两万多两银，已将公司在上海的一家店面抵给他偿债。声明中，国华称瑞澂为"先父"[6]，这足以证明瑞澂已于1912年去世。

身为天下笑

清廷谕旨曾多次夸瑞澂"办事认真"[7]、"力任劳怨，认真办

---

[1] 陈旭麓、方诗铭、魏建猷主编：《中国近代史词典》，上海辞书出版社1982年版，第706页。
[2] 《申报》1912年7月20日，第7版。
[3] 《申报》1912年7月20日，第9版。
[4] 据北洋政府陆军部档案，国华后来成了宗社党在上海的首领。宗社党以推翻民国、复辟清室为己任。见《中华民国史档案资料汇编》第五辑第一编·政治（一），第636—637页。
[5] 《申报》1913年11月2日，第10版。
[6] 《申报》1913年12月22日，第4版。
[7] 《宣统政纪》卷二三。

事"[1]，英国驻华公使朱尔典（John Newell Jordan）曾称瑞澂为"担任地方官职的最能干的满族人"[2]。但其实，瑞澂为政有着浓厚的作秀成分。

光绪三十四年十一月，刚刚交卸江苏巡抚不久的瑞澂上折提出以十五年为期、强大清朝海军的计划。这个宏大的计划，包括设立工科大学、在沿海七省设立海军中学培养海军人才，开炼钢铁为造船准备材料等。但据其测算，上述计划中，教育费需两千零九十多万两、制造费等需一千多万两，两项共需三千多万两，占清廷财政收入的十分之一[3]，由十八个行省平摊，每年每省需分摊将近十二万两。[4] 耗资如此巨大的计划，对于财政紧张的清廷来说，无疑只是华而不实的蓝图。

瑞澂力推新政，就任湖广总督不久，即裁撤局所，参革巡警道冯启钧、劝业道邹履、湖北候补道黄厚成等人。然而，宣统二年十一月，曾在武昌久居的郑孝胥重游旧地后，却在日记中写下"武汉情状如昔，殊无进步"[5]之语。

瑞澂外示清廉，内则营私。宣统元年二月，时任江苏布政使的他向两江总督端方举报，江苏补用道李本森派人给他送来贿银一千元。端方奏请将李本森革职的同时，赞扬瑞澂"清介自持，风裁峻整，从无人敢以私干"。[6]而据其续弦廖克玉所述，任职上海道期间，瑞澂在官面上积极禁烟，私下里竟是鸦片屡禁不绝的帮凶。鸦片贸易商们为保证能够在贸易额度日益削减的情况下获得充足的货源，纷纷囤积

---

[1]《宣统政纪》卷四七。
[2] 胡滨译：《英国蓝皮书有关辛亥革命资料选译》上册，中华书局1984年版，第35页。
[3] 据袁世凯、民初财政总长熊希龄和《清史稿》的测算，宣统三年清廷岁入为2.6亿至2.9亿两左右，参见《清朝最后的120天》，第315—316页。
[4]《宣统政纪》卷二三。
[5] 郑孝胥著，劳祖德整理：《郑孝胥日记》第3册，中华书局1993年版，第1293页。
[6]《端忠敏公奏稿》卷十三，第1605页。

鸦片,据说仅哈同就囤积了五吨鸦片,直到卖价大涨才出售。信任哈同的中国官员们把约一百万元借给他投资鸦片贸易,哈同除归还本金外,还将收益的一部分作为酬报。这些中国官员中,就有上海道瑞澂。为偿付庚子赔款,清廷曾令各省分期解款集中上海,再由上海道汇总缴送各国。这笔赔款,为数甚巨,上海道可以压下数天,或十数天。瑞澂任上海道时就曾把这笔赔款的一部分,或存哈同处生息,或借给哈同购买鸦片,因此获益颇丰,"虎伥相倚、狼狈为奸,彼此分润各得其所"。[1]不仅如此,瑞澂还在江西瓷业公司拥有股份,在九江等地购有多处房地产[2],在山西钱庄"合升园"有存款百万。[3]巧合的是,其祖父琦善也是如此。当年负责查抄琦善家产的奕经曾在奏折中披露:尽管当时律例严禁,但道光四年至六年(1824—1826),琦善曾以家仆名义,出资六万串,入股山西商人所开当铺。[4]

从琦善到瑞澂,如出一辙的敛钱手段,不仅让人感慨瑞澂家族一脉相承的贪腐,也不禁对清朝制度之弊掩卷长思。

瑞澂以贡生笔帖式之资,由京官到外官,由道台至督抚,前后二十六年。署理江苏巡抚仅半年即升调署理湖广总督,瑞澂实际上并没有经过一省或数省政务的充分历练,无论在九江推广警政,在太湖剿匪还是在上海禁烟,这些都不是事关全局的工作。天性精明而缺少历练,使得瑞澂在关键时刻当断不断,面对危机无法镇静处置。就武

---

[1] 廖克玉口述,王铿整理:《哈同夫妇轶事点滴》,《社会科学战线》1979年第3期,第161页。

[2] 辛亥革命爆发后,瑞澂在江西的财产多被民国政府没收。江西都督曾派人查封江西瓷业公司,将公司款项及货物运往南昌,以充军饷,其中就有瑞澂的三万元股份。见《申报》1912年3月9日,第6版。此外,瑞澂在九江及庐山黄龙寺、御碑亭等地购入的多处房地产也为民军没收。后经国华呈请,民国政府于1914年发还瑞澂在江西被查封的财产。见《申报》1914年3月27日,第7版。

[3] 李庆南:《清末最后三任湖广总督小传》,《武汉文史资料》2014年第8期,第32页。

[4] 茅海建:《天朝的崩溃:鸦片战争再研究》(修订版),生活·读书·新知三联书店2014年版,第3页。

昌起义而言，宝善里爆炸案前，瑞澂根据各处迭次密报，已知晓新军各标营多革命党人，并为此采取了相应的防范措施，分散革命党人的力量。这一举措，可谓得当。武昌起义前夕，他也侦知湖北革命党人要起事的消息，立即下令搜查，抓获革命党人数十名，搜得党人名册，其中有不少军人。据廖克玉回忆，究竟是根据查到的名单把各营新军中的革命党头目一网打尽，还是将党人名册一把火烧掉以安军心，"瑞澂犹豫不决，名册既不肯烧，调兵遣将又太慢，结果使革命党人赢得了一天宝贵时间"。[1]

张之洞在湖北练兵十多年，以一省的财力，苦心经营，练成一支装备优良的湖北常备军。光绪三十年（1904），兵部左侍郎铁良奉旨检查各省军队后奏报："湖北常备军编练不久，军容焜耀，已壮观瞻，洵可为沿江各营之冠。"[2]据统计，湖北军政府成立之初，清点湖北藩库、官钱局、造币厂，共接收白银、银两、纸币等多达两千万元。[3]在如此兵精粮足的情况下，起义甫一爆发，瑞澂就不战而弃城逃走，使得偶发的武昌起义获得了不期然的重大胜利。自此，蝴蝶扇动翅膀，统治中原二百六十八年的清王朝迅速土崩瓦解。到了民国，赵尔巽等人编修《清史稿》时，将瑞澂定为清亡之"罪首"："鄂变猝起，瑞澂遽弃城走，当国优柔，不能明正以法。各省督抚遂先后皆不顾，走者走，变者变，大势乃不可问矣。呜呼！如瑞澂者，谥以罪首，尚何辞哉？"[4]

宣统三年九月初五日，已经逃到上海的瑞澂给清廷上折，解释说自己之所以要从九江逃往上海，一是因为九江兵变后革命军悬赏二十万元购其头颅；二是"楚豫"兵轮子弹无多，兵心涣散，士兵怕

---

[1] 全国政协文史资料研究委员会编：《辛亥革命回忆录》第八集，文史资料出版社1981年版，第476页。

[2] 罗尔纲：《晚清兵志》第3卷，中华书局1997年版，第187页。

[3] 《辛亥首义史》，第369页。

[4] 《清史稿·列传二五八》，第12814页。

成为众矢之的,甚至不愿他在舰上,瑞澂"无兵无将,委实无法可施"。至于苟活的原因,瑞澂的解释是为满族多留一种,可谓奇葩,"以瑞澂衰病之身,一死诚何足惜;第念际此种族革命,以人之多寡为消长,在彼族方冀我族多死一人,即少一敌。且与其以身饲匪,上亵国威,何如伏阙请诛,借彰宪典"。[1]将自身的生死上升到关乎与革命军作战能否胜利的高度——脸皮厚如瑞澂者,洵属少见。

1912年瑞澂去世时年仅五十岁。他死后,《申报》如此刊文讥讽:"宣力有年,忠心误国。去年革命军起义,该督深识机宜,绾城逃避,卒使民国成立、五族共和。溯本追源,莫非瑞澂之功。"[2]瑞澂在江西、上海当道府时,政声卓著,然而,能够胜任道台,未必能当好督抚,最终身败名裂。

亡身、辱祖、误国,成了对瑞澂的定评。不仅自己身为天下笑,甚至辱及门楣。清功臣馆总纂恽毓鼎在日记中批评,"三百年来弃城逃走之速,瑞澂首屈一指矣"。恽毓鼎对瑞澂的痛骂,还捎上了其祖父琦善,"瑞为宣宗朝已故两广总督大学士琦善之孙,英吉利之陷广州,琦善实启之,固失地辱国之世家也。真所谓谬种流传矣"。[3]

---

[1] 本段所引,均见《清政府镇压武昌起义电文一组》,《历史档案》1981年第3期,第26页。
[2] 《申报》1912年7月20日,第9版。瑞澂生前,就有人编戏《鄂州血》对其进行嘲讽,甚至还有满洲青年贵族组织"暗杀团"欲对其进行暗杀。详见《清朝最后的120天》,第134—140页。
[3] 《恽毓鼎澄斋日记》第2册,第552页。

复辟

民国初年一共发生了五次帝制复辟，分别是第一次"满蒙独立运动"、"癸丑复辟"、第二次"满蒙独立运动"、袁世凯称帝，以及张勋复辟。五次复辟，无一例外均以失败告终。除袁世凯称帝外，两次"满蒙独立运动"由善耆主持，"癸丑复辟"由溥伟在青岛发动，第二次"满蒙独立运动"和张勋复辟升允都参与其中。

古有申包胥哭秦庭复楚国，民国有思恋故国的善耆、溥伟、升允，散尽家财、赔上家眷、耗尽生命去奔走复辟，虽未能将溥仪再次扶上金銮殿，但犹如一场接力赛，前仆后起……

帝乡回首梦魂中[*]
——"悲剧斗士"肃亲王善耆

爱新觉罗·善耆（1866—1922），字艾堂，满洲镶白旗人，第十代肃亲王，历任崇文门正监督、民政部尚书、皇族内阁大臣等职。辛亥革命后，成为宗社党骨干，后逃至旅顺，借助日本势力图谋复辟，以失败告终。

末代肃亲王善耆为皇太极长子豪格后裔。豪格勇武善战，随同多尔衮转战各地，征蒙古、察哈尔，平陕西、四川，并亲自射杀明末农民起义领袖张献忠于西充峡谷中，后被封为和硕肃亲王，是清初八大"世袭罔替"亲王[1]之一。豪格一生，多次被降为郡王或被削爵，后因得罪多尔衮遭革爵幽禁，死时年仅四十且死因不明，直到乾

---

[*] 善耆诗作《坂本君见赠原韵》，见善耆：《肃忠亲王遗集》，1928年小平总治刊刻版，第14—15页。
[1] 即俗称的"铁帽子王"，指和硕礼亲王代善、和硕睿亲王多尔衮、和硕豫亲王多铎、和硕肃亲王豪格、和硕承泽裕亲王硕塞、和硕郑亲王济尔哈朗、多罗克勤郡王岳托、多罗顺承郡王勒克德浑。

隆四十三年（1778），其冤案才得以彻底平反。善耆悲剧人生的基因，或许在第一代肃亲王豪格之际就已经种下。

善耆生于同治五年（1866），字艾堂，号偶遂亭主人。[1]野史中说，善耆府中内书房的匾额悬挂着后任民政部参议汪荣宝所写的"如当舍"三字，见者多不解。善耆解释说："君未读《孟子》乎？'如'欲平治天下，'当'今之世，'舍'我其谁也！"[2]善耆早年拜陆春荣及伯父盛昱为师。[3]盛昱是光绪二年（1876）会试状元，后充翰林院侍讲、日讲起居注官、国子监祭酒等。光绪十年（1884）中法战争爆发，清廷败北，慈禧太后借机于三月下旨罢斥恭亲王奕訢，更换了大部分军机大臣，史称"甲申易枢"。之后，又命醇亲王奕𫍽与军机大臣会商政务。盛昱先于三月十四日上折为奕訢鸣不平[4]，又于四天后联合右庶子锡钧、御史赵尔巽等上折，以"自设立军机处以来，向无诸王在军机行走"[5]的祖宗成法为由，认为奕𫍽"不宜参预军机事务"[6]。同年，他还上折参劾直隶总督李鸿章擅售招商局"情同卖国，请饬严查重办"。[7]尽管盛昱在光绪二十五年（1899）十二月英年早逝[8]，但这样敢言的师傅，无疑会对善耆不畏权贵性格的形成产生重要影响。

---

[1] 光绪二十六年（1900）八国联军侵华，善耆护送两宫到大同后奉旨回京。回京后得了一场病，指甲都脱落了。为此，他在门头沟肃王府的祖坟地养病约一年，还在山上修了座亭子，取名偶遂亭，自号"偶遂亭主"。宪均：《善耆反对宣统退位图谋复辟》，中国人民政治协商会议北京市委员会文史资料委员会编：《文史资料选编》第12辑，北京出版社1982年版，第71页。

[2] 徐一士：《一士谭荟》，中华书局2007年版，第220页。

[3] 爱新觉罗·连绅作，徐志刚整理：《我的爷爷肃亲王善耆》，《武汉文史资料》2009年第6期，第42页。

[4] 中国第一历史档案馆藏：《宫中朱批奏折》，档号：04-01-13-0356-035。

[5] 嘉庆四年（1799）正月，乾隆第十一子、成亲王永瑆开始在军机处行走，总理户部三库事务。按照清朝惯例，"亲王无领军机者，领军机自永瑆始"。见《清史稿·列传八》，第9094—9095页。

[6] 《德宗实录》卷一八〇。

[7] 《宫中朱批奏折》，档号：04-01-02-0113-008。

[8] 中国第一历史档案馆藏：《宗人府档案》，档号：06-01-001-000759-0124。

有为的京官

清制，王府子弟年满十八岁时将授予官职，为皇室或朝廷办事。[1]据清宫档案，善耆的第一个职务，是光绪十五年（1889）光绪帝大婚时被任命为头等侍卫，在乾清门当差。[2]之后，他历任正白旗汉军副都统、署正红旗护军统领、镶红旗护军统领、署镶红旗汉军副都统、署正蓝旗满洲副都统、镶红旗满洲副都统。光绪二十四年（1898），三十三岁的善耆袭爵为肃亲王。

两年之后，义和团攻打东交民巷外国使馆，殃及同在东交民巷的肃亲王府：王府涌进避乱教民多达千人。交战中，有着二百五十余年历史的王府被烧毁，"除历届袭爵应得金册先经呈交礼部添铸未奉发回外，所有金宝及历年上赏陈设暨军器档册等件均已无存"。[3]

尽管王府被毁、母亲病危，但获悉慈禧、光绪帝逃离京城后，善耆立即单骑直追，护卫銮驾[4]，由此获得慈禧的赏识。在护送两宫到大同后他奉旨返京，会同奕劻、李鸿章等办理议和日常事务。与此同时，慈禧也对善耆开始了令人眼花缭乱的任命：八月，令御前行走；闰八月，任镶黄旗蒙古都统、宗人府右宗正；十月，任崇文门正监督；十二月，调镶红旗满洲都统、内大臣并赏三眼花翎。[5]

这其中，崇文门正监督一职最为公众所熟知。

崇文门税关为京师收税之总机关，每年更换正、副监督各一人，

---

[1] 中国第一历史档案馆藏：《内务府全宗》，档号：06-02-006-000164-0005、06-01-001-000700-0205。
[2] 《德宗实录》卷二六五。
[3] 《内务府全宗》，档号：06-02-004-000379-0009。
[4] 章开沅、罗福惠、严昌洪：《辛亥革命史资料新编》第2册，湖北人民出版社2006年版，第372页。据善耆儿子宪均回忆，慈禧、光绪帝西逃过程中，为河所阻，车轿无法通过，情急之下，善耆还背光绪帝过河。见宪均：《善耆反对宣统退位图谋复辟》，《文史资料选编》第12辑，第67页。
[5] 《德宗实录》卷四六八至四七七。

以王、公、贝勒、各部院满人尚书、侍郎，以及各旗正、副都统充任，是京城有名的肥缺。只出任税关监督一年，慈禧太后的弟弟桂祥就将桂公府修葺一新，并发自内心地对家人说："我这后半辈子总算不用发愁了……"[1]

光绪二十六年（1900）十月，善耆被任命为崇文门正监督。[2]尽管此时正值八国联军侵占北京期间，但善耆不避艰难，就任伊始，即"严饬委员设法整顿，并勖以时局艰危、库款支绌"[3]，要求税关官员尽心尽力为朝廷收税。与此同时，他还罢免有行贿受贿劣迹的官员，起用年轻有为的正直之士，增加他们薪俸的同时严禁行贿受贿。孙宝瑄就在日记里写道："闻都中肃王，近管崇文门税务，厚增办事人薪俸，而自不取一钱，……以故崇文门税务，日益旺盛。"[4]

诚如孙宝瑄所言，善耆的整顿收到显著效果。按户部规定，"崇文门税额每季应报银七万八千七百四十一两一钱一分八厘"，折合每年约31.5万两。光绪二十八年五月，善耆奏报，自光绪二十七年七月他正式接手征税到光绪二十八年五月这十个月间，京师征税额已达47.4万两，扣除各项费用，盈余11.6万余两[5]，如果再加上后两个月所收，溢征额无疑更多。善耆的勤勉也得到清廷的赏识，清廷下旨称赞"如此实力整顿，甚属可嘉"。[6]这笔钱后解交户部，用于"建造迎宾馆之需"。[7]

光绪二十八年（1902）四月，清廷任命善耆为工巡总局管理巡抚

---

[1] 贾英华：《末代皇帝的非常人生》，人民文学出版社2012年版，第46页。
[2]《录副档》，档号：03-6512-082。
[3]《录副档》，档号：03-6513-095。
[4] 孙宝瑄：《忘山庐日记》（上），上海人民出版社2015年版，第411—412页。
[5]《录副档》，档号：03-6513-095。
[6]《德宗实录》卷四九〇。
[7] 迎宾馆位于今石大人胡同，建设之初是为了迎接来华访问的德国威廉王子。后成为袁世凯官邸，新中国成立之初曾为外交部所在地。

大臣，同时授步军统领。[1]步军统领，俗称"九门提督"，一向由满族亲信大臣兼任，主要负责京师治安，并"掌京城内外之门禁及九门之锁钥"。[2]至于工巡局的任务，在任命谕旨中也予以明确，"督修街道工程，并管理巡捕事务"。如此一来，善耆一人掌管京城军、警两大系统，可谓大权在握。

从光绪二十八年四月到宣统三年（1911）闰六月，善耆以工巡总局管理巡抚和民政部尚书等职长期主管北京城市建设和管理，并创下了多项"第一"：

创设了京师警政。八国联军侵华期间，日军占据了京师的东北角，即南自朝阳门大街、北至北城根，西自德胜门、东至东城根一带，并在顺天府衙门设立了"安民公所"，组织所谓的维持会维护占领区的秩序。经日方请求，善耆推荐了二百四十人组成巡捕队帮助"安民公所"维持治安。[3]这个巡捕队，就是后来京师警察的前身。善耆掌管工巡总局后，在工巡总局下设中、东、西三个分局，以及事务处、分巡处、东西城路工局、警务学堂等机构，为中国近代警察制度的正规化迈出重要一步。光绪三十三年（1907）五月出任民政部尚书后，他继续对京师警察体系加以整顿，建立起内外城巡警总厅—区—派出所的组织架构，有力地促进了京师警察机构的规范化。[4]经过整顿，京城内第一次有了派出所，巡警被派到各个街区负责日常警务，第一批木制的"巡警阁子"开始出现在繁华的

---

[1]《德宗实录》卷四九八。为了协调新兴的警察机构与旧有步军统领衙门之间的权限，清政府于光绪二十八年（1902）四月设置工巡总局，把已有的协巡局和警务处合并。

[2]《简明古代职官辞典》，第15页。

[3]《晚清宫廷生活见闻》，第304页。

[4]至宣统二年（1910）四月，北京内城巡警总厅设立派出所226处，外城设立派出所141处。韩延龙、苏亦工等：《中国近代警察史》，社会科学文献出版社2000年版，第104—106页。

街道路口。[1]

创办了东安市场。光绪二十六年以前,王府井一带路面狭窄且凹凸不平,常常是晴天一身灰,雨天两脚泥,街道两边的店铺也很少。《辛丑条约》签订后,王府井南口的东交民巷成了使馆区。鉴于出入此地的洋人日益增多,加上东城为上流人士的聚集地,善耆敏锐地意识到在此发展商业的可行性和便利性。经其奏请,清廷同意在王府井大街路东原吴三桂府邸所在地建"东安市场"。光绪二十九年(1903)二月,北京"东安市场"建成,并延续至今。

取消了女子不能到戏院看戏的禁令。光绪三十三年,善耆明令在京城西珠市口内、煤市街南口外(今丰泽园饭庄)开设名为"文明茶园"的戏院。戏院楼上为女座,楼下设男座,以示男女分开。此举也意味着取消了女人不能到戏院看戏的戒律。这一旧习的解除,轰动京城,善耆因此获赞"思想开化"。[2]

开展全国第一次人口调查。掌握相对准确的全国人口数量,是推行新政、选举议员、普及教育、推动立宪的基础。当时,国外多认为中国人口不到四亿,比如美国就认为中国人口为二亿七千五百万。为掌握准确数字,任民政部尚书不久,善耆即研究各国进行人口调查的方法,制订了专门的人口普查计划:光绪三十四年(1908)至宣统二年(1910)十月完成户数登记,要求各地"调查户数以宣统二年十月前为报齐之期,调查口数以宣统四年十月前为报齐之期",至宣统四年十月完成人口调查。[3] 由于辛亥革命的爆发,这次人口调查最终没有完成,但据宣统二年四月的数据,全国

---

[1] 爱新觉罗·连绅作,徐志刚整理:《我的爷爷肃亲王善耆》,《武汉文史资料》2009年第6期,第45页。

[2] 爱新觉罗·连绅作,徐志刚整理:《我的爷爷肃亲王善耆》,《武汉文史资料》2009年第6期,第46页。

[3] 中国第一历史档案馆藏:《民政部具奏遵章调查第一次人户总数折单》,档号:21-0970-0001。

居民数为4.07亿。[1]

除此之外,他创设的"第一"还有:为京城架设第一批公用电话;在京城主要地带建立起第一批公共厕所;建设了京师第一支消防队,负责京城,特别是内城火灾的扑救等。[2]

善耆在工巡总局管理巡抚和步军统领任上的作为可圈可点。光绪二十九年正月,时为刑部尚书的荣庆到西苑值日,被慈禧、光绪帝召见于勤政殿,"询及现在盗案较少,姜军门、肃邸地面弹压较前为甚"。[3]但在改革期间,善耆也遭遇了巨大的阻力,他认为步军统领衙门吃闲饭的人太多,无从整顿,不如裁撤,以扩张工巡局、充实警察衙门。步军统领衙门的两万余官兵为此十分恐惧,纷纷到庆亲王奕劻和户部尚书那桐处控诉。如此,导致善耆于光绪二十九年十二月被免去工巡局和步军统领之职。[4]

在此之前,善耆出任崇文门监督时,征收税金创历史新高,因不取一文、全部上缴国库之举被赞"使天下办事人,尽如肃王,何患不百废俱兴耶!"[5]但是,他也挡了其他官员发财之路。正如川岛浪速在1914年所写的《肃亲王》一书中说,善耆这种廉洁自律反而容易开罪权贵,"因为在乱后市况萧条之际,尚且能上缴六十余万两之收入,尔后太平繁荣之时,上缴之额必不能低于此数。彼等视为共有之宝库,终为王所破坏,失去其价值过半。于是对肃王的谩骂之声悄然四起,或谓之愚蠢,或称其古怪,尤其是大宰相庆王最疾恶之"。[6]

---

[1]具体数字为四百零七兆二十五万三千零二十,见《盛京时报》1910年6月5日。
[2]白杰:《清末政坛中的肃清王善耆》,《满族研究》1993年第2期,第37页。
[3]《荣庆日记》,第60页。姜军门,指姜桂题,时为甘肃提督、毅军统帅,光绪二十七年护送慈禧、光绪帝回京后即驻扎京师,弹压地面治安。肃邸,代指肃亲王善耆。
[4]爱新觉罗·连绅作,徐志刚整理:《我的爷爷肃亲王善耆》,《武汉文史资料》2009年第6期,第44页。亦见于《辛亥革命史资料新编》第2册,第375页。
[5]《忘山庐日记》(上),第412页。
[6]《辛亥革命史资料新编》第2册,第374页。

因此，他们便找出各种理由攻击善耆，坐洋车[1]、住洋房、买洋家具[2]、为孩子聘请英国教师、为府中女子开设学堂[3]等，都成了指控他的罪行。[4]据善耆之子宪均回忆，慈禧也认为善耆为官清廉不合时宜，说："若是都照肃王这样办，将来还有谁愿做崇文门税关监督啊！"[5]不能不说，生于慈禧主政的晚清，是善耆的悲哀。

笼络革命党人的失败

光绪三十三年五月，善耆出任民政部尚书。民政部由巡警部演变而来，分设民治、警政、疆理、营缮、卫生五司，并管辖京城内外城的巡警总厅、教养局、习艺所、巡警学堂、消防队等，可以说位高权重。在民政部尚书任上，善耆遇到的重大事件当推汪精卫案件的审理。

宣统元年（1909）十一月，同盟会会员汪精卫、陈璧君、黄复生、喻培伦进京密谋炸死摄政王载沣。计划失败后，汪精卫、黄复生等被捕并被判永远监禁。直至宣统三年九月十六日被释放，汪精卫等人被关在狱中将近一年半的时间。谋炸摄政王载沣，按律可处极刑，但最终，汪精卫等人却免于一死。其中缘由，主要是摄政王载沣意欲

---

[1] 宪均回忆，（善耆）为自己备了一辆西式玻璃棚的双套马车。慈禧知道后说："肃王也随洋人啦！"并将马车没收。宪均：《善耆反对宣统退位图谋复辟》，《文史资料选编》第12辑，第70页。

[2] 善耆之子宪立回忆，善耆将在船板胡同的新肃王府建成二层楼，还安装了发电机、自来水，院子里还有喷水池，以致当时很多人都说善耆中了外国的毒。见蒋芃苇、隋鸿跃：《爱新觉罗氏的后裔们》，上海人民出版社1997年版，第288页。

[3] 善耆曾委托川岛浪速从日本聘请女教师木村芳子，在肃王府开设女子学校，见《辛亥革命史资料新编》第2册，第384页。

[4] 赫德兰：《权谋档案——一个美国人眼中的晚清宫廷》，团结出版社2011年版，第167—168页。

[5] 宪均：《善耆反对宣统退位图谋复辟》，《文史资料选编》第12辑，第69页。

收买人心[1]，但时为民政部尚书的善耆在其间的斡旋也不容忽视。

黄复生回忆，宣统二年三月二十二日被押往刑部大牢关押之前，善耆曾和他与汪精卫进行了一次谈话，告诉他们"此次之事，王爷（指摄政王）甚震怒，我与之力争。我说冤仇宜解不宜结。革命党岂止汪黄两人乎。即使来一个捕一个，但是冤冤相报，何时是已"。此次谈话，从上午八点谈到下午三点，"刑部方面屡催起解。彼犹依依不舍，谓为相见恨晚"。临别之际，善耆告诉汪精卫、黄复生："刑部监系未改良的，恐待遇有不周之处，都向我这面看看；如须阅何书报，尽可写信来，我当照办。"[2]

为了感化汪精卫等人，善耆还费了不少心思。汪精卫回忆："救我命的是肃亲王。肃亲王为使我抛弃革命的决心，用尽了种种的方法，曾经有一次，把我带到法场上，逼迫我变更革命的决心。他常常到监狱中来，与我谈论天下大事，谈论诗歌。我能免一死，也许是有一种政治的作用的。但是，我每回忆到这个时候的事，总想到这位清朝末期的伟大的政治家。"[3]

善耆对立宪派、革命党的宽容，也其来有自。

早在光绪三十年（1904），善耆和康有为、梁启超等立宪派就建立了秘密联系。应善耆之邀，梁启超派汤觉顿前往京师入善耆幕府。光绪三十四年，清政府下旨解散康梁操纵的政闻社时，善耆还"通电各省将军督抚，言朝廷宽大，不株连"，使得立宪党人免受牢狱之

---

[1] 具体侦办过程，详见《清朝最后的120天》，第496—506页。在案件审理过程中，载沣曾说"此刻正在预备立宪，该犯不知朝廷渐进序程，冒为躁动，致蹈不轨。虽然，此固过异乎寻常事业也，当以国事犯目之，稍予从宽办理"。见张江裁：《汪精卫先生庚戌蒙难别录》，双照楼校印1941年版，第7页。

[2] 本段所引，均见张江裁：《汪精卫先生行实续录》，中国风土学会1943年版，第7—8页。

[3] 汪精卫：《正月的回忆》，见《汪精卫先生行实续录》，第10页。亦见于单士元：《故宫札记》，紫禁城出版社1990年版，第91页。

灾。[1]善耆任民政部尚书期间推行的全国人口普查，也是接受了梁启超的建议。[2]

宣统二年九月，北京国会请愿同志会代表孙洪伊带领二十余人到摄政王府上书。由于载沣时在紫禁城南三所，未住王府，代表团决定留下六人，在摄政王府前露宿，等候面见载沣并递速开国会请愿书。傍晚时分，虽经步军统领乌珍亲自前往劝说，六人仍然不肯离开。最终，善耆亲自出马，许诺将请愿书交给载沣，六名代表始行散去。[3]请愿代表对善耆的信任表明，在立宪派心目中，善耆属开明一派。

革命党人程家柽是孙中山的重要助手和同盟会总部的负责人之一。他利用京师大学堂农学教授的身份，周旋于清廷重臣之间，并得善耆赏识。光绪三十三年，革命党人胡瑛在汉口被捕，程家柽先"假善耆之名，致电张之洞"为胡瑛说情；之后又努力说服善耆出面营救，使胡瑛得免一死，"减其斩决罪为十年之监禁"。[4]光绪三十四年夏，善耆还派程家柽给同盟会总部送去三万元，并表示"此举只对革命党表示好意，并无其他条件"。[5]

光绪三十三年五月安徽巡抚恩铭被革命党人徐锡麟刺杀。清廷最初有意对徐锡麟抄家灭族，但善耆提出朝廷正准备仿行立宪，"不当用此残酷刑罚，致失人心"。最终，只对徐锡麟"处以斩刑"。[6]

只是，善耆的这些举措，更多是为了笼络革命党人、赓续清廷统治，因此，难以真正收到其所希望的"以安反侧之心"的效果，反而

---

[1]周福振:《清末肃亲王善耆研究》，北京师范大学硕士学位论文，第17页。

[2]丁文江、赵丰田:《梁启超年谱长编》，上海人民出版社1983年版，第484—485页。

[3]《国风报》第一年第廿五期；亦见于汪荣宝:《汪荣宝日记》，中华书局2003年版，第198页。有笔记小说记载代表们直接去肃王府请见善耆，显然不确，见《新语林》，第120页。

[4]陈旭麓主编:《宋教仁集》（下），中华书局1981年版，第438—439页。

[5]冯自由:《革命逸史》（下），新星出版社2009年版，第972页。

[6]本段所引，均见《革命逸史》（下），第971页。

被革命党人"反利用"。他信任程家柽，程家柽却用善耆所给的合法身份及善耆的关系掩护和营救革命党人。辛亥革命爆发后，程家柽更是积极联络京津革命党人，创办《国风日报》宣传革命，并参与暗杀袁世凯，最终迫使善耆只得与良弼悬赏一万五千元通缉程家柽。[1] 善耆曾待汪精卫、黄复生等人甚厚，但汪、黄等人出狱后，也并未因善耆的"软化"而放弃革命。毕竟，清朝自身的腐朽、社会矛盾的尖锐，无法通过恩惠来解决，善耆收买革命党人的努力最终都归于失败。

谋求内阁总理大臣的徒劳

就任崇文门监督时的廉洁、掌管工巡局时的能干、担任民政部尚书时的开明，为善耆赢得"贤王"之誉——"清季诸王之贤，殆莫如耆者矣"。[2] 章太炎致善耆的信函中，称善耆为"贤王"竟有十一次之多，还有夸赞善耆"智力绝人""营州贵胄，首推贤王"之语。[3]

于是，在清末预备立宪、筹划责任内阁之际，有关善耆邀誉以争内阁总理大臣之位的说法不绝于耳。前清御史胡思敬在《国闻备乘》一书中说，"光绪末年，（善耆）日夜谋夺奕劻之席，财力太薄，不能敌也"[4]；冯自由在《革命逸史》中也写道，"当时颇有人传言谓其有意交结革命党以谋篡夺大位者"。[5] 这一说法也得到时下一些研究者的认可："善耆对于革命党采取了缓和、争取、利用的策略，希望以立宪改良缓和国内矛盾，维护清朝统治，另外也有其个人希望——赢

---

[1]《宋教仁集》（下），第444页。
[2] 沃丘仲子：《当代名人小传》卷下，中原书局1926年版，第15页。
[3]《革命逸史》（下），第972—973页。
[4] 胡思敬：《国闻备乘》，中华书局2007年版，第152页。
[5]《革命逸史》（下），第971页。

得支持，立宪后出任总理的野心。"[1]

善耆的一桩欠款案，或许可作为其运作内阁总理大臣职位的旁证。

京城有民谚："恭王府的墙，豫王府的房，肃王府的银子拿斗量。"说的是善耆家财之丰厚。出任崇文门监督时，善耆"不取一钱"。当时，他的理由是"吾有庄田，岁收足养府中人矣"。[2]据统计，肃王府在河北和辽宁有庄地三十余万亩，其中辽宁八万亩、河北二十二万亩。此外，在热河还有"所有地"一百七十余万亩。[3]

推算肃亲王府庄地和所有地的田租收入，加上善耆的年俸、祖上遗下的金银财宝及家产等，肃亲王府的财富相当可观。[4]川岛浪速甚至预测，肃王府的家产"共值一千万两白银以上"。[5]但另一方面，档案显示，从光绪三十四年（1908）起，善耆就向外国银行借款，而且由于借款始终未还，以致1912年2月，德国的德华银行开始向善耆追款。

---

[1] 白杰：《清末政坛中的肃亲王善耆》，《满族研究》1993年第2期，第38页。
[2] 《忘山庐日记》（上），第411页。
[3] 杨学琛、周远廉：《清代八旗王公贵族兴衰史》，辽宁人民出版社1986年版，第419页。关于肃王府的耕地、牧场，有多种说法：据1914年日本所作的《奉天省、东蒙古地方肃亲王所有不动产调查书》，肃王府的庄地包括："耕作地"三十万二千零七十余亩（包括直隶、奉天的土地数），"东蒙古察哈尔属白旗地"的牧场地一百二十六万亩，热河"所有地"一百七十余万亩。此外，在奉省、热河还有森林一处、金矿一处、山地十处、果园三处。见《清代八旗王公贵族兴衰史》，第259页。一份肃亲王府于1915年11月呈送宗人府的《奉天各佃庄地亩纸》也证实：肃王府仅在奉天辽阳县、兴城县等九个县就有庄地八万零五十三亩。见《清代八旗王公贵族兴衰史》，第444—449页。
[4] 善耆的收入多元：租银每年可收取上万两，俸禄收入方面，有亲王的年俸五千两（额俸一万两，实际领一半）、俸米一千四百九十六点二五石，还有本兼各职的薪金，仅宗人府左宗正一职，年领津贴二千四百两。粗略计算，肃亲王府每年的固定收入多达数万两。见《清代八旗王公贵族兴衰史》，第413、473页。
[5] 鲁宁：《瑰宝遗梦：恭王府流失文物寻踪》（以下简称《瑰宝遗梦》），北京出版社2010年版，第30页。

据德国驻华使馆转给民国政府内务部的德华银行公函，光绪三十四年，善耆曾向德华银行借款六万五千两，到1912年12月31日，本息合计应还"公砖银十二万六千三百九十四两六钱二分"。五年间几乎翻了一倍。当初借款时，善耆以古北口外的一万五千余亩旗地作抵押。随着欠款的增加，德华银行又追加肃王府位于天津的地产及公司股票等作为抵押物。据测算，古北口外地亩，时价可值三十万两以上，天津的抵押物，价值十多万两。两项相加，已超过四十万两，远超所贷的六万五千两。[1]

德华银行一再函催，而善耆此时已避居旅顺。无奈之下，他于1913年10月29日授权德华银行出售位于天津、热河的庄地，只是最终是否售出，不得而知。[2]

身为肃亲王，有优厚的俸禄，有可观的田租收入，善耆为何要向德华银行借款？按德华银行的说法，善耆借款是为了公务，"一九〇八年肃亲王因急需款办公家工程，曾请本行垫款银六万五千两"。[3]但既是公家工程垫款，为何公家没有归还而需善耆清偿呢？显然，这个理由并不成立。有学者分析，"善耆是一个很有野心的人，清朝末年，他为了登上内阁总理大臣的宝座，网罗亲信，疏通关系，花了很多钱"。[4]借款，看来是作为运作经费。

只是，敢于进言和不畏权贵的性格，加上奕劻和袁世凯势力的阻挠，使得善耆争夺内阁总理大臣的愿望最终化为泡影。

善耆敢言，甚至敢直接顶撞慈禧。溥伟曾对善耆的儿子宪均说："慈禧在世时，你们阿玛（父亲）曾顶得她无言答复。"[5]宣统元年三

---

[1] 本段所引，见《清代八旗王公贵族兴衰史》，第414—417页。
[2]《清代八旗王公贵族兴衰史》，第417—419页。
[3]《清代八旗王公贵族兴衰史》，第414页。
[4]《清代八旗王公贵族兴衰史》，第413页。还有另一种说法，其子宪均说，善耆此番借款，是为了在天津"开办过和利公司，经营出租房屋等事"，见宪均：《善耆反对宣统退位图谋复辟》，《文史资料选编》第12辑，第69页。
[5] 宪均：《善耆反对宣统退位图谋复辟》，《文史资料选编》第12辑，第67页。

月间,光绪帝梓宫下葬,事后朝廷下旨奖励有功人员。因民政部邀功之人太多,身为民政部尚书的善耆十分生气,直斥这些官员"岂复尚有廉耻?殊堪痛恨"。[1]

在推行政令过程中,善耆也不惧得罪权贵。据说,摄政王载沣的弟弟载涛曾被他参上一本,以致被罚扣俸一年。[2]光绪三十四年十一月,辅国公毓炤酒醉滋事,也被他查到,交宗人府处理。[3]

如此不留情面,无疑会得罪大批官员。除此之外,善耆与几位晚清名臣也颇有龃龉。

比如奕劻。善耆看不起奕劻,常常嘲笑他。宪均认为原因有二:首先奕劻原不是铁帽子王,因捧慈禧才被提成世袭罔替的亲王,善耆不服;其次奕劻很俗气、太贪,连他家当差的都贪财,肃王府里甚至流传着"庆王府里一杯茶要二两银子"的故事。[4]

又比如袁世凯。二人起初交情甚厚,善耆佩服袁世凯的聪明才智,向家里人称赞袁有能耐,还常给孩子们讲袁世凯小时候的故事,称袁世凯为"四哥",让儿子们叫袁世凯"四大爷"。[5]但随着袁世凯及北洋集团势力的崛起,两人的关系由友好到怀疑直至要将对方置之死地。光绪末年,以袁世凯为首的北洋势力遍布朝野——内有邮传部尚书陈璧、外务部左侍郎梁敦彦、民政部右侍郎赵秉钧、学部右侍郎严修、陆军部右侍郎荫昌、农工商部右侍郎杨士琦、邮传部左侍郎吴重熹等,外有直隶总督杨士骧、两江总督端方、东三省总督徐世昌、山东巡抚孙宝琦、奉天巡抚唐绍仪、吉林巡抚朱家宝、浙江巡抚冯汝骙等,更以奕劻为奥援。这在善耆看来,足以动摇清室统治。

因此,光绪帝和慈禧相继去世后,善耆力主对袁世凯"速作处

---

[1]《申报》1909年8月1日,第1张第4版。
[2]宪均:《善耆反对宣统退位图谋复辟》,《文史资料选编》第12辑,第68页。
[3]《宣统政纪》卷三。
[4]宪均:《善耆反对宣统退位图谋复辟》,《文史资料选编》第12辑,第67、68页。
[5]宪均:《善耆反对宣统退位图谋复辟》,《文史资料选编》第12辑,第64、70页。

置","非严办不可"。[1]在载沣令袁世凯"回籍养疴"后,善耆听说袁氏通过唐绍仪运动美国设法迫使清廷收回成命,便让程家柽密切关注取道东京赴美的唐绍仪之行踪。据日本警方情报,程家柽不仅以"肃亲王秘书"的身份活动,而且携有善耆致西园寺首相的亲笔信。[2]袁氏赋闲"洹上村"期间,善耆对他仍很警惕,秘密派人监视袁的动向。[3]宣统元年闰二月,民政部右侍郎赵秉钧因三年考绩中"声名平常"而被清廷下旨"原品休致"。据悉,此次考核,被免职的高官仅赵秉钧一人。因此,此举也被认为是民政部尚书善耆等为打击袁世凯势力而罢免其党羽。[4]

尽管有开明、能干、廉洁的美誉,但善耆也遭到不少外界非议:他的亲民下士[5]被视为"轻佻无威仪"[6]、"出言太轻,看事太易"[7]。奕劻还批评他"仁柔"[8]、"荒唐不懂政事"、"轻佻误事"[9]。

批评善耆不够稳重的,并不止奕劻。宣统二年(1910)十一月,善耆曾在家中宴请资政院议员易宗夔、罗杰和雷奋,并在所赠的楹联中"署款以兄弟相称"。御史胡思敬获悉后,上奏参劾善耆结交外官,违反"严禁朝臣与诸王往来交接"的祖训,直言易宗夔等"本非善士",提醒善耆"当引以自防"。[10]

---

[1]《晚清宫廷生活见闻》,第80页。
[2]章开沅:《辛亥革命与近代社会》,华中师范大学出版社2011年版,第260页。
[3]《晚清宫廷生活见闻》,第81页。
[4]《清末肃亲王善耆研究》,第19页。
[5]光绪二十八年四月,孙宝瑄第一次去拜访善耆后,就在日记中写道,"王为人极质朴厚重,礼下甚谦"。见《忘山庐日记》(中),第509页。在任民政部尚书期间,善耆的马车在路上碰到一位抱着小孩的老太太,坐在车里的善耆急忙下令停车,让仆人用自己的马车送老人和小孩去医院,而他自己则坐人力车回家。见《忘山庐日记》(下),第1236页。梁启超也曾夸赞善耆"为国下士",见《梁启超年谱长编》,第484页。
[6]《国闻备乘》,第152页。
[7]《忘山庐日记》(中),第649页。
[8]《当代名人小传》卷下,第17页。
[9]《辛亥革命史资料新编》第2册,第371页。
[10]《宫中朱批奏折》,档号:04-01-12-0689-037。

善耆好唱剧,在王府内成立票房,建有戏台,邀载洵、载涛、溥侗、伦叙斋贝子等贵胄前来同乐,还经常和弟弟善豫同台演出。[1]对此,宣统三年,有人参其"日在家中以唱戏为乐,间或粉墨登场,与诸伶杂演",批评善耆"身为亲贵,罔知自爱",管理民政,却在时事艰难的情况下"导民奢游,致伤风俗"。[2]他还喜欢作诗[3],好同文人打交道,一些人也趁机批评他"门下品流甚杂,交结报馆为之延誉",并直言善耆"实不足胜民政部尚书之任"。[4]

宣统三年四月,首届责任内阁成立,内阁总理大臣最终落于奕劻之手,善耆则为民政大臣,而他谋求阁揆的愿望就此成了泡影。

"倾其所有谋复故国"的破灭

1911年10月10日,武昌起义爆发,清廷被迫起用赋闲三年的袁世凯。11月,袁世凯组织完全责任内阁,以皇族不能担任内阁成员之名义,开去善耆的理藩大臣之职。

清廷覆灭之际,一向以开明著称的善耆,并不赞成民主共和。善耆曾对好友川岛浪速说,大清王朝如今已像一座烂透的房屋,无论怎样修补也无济于事,必须加以彻底破坏再重建,"若单为中国自身而谋划,宁可采取革命手段"。但在善耆看来,重建者可以是爱新觉罗

---

[1]《一士谭荟》,第219—220页;侯宜杰:《善耆这个人》,《南方周末》2011年12月1日;项小玲:《善耆与〈肃忠亲王遗集〉》,《满族研究》1997年第1期,第60页。
[2]《宫中朱批奏折》,档号:04-01-12-0691-110。
[3]自幼受到良好教育的善耆,年轻时所写的诗歌就气势不凡。1922年善耆去世后,亲友曾编辑出版了《肃忠亲王遗集》,又名《肃忠亲王遗稿》,由恭亲王溥伟1928年题署,善耆生前好友、日本人小平总治付刻,收入善耆诗歌近百首。第一首就是他十五岁时所写的《寄陆中甫世兄》:"怅别匆匆已二旬,吟诗问字总伤神。榆关秋夜长安月,一样风光两地人。"这首诗,被评"借鉴李白、王维等唐人诗句,又有某些新意,流畅自如,一出手便表现了不凡的诗才"。见项小玲:《善耆与〈肃忠亲王遗集〉》,《满族研究》1997年第1期,第61页。
[4]本段所引,见《宫中朱批奏折》,档号:04-01-12-0691-110。

氏，也可能是他人。只是他"既然出生于大清之家，在谋求保全中国之同时，亦有务必维持大清之命运的义务"。因此，不得不努力在他人来毁坏之前，力争由爱新觉罗氏自己毁掉旧房屋，筑起新建筑。善耆还慨然表示，无论成败，重建大清都是他一生的使命，"余一生之志向、使命仅此而已……其成败当然不能逆睹。余只是朝着确定的目标迈进而已"。[1]

因而，善耆反对南北和谈和清帝退位，主张同南方革命党人决一死战。据溥伟回忆，在宣统三年十二月初一日召开的第三次御前会议上，自己奏请隆裕太后变卖宫中金银器皿作为军费，令冯国璋攻打革命党。当时，善耆就附和说："恭亲王所说甚是，求太后圣断立行"，并告诉隆裕太后，"除去乱党几人，中外诸臣，不无忠勇之士，太后不必忧虑"。[2] 但这一主张未被采纳，后为阻挠袁世凯与革命政府议和、阻止清帝退位，善耆、溥伟、良弼等成立了"宗社党"，旨在维护清王朝的宗庙社稷。[3] 善耆对袁世凯也不满更甚，写下《和素盦酒楼独酌韵》一诗——"沐猴偏衣锦，逐鹿各张机"，这里的"沐猴"指的就是袁世凯；还在《和大作君感怀韵》中疾呼"逆竖盗神器，太阿成倒持"，意指辛亥革命后江山被掌握在"逆竖"袁世凯手中。显然，在诗作中，善耆毫不掩饰地将袁世凯比作伺机逐鹿中原、窃取大清江山的阴谋家。[4]

---

[1] 本段所引，均见《辛亥革命史资料新编》第2册，第373页。

[2]《辛亥革命》（八），第113页。

[3] "宗社党"原名"君宪维持会"，其核心成员又系清宗室成员，因此外界称之为"宗社党"。见郭玉春：《浅谈宗社党与逊清权力中枢的关系》，《溥仪研究》2013年第2期，第26页。宗社党的成立时间，有1912年1月3日至5日、14日、18日和19日之说，分别见朋平生：《民国初期的复辟派》，台湾学生书局1985年版，第1—2页；孙椷蔚：《恭亲王溥伟在大连》，《大连文史资料》第5辑，第125页；中华民国史事纪要编委会编：《中华民国史事纪要（初稿）》（1912年1月至6月），台湾"中华民国史料研究中心"1971年版，第106页。

[4] 丰杰：《论〈肃忠亲王遗集〉的辛亥革命叙事》，《南京晓庄学院学报》2014年第2期，第56页。

鉴于自己与袁世凯矛盾颇深，且在京师寻求复辟日益艰难，善耆出逃京师，避往旅顺。

1912年1月下旬，善耆就有出逃京师的考虑。川岛浪速在1月23日给日本参谋本部的电报中透露，22日晚善耆曾约见他并表示要设法使袁世凯尽快辞职，"或于万不得已时拟逃出北京"。1月28日，川岛浪速告诉参谋本部，善耆将于一二日内潜往满洲，准备起兵反袁。[1]

为了帮助善耆离京，日方做了周密的安排：先让善耆改名、化装，"肃王化名金晏怡，决定于二月二日离开北京"[2]；还安排日方人员同行，"肃亲王弟兄[3]将于一、二日内潜出北京，暂居大连，其同行者有高桥谦、松本菊熊两人。另有宫内少佐同车往该地旅行"；为避免引人注意，日方先安排善耆兄弟二人离开，其家眷等暂不离京。为此，川岛浪速还电请参谋本部训令日军关东都督府予以协助。[4]日本政府方面也十分关注善耆的行藏。自2月3日至2月13日，日本驻华公使伊集院彦吉、日本驻奉天总领事落合谦太郎、驻旅顺的日本关东都督大岛义昌曾多次致电日本外务大臣内田康哉，报告善耆的行踪。[5]

2月2日晚7点20分，在日军派出的高山公通大佐、多贺宗之少佐、松井清助大尉及日本驻北京公使馆守备队队长菊池武夫等人帮助下，善耆秘密乘火车离开京城北上。[6]由于山海关铁路桥被破坏[7]，他们一行被迫下车改乘汽车前往秦皇岛并于3日晚夜宿当地日军守

---

[1]会田勉：《川岛浪速与"满蒙独立运动"》，《近代史资料》总48号，第111、113页。

[2]会田勉：《川岛浪速与"满蒙独立运动"》，《近代史资料》总48号，第115页。

[3]善耆弟弟善豫被封为镇国将军，曾任镶白旗、正黄旗护军统领，宣统三年十二月"因病乞解职"获准。见《宣统政纪》卷七〇。

[4]会田勉：《川岛浪速与"满蒙独立运动"》，《近代史资料》总48号，第114页。

[5]《日本外交文书选译》，第75—79页。

[6]会田勉：《川岛浪速与"满蒙独立运动"》，《近代史资料》总48号，第116页。据川岛浪速《肃亲王》一书，为了出逃，肃亲王连家人也没有告知，佯装外出赴宴，终于骗过了警察，搭乘夜班火车出逃。见《辛亥革命史资料新编》第2册，第385页。

[7]《日本外交文书选译》，第141页。

备队营。4日晚改走水路,"搭渤海丸离秦皇岛",最终在6日抵达旅顺。[1]经过川岛浪速的协商,日本关东都督府把当地民政长官白仁武的官邸让给肃亲王充当住所[2],其眷属则由川岛浪速等护送至旅顺与善耆团聚。[3]善耆出逃的保密工作做得相当不错,直到2月21日,东三省总督赵尔巽才向袁世凯报告善耆到旅顺的消息。

川岛浪速曾明确说,"肃王若单为避难,不如早与袁进行疏通,安全归京,较为有利"。[4]因而,川岛浪速等人如此费钱费力帮助善耆逃离京城,并不仅仅是为了帮善耆避难,而是想利用善耆与蒙古的关系,助力日本同俄国争夺中国满蒙地区。

日俄战争以后,日本和俄国为争夺内外蒙古继续明争暗斗。[5]1911年6月,沙俄拉拢蒙古大活佛哲布尊丹巴,并派军队侵占了库伦。武昌起义爆发后,在沙俄政府的支持下,哲布尊丹巴于11月脱离中国,在库伦组织了"独立政府",自称"大蒙古皇帝"(额真汗)。在唆使外蒙"独立"的同时,沙俄又相继策动黑龙江呼伦贝尔的所谓"独立",发布"东蒙古独立宣言"。

为与沙俄抗衡,辛亥革命爆发后,日本以政坛元老山县有朋为代

---

[1] 会田勉:《川岛浪速与"满蒙独立运动"》,《近代史资料》总48号,第118页。
[2] 此官邸位于今旅顺口区太阳沟新华大街9号。见孙械蔚:《肃亲王善耆在旅顺》,《大连文史资料》第5辑,第109页。
[3] 会田勉:《川岛浪速与"满蒙独立运动"》,《近代史资料》总48号,第119页。
[4] 会田勉:《川岛浪速与"满蒙独立运动"》,《近代史资料》总48号,第118—119页。
[5] 在康熙三十年(1691)的多伦会议上,蒙古王公承认清朝对蒙古的统治。此后清朝设立理藩院,将蒙古地区分为外藩蒙古和内属蒙古进行管理。在清代,蒙古地区是一个广阔且始终处于变动中的区域。外蒙古处于蒙古高原中北部,大体相当于清初划分的漠西、漠南、漠北蒙古中的漠北蒙古,是喀尔喀蒙古的游牧地,东接外兴安岭,西以阿尔泰山为界,北界萨彦岭、肯特山和雅布洛诺夫山脉,南部以蒙古草原上的天然屏障——戈壁大漠为界。晚清时期,随着《中俄勘分西北界约记》《中俄伊犁条约》等的签订,原属外蒙古的唐努乌梁海的部分、阿勒坦淖尔乌梁海的全部等地区被俄国割占。参见赵金辉:《清代蒙古地区区域构成与演变探析》,《辽宁行政学院学报》2014年第6期,第98—100页;海纯良:《清末新政与外蒙古独立》,《内蒙古民族大学学报》2009年第1期,第38页。

表的部分军阀势力，积极主张乘机出兵，实现霸占中国东北地区的侵略野心，川岛浪速则密谋策划在我国内蒙古和东北地区成立傀儡"满蒙王国"。而善耆，便是川岛浪速计划中的"满洲首脑"。[1]

关于川岛浪速和善耆的关系，还需要从"庚子事变"说起。

川岛浪速是日本长野县松本市人，光绪十三年（1887）来华后受日本参谋本部的委托，在上海、江苏、浙江等地搜集中国军事情报。他身着破烂的中式贫民服，戴着假辫子扮成苦力模样，探察吴淞、江阴、镇江等地炮台位置，绘成地图送交日本参谋本部，由此受到日本参谋本部的青睐。[2]甲午战争爆发后，川岛浪速担任日军翻译，随军去过山东和台湾。八国联军侵华时，他又随日军来到北京，出任日本占领军司令部翻译兼军政事务官。这年，扈驾至大同的善耆奉旨回京后，看到俄、英看管的颐和园、万寿山等处遭严重破坏，而日军看护的紫禁城基本完好，不禁心生诧异。之后，他知晓是川岛浪速只身进入紫禁城说服禁卫军和平移交使得紫禁城免遭破坏，也了解到川岛浪速采用新式警察制度使日占区相对安定、治安较好，对其产生了兴趣，便带着后来出任湖广总督的瑞澂前往日本军营，拜访川岛浪速，开始与之交往。[3]

八国联军撤出北京后，清廷于光绪二十七年正月成立北京警务学堂。[4]经善耆荐举，北京警务学堂聘请川岛浪速为学堂监督，待遇是"每月薪俸四百元，以三年为期"，此后一再续聘，直至"宣统四年六月底止"，月薪也由洋四百元涨至洋六百元。[5]随着善耆主管工巡总

---

[1] 会田勉：《川岛浪速与"满蒙独立运动"》，《近代史资料》总48号，第113页。
[2] 爱新觉罗·连绅作，徐志刚整理：《我的爷爷肃亲王善耆》，《武汉文史资料》2009年第6期，第47页。
[3]《辛亥革命史资料新编》第2册，第373页。
[4] 白杰：《清末政坛中的肃亲王善耆》，《满族研究》1993年第2期，第36页。
[5] 丁进军编选：《有关川岛浪速的几件史料》，《历史档案》1993年第4期，第67—71页。川岛浪速的职责，最初为"所有学堂内聘用日本教习若干名，支付一切经费，均归川岛浪速一手经理。学成之巡捕，由川岛浪速考定等级，申报录（转下页）

川岛浪速（左）和善耆

局、民政部的时间日长，他与川岛浪速的友情也与日俱增。

　　川岛浪速之所以选择肃亲王善耆作为其满蒙计划的关键人物，除了两人的友好关系外，更是因为善耆在蒙古地区具有影响——善耆与蒙古王爷有姻亲与师徒的关系，他的妹妹是喀喇沁王贡桑诺尔布的福晋[1]，土尔扈特郡王帕勒塔是他的门徒。而且，善耆对蒙古事务也较为熟悉。光绪三十年（1904）九月，卸去工巡总局管理巡抚大臣之职的善耆领授镶黄旗蒙古都统。次年五月转任镶黄旗满洲都统；十月被任命为理藩院管理巡抚大臣——理藩院是清代管理蒙古、回、藏等边疆民族事务的机关，理藩院尚书一职在清代居于很高的地位，多以亲王兼领。宣统三年（1911）闰六月，善耆又由民政大臣调任理藩大臣。此外，光绪三十二年（1906）春，他曾以钦差大臣身份赴蒙古地

　　（接上页）用，派出当差后，亦由川岛浪速随时访查勤怠，以定升降"，可以说权力相当大。光绪三十一年（1905）续订合同时，川岛浪速任警务学堂监督的职责改为只"监督教课事宜"。
[1] 贡桑诺尔布在《肃忠亲王遗集》序中写道："肃忠亲王与余为至戚，亦挚友也，情最契合。"

区视察。在两个月的时间里，善耆视察了内外蒙古的许多地方，了解当地的民情、畜牧业发展及工业、铁路、水利等状况，足迹遍及喀喇沁、赤峰、巴林、乌珠穆沁等地。[1]这年九月，善耆就视察所见，向清廷奏报从练兵、兴学、立银行、劝工艺、修路矿、设巡警等方面振兴蒙古的计划。[2]十二月，邮传部议复时，虽然承认"修造铁路以便运输，实为今日经营蒙疆第一要策"，但鉴于筹划中的张库铁路（张家口—库伦）长一千二百二十五公里，而朝廷财政紧张，表示须候京张铁路修建完毕、通车，且经营有盈利后，方可动工。[3]当时京张铁路尚在修建，何时建成、何时盈利还是未知数，如此，则意味着善耆此折被束之高阁。但两度管理理藩院事务，又亲赴内外蒙古考察，加之与蒙古王公的姻亲关系，善耆因此对蒙古各方面情况有着深入了解，且在蒙古各部中有较高的威望。[4]

就善耆而言，在宗社党势单力薄的情况下，借助日本势力图谋复辟，也是其选项之一。谋划离开京师之初，他就向川岛浪速表达了请求日本援助的意向，"为此有意乞求日本，以适当方法给予援助。另如北京陷于骚乱时，亦切盼日以兵力迅急予以救援"。[5]

双方可谓各有所求，一拍即合。川岛浪速说服善耆同意日方借用肃亲王名义进行"满蒙独立运动"。"满蒙独立运动"表面上是宗社党的自主行动，暗中却由日本操纵，妄图建立一个以满洲为基础、以日本为监护人的"满蒙联合国家"，所需经费武器由日本筹集，行动由日本人指挥，但对外宣称"清国人复辟清王朝"。在善耆看来，如果川岛浪速成功，也能实现自己"恢复祖业"的愿望，因此他抱着"听

---

[1] 爱新觉罗·连绅作，徐志刚整理：《我的爷爷肃亲王善耆》，《武汉文史资料》2009年第6期，第44—45页。

[2]《录副档》，档号：03-7437-033。亦见于《德宗实录》卷五六四。

[3]《东方杂志》1907年第4卷第8期。

[4] 会田勉：《川岛浪速与"满蒙独立运动"》，《近代史资料》总48号，第114、118页。

[5] 会田勉：《川岛浪速与"满蒙独立运动"》，《近代史资料》总48号，第111、114、118页。

任川岛大人主持"[1]的态度。

为了建立所谓的"满蒙王国",在帮助、拉拢善耆的同时,川岛浪速还与在京城的蒙古王公如喀喇沁王贡桑诺尔布、巴林王扎嘎尔、宾图王棍楚克苏隆、僧格林沁的曾孙阿穆尔灵圭亲王等积极联络,承诺为他们举事提供弹药、资金。1912年初兴起的第一次"满蒙独立运动",是清帝逊位后复辟势力发起的第一次武装活动,分别在蒙古和东三省两地进行。蒙古方面,日方掩护喀喇沁王、巴林王进入内蒙,打算趁乱举兵"独立"。他们招募土匪,成立"勤王军",并耗银两万五千五百两从朝鲜半岛采购武器,准备偷运到蒙古。东三省方面,川岛浪速等以"每步兵月饷20元,马兵30元以为饷粮"做诱饵,在租借地内招兵买马,加以训练,并积极拉拢手握重兵的张作霖。[2]

但日方向蒙古运送武器之事被东三省总督赵尔巽侦知并派兵追击、截获。[3]袁世凯获悉复辟派图谋后立即加强对张作霖的笼络:先是赠予巨资,1912年2月14日,日本驻奉天总领事落合谦太郎向日本国内报告:"张作霖已接受袁世凯之馈赠达数万金之巨,因而态度一变,软化下来";2月17日,袁世凯又派密使来奉天,将"军刀一柄及其他贵重物品价值一万余元赠与张作霖,以示对张氏精勤军务之犒劳"。[4]如此,原来表示"拥戴肃亲王归依日本国"[5],并答应"密约共同起来"[6]的张作霖,转而拥护袁世凯政府、赞同共和,

---

[1] 爱新觉罗·连绅作,徐志刚整理:《我的爷爷肃亲王善耆》,《武汉文史资料》2009年第6期,第48页。
[2] 吴永明:《民元日本策动满蒙"独立"阴谋述略》,《民国档案》2002年第2期,第46页。
[3] 会田勉:《川岛浪速与"满蒙独立运动"》,《近代史资料》总48号,第108页。
[4] 《日本外交文书选译》,第80、82页。袁世凯笼络张作霖之举并不止于此。据袁世凯的女儿袁静雪回忆,破例在办公室接见时为二十七师师长的张作霖时,袁世凯发现张作霖不时注视屋里多宝格上的四块精致的打簧金表,当时便送给了他。见《魂断紫禁城》,第20页。
[5] 《日本外交文书选译》,第76页。
[6] 会田勉:《川岛浪速与"满蒙独立运动"》,《近代史资料》总48号,第112页。

"从奉天城内四平街某药店买得人参价值一千二百元、纯银餐具价值八千八百五十元等物品回赠袁世凯……先后两次致电袁世凯表示赞同共和制"。[1]与此同时,东三省总督赵尔巽也放弃拥帝立场,改换共和旗帜。[2]这样一来,日方借东三省作为复辟基地的计划基本落空。

国际方面,出于自身在华利益考虑,德、美、英等国纷纷反对日本分裂满蒙的阴谋:1月31日,德国方面向日本表示:"倘若日本国政府在此时对清国采取单独行动,德国政府则万难同意。"[3]2月3日,美国国务卿诺克斯(Philander Chase Knox)发表对华关系声明:"外国列强绝无干涉之必要。"[4]2月16日,英国驻日大使窦纳乐(Claude Maxwell MacDonald)致函日本外务大臣内田康哉,表明反对东北独立的态度。[5]

如此,日本不得不下达"中止满蒙独立运动"的命令。2月20日,内田康哉向窦纳乐表明不干涉态度,首相西园寺也训令关东都督取缔"满蒙独立运动"。与此同时,日方电令川岛浪速归国。

黯然回国之后,川岛浪速还试图说服内田康哉重启"满蒙独立运动"。两人"连续激烈地争论了几个钟头",最后内田康哉强硬地表示,"不管你理由如何,一旦由阁议决定的事项,是不能推翻的,君如违背决定,一定要干,那也没办法,那只有依法加以制裁,别无其他"。尽管"川岛之愤激达于极点",但也不得不服从内阁的决定。[6]

---

[1]《日本外交文书选译》,第80页。
[2] 会田勉:《川岛浪速与"满蒙独立运动"》,《近代史资料》总48号,第122页。见本书"未必天心肯放闲——做民国官修清朝史的赵尔巽"章。
[3]《日本外交文书选译》,第348页。
[4] 崔志海:《美国政府与晚清朝政(1901—1912)》,复旦大学博士学位论文,第158页。
[5]《日本外交文书选译》,第348页。
[6] 本段所引,均见会田勉:《川岛浪速与"满蒙独立运动"》,《近代史资料》总48号,第109页。

至此，第一次"满蒙独立运动"以失败告终。实际上，这次运动由川岛浪速借善耆之名发动，善耆本人并未过多参与。后来的第二次"满蒙独立运动"则是善耆大力促成的，为筹措复辟经费，他不惜变卖家产、抵押王府田地等。

第一次"满蒙独立运动"失败之后，川岛浪速并没有放弃，而是以大连为据点，支持善耆与蒙古地区的巴布扎布合作。据善耆的儿子宪均回忆，巴布扎布原是一个蒙古匪徒，日俄战争时，他引导日军的永沼挺进队深入到俄军后方破坏了开原的新开河铁桥，使奉天方面的俄军受到了很大损失，因而受到日方的赏识，"川岛浪速把他介绍给我父亲，加入了宗社党。巴布扎布举行暴乱以前，先把他的两个儿子农乃与甘珠尔扎布送到我家上学；我父亲则把七子宪奎送到他的军中，实际上是互相交换人质"。[1]

1914年3月，主张侵占满蒙的大隈重信内阁成立。大隈重信认为袁世凯就任大总统以来，依靠英、美、法等国来反对日本，因此企图推翻袁世凯政府。这年，在日本政府的支持下，接连遭遇第一次"满蒙独立运动"、1913年"癸丑复辟"失败而备受打击的宗社党在东京重组，善耆派儿子宪德代表自己前往出席，并商洽向日本财阀借款事宜。[2]此后两年，日本政府反对袁世凯的态度日益明显：在1916年3月《森田领事向驻华使领传达石井指示的简报》中，日本外务大臣石井菊次郎就明确表示："对于这种反袁行动，我国民间有志之士如有寄予同情或用金钱、物资予以援助者，政府应持默认态度，并为统一行动计，政府可在幕后为其提供机宜。"[3]

1916年3月，为了给第二次"满蒙独立运动"筹措复辟经费，善耆曾变卖过王府珍藏，"肃亲王把带到旅顺的有限的一点儿藏品宝

---

[1]《晚清宫廷生活见闻》，第312页。
[2]《晚清宫廷生活见闻》，第310页。
[3]《日本与宗社党的关系》，《近代史资料》总35号，第162页。

物，全部拿出来换了钱。到底还是极尽豪华的王家，提供出来的东西中，有十八克拉的金刚石、翡翠柱等高价之物……为了换成钱，同伙人把这些东西拿到东京……这才总算筹到了资金"。[1]还以肃亲王府名下的土地、山林、牧场、矿山、住宅、水利等为担保，向日本财阀大仓喜八郎借款日金一百万元，"按年利七厘（百分之七）付息……两年以后将借款全部还清"。[2]关于抵押物的价值，川岛浪速曾有如下记载："这些不动产之价格，按中国低廉之市价估计，总额也值一千万两以上。如在日本，可以加入大富豪之行列。"[3]日本外务省所藏的一份盖有善耆印章的备忘录还表明，为了达成借款，善耆甚至不惜出卖国家权益，约定"将来事成之时，愿以满洲吉林、奉天省内松花江及其支流流域，不属民间所有之森林采伐权益，以及对江上流放木材征收租厘等各项事宜，作为与大仓男爵或其继承人的合办事业，而将其一切经营之权，委与大仓男爵"。[4]据宪均的说法：大仓与善耆并不相识，大隈重信便以首相的名义为善耆作担保，使得大仓同意借款。[5]

善耆借得这一百万日元后，以宗社党名义，在1915年至1916年间招募两千余人组成"勤王军"，在大连一带训练。他还从日本关东军处买来野炮四门、步机枪三千多支。据说，"勤王军"曾向北攻打长春，向南攻打山东，甚至有"打了登州，杀了幽州"的计划。[6]

1916年5月中旬，巴布扎布先纠集骑兵一千五百多人发动叛乱，于8月抵达梨树县的郭家店。由于"没有准备任何粮草"，只得"沿途抢劫，到处搜求粮食"，这支骑兵在郭家店被署理奉天军务的张作

---

[1]《瑰宝遗梦》，第28—29页。
[2]《日本与宗社党的关系》，《近代史资料》总35号，第159页。
[3]《辛亥革命史资料新编》第2册，第386页。
[4]《日本与宗社党的关系》，《近代史资料》总35号，第163页。
[5]《晚清宫廷生活见闻》，第312页。
[6]孙械蔚：《肃亲王善耆在旅顺》，《大连文史资料》第5辑，第112—114页。

霖所派的冯德麟部击败。日方"为了替巴布扎布充实兵力，遂将关东州租借地宗社党所网罗的士兵约七百名，分两批于八月二十二日运抵郭家店"，支援巴布扎布。这七百人，就是善耆训练的"勤王军"之一部。为了掩护巴布扎布残部撤退，日军还制造了所谓"中国军队于朝阳坡进攻巴布扎布时，曾炮轰日军军旗"的虚构事件，增派日军沿途加以保护。[1]

然而，随着10月巴布扎布在林西县城战死，加上大隈内阁倒台[2]、袁世凯骤然病逝，日本政府态度发生转变，认为没有必要再利用清朝遗老举兵反袁。失去日方的支持，善耆主导的第二次"满蒙独立运动"半途而废。

虽然复辟之举惨败，但善后工作还需继续。史料表明，日方不遗余力地为第二次"满蒙独立运动"善后：给招募的中国士兵如"长春举事团"发旅费和津贴[3]，准其携带各自所有的武器解散；将目前大部分无法就业者安插在日方控制的牛心台煤矿；至于巴布扎布所部，先是由川岛浪速等带着善耆的感谢信赶往郭家店慰问，并承诺"将来再有举事之机，日本政府仍将给予同今天一样的援助"，还补偿巴布扎布部下步枪（包括附件）1200支、子弹24万发、野炮（包括附件）4门、榴弹（野炮用）180发、榴霰弹（野炮用）380发、手榴弹100颗等。这批军械的价值，将近5万元。另外，还给予巴布扎布部相当

---

[1] 本段所引，均见《日本与宗社党的关系》，《近代史资料》总35号，第169页。该虚构事件又被称为"郑家屯事件"。

[2] 据日本商人西原龟三回忆，大隈内阁的倒台，同日本政府支持"满蒙独立运动"的政策不无关系——该政策使"中国人对日本的反感极深"。1916年8月，在听取了西原龟三的有关报告后，"贵族院……决定派议员前往中国实地视察，结果认为大隈内阁的对华活动实属暴虐无道，朝野上下议论纷纭，有人甚至向宫延控诉，遂制大隈内阁于死命，终不得不引咎辞职"。见西原龟三：《西原借款回忆》，《近代史资料》总38号，第121—122页。

[3] 川岛浪速等人还拿出800元犒劳1200名宗社党党员，又给薄益三所率的170人慰问费150元，以示安抚。见《近代史资料》总35号，第161页。

数额的金钱以资犒赏。[1]

林林总总的犒劳、善后等花销，最终都由善耆埋单。善耆向日方所借的一百万日元，至此已被川岛浪速等人花掉了二十五万日元，剩余的七十五万日元则还给了善耆。[2]

此时的善耆，已经是债台高筑：有向大仓喜八郎借的一百万日元新债，有拖欠了德华银行八年、本息达到十几万两的欠款，还有宣统年间向正金银行所借的十九万两。最终，善耆以"全部家当"先偿还了正金银行的借款。[3]

除全部家当被用于偿还欠款之外，肃王府的土地也被冻结。在德国公使和领事的压力下，民国政府下令将肃王府关内外所有庄地一律冻结，不许出售。尽管肃王府再三请求自行变卖庄地，清偿在德华银行的欠款，民国政府依然不准。内务部就"肃亲王府积欠债款一案"发布通告，"所有该王府地亩，应由官厅持平处理，不能听该王府自由处分，庶免侵害佃户向来所有之权利，并保护各债权者利益之平均"。[4]

资料表明，善耆欠债之事，其实早就为袁世凯所掌握。1912年2月22日，袁世凯曾致信东三省总督赵尔巽，"川岛久在京，与肃最

---

[1]《日本与宗社党的关系》，《近代史资料》总35号，第160、164、166页。"计给巴布扎布七百元，副将军六百五十元，统领六百元，副统领五百五十元……士兵则每人给予三元"。见《近代史资料》总35号，第160页。

[2]《日本与宗社党的关系》，《近代史资料》总35号，第165页。关于这100万日元的花费，究均给了另一种说法，"复辟所用的军费，据说不过三十万日元，借款中余七十万日元，都被川岛浪速开黑姬牌汽水公司和开采新泻县石油用掉了"。见宪均：《善耆反对宣统退位图谋复辟》，《文史资料选编》第12辑，第65页。

[3]正金银行的档案表明，宣统元年（1909），为了购地，善耆曾向日本正金银行借款。一开始正金银行并不愿意出借，但日本政府为了讨好当时正筹划清廷海军的善耆，以达到控制大清朝海防事务的目的，极力促成此事。第一次"满蒙独立运动"失败后，正金银行开始追款。经日本政府出面干预，暂缓偿还。见汪昊：《善耆与正金银行的贷款问题》，《大连近代史研究》第8卷，第224—227页。

[4]《清代八旗王公贵族兴衰史》，第419页。

亲……容托人招肃回。伊久受川愚，负债二十余万，赴旅亦有避债意"。[1]尽管欠款数量不够准确，但显然袁世凯已听说肃亲王欠下巨额债务。其实，在获悉善耆准备复辟后，袁世凯曾派做过善耆属下的陆宗舆前往旅顺劝说，欢迎善耆回北京，并保证替善耆偿还大仓喜八郎的一百万日金借款，但善耆拒绝了。[2]

据估算，肃王府仅在河北和辽宁的三十万亩庄地，售价可达百万元以上。[3]若全部出售，偿还善耆欠款显然绰绰有余。内政部之所以将善耆所有土地全部封存，或许有袁世凯借此断绝善耆复辟活动资金来源的考虑。

于是，昔日白银用斗量的肃王府，无可挽回地衰落了。

为求复辟，善耆不仅贴钱，还"贴人"。宪均回忆，第二次"满蒙独立运动"期间，川岛浪速曾到旅顺与父亲善耆密谋多日，"密谈结束后，我父亲说'我已没有东西用来表达我对你的感激心情了，我有儿女，你可以随便挑取，作个纪念吧！'结果把十四格格给川岛浪速作了义女，川岛浪速给她起了个日本名子（字），叫川岛芳子"。[4]

"不履民国寸土"的晚年生活

善耆有一位正室、四位侧室，子女多达三十多位——二十一个儿子和十七个女儿。[5]逃离京师时，他还把已经去世的弟弟的数名子女带到旅顺共同生活。如此一来，家庭人口多达五六十人。

据川岛浪速《肃亲王》一书，善耆家里几乎没有现金积蓄，匆忙离京，准备不足，手中的股票和大清银行存款一时间无法兑现，形同

---

[1]《袁世凯全集》第19卷，第600页。
[2] 宪均：《善耆反对宣统退位图谋复辟》，《文史资料选编》第12辑，第64页。
[3]《清代八旗王公贵族兴衰史》，第419页。
[4]《晚清宫廷生活见闻》，第310页。
[5] 第六子1913年在旅顺溺水死亡。见《辛亥革命史资料新编》第2册，第386页。

废纸。因此,刚到旅顺时,只能靠川岛浪速及同情者援助方可勉强维持,可谓过着"穷居"生活:除了善耆和正室每人一屋之外,其他都是两三个或四五个人住一间;由于吃饭的人太多,只好以摇铃为号,分批就餐;带来的佣人又太少,肃亲王妃在冬天时不得不自己动手洗内衣。直到1913年秋天后,肃王府名下"所有田亩的佃租、地租得以恢复以往收入之半",善耆一家的生活状况才有所好转。[1]

1912年2月离京之际,善耆曾写《辛亥十二月出京口占》一诗:"幽燕非故国,长啸返辽东。回马看烽火,中原落照红。"[2]这首气势不凡的诗是善耆的代表作,表达了他要以辽东为基地、复辟清室的雄心壮志。然而,两次"满蒙独立运动"失败,复辟清室之梦遥遥无期。1918年中秋节,善耆借酒浇愁,并赋诗一首以发泄内心苦闷:"一自离家国,匆匆已八年。神州风将转,大地月将圆。事业依良友,声名愧耆贤。园陵遥捷处,极目起寒烟。"[3]诗中意境,已是一派心灰意冷的萧索。

清帝退位后,善耆始终未忘记复辟,甚至为此倾家荡产而不悔。隆裕太后死时,善耆率子女向西叩拜致哀,恸哭不已。但善耆想复辟的,是清朝统治而非仅仅是帝制。1915年袁世凯称帝前,曾"派陆宗舆去说合,善耆也断然拒绝了"。[4]

利用善耆发动两次"满蒙独立运动"却导致其倾家荡产,日方为此对善耆做了补偿,"肃亲王在答应中止这次'满蒙独立运动'时,好像从日本得到了五十万的补偿费;后来,日本军部又支付了五十万圆,补偿肃王府的军费"。[5]不仅如此,日本政府与川岛浪速协商后,

---

[1]《辛亥革命史资料新编》第2册,第385、386页。
[2] 项小玲:《善耆与〈肃忠亲王遗集〉》,《满族研究》1997年第1期,第61页。据宪均介绍,这首诗是"在他(善耆)离开天津逃往旅顺的路上"所写的。见《晚清宫廷生活见闻》,第309页。宪均的回忆中,"回马看烽火"误记成"回首观烽火"。
[3] 周福振:《清末肃亲王善耆研究》,北京师范大学硕士学位论文,第58页。
[4] 宪均:《善耆反对宣统退位图谋复辟》,《文史资料选编》第12辑,第71、64页。
[5]《瑰宝遗梦》,第30页。

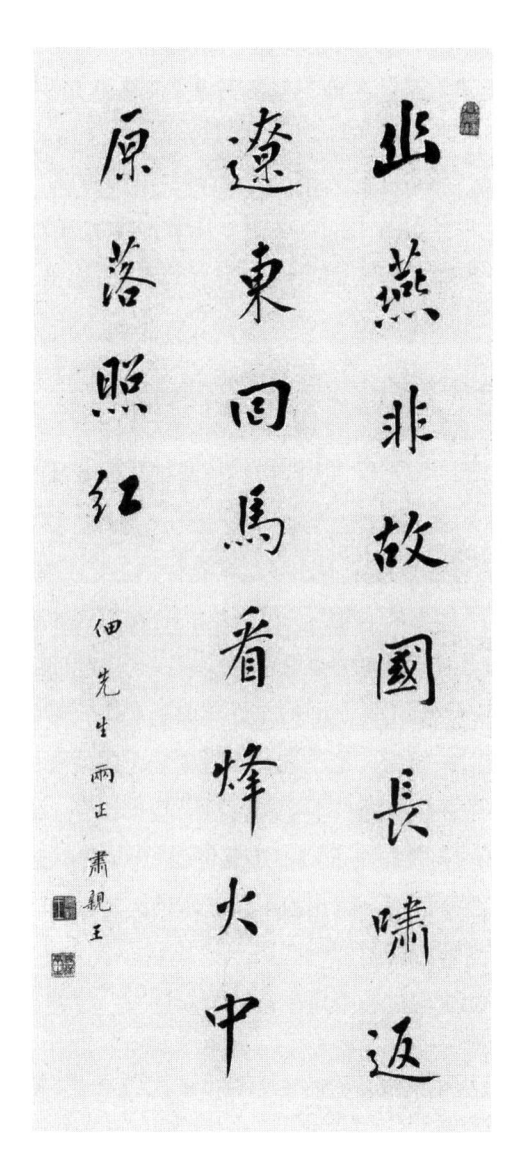

此燕非故國長嘯返
遼東回馬看烽火中
原落照紅

佃先生兩正 蕭親王

善耆书法《辛亥十二月出京口占》

由川岛浪速出面申请,以"庚子事件中日本使馆借用北京东交民巷肃王府邸守卫,致使肃亲王府在战火中被彻底烧毁的补偿"为名,将旅顺一片约3.6万平方米的土地无偿拨给肃亲王家使用。[1]

这片地皮位于大连西岗桥一带,1921年正式拨付,由川岛浪速一手主持,"盖了700间左右的简易平房,出租收利,大约每月可收10800元"。这一万元中,每月给肃王府1000元作为生活费。这个地方,后来发展成大连有名的"露天市场",1940年左右,川岛以125万元的价格出售。这其中,"(川岛)自己拿50万元。给善耆的次子以下每人三万(孙辈没有),余下将近40万元归长子宪章,并以连组(宪章长子)名义,存入三菱银行"。[2]

两次"满蒙独立运动"失败后,善耆把复辟帝制的希望寄托在子女身上。他约束家人颇严:不以绫罗绸缎为风雅,多以青蓝布为饰,"以严肃质素为宗旨,在家不许穿丝绸衣物。王妃王女即使里穿丝绸,外面也要套上一件棉质衣物"。[3]当年愤慨离开京师时,善耆还发誓"不履民国寸土",并以此誓要求子女——次子宪德回过一次北京,善耆就不承认他是亲生儿子,也不允许其他子女以兄弟称呼他,而叫他"宪二"。[4]避居旅顺后,他不许儿女做中华民国的官、当中华民国的民,把子女都送进旅顺的日本学校,接受日本教育。他还引用光武帝当年艰苦创业的事迹告诫子女不忘复辟:"当年光武起兵之初,几受在陈之危,芜蒌亭豆粥,滹沱河麦饭,卒能兴复汉室完成大业,堂尔等各守其分,勿辞劳苦。"[5]

晚年善耆在旅顺过着隐居生活,多以读书、吟诗、下棋为娱。据

---

[1] 爱新觉罗·连绅作,徐志刚整理:《我的爷爷肃亲王善耆》,《武汉文史资料》2009年第6期,第48页。
[2] 孙械蔚:《肃亲王善耆在旅顺》,《大连文史资料》第5辑,第136—138页。
[3] 《辛亥革命史资料新编》第2册,第383页。
[4] 宪均:《善耆反对宣统退位图谋复辟》,《文史资料选编》第12辑,第62页。
[5] 爱新觉罗·连绅作,徐志刚整理:《我的爷爷肃亲王善耆》,《武汉文史资料》2009年第6期,第48页。

说，当时访华的日本棋士几乎都去拜访过他，他还曾与日本棋圣因仿秀哉对过局。[1]流传下来的照片表明，1919年，日本围棋五段棋手濑越宪作访华时曾在旅顺同善耆对弈。后来，濑越宪作与另一位三段棋手中村善一郎在肃亲王府下榻一周，也得到很好的款待。善耆生活俭约，平日饮食不太讲究，只抽烟，不喝酒，一年四季均蓝布褂，遇到节日行大礼，加上青布坎肩，而辫子始终保留。[2]对于未能复辟成功，他心怀不甘，在赠友人的诗中表达了愧疚之情，"江山故国空文藻，愧尔东西南北人"[3]，居旅顺十余年，"每遇人来自京师或得书问，辄痛哭不能已"[4]。

1922年3月29日，善耆因尿毒症逝世于旅顺红楼宅邸中，终年五十七岁。[5]在遗折中，善耆深恨自己"无开济之才""罪当诛"，并表示"纳还爵士，即日停袭"。[6]由于他对清王朝忠心耿耿，溥仪赐谥为"忠"，赏银三千元治丧。所遗世袭罔替之肃亲王爵位，1922年11月经民国大总统黎元洪批准，由其长子宪章承袭。[7]

1923年，善耆棺木运回北京，葬于广渠门外架松村肃王府墓地。灵柩自奉天用火车启运。临行时，张作霖前来拜祭。途中，一些民国

---

[1]宪均：《善耆反对宣统退位图谋复辟》，《文史资料选编》第12辑，第70页。

[2]宪均：《善耆反对宣统退位图谋复辟》，《文史资料选编》第12辑，第71页。

[3]丰杰：《论〈肃忠亲王遗集〉的辛亥革命叙事》，《南京晓庄学院学报》2014年第2期，第57页。

[4]见小平总治赠呈南满洲铁道株式会社的《肃忠亲王纪念碑拓本》，大连图书馆藏。

[5]关于善耆之病，其孙连绅说是因糖尿病引起肾衰竭，其子宪均说是尿毒症。显然，宪均所说更为可信。至于善耆去世的时间，连绅在《我的爷爷肃亲王善耆》中说是1922年2月27日，孙械蔚在《肃亲王善耆在旅顺》一文中说是1922年2月。这些说法都不正确。准确的时间应该是3月29日：《东方杂志》1922年19卷第8期载"民国十一年三月二十九日清肃王善耆逝世"。更权威的证据来自清宫档案：由逊清小朝廷宗人府呈报给民国内务府的档案明确写道"和硕肃亲王善耆于中华民国十一年三月二十九日辰时薨逝"，见《宗人府档案》，档号：06-01-003-000003-0024。

[6]《一士谭荟》，第219页。

[7]《宗人府档案》，档号：06-01-003-000003-0043。

要员及清朝遗老们也前来路祭。[1]

　　善耆逝世后,他的一些子女继承"父志",与日本合作,背叛国家,甚至为日本的侵华政策效劳。正如溥仪在《我的前半生》中所说的那样:"一家满门都是亲日派汉奸"[2]——十一子宪原曾参与第二次"满蒙独立运动",伪满时期为伪翊卫军司令官;十七子宪基是伪满上校参谋;七子宪奎(金璧东)先后任伪满洲国铁道守备队中将司令、黑龙江省省长、长春市特别市长;十二子宪均曾任伪满洲国军医少将、伪满军医院长等职;十四女显玗(又名金璧辉、川岛芳子)成了著名的日本间谍,曾任伪满"定国军"司令,抗战胜利后被枪决。[3]

　　开明如善耆,曾支持君主立宪、同情革命党人,却又如此抵制民主共和制度,发誓"不履民国寸土",甚至为复辟不惜出卖国家利益;亲民如善耆,有"自执鼓板与饔奴杂坐弹唱"[4]的随和,却又对袁世凯异常仇视;谦逊如善耆,"有人攻其短者必改容谢之"[5],却在儿女教育问题上如此固执;有为如善耆,曾整顿崇文门税务、大力发展城市建设,却对复辟抱持政治幻想,寄希望于通过日本实现其目的。善耆身上存在着诸多矛盾之处,但归根究底,溥仪所赐的谥号——"忠",是他一生的注脚,也是他所有行为的根本出发点。然而,他的"忠"是狭隘的,作为八旗子弟,善耆的忠心仅针对清王朝和清帝,

---

[1] 有说法,为了不违背善耆"不履民国寸土"的誓言,当差人"不走阳地走阴地",从前门火车站下车后,派人在前面撒纸钱,抬棺队伍踏着纸钱前行,将善耆灵柩抬至今朝阳区潘家园东架松肃王府墓地安葬。见周福振:《清末肃亲王善耆研究》,北京师范大学硕士学位论文,第58页。但据北京文史学者冯其利对架松村老人的访问,并无踩着纸钱抬棺之事,而是用火车将棺椁直接运到葬地,见冯其利:《清代王爷坟》,紫禁城出版社1996年版,第112—113页。应该说,冯其利的记述更为可信。
[2]《我的前半生》,第442页。
[3]《晚清宫廷生活见闻》,第314—315页。
[4]《国闻备乘》,第152页。
[5]《当代名人小传》卷下,第16页。

并非是近代以来逐渐萌芽的对民族国家的爱国情怀。在千年未有之变局之下，尤其在民国建立、共和初兴后，这种"忠"显得愈加不合时宜。诚如沃丘仲子所评，"辛亥后倾所有谋复故国，资产竟罄。彼自为其主，虽愚甚，而不可谓不忠"。[1]

---

[1]《当代名人小传》卷下，第17页。

年年海角愁春去*
——"复辟狂人"恭亲王溥伟

爱新觉罗·溥伟（1880—1936），恭亲王奕䜣嫡孙，历任总理禁烟事务大臣、崇文门正监督等职。辛亥革命后组织宗社党运动复辟，变卖恭王府藏品筹资，联络张勋策划"癸丑复辟"未遂。1931年"九·一八"事变后，溥伟又被日本利用扶植伪满政府，但始终未获溥仪信任。

　　溥伟，光绪六年（1880）十一月十二日生于北京恭王府。[1]他的爷爷，是晚清历史上赫赫有名的恭亲王奕䜣。奕䜣有四子：长子载澂，次子载滢，三子载濬，四子载潢，其中载濬、载潢早殇。溥伟是载滢长子，也是奕䜣的长孙。

　　从现存照片看，年轻时的溥伟隆准高鼻、双目有神，可谓仪表

---

* 语出溥伟诗《和白乐天宫城早秋韵》。见孙宝田：《大连地方人士及往来书画名家轶事》，《大连文史资料》第3辑，第65页。

[1] 据溥伟之子毓君固提供的《爱新觉罗氏家谱》，转引自孙械蔚：《恭亲王溥伟在大连》，《大连文史资料》第5辑，第124页。毓君固，即毓嶦。

出众。1913年7月，日本人宗方小太郎在青岛拜会溥伟后向国内如此报告，"恭王今年三十余岁，器宇不凡，诚意动人，晤谈时端坐正视，面无笑容，言不及他事，神态严肃，实满清亲贵中突出的人材"。[1]德国汉学家卫礼贤（Richard Wilhelm）[2]光绪二十三年（1897）作为传教士来到青岛，曾与溥伟过从甚密——1914年卫礼贤在青岛倡建了尊孔文社藏书楼，藏书楼的匾额就是溥伟题写的。在《青岛的故人们》一书中，卫礼贤对溥伟有这样的描述："他是一个自傲清高、天真率直的人，惯于命令别人，显得难以接近，但又是廉洁清白的人。"[3]

闲散亲王

依清制，皇帝亲兄弟的子孙之名应由皇帝赐予，并写入玉牒、报宗人府。溥伟在《清实录》第一次登场，就是光绪六年（1880）十一月二十八日由光绪帝赐名。[4]

此后所得的封赏，基本上都循清室惯例。比如，光绪十六年（1890）溥伟十一岁时，因光绪帝二旬庆辰赏头品顶戴；光绪二十一年（1895）十一月慈禧赐婚，十六岁的溥伟娶员外郎（从五品）善佺之女碧鲁氏为妻；光绪二十二年（1896）十二月，慈禧太后下旨，将十七岁的溥伟过继为载澂[5]的嗣子，并着赏给多罗贝勒；[6]光绪二十四年（1898）四月十一日，奕䜣病逝次日，溥伟以载澂嗣子、奕䜣长孙的身份承袭恭亲王之爵。[7]

---

[1] 宗方小太郎：《宗社党的复辟活动》，《近代史资料》总48号，第96页。
[2] 德国人理查德·威廉（1873—1930）深爱博大精深的中国传统文化，自取中文姓名，姓卫，名礼贤，字希圣，也有人将其名译为尉礼贤、卫理贤、威廉夏尔特。
[3] 卫礼贤：《青岛的故人们》，青岛出版社2007年版，第141页。
[4]《德宗实录》卷一二四。
[5] 奕䜣的长子载澂于光绪十一年（1885）因病去世，膝下无子嗣。
[6]《德宗实录》卷三九八。
[7]《德宗实录》卷四一八。

和而立之后的端庄稳重不同,年少时的溥伟偏执轻狂。他袭爵后,李鸿章还健在,据说两人相遇时,溥伟总是大呼李氏之号"少荃"。这让李鸿章很不高兴,有一天他终于忍无可忍,板着脸对溥伟说:"令祖老恭王在日,承他老人家爱护,总称呼我老中堂,小王爷大概不知道!"[1]

无论如何,年届十九岁的溥伟,袭爵之后,开始登上政治舞台。他最初参与的多是宗室或内廷事务:如奉旨管理"觉罗"[2]事务,管理太庙、祠祭并近支婚嫁,还先后出任随扈大臣、署理对引大臣、管理新旧营房、署理宗人府等。此外,他还频繁地作为皇帝代表出席一些仪式性活动,如光绪二十五年(1899)、二十六年被多次派往大高殿行礼祷雨等。[3]

清帝退位前,溥伟历任的较重要职务有:光绪二十八年(1902)补授正黄旗汉军都统[4],光绪三十二年(1906)调任镶黄旗蒙古都统,光绪三十三年(1907)改任正红旗满洲都统,光绪三十四年(1908)派充总理禁烟事务大臣并出任崇文门正监督等。崇文门正监督有京师第一肥差之称。[5]溥伟能担任此职,表明慈禧虽未立其为皇储,但对溥伟和奕䜣家族还是颇为拉拢的。

---

[1]《瑰宝遗梦》,第18页。
[2] 觉罗,清制,奉显祖塔克世(努尔哈赤的父亲)为大宗,称其直系子孙为宗室,束金黄带,别称"黄带子";对其叔伯兄弟的旁支子孙,称觉罗,系红色带为标志,称"红带子"。
[3]《德宗实录》卷四四九、四五一、四五五、四六一;《宣统政纪》卷五、六。被封亲王之前,溥伟已代行过类似事务,如光绪二十二年在醇贤亲王奕譞嫡福晋薨逝后前往行奠酒礼,光绪二十三年、二十四年前往宣仁庙拈香等。见《德宗实录》卷三九〇、四一三、四一四。
[4] 都统,满语称"固山额真",领兵七千五百人,同等衔军。
[5] 崇文门监督,为京师收税之总机关,每年更换正、副监督各一人。监督之下,有正、副总办委员各一人,帮办委员各二人。崇彝曾做过崇文门税关的帮办委员,一年岁入四五千两银子,"派委所入视此不止倍蓗,监督岁入亦不过数万金。彼时视此差遂为京官最优者"。见崇彝:《道咸以来朝野杂记》,北京古籍出版社1982年版,第104—105页。"倍蓗"即数倍之意,可知监督收入一年至少数万两。

宣统元年（1909）闰二月，溥伟以总理禁烟事务大臣身份上奏《续拟禁烟办法十条》，提出吸食鸦片者不得充任议员、学堂职员、咨议局董事，要求各督抚每三个月汇报一次本地禁烟情况等。[1]与此同时，他还奏请将吸食鸦片的正红旗满洲勋旧佐领[2]德来、镶红旗佐领长松、吉林五常府知府万绳武等革职，甚至纠参官至正二品的广东高州镇总兵陆建章等。雷厉风行之下，禁烟成效立显：宣统二年三月溥伟奏报，禁烟公所开办至今，包括京内外各衙门在内，"计已断戒者共四十三万四千五百余人"。[3]应该说，这是个了不起的成就。

也是在禁烟过程中，溥伟与肃亲王善耆紧密配合，惺惺相惜。[4]这些，为两人后来共同组织成立宗社党、开展复辟运动埋下了伏笔。或许是因对时局和自己被边缘化不满，宣统三年（1911）二月起，刚刚三十二岁的溥伟以"感冒""便血"为由开始请病假[5]，并表示"患病日久，气血一时未能复元，加之记性模糊，脑力锐减"[6]，请求辞去正红旗满洲都统、禁烟大臣之职[7]，成为名副其实的闲散亲王。

毁家复辟

武昌起义的爆发打乱了溥伟的优游岁月，也改变了他的人生轨迹。一夜之间，长期遭受猜疑和排挤的溥伟似乎勃发了忠君爱国之

---

[1]《宣统政纪》卷一〇。
[2] 佐领，正五品或从四品。
[3]《宣统政纪》卷三三。
[4] 时为民政部尚书的善耆大力支持溥伟的工作。以京师为例，善耆在京师设立了内外城戒烟局。据统计，到宣统二年十一月，京师内外城吸烟人数由光绪三十四年（1908）冬季的2.56万人减少到4190人，鸦片烟土销售店仅剩80家。见《录副档》，档号：03-7590-019。
[5]《录副档》，档号：03-7452-069。
[6]《录副档》，档号：03-7453-124。
[7]《宣统政纪》卷五〇。

心,力主与革命军开战,与善耆、载泽、升允、良弼等被视为维护帝制的中坚力量。

在宣统三年十二月初一日召开的第三次御前会议上,溥伟按照事前与原度支大臣载泽的约定,力劝隆裕太后拨内帑银作军费、令冯国璋进攻武昌,乘势拿下武汉三镇。[1]但隆裕太后表示已经无钱可拨。溥伟又提议"将宫中金银器皿,赏出几件,暂充战费",并表示愿意率兵应战。主战派的肃亲王善耆也从旁帮腔:"恭亲王所说甚是,求太后圣断立行。"[2]但最终,隆裕太后并没有采纳溥伟、善耆和载泽的建议,而是准备退位。

这天之后,溥伟被排挤出御前会议。鉴于此,他便以安葬生父载滢、自己感冒等理由一再请假。但背地里,他和善耆等于宣统三年十二月初一日成立"宗社党",阻挠南北议和与清帝退位。

溥伟、善耆之外,宗社党核心人物还有前军咨大臣载涛和毓朗,辅国公、前度支大臣载泽,镇国公、前海军大臣载洵,前江宁将军铁良,前陕甘总督升允以及军咨府副使良弼等,日本人川岛浪速也参与其间。

袁世凯被宗社党认为是运动清室退位的推手,他也成了宗社党的刺杀目标。当时的《申报》报道称:"载泽认为袁世凯'口中阳保皇室,腹内阴助民党,外迫内援,势与篡逼无异,实令吾人愤懑,宁拼死命与之一决雌雄,言次杀机大露'";[3]"满亲贵善耆、载涛、毓朗及良弼、荫昌、寿勋等连日密议谋害袁世凯,闻俟铁良一到即将实行暗杀"[4]。川岛浪速也向日本参谋本部报告过"禁卫军期于(二月)三日

---

[1]《辛亥革命》(八),第113页。《冯国璋年谱》记载,冯国璋曾向隆裕太后表示,只要拨出饷银四百万两,自己一人即可平息武昌民军之乱,见公孙訇:《冯国璋年谱》,河北人民出版社1989年版,第15页。

[2]《辛亥革命》(八),第113页。

[3]《申报》1912年1月2日,第6版。

[4]《申报》1912年1月17日,第2版。

夜袭击袁世凯"。[1]

为此,"恐为（载洵、载涛、良弼）所害"[2]的袁世凯在做好自身防卫的同时,加强了对清皇室及亲贵的监视,甚至有袁世凯通过其子袁克定"结客刺良弼、载泽"[3]的传言。正在此时,十二月初八日,良弼被革命党人彭家珍炸弹袭击,伤重而亡。如此一来,清室近支王公大臣大为惊恐。

十二月十二日,君主立宪会的隆厚田突然跑到恭王府告诉溥伟,最近接到一封密信,说袁世凯心腹、民政大臣赵秉钧向袁世凯建议将清室王公贵族赶入紫禁城加以软禁[4],催促溥伟"宜速筹良策"。隆厚田走后,溥伟母亲让溥伟立即避往西山。[5]

但在逃至西山后不久,溥伟即潜往青岛。[6]

3月10日,袁世凯就任中华民国临时大总统后,从内外两方面加强了对宗社党的防范工作:对内要隆裕太后管束宗社党成员,迫于袁世凯的压力和保住清室优待条件的考虑,3月28日,隆裕太后传谕解

---

[1] 会田勉:《川岛浪速与"满蒙独立运动"》,《近代史资料》总48号,第117页。
[2] 《申报》1912年1月6日,第3版。
[3] 吉迪注:《袁克定致冯国璋函》,《近代史资料》总45号,第90页。
[4] 《辛亥革命》（八）,第115页。后来的事实证明,袁世凯虽然没有将皇族尽数赶入紫禁城加以软禁,但还是派兵包围了各王府。溥伟的胞弟溥儒在其所著的《慈训纂证》序中写道:"辛亥武昌之变,朝廷方召袁世凯决大计,袁氏疾诸王之异己者,临之以兵,夜围戟门。"见王家诚:《溥心畬传》,百花文艺出版社2007年版,第19页。溥儒,字心畬。
[5] 《辛亥革命》（八）,第115页。溥伟所说的"西山",即位于今天北京市门头沟区的西山戒台寺（亦称戒坛寺）。光绪十年（1884）奕訢被慈禧责令"家居养疾"后,捐银万两在"家庙"戒台寺后仿恭王府后罩楼盖了一栋罩楼,他和次子载滢曾长期在此居住。迄今,戒台寺还保存有六十多件恭王府家具。
[6] 关于溥伟何时与如何去青岛的相关史料目前很少,而且彼此矛盾。川岛浪速在2月3日给参谋本部的密电中说:"恭亲王潜伏在距北京不远之山中,惧袁迫害也。"见会田勉:《川岛浪速与"满蒙独立运动"》,《近代史资料》总48号,第117页。但日本驻华公使伊集院彦吉2月3日给外务大臣内田康哉的电报中认为溥伟2月2日已离京,去向不明,见《日本外交文书选译》,第76页。

散宗社党[1]；对外则敦促日本不要支持宗社党的活动，当年10月17日会见候任日本驻华大使山座圆次郎时，袁世凯就说，"在满洲，则有贵国志士等帮助宗社党活动，请酌情予以取缔"[2]。

在下旨解散宗社党的同时，为示笼络，隆裕太后于1912年9月下旨，将所有从前官家赏给恭王府的府第、房间、地亩，都划给溥伟作为私产。[3]此前6月，袁世凯已颁布《保护旗人财产令》，规定"凡八旗人民私有财产，统应按照待遇条件，仍为该本人所保有"。[4]这意味着，赏赐给溥伟的府第、房间、地亩等，在成为溥伟私产的同时，也受到中华民国的保护。

但溥伟不为所动。到青岛后，他就开始运动复辟。为了给复辟筹措资金，为了支付避居青岛和留守京城的家人之开销，他开始变卖恭王府除书画之外的藏品。

溥伟变卖恭王府文物珍玩的计划，其实在他居留京师时就已经决定。他在《让国御前会议日记》中写道，宣统三年十月中，他前往石大人胡同迎宾馆（今外交部街）探望袁世凯，"询以有何办法"应对当下局面。袁世凯表示自己世受国恩，一定主持君主立宪，但也抱怨："南方兵力强盛，人心尽去，我处兵弱饷缺，军械不足奈何？"令溥伟惊讶的是，袁世凯还低声对他说，"向使王爷秉政，决不致坏到如此"。这一番话，让溥伟知道袁世凯已无维系清室之志，"余知袁氏之必叛也"。[5]

在看清了袁世凯准备篡权的面目之后，溥伟回家和母亲商量，决意变卖家产，毁家以纾国难。在得到母亲同意后，溥伟"乃尽出古画

---

[1]《东方杂志》1911年第8卷第11期。隆裕太后下旨的时间，《申报》认为是3月30日，见《申报》1912年4月8日，第2版。
[2] 山座圆次郎：《中国要人会见录》，《近代史资料》总48号，第125—126页。
[3] 孙械蔚：《恭亲王溥伟在大连》，《大连文史资料》第5辑，第125—126页。
[4]《袁世凯全集》第20卷，第79页。
[5] 本段所引，均见《辛亥革命》（八），第111页。

古玩,招商变价"。[1]1912年初逃到青岛后,他将恭王府中除书画之外的大部分藏品,打包出售给了日本古董商人山中定次郎等,大约获得了四十万日元。

1913年的"癸丑复辟"是宗社党成立后打响的复辟第一枪,也是溥伟笔下"中有神龙游"[2]的重要一步,主要由在青岛的溥伟、刘廷琛、于式枚、陈毅、温肃、胡思敬,以及在上海的郑孝胥等人发起,早在1912年夏天即开始筹划。[3]

1912年6月至7月间,复辟活动正式启动。主要参与者之一陈毅曾说,"先是,壬子夏恭亲王建谋青岛"[4],之后决定在东北,联络东三省都督赵尔巽;在直隶,运动直隶都督冯国璋;在江苏,联络长江巡阅使、前署两江总督张勋;在上海由沈曾植、郑孝胥等策应,并寻求日本人的支持。[5]

广东人温肃先北上劝赵尔巽起兵,游说未果后又于1913年2月去鼓动张勋,帮助溥伟和张勋建立了直接联系,"期以三月初一举义"。[6]张勋当时驻守在山东兖州一带,有兵力一万两千余人、枪八千多支,是一支颇具实力的新军阀队伍。为了表示对清王朝的忠诚,清帝逊位后,张勋和他的军队仍不剪发辫,被称为"辫子军"。无独有偶,避居青岛后的溥伟也始终拖着那条精心梳理的大辫子以示

---

[1]《辛亥革命》(八),第111页。
[2]溥伟在青岛曾赋《观海》诗——"中有神龙游,荡漾起空际"以言志。见《溥心畬传》,第19页。
[3]刘廷琛,字幼云,清末学部副大臣、京师大学堂总监督,他将青岛湖南路上的楼邸题为"潜楼",因而自称"潜楼老人"。于式枚,字晦若,翰林院编修,历任邮传部侍郎、礼部侍郎、学部侍郎、修订法律大臣、国史馆副总裁等。陈毅,字诒重,号郁庐,清资政院议员,邮传部左参议。温肃,字毅夫,清末监察御史。胡思敬,字漱唐,号退庐,清末监察御史。
[4]《丁巳同难图记》,《近代史资料》总35号,第94页。1912年为旧历壬子年。
[5]鲁海、张树枫、鲁军:《胶澳租界与封建复辟》,《东岳论丛》1989年第2期,第92页。
[6]温肃:《清温侍御毅夫年谱》,台湾商务印书馆1986年版,第19—20页。

身份。[1]物以类聚,人以群分,溥伟认为张勋对清室忠心耿耿,决定加以利用。为了进一步拉拢张勋,溥伟又派刘廷琛和陈毅前去做工作。陈毅后来回忆说:"恭亲王建谋青岛,因刘大臣及余奔走于张公军间,期以癸丑之春举济南而集议于潜楼。"[2]

由于"阴有勤王之志"[3]的胡嗣瑗正被直隶都督冯国璋聘为秘书长,于是溥伟在4月派温肃前往,通过胡嗣瑗面见冯国璋。冯国璋推心置腹地对温肃说:"我早有(复辟)此意,只是时机未到,各地将领都还在宫保(指袁世凯)控制下,我的兵力只占十分之二,万万不是敌手。"为此,冯国璋还劝温肃转告溥伟先与张勋联络,然后一个一个拉拢各地将领,"能拉过一半来,那就大局在握了"。[4]此外,溥伟还派胡思敬等人去拉拢兖州镇守使田中玉、驻济南的陆军第五师一部,以及驻扬州的江北第二军军长徐宝山等。

在上海的复辟支持者如沈曾植、郑孝胥等,则"与青岛的同志遥通声气,密使往来……交涉举事的方法",还与日本海军间谍宗方小太郎往来甚密——一方面派辜鸿铭赴日本联络,一方面专门邀请日方宇都宫少将"来沪密会,以定举兵日期"。[5]

就在溥伟紧锣密鼓筹划复辟的同时,1913年3月20日,北上组阁的国民党代理理事长宋教仁遇刺身亡。3月底,孙中山从日本回国,力主武装讨袁。眼看国内反袁声浪日益高涨,溥伟等决定复辟举事。他让于式枚、陈毅起草讨袁檄文,定于4月7日起兵。具体行动部署方面:兖州镇守使田中玉首先率部控制铁路线;主力军张勋部沿津浦铁路北上,与张怀芝的第五师会合,攻取济南,控制山东,再进逼京

---

[1]《青岛的故人们》,第141—142页。
[2]《丁巳同难图记》,《近代史资料》总35号,第94页。刘大臣指刘廷琛,张公指张勋。
[3]《丁巳同难图记》,《近代史资料》总35号,第95页。
[4]《冯国璋年谱》,第26页。
[5] 宗方小太郎:《宗社党的复辟活动》,《近代史资料》总48号,第92、94页。

师;其他省区随之响应。1913年为农历癸丑年,此次举事因此也被称为"癸丑复辟"。

然而,此次起事行动很不周密。时间上,溥伟等人一开始定于4月7日起事,后改为4月9日。[1]组织上,被拉拢进来参与"癸丑复辟"的田中玉与袁世凯素来交善[2],其实并无反袁复清的意图,只是迫于形势和张勋的势力,在胡思敬游说反袁时虚与委蛇。嗣后,田中玉迅速暗中派人密报袁世凯。袁氏获悉后,立即密令山东方面严加戒备。不仅如此,3月20日,大批反袁告示还提前出现在济南城内,告示称现在革命党人虽举袁世凯为大总统、创立共和政府,但袁世凯已有南面称帝的野心,外则列强环伺,欲趁乱瓜分中国。当此万分危急时期,亟应诛戮逆臣袁世凯。[3]

无疑,这些提前泄露的告示引起了会办山东军务的陆军第五镇统制靳云鹏的高度警觉,也打乱了溥伟的复辟计划。靳云鹏下达紧急命令,宣布济南城戒严,各城门均增加兵警,晚七点后禁止出入。与此同时,靳云鹏还挖断兖州至济南间的铁路,阻止张勋"辫子军"北上。[4]张勋见计划败露、济南有备,便放弃了率兵攻打济南的计划。

之后,袁世凯派密探来青岛,严密监视溥伟、刘廷琛、陈毅、温肃等人,使其未敢贸然行事。[5]在"癸丑复辟"期间,袁世凯还以溥伟长期不在任为由,下令免去其正红旗满洲都统一职。[6]

---

[1]《清温侍御毅夫年谱》,第20页。

[2] 田中玉(1869—1935),毕业于北洋武备学堂,因随东三省总督徐世昌入东北练兵而受到重用,属于北洋系,后来还支持袁世凯称帝。

[3] 4月11日的《民立报》也刊发北京特电,称日前济南出现反袁告示,"末署张勋、恭亲王溥伟名,并盖恭印,昨袁总统询问溥伦,谓确系恭王真印"。转引自宋欣:《宗社党研究》,西北民族大学硕士学位论文,第14页。温肃亦证实,这些告示出自他们之手,见《清温侍御毅夫年谱》,第20页。

[4]《清温侍御毅夫年谱》,第20页。

[5]《丁巳同难图记》,《近代史资料》总35号,第95页。亦见于《清温侍御毅夫年谱》,第20页;宗方小太郎:《宗社党的复辟活动》,《近代史资料》总48号,第95页。

[6]《袁世凯全集》第22卷,第328页。

至于前往日本寻求支持的辜鸿铭也"无所得而归"。[1]

内失张勋的支持，外无日本的奥援，加上机事不密、袁世凯早有防范，这样一次格局颇大、筹划颇详的"癸丑复辟"以失败告终，草草收场。

机事不密造成的严重后果让溥伟等人耿耿于怀。在1913年5月31日会见宗方小太郎时，溥伟总结说："本年三月一日事（旧历三月一日张勋之兵和济南第五师之一部联络，拟在山东举事未成），事机败露，为袁世凯所窥知，招致失败。"[2]另一复辟骨干陈毅也说，"事前泄，济南大震有备，檄为袁世凯所得"[3]，导致"癸丑复辟"失败。

颠沛困厄

避往西山已意味着溥伟与袁世凯公开决裂，"癸丑复辟"更是让溥伟与袁世凯反目成仇。

1913年5月在青岛会见宗方小太郎时，溥伟公开指责袁世凯"实为有史以来的大奸臣，余恨之入骨。前年辛亥事起以来，时局之坏，已达极点，百姓苦之久矣"。[4]在给日本国内的报告中，宗方透露，袁世凯还以废止清室优待条件相威胁，让溥伟停止复辟活动，"若不听从，当即逮捕并处以严刑，且停拨皇室优待费"。但溥伟不予理会，"恭王回答曰：君喜好杀自己的百姓，非余所敢过问。余又非皇帝，停止优待费违法和废弃誓言，与余何干"。[5]

与袁世凯的矛盾公开化后，溥伟不再踏足民国土地，而是在青岛德租界过了十年的寓公生活。

---

[1] 宗方小太郎：《宗社党的复辟活动》，《近代史资料》总48号，第94页。
[2] 宗方小太郎：《宗社党的复辟活动》，《近代史资料》总48号，第95页。
[3] 《丁巳同难图记》，《近代史资料》总35号，第94—95页。
[4] 宗方小太郎：《宗社党的复辟活动》，《近代史资料》总48号，第95页。
[5] 宗方小太郎：《宗社党的复辟活动》，《近代史资料》总48号，第99页。

青岛原为山东胶州的一个小渔村。光绪二十三年（1897）德国借口巨野教案占领胶澳之后，将原青岛口的上青岛、下青岛及沟崖村的全部商店、民居拆除。光绪二十六年（1900），德国殖民当局制定了青岛第一个城市规划，将青岛划为青岛区、大鲍岛区、实业区和颐养区四个区域[1]，其中青岛区只准欧洲人居住，中国人的居住区则被划定在大鲍岛区。清帝逊位后，溥伟等一大批前清王公贵族、高官避往青岛。为此，德国当局修改法令，准许他们在青岛区购地筑宅。

溥伟到青岛后，先住在一家啤酒店里，又租了一处简陋房屋，然后才购房，并从北京接来母亲赫舍里·益龄以及妻妾等家人。[2]据笔者考证，房子位于今天青岛市河北路中山公园一带，背靠惠泉山、面朝黄海。在青岛时的溥伟曾赋《观海》一诗表达其家国之思，也是其居所面朝大海的证据：

> 白云不在天，青山不在地。
> 中有神龙游，荡漾起空际。[3]

刚到青岛时，溥伟还保持着在京城王府的花销用度水平。据溥伟之子毓君固回忆，每月有两三名随事的换班，一切吃喝使用等物品都由北京采买，如鸡鸭鱼肉和咸菜得要老字号的，有天福酱肉、天源咸菜、致美斋的点心等。此外每月开支现款或三千或五千元，只要缺钱花，就打电报令北京的管家汇款。[4]如此一来，加上运动复辟的开销，恭王府很快出现财政赤字，溥伟的生活水准直线下降。此后，据卫礼

---

[1] 卫礼贤：《德国孔夫子的中国日志——卫礼贤博士一战青岛亲历记》，福建教育出版社2012年版，第12页。
[2] 《青岛的故人们》，第141、142页。
[3] 《溥心畲传》，第19页。
[4] 毓君固：《恭王府和恭王府典卖房产、土地之经过》，《文史资料选辑》第20辑，第178页。

贤记载，财政穷窘后的溥伟，吃住寒酸，"与家人在一所简单的别墅中用着普通的膳宿"；生活随意，他"已经习惯参加中国各种各样朋友们举行的通宵狂欢畅饮，习惯于同三教九流甚至欧洲人在京城大酒店里推杯换盏"；经济拮据，"当时他还向我表示要修一座金鱼池，还想努力使他破烂的小花园变为一所公园。但他已力不从心，甚至不得不放弃他那辆两匹马拉的玻璃罩马车"。[1]

雪上加霜的是，由于旅途奔波、受到惊吓，刚到青岛不久，溥伟的福晋碧鲁氏[2]就罹患重病，完全精神错乱，后虽经医治，但仍时常反复。[3]

溥伟在青岛的十年间，日德战争爆发。1914年7月，第一次世界大战在欧洲爆发，随即英国对德宣战。垂涎胶东半岛已久的日本同意英国的请求，于8月23日向德国宣战，派兵攻打驻扎胶澳的德国军队。就这样，日德在中国领土交战，溥伟则经历了一场战乱中的颠沛流离。

日德开战前，居住在青岛的大批前清遗老纷纷选择离开，有的转往内地，有的迁往天津。比如前两江总督周馥，就不惜巨资，带着家人和仆役一百多人离开青岛、逃往天津。[4]卫礼贤的妻子和孩子则避往济南。[5]

如此情势下，溥伟的去留颇引人瞩目。远在上海的郑孝胥听说溥伟要离开青岛避往大连，其9月24日的日记记载"闻恭王有已抵大连之说"。[6]但实际上，溥伟及家人选择留在青岛。卫礼贤的日记证实，

---

[1]《青岛的故人们》，第147、155页。
[2] 溥伟的嫡福晋碧鲁氏，满洲镶白旗人，员外郎（从五品）善佺之女。光绪二十一年（1895）十一月奉慈禧太后懿旨嫁给溥伟为福晋，1918年病逝于青岛。
[3]《青岛的故人们》，第142—143页。
[4]《青岛的故人们》，第134页。
[5]《德国孔夫子的中国日志》，第6页。
[6]《郑孝胥日记》第3册，第1532页。

"独有恭亲王和高天渊留了下来"。[1]个中原因,卫礼贤分析,是溥伟不愿再踏足民国统治下的土地,"宁可在青岛承受围攻之险也不愿回到共和政体下的内陆"。[2]

选择留在青岛,意味着溥伟一家面临着巨大的风险——他的房屋临海而建,直接暴露在日本海军炮口之下。因此,在日德交战的三个月间,溥伟多次搬家:最初,卫礼贤将中国红十字会青岛分会在礼贤书院的房子借给溥伟[3];9月,溥伟搬进位于今天青岛市浙江路的天主教女子学校[4];11月1日,女子学校为日军炮火所毁,溥伟又被迫搬进了地下室。[5]

除了礼贤书院和天主教女子学校外,按照卫礼贤的记载,溥伟此间曾"在戴将军的一所住处避难",也曾栖身于张勋和王垿在青岛的宅邸。[6]直到1914年11月日本占领青岛,溥伟才结束颠沛流离的日子,搬回自己家。

在青岛四处避难期间,溥伟还数度遭遇危险:他那临海而建的房子遭到了炮击,正在他们准备前往戴将军处避难时,"还没有来得及搬进去,就突然一声巨响,房间整个一堵墙都被摧毁了"。[7]

在四处避难、炮火连天的日子里,溥伟和卫礼贤几乎天天见面。卫礼贤在日记里写道:"他每天都来访问我,讨论欧洲战场的局势。他还坚持写战争日记并坚信德国最终会取胜。"[8]自然,这样的信念只能让人再度怀疑溥伟的判断力。为了平复心情,溥伟开始抄录《易

---

[1]《德国孔夫子的中国日志》,第6页。
[2]《青岛的故人们》,第156页。
[3]《青岛的故人们》,第158页。
[4]《德国孔夫子的中国日志》,第23页。
[5]《德国孔夫子的中国日志》,第91页。
[6]《青岛的故人们》,第159、142—144页。原书中"王垿"误作"王序"。王垿,山东莱阳人,任内阁学士、弼德院顾问大臣等,1933年在青岛逝世。
[7]《青岛的故人们》,第159页。
[8]《青岛的故人们》,第157页。

经》，并将这部《易经》作为礼物送给了卫礼贤。[1]战事停止后，自觉大难不死的溥伟"带着他两个儿子站在一片废墟中摄影留念。还保留了一些弹片，上面刻上他的笔迹，以纪念这段不平凡的经历"。[2]

据卫礼贤所述，溥伟精通音律且擅吹笛子，"有一天，亲王来找我，想让我用小提琴表演一段欧洲音乐。我努力将欧洲音乐的精华都展示给他，我的努力确实令他如醉如痴，他说这与中国最优秀的音乐是相通的。接着便坐在屋中一角，聚精会神地用一只笛子演奏起动听的曲子"。[3]虽不能断定此事是否发生在日德战争期间，但丝丝缕缕的琴声和悠悠扬扬的笛声，无疑能让人忘却耳畔的连天炮火和眼前的满目疮痍。

1914年11月，日德战争结束，德国末任胶澳总督瓦德克被俘并被押往日本。当卫礼贤前往总督府与其告别时，他惊讶地发现溥伟已备好礼物前来送行，"早上，我与总督先生告别。在他那儿我遇见了恭亲王，他还拿了礼物为总督先生送行，并对总督先生这些年来给他的庇护表示感谢"。[4]

"癸丑复辟"的失败并未使溥伟灰心丧气。日本人宗方小太郎于1913年5月31日见过溥伟后，就向日本国内报告了溥伟准备再次发起反对袁世凯行动以恢复帝制的迫切心情。当宗方小太郎问溥伟"拟于何时举事"时，溥伟回答说："愈速愈妙。"宗方还在劝其"隐忍数年，在此培植势力，待袁失势之时机"，溥伟却说"时机不会自来，必须由我们去制造，若徒然自待数年之久，袁之羽翼丰满，必至弑宣统帝而自称帝号，隆裕太后会遭袁之毒手而薨"。[5]

---

[1]《德国孔夫子的中国日志》，第23页。
[2]《青岛的故人们》，第159页。
[3]《青岛的故人们》，第148页。
[4]《德国孔夫子的中国日志》，第110页。
[5] 宗方小太郎：《宗社党的复辟活动》，《近代史资料》总48号，第95页。宗方此处记载应该有误：隆裕太后已于1913年2月病逝。

为了在青岛安居、为了给福晋治病、为了筹划"癸丑复辟",溥伟变卖恭王府藏品所得的四十万元已所剩无几。就在会见宗方小太郎的第二天,他派汪钟霖前去与宗方相商,准备以恭亲王府在北京附近价值两百万两白银[1]的土地作抵押,请宗方帮忙联系正金银行,"以三年为期,借银五十万两"[2]——其用途,汪钟霖也向宗方坦言是用于"恢复社稷"、复辟举事,"恭王之意,为联络各地的同志,拟在济南、汉口、上海、广东、南京等七个地方,设立机关,此项年需经费十一万日元,三年间需三十万日元"。[3]但清帝退位后,由于佃农抗交王公田庄租银的势头愈演愈烈,各王公土地收益难以保障。[4]最终,正金银行没有同意借款。

　　日本占据青岛之后,溥伟一度避而不出。日本人对其极力拉拢、讨好,同意他搬回海边的别墅,配备一名长期保镖,还提供了很多挣钱的机会:"起先是让他接管租界的鸦片交易,可以说这是个挣钱的最佳职位。"[5]但对于曾经担任过总理禁烟事务大臣的溥伟来说,这样的任命无疑具有嘲讽的意味,因此被他拒绝也不足为奇。后来日方又邀请他"名义上负责青岛环境,这也是一份报酬可观的工作"[6],但同样为溥伟婉拒。他的重心,依然在复辟帝制上,并与肃亲王善耆、前陕甘总督升允这两位复辟骨干建立了联系。

---

[1] 据奕䜣曾孙、溥伟之子毓君固所述,恭王府在直隶省100余县州内占有的土地大约有7000多顷,在关外还有4个大庄头,每个庄头不下千顷土地,一共可能有近万顷土地,在光绪末宣统初,每年的地租收入大约是12万元现洋。见毓君固:《恭王府和恭王府典卖土地、房产之经过》,《文史资料选辑》第20辑,第175页。

[2] 宗方小太郎:《宗社党的复辟活动》,《近代史资料》总48号,第96页。

[3] 宗方小太郎:《宗社党的复辟活动》,《近代史资料》总48号,第96页。

[4] 现存档案中,有不少睿王府、礼王府、仪亲王府、淳亲王府壮丁抗纳租银的记载,见《清代八旗王公贵族兴衰史》,第383—385页。

[5]《青岛的故人们》,第160—161页。

[6]《青岛的故人们》,第161页。

1913年谋划"癸丑复辟"时，陈毅就建议联络升允共同行动。当时溥伟没有同意。日本占据青岛后，溥伟的追随者、汉军旗人朱江和国雄主动请缨，"请书西征"，前往西北联络时在甘肃的升允。二人携带恭亲王的书信，取道娘子关，过山西、陕西而到兰州、西宁，终于见到升允，"痛陈国亡君存，民未散，有可为"。一番声泪俱下的陈述，取得了升允的信任，"畀书答王"。之后，二人怀揣升允的密信，取道凉州，走宁夏、山西入京，再到青岛，面见溥伟后，"报命辞去"。[1]

后来，溥伟和升允这两位志同道合的宗社党骨干，还达成了"政治联姻"。1917年5月，溥伟二十二岁的弟弟溥儒在青岛迎娶升允的女儿罗淑嘉（清媛）为妻。[2]

1913年，在镇压了"二次革命"后，袁世凯的统治日趋巩固，溥伟等人的复辟活动并未取得明显成效。据《郑孝胥日记》等史料，溥伟在后来1916年的第一次"满蒙独立运动"和1917年的张勋复辟中投入程度并不深。[3]但张勋复辟的失败和1922年肃亲王善耆的逝世，使溥伟遭遇巨大的打击，他明白宗社党恢复清室的希望已成泡影。祸不单行的是，1921年11月15日，溥伟的母亲赫舍里氏在青岛去世。[4]1922年，中国政府收回了青岛主权。这年12月7日，溥伟离开了居住十年的青岛，前往大连，开始与日本人渐行渐近。

---

[1]《丁巳同难图记》，《近代史资料》总35号，第96—97页。

[2]《溥心畲传》，第40页。

[3] 在郑孝胥1916年、1917年的日记中，关于溥伟的记载相当少，仅有1917年4月4日、4月17日、7月25日、8月9日四条，而且内容均与复辟举事无关，或为向溥伟请安，或为溥伟向郑孝胥赠诗。见《郑孝胥日记》第3册，第1655—1679页。

[4] 中国第一历史档案馆藏：《宗人府全宗》，档号：06-01-006-000086-0068。溥伟母亲去世之事，亦见于《郑孝胥日记》第4册，第1887页；时在上海的康有为不仅致信慰问，还寄来了莫悼。为此，溥伟还去信致谢，见蒋贵麟辑：《康有为收文录》，《近代史资料》总96号，第79页。

攀附日本

早在宗社党成立之初，溥伟和善耆就曾表示"如力有所不及时，可借助外力"。[1]1912年秋天，德国亨利亲王访华，在青岛逗留了很长一段时间。期间，他与溥伟等人往来频繁。据中国官方情报，亨利曾当面向溥伟表示，他的皇兄陛下和他本人将竭力支持清室复辟。[2]

寓居青岛期间，尽管溥伟努力寻求日方贷款等资助，但对日本还保持着警惕之心。1916年春季，溥伟去信提醒远在东京的升允："我们彼此无一兵卒之力，必须借助外来之力。可借日本的援助，但日本本是虎狼之国，我担心轻易得到了它的援助，结果被它吃掉。"[3]

迁居大连之初，溥伟在居所"星浦山庄"[4]做起了寓公，广交大连诗歌界、书法界文人，临池挥毫，诗酒唱和，打发时光。他在大连期间的诗作，可考的有《和白乐天宫城早秋韵》《星浦山庄闻雁》和《春日》。[5]诗中俯拾可见的"厌""恨""怨""怅""怜""愁"等字眼，传达着诗人的悲郁之情；《春日》中"日日矶头看鸟飞"更是将其孤寂无聊之情表露无遗，与当年刚到青岛时作《观海》"中有神龙游，荡漾起空际"所抒发的豪情对比，判若两人。

---

[1]会田勉：《川岛浪速与"满蒙独立运动"》，《近代史资料》总48号，第111页。

[2]宋欣：《宗社党研究》，西北民族大学硕士学位论文，第5页。

[3]《瑰宝遗梦》，第27页。

[4]"星浦山庄"位于今大连市沙河口区黑石礁西村61号，是一座三层黄色独楼，现为"大连星海宾馆"。见孙械蔚：《恭亲王溥伟在大连》，《大连文史资料》第5辑，第129页。

[5]《和白乐天宫城早秋韵》：天心不厌乱，四方多战争。白露惊秋早，游人百感生。西风大雁至，夜雨草虫鸣。世乱桑麻少，岁荒人命轻。江郎恨何亟，屈子怨难平。缅邈龟山操，弦歌望鲁城。《星浦山庄闻雁》：露下青槐陌，秋深白豆腐。寇氛兴未艾，游子怅何之。仆仆将焉获，劳劳多所思。独怜一行雁，不爽去年期。《春日》：卦进新秧绿四周，余寒未解旧棉衣。年年海角愁春去，日日矶头看鸟飞。客舍松萝经宿雨，涂家烟水静朝晖。东风处处皆芳草，惆怅天涯恨未归。三首诗均见孙宝田：《大连地方人士及往来书画名家轶事》，《大连文史资料》第3辑，第64—65页。

很快，出于对国内复辟形势的失望，溥伟开始与日本人暗中往来，走上了攀附日本的复辟之路。

在日本国会图书馆所藏的小川平吉文书中，有署名恭亲王的来函一通，其中透露：1928年6月，溥伟不惜以牺牲国家利益为前提，计划向日本贷款来发动复辟——"本亲王素与东三省军队、警甲、商民人等暨各蒙旗王公均好感，甚承伊等推崇。现在时机已熟，伊等亟欲请本亲王出面维持，但着手之际，一切费用约需数十万元。本亲王拟秘密请求贵国拨助三十万乃至五十万之日金，俾策进行，则指日可望成功矣。倘承雅爱，玉成本亲王，异日酬答高情，贵国必可满意也"。[1]

此信是通过日本浪人工藤铁三郎转给日本国内的。工藤铁三郎在清末时即跟随升允，辛亥革命后继续赞助升允的复辟活动，后来还协助土肥原贤二等挟持溥仪去东北。1932年伪满洲国建立后，他成为溥仪的"侍卫"，被赐名为"忠"。[2] 溥伟此信发出之后，日方是否答应贷款或给予其他援助，目前尚未发现相关史料。但此信可以说是溥伟不惜出卖国家利益以换取日本支持的证据。

1931年"九·一八"事变后，日本为建立全东北的傀儡政权，在劝诱溥仪未成之前，先于10月7日将溥伟从大连接到沈阳。

据《申报》报道，溥伟一开始还不太情愿去沈阳，"恭亲王本不允去，经日人利诱，月给厚币，供其傀儡"。[3] 但到沈阳之后，他却积极活动：10月20日在大和旅馆召开复辟计划会议，"决定建设新国体方案"[4]；10月26日，取代阙朝玺担任伪"东北四省纯正民意独立政府建设研究会"（简称"四民维持会"）会长，并"偕满清遗民参拜

---

[1] 杨天石：《"小恭王"的复辟活动》，《书屋》1997年第1期，第49页。
[2] 杨天石：《"小恭王"的复辟活动》，《书屋》1997年第1期，第51页。工藤铁三郎挟持溥仪事迹亦见溥仪《我的前半生》，第288页。
[3]《申报》1931年10月15日，第2张第7版。
[4]《申报》1931年10月21日，第3张第9版。

1931年"四民维持会"成立,坐者左为会长溥伟,右为日本顾问安谷少校

东陵西陵,奉告就职"[1],"声言满人治满,决与日人合作到底"[2]。

10月26日参拜的情形,当时的报刊作了详细的报道:26日上午,溥伟前往陵园祭祀努尔哈赤和皇太极时,日军派大队人马自北城门外布岗至陵前,并代驱乡民数千人前往观看。当日,溥伟着蓝袍青褂,带领四十多名复辟分子,分乘数十辆马车、十余辆汽车,前往北陵。[3]数百名喇嘛僧、回教徒、佛教徒、道士等在前开道,笙笛齐奏,宛如迎神,还有整猪羊供祭。日军驻奉天将领,及贵、众两院议员均赠送花圈。溥伟在陵前三跪九叩,"号啕大哭,对乡民演说,谓此来有两目的:一谒陵,一因我奉天人,不忍坐视民子陷水深火热中,予在奉天有饭大家吃……末引导乡民,大呼中日亲善万岁三声"。在宣读的祭文中,溥伟对日方可谓感恩戴德,"远裔溥伟久在连滨……日

---

[1]《申报》1931年10月27日,第2张第4版。
[2]《申报》1931年11月2日,第2张第3版。
[3]北陵,即清昭陵,系清第二代开国君王皇太极之陵墓。

夕翘望悼怀,悉叨,祖宗之威灵、善邻之正义,盘踞二十年之奸党,忽焉凋零;偷据四省之张贼,倏尔溃窜"。最后,溥伟还"亲携米麦粮食",发给前来观礼的乡民,"藉以收买人心"。[1]

溥伟在沈阳积极推动复辟运动:着手"起草明光帝国宣言,日内发表";在"四民维持会"内设独立研究会,通过相关章程,推进"满蒙独立"。[2]日本方面,一开始也摆出大力扶持溥伟的姿态:积极筹组满洲"独立政府",日本关东军司令官本庄繁"已允溥伟为满洲独立政府主席"[3]。当时报纸也预告满蒙"独立政府"将于11月16日前成立,溥伟出任主席。[4]

但溥伟可能并不知道,他只是日本人扶持在华傀儡政权的第二人选。随着1931年11月日方挟持溥仪计划的成功,溥伟的价值大大降低。[5]而且,日方还不断加强对溥伟的监视,不允许他擅自接受采访、对外发言,"某美记者经两周间之多次要求并有力者之斡旋,始得与溥伟一晤。但伟受日人监视不准发表意见。所问问题,均由日顾问代答"。[6]

不仅如此,日方还要把溥伟从沈阳"劝"回大连。当时,善耆的儿子宪均因腰脊椎结核在奉天满洲医大附属医院做手术、休养,他回忆道:1931年10月底,"宪立和一个日本军官金子定一来到我的病房。此人原系驻朝日军司令部高级参谋、宪兵中佐,这时已调到关东军司令部任联络员。他先问了问我的病情,然后叫宪立坐他的汽车把溥伟接来"。溥伟来后,金子定一对他说,"日本方面认为他来奉天祭陵的行为与日本有相矛盾的地方,让他立即中止祭陵活动,返回大

---

[1] 本段所引,均见《申报》1931年11月2日,第3版。张贼,指张学良。
[2]《申报》1931年11月1日,第3、4版。
[3]《申报》1931年10月30日,第3版。
[4]《申报》1931年11月6日,第2张第8版;《申报》1931年11月7日,第3版。
[5]《申报》1931年11月22日,第3张第12版。
[6]《申报》1931年11月27日,第2张第6版。

连。溥伟一再解释自己没有政治野心，并哭了起来，答应回大连。金子定一当即让宪立给他买了车票，他当天就回大连去了。在他周围的一群人接着也被日本宪兵给驱散了"。[1]

昔日的恭亲王，成了日本人的弃子。

溥仪猜忌

为日本人所抛弃的溥伟，也为逊帝溥仪所提防，尽管溥伟曾毁家复辟。

实际上，恭王府和紫禁城之间素有权力争夺，这可以从老恭亲王奕䜣辈开始说起。道光朝时，身为皇四子的奕詝和皇六子奕䜣争夺储君之位，最后道光帝选择了奕詝，即后来的咸丰帝。出于权力斗争的需要，辛酉政变时，慈禧不得不联手奕䜣，并封奕䜣为议政王，但也不时打压、始终防范。清末曾在陆军部任职、后任北洋政府国务院秘书长的恽宝惠在《清末贵族之明争暗斗》一文中写道，同治帝刚刚去世时，就有说法：因"同治帝并无皇子，在近支内或溥字辈，或仍在载字辈内找一人继任，则奕䜣的子孙可能性也很大"。为避嫌，奕䜣甚至不敢参加慈禧主持召开的确立同治帝嗣君的会议。[2]

由于光绪帝亦无子嗣，因此光绪一朝，奕䜣一支仍被认为有立为储君之望。近支溥字辈中，恭亲王溥伟较为年长，曾任内廷行走。据说两宫病危之时，他在紫禁城盘旋一昼夜未出，"自以为乃祖奕䜣生前有保存社稷之功，殁后配享太庙，决不是任何近支所能比拟的。如立长君，他当然有分"。[3] 溥伟的儿子毓君固回忆，慈禧也一度很赏识溥伟，有意立其为储，并曾征询一些皇亲重臣的意见：赞同的人认

---

[1]《晚清宫廷生活见闻》，第314页。宪立，肃亲王善耆之子、川岛芳子的胞兄。
[2]《晚清宫廷生活见闻》，第61页。
[3] 本段所引，均见《晚清宫廷生活见闻》，第64页。

为溥伟精明能干，只手或可擎天；反对的人认为溥伟偏执躁进，似欠人主之德。[1] 由于争议颇大，最终慈禧放弃了这一念头，改选溥仪继位，令溥仪的父亲载沣摄政。

光绪三十四年十月，光绪帝、慈禧太后相继逝世。载沣掌权第二天，"立刻传隆裕谕严肃宫禁，除值班外，任何人不准在内住宿。即是为溥伟而发"。[2]

载沣摄政后，一批亲贵受到重用，如比溥伟年轻的载涛、载洵分别出任军咨大臣、海军大臣，长于溥伟的载泽出任度支大臣。[3] 而对于溥伟，"载沣等认为无合作的可能，仅仅给了他一个禁烟大臣，以示敷衍"。[4] 看来，载沣有意压制对溥仪的权力和地位存在威胁的溥伟一支。

这种猜疑和忌惮延续到了溥仪心中，因而，溥仪与溥伟的关系也十分微妙。

1924年9月17日，寓居大连的溥伟曾到北京求见溥仪，寻求资助。但张勋复辟失败之后，国民修改甚至废止清室优待条件的呼声日炽。在此压力之下，溥仪为了"避嫌"，没敢接见溥伟这位顽固的复辟派。[5] 这让溥伟深感失望和不快，即赴天津。[6]

11月，溥仪被赶出皇宫，溥伟极为愤激。他捐弃前嫌，于12月24日前往上海，积极联络康有为、郑孝胥等前清旧臣，为恢复清室优待条件以及溥仪还宫积极奔走。在此期间，溥伟会见郑孝胥，计划"募款三十万以为东三省起事之用"[7]，还在康有为家住了二十多天，

---

[1]《瑰宝遗梦》，第17页。
[2]《晚清宫廷生活见闻》，第64页。
[3] 载洵（1885—1949），载沣六弟；载涛（1887—1970），载沣七弟；载泽（1868—1929），愉恪郡王胤禑五世孙。
[4]《晚清宫廷生活见闻》，第66页。
[5] 杨天石：《"小恭王"的复辟活动》，《书屋》1997年第1期，第50页。
[6]《郑孝胥日记》第4册，第2015页。
[7]《郑孝胥日记》第4册，第2034页。

受到热情的款待。[1]溥伟走后，身为保皇党领袖的康有为上书溥仪介绍溥伟变卖家产、耗资百万谋求复辟的"事迹"——"恭亲王溥伟……不践民国之土十有四年……力图复辟。叔敖之毁家纾难，勾践之卧薪尝胆，溥伟有焉"[2]，建议溥仪重用溥伟。

溥伟从上海北返后，便到天津觐见溥仪。溥仪回忆说："我到天津不久，溥伟从旅顺跑来给我请安，这位初次见面的'恭亲王'，向我说了一句很令我感动的话：'有我溥伟在，大清就不会亡！'"[3]

尽管说过这类效忠之语，尽管有康有为书信推荐，但溥仪对溥伟始终抱有戒心。据《郑孝胥日记》，1926年2月，溥伟计划在内外蒙古发动叛乱，曾请求溥仪资助七八万元，但溥仪分文未借。[4]对比初次见面溥仪就给五万元支持助其复国的白俄股匪头目谢米诺夫，甚至后来"谢米诺夫究竟拿去了多少钱，我（溥仪）已经无法计算"[5]，更显示出溥仪对溥伟的不信任与无情。

1926年3月，当溥仪正为北伐军日益逼近天津而忧虑时，溥伟派人从旅顺给溥仪送来奏折，"说他已和日方官绅接洽好，希望我迁到旅顺去住，'先离危险，再图远大''东巡西幸亦必先有定居'"。[6]只是，溥仪并未听从其建议，而是继续留在天津。

---

[1]溥伟在1925年1月28日致康有为信中说，"在沪二十日，备荷优厚"。为此，溥伟还回赠了扇子、自己的照片。见蒋贵麟辑：《康有为收文录》，《近代史资料》总96号，第78—80页。

[2]杨天石：《"小恭王"的复辟活动》，《书屋》1997年第1期，第50页。溥伟和康有为素有交往。辛亥革命爆发后，康有为回国，于1917年到青岛，并在旧历冬至这天前去拜会溥伟。溥伟按清宫习俗请康有为吃馄饨。通过这次会见，溥伟不践民国土地、不食周粟的气节给康有为留下深刻的印象。见《康有为全集》第12集，第344页。

[3]《我的前半生》，第205页。溥仪此处所写的"初次见面"，是指他到天津后溥伟首次前来觐见。

[4]《郑孝胥日记》第4册，第2089页。

[5]《我的前半生》，第221、222页。

[6]《我的前半生》，第205页。

1931年,"九·一八"事变爆发后,日本侵略者谋划将溥仪挟持到东北,先后派奉天特务机关长土肥原贤二以及前内务府大臣金梁到天津劝诱溥仪。见溥仪不为所动,日方于1931年10月7日把溥伟从大连接到沈阳,造势要成立明光帝国,并摆出要扶植溥伟的架势。日方这一招数对一心想当皇帝的溥仪可谓立竿见影。溥仪在《我的前半生》中写道,"我对某些现象不由得有些担心:前恭亲王溥伟在日本人的保护下祭祀沈阳北陵……又一度要用溥伟搞'明光帝国'(这是很快就知道的),以及其他的一些可怕的主意,我的心情就更加难受了。"[1]郑孝胥当时也对溥仪说:"等日本人把溥伟扶上去,我们为臣子的将陷皇上于何地?"[2]

就这样,溥仪开始动摇。在日本特务机关长土肥原贤二等人的策划与安排下,日本关东军挟溥仪于11月10日离开天津,13日抵营口,19日转至旅顺。

1932年初溥仪离开旅顺时,溥伟曾对即将出任伪满洲国国务总理的郑孝胥表示愿意随行。[3]但显然,溥伟此时提这样的建议已不合时宜,自然也不会获得溥仪和日本人的同意。

但溥伟仍为溥仪称帝之事积极奔走。1933年初,他化装成日本人,秘密来到北平,入住东交民巷,联络前清贝勒,宴请银行界人士,以求各界对溥仪称帝的支持。[4]溥伟的行踪很快引起北平军警的注意,并被加以监视。不久,溥伟即发现有人在自己喝的酒里下毒。[5]惊慌之下,他于1月底转赴天津,"匿居日租界常盘街其处"。[6]1934年1月,溥伟再度回京,动员王公贵族、前清遗老等赴长春参加溥仪

---

[1]《我的前半生》,第276页。
[2]《我的前半生》,第282页。
[3]《郑孝胥日记》第5册,第2368页。
[4]《申报》1933年1月9日,第2张第8版。
[5]《申报》1933年1月24日,第2张第8版。
[6]《申报》1933年1月26日,号外第1版。

3月的登基大典，亲上贺表。同时，还挑选太监，准备带到长春服侍溥仪。[1]

当然，这些只是《申报》的一家之言，是否属实还需更多材料加以佐证。

但溥仪对溥伟的戒备依旧——虽未像很多文章所说的"始终没有给溥伟任何职务，甚至连生活费也不发"，但确实没有加以重用，只是委以闲差，"以载涛、溥伟为宫内府顾问"[2]。慈禧一生，对恭亲王奕訢颇为猜忌，三次褫夺奕訢的职务，迫使奕訢赋闲十年之久。至于溥伟，因当年慈禧曾有立其为皇储之意，也遭溥仪一家猜忌，终生未得申其志。

旧历正月十四日是溥仪的生日，即"万寿节"。每年这一天，溥伟都会以前清恭亲王名义，去长春给溥仪祝寿。1936年9月，溥伟来长春后感冒。10月10日，因医治无效而病逝，年仅五十七岁。[3]当日，溥仪"下旨"哀悼，"恭亲王溥伟秉性忠诚，操行直毅，才猷闳达，学识渊通，自袭爵后，历充差便恪恭尽职。辛亥以还毁家奔走，历尽艰苦，坚贞不渝，及满洲建'国'，该亲王随时展对，启沃良多，忠爱之忱，惓惓匪懈。王九月十三日来京时患感冒，痰嗽，叠经朕遣医诊视，方冀病痊。不意该亲王遽尔薨逝，曷胜轸悼"，赏三千元治丧，

---

[1]《申报》1934年1月7日，第3版。
[2]《郑孝胥日记》第5册，第2511—2512页。
[3] 据毓君固提供的《爱新觉罗氏家谱》，溥伟去给溥仪贺寿从不住宫内，而是下榻大和旅馆（今长春市春谊宾馆）或越香村大旅社。1936年10月27日溥伟抵长春，11月24日逝世于越香村大旅社，转引自孙械蔚：《恭亲王溥伟在大连》，《大连文史资料》第5辑，第151—152页。郑孝胥1936年10月12日的日记记载，"恭亲王溥伟卒于新京旅舍，至般若寺接三"。见《郑孝胥日记》第5册，第2645页。接三，旧时死了人，三天之夕必须"接三"，也叫"迎三""送三"。由此倒推，溥伟应是逝世于10月10日。郑孝胥时为溥仪近臣，他的记载应该更为可信。溥伟逝世于11月24日之说，可能是把溥仪"谕旨"中的"十月十日"误以为阴历（换算成阳历则为11月24日），但其伪满洲国已不再采用阴历纪年。

恭亲王府后罩楼

赐谥"忠","用示笃念亲贤之至意"。[1]

溥伟逝世之际,八万七千平方米的恭王府——京城诸多王府中最大,也是保存最完整、最具规模的一座[2],包括老恭王奕䜣后修的王府花园萃锦园,早已让他变卖一空;府中数以千计、价值连城的古玩珍宝字画,早已易手他人。1912年避居青岛后,溥伟仍不辞辛劳地为复辟清朝奔走。堂堂的恭亲王,早已举债度日,更是沦落到需要借钱还债、拆东墙补西墙的地步,命途蹭蹬,人生颠沛。在他去世之际,念兹在兹的复兴清室梦,终究只是一场空……

---

[1] 孙械蔚:《恭亲王溥伟在大连》,《大连文史资料》第5辑,第152页。
[2] 杨乃济:《漫话恭王府》,《紫禁城》1980年第3期,第9页。据1997年的考察统计,北京现存的王府包括公主府、贝勒府等仅剩二十二座,且多数被占用或破败不堪,其中保留比较完整的只有恭亲王府和醇亲王府,能够整体对外开放的只有恭王府这一座。见《恭王府又见恭王府》,《北京晚报》2008年8月1日。

秦庭但闻包胥哭*
——孤臣升允

多罗特·升允（1858—1931），字吉甫，蒙古镶黄旗人，举人出身，历任陕西巡抚、陕甘总督等要职，因反对君主立宪而主动解职。辛亥后西达青海、宁夏，北至库伦，东渡日本，南抵上海，结交宗社党人，图谋复辟，均告失败。死后溥仪赐谥"文忠"。

升允生于咸丰八年（1858），属蒙古镶黄旗人，是察哈尔蒙古部落后裔——在其《自述》中就有"我本插汉一老胡"[1]之语。履历单显示，升允的仕途始于光绪二年（1876），由荫生报捐主事，签分吏部，三年学习期满后留在吏部，以主事补用。[2]从光绪五年到二十七

---

* 语出《闻新闻报志感》，见升允著，宫岛大八编纂：《东海吟·东海吟拾遗》，昭和十年（1935）版，第3—4页。《东海吟》为升允的诗歌集，后附有《东海吟拾遗》。

[1]《东海吟·东海吟拾遗》，第1页。在明朝史书里察哈尔被音译为"插汉"。称察哈尔为插汉，亦见卞孝萱、唐文权编：《辛亥人物碑传集》，团结出版社1991年版，第655页。

[2]《清代官员履历档案全编》第6册，第84页。

年，升允用了二十二年从候补主事升至从二品巡抚，这个过程并不像一些文章里说的那么快。[1]

光绪八年（1882），升允中顺天府乡试文举人，这在满蒙八旗中已属难得。[2]得益于其较高的文化素养，升允还有一百多首诗留存至今，也被称为蒙古诗人。[3]

纵观升允的升迁之路，至少有三个值得注意的特点：一是不断报捐，以钱铺路。"（光绪）十八年遵顺直赈捐例报捐花翎，遵海防例报捐双月知府"[4]，光绪二十五年（1899）三月底出任陕西督粮道后节省浮费，每年报效银四万两作为旗兵屯垦专款，被清廷赞为"深明大义，公尔忘私"[5]而赏加头品顶戴。二是和很多督抚大员不太一样，升允有出使外国的经历——光绪十二年，他考取了总理衙门章京之职，由与国人打交道的吏部转向同洋人打交道的总理衙门；光绪十六年至二十年，又出任驻俄使馆参赞。三是频频越级：光绪十六年经总理衙门王大臣奏保，免补主事，以员外郎遇缺即补；光绪二十年正月，出使三年期满，经出使大臣许景澄奏保，免选知府，以道员不论单、双月遇缺即补，并加布政使衔。[6]

---

[1]张永江先生说："他（升允）只花了十五年的时间，就从一个低级主事蹿升为一品大员，升迁可谓快速。"见张永江：《民族认同还是国家认同：清朝覆亡后升允的政治抉择》，《清史研究》2012年第2期，第10页。

[2]据统计，自顺治二年（1645）开科至光绪三十年（1904）停科，其间正、恩科合计112科，共录取进士2.67万人。据《增校清朝进士题名碑录》一书所记，自雍正元年（1723）蒙古诗人牧可登及第时起，至光绪时废科举为止，旗籍蒙古族知识分子共参加过70余科考试，先后取中149名（武进士和翻译科不包括在内）。转引自温广义：《清朝蒙古族进士科名小议》，《内蒙古社会科学》1982年第2期，第53页。

[3]升允十分崇拜杜甫，为此特意以"吉甫"作为自己的字。见孙玉溱：《末代孤臣的哀鸣——清末蒙古族诗人升允简介》，《内蒙古大学学报（哲学社会科学版）》1987年第4期，第56页。

[4]《清代官员履历档案全编》第6册，第615页。

[5]《德宗实录》卷四四九。费行简说升允任督粮道期间"岁获赢余至十万，允取足供用，余皆蠲之公家"，显然有所夸大。见《当代名人小传》卷下，第122页。

[6]《清代官员履历档案全编》第6册，第614—615页。

虽官位节节攀升，但年轻的升允在治国理政上还相当不成熟。据光绪朝吏部主事何刚德的《春明梦录》载，光绪九年（1883）中法战争爆发之前，时在吏部任职的升允看不惯洋人蛮横无理的行为，向吏部尚书万青藜递条陈，建议朝廷将国内洋人悉数捕杀。这种轻狂言论当即遭到了同事戴艺甫的调侃："汝知洋人尚有国否？汝杀其人，能杀其国否？"[1]

当时的何刚德，也认为升允"无甚出色"。可是多年之后，何刚德在《春明梦录》中再写升允时，却写下了"士隔三日，刮目相待，亦深佩其进德之猛欤"！[2]

何刚德的由抑到扬，缘于升允的不畏权贵。

不畏权贵，开罪同僚

和大多数驻外官员留在外务部门的仕进之路不同，升允三年驻外期满后，转向地方发展，于光绪二十一年（1895）分发陕西试用。[3]

光绪二十五年，升允迎来仕途的重大转机——先是八月因每年可上交银四万两而被赏加头品顶戴，后在九月经代理陕西巡抚端方举荐，得以署理陕西布政使。

光绪二十六年（1900）六月，八国联军迫近北京，刚刚补授山西按察使两个月的升允转而统领陕西威武新军入京勤王，奉命驻扎保定。七月，慈禧、光绪帝离京西逃。八月，升允奉命率兵移驻紫荆关外灵丘县一带，为西逃的两宫筑起东面的屏障。灵丘在今山西大同东

---

[1] 何刚德：《春明梦录》，北京古籍出版社1995年版，第84页。
[2] 本段所引，均见《春明梦录》，第83—84页。
[3]《清代官员履历档案全编》第6册，第615页。清代部分文官实行试任制度，见习一定期限后才能实授：分配到各部的，叫"学习行走"，一般以三年为期；分配到地方的，叫"试用"，为期一年。见艾永明、李晟著：《臣纲：清代文官的游戏规则》，法律出版社2008年版，第116—117页。

南方向，地处"直晋交界处所，路径纷歧，处处可通大道"[1]，升允驻扎于此，一方面要拦截由河北逃往山西的溃兵；另一方面要严密设防，阻止八国联军西进，但又不能破坏和局。个中分寸，连慈禧都觉得颇难掌握，在六百里加急谕旨中说："现在将与各国开议，和局万不可决裂。该藩司驻扎紫荆关一带，自当严密防守。如洋兵前进，即着先行派员劝阻。固不可卤莽从事，亦断难听其长驱直入。此中机宜，惟在该藩司禀商锡良妥慎筹划，总以毋误大局为要。"[2]

《清代名人书札》所收的升允给朋友的函件，提到其在紫荆关与洋人作战的情形，"（八月）初七日在紫荆关与洋人接仗，关虽失守，杀伤亦尚相当，并击毙洋统领一员，稍吐恶气"，"左右肩畔，枪子飞过如蝗，竟未阵亡，不知是幸是不幸也。洋兵经此一战，竟不过关，岂亦有戒心耶"。[3]升允后来能获得慈禧的信任和重用，不仅是由于勤王救驾等功劳，也因他实实在在经历过生命危险——晚年用"命"去复辟，或是肇始于此。

光绪二十七年（1901）二月，升允被任命为陕西布政使。刚过一个月，因护理陕西巡抚端方调任湖北巡抚，清廷下旨由升允署理陕西巡抚，并于四月实授。升允从此步入督抚行列。考虑到西安当时可以算是临时首都，陕西巡抚的位置就更显重要了，升允得以出任此职，足见慈禧之倚重。

升允任陕西巡抚三年，这个任期，应该说并不算短。[4]但客观而

---

[1]《德宗实录》卷四六八。
[2]《德宗实录》卷四七二。锡良时为山西巡抚。清廷于光绪二十六年闰八月令升允补授甘肃布政使，旋调山西布政使，故称藩司。见《清代官员履历档案全编》第6册，第615页。
[3]转引自张永江：《民族认同还是国家认同：清朝覆亡后升允的政治抉择》，《清史研究》2012年第2期，第10页。
[4]清末新政11年，共有118位督抚，总督任职89人次，巡抚任职167人次，80%以上任期在两年以下，其中总督任职半年以下或未到任者55.1%，巡抚占49%。见李细珠：《清末新政时期地方督抚的群体结构与人事变迁》，《中国社会（转下页）

言，作为不大。任期的前半年，他主要负责行在供应，并为两宫回銮做准备。此后推行的改革，大体包括试办屯垦、兴办水利、盐改官运，以及设立师范学堂等。

陕西巡抚任上所为充分体现了升允为人耿直、不怕得罪人的特点。光绪二十七年六月，陕西各处开始为慈禧、光绪帝回銮做准备。两宫西巡后，陕西即成立支应局负责接驾事宜。根据升允的统计，"凡行宫工程、跸路供应、河桥建造、官司酒肴"，"统共用库平银二十九万余两"，如今为慈禧等回京，包括两宫膳宿供应及随扈官员行馆、征用官车等，"以上各项共需银三十一万两有奇"。这些钱，按照户部的说法属于内廷用款，由陕西方面自己消化，但升允表示"此项巨款委实无从开除……请敕部如数拨发，以备公需"。[1]最终，慈禧同意由户部下拨这三十一万余两银。但毫无疑问，升允此举，让户部很不满意。

光绪二十七年八月，清廷任命升允专办前路粮台，也就是为慈禧等回銮打前站。九月初四日，銮驾来到潼关时，发生了蒙古喀尔喀亲王那彦图奴仆殴打官员之事：潼关厅候补巡检李赞元负责照料那彦图一行。在离开潼关赴下一站之前，亲王的奴仆"卷取铺垫什物"[2]，李赞元上前阻止，竟遭殴打。升允愤而奏参那彦图，最终那彦图交理藩院照例议处，滋事亲随则令"即行交出，着升允严讯惩办"。[3]由于该亲随畏罪潜逃，时过十五天之后，升允不依不饶，再次奏报此事。为此，清廷又下旨让"那彦图严缉交案"。[4]

此事虽不大，但足以让那彦图这个堂堂亲王丢了面子。九月

（接上页）科学院近代史研究所青年学术论坛2005年卷》，社会科学文献出版社2006年版，第169页。

[1] 本段所引，均见丁进军编选：《慈禧西逃时漕粮京饷转输史料》，《历史档案》1986年第3期，第33页。
[2]《德宗实录》卷四八七。
[3]《德宗实录》卷四七九。
[4]《德宗实录》卷四八七。

二十九日，那彦图即上折参劾升允鞭打负责驾前导引的旗兵海麟。事后查明是海麟违例驰驱大车在先，升允所为并无不妥，而那彦图"并不查明实情，率行具奏，迹近报复"。然而碍于那彦图面子，朝廷还是以"究未查询明白，即予鞭责，亦有不合"为由，将升允"交部察议"。[1]一来一往，那彦图与升允难免心生龃龉。

升允另一件更为得罪人的工作，是奏请裁撤陕西督粮道。督粮道负责监察收粮及督押粮船[2]，是个肥缺。光绪三十年（1904）七月，在回应清廷裁官节费谕旨时，曾任陕西督粮道、深谙督粮道内部腐败实况的升允就提出裁撤陕西督粮道。十一月，他再度上折痛陈陕西督粮道低买高卖、吃差价之弊端，"至收买粮票……逐层递转，逐层递剥，买者卖者两不相谋，往往旗兵卖票每斗仅得价百余文，而粮署买票则实出二百余文，此实从前奸蠹窟穴之所藏"，并请求撤销督粮道，将"此项进款解作兵饷"。[3]按升允的计算，陕西督粮道"每岁进款近十万两之谱，除去二十五年奏明报效四万两作旗屯经费外，尚余六万两"。[4]只是裁撤之举，必然会引起包括陕西布政使樊增祥等获利者的不满。[5]

升允不仅敢于得罪同僚，对上司庆亲王奕劻，也不愿假以颜色。光绪三十年是慈禧七十大寿之年，时为首席军机大臣的庆亲王奕劻让各省献金祝寿，升允就上疏反对，最终使得朝廷下旨叫停献金祝寿之举。[6]这样的耿直，令人对升允肃然起敬。

---

[1] 本段所引，均见《德宗实录》卷四八七。
[2] 张德泽：《清代国家机关考略》，故宫出版社2012年版，第243页。
[3] 中国第一历史档案馆编：《光绪朝朱批奏折》第一辑，中华书局1996年版，第429—430页。
[4]《宫中朱批奏折》，档号：04-01-01-1068-007。
[5]《当代名人小传》卷下，第122页。
[6]《辛亥人物碑传集》，第656页。

不满新政，主动解职

光绪三十年十一月，升允调任江西巡抚。未及上任，即于十二月改任察哈尔都统。第二年正月升任闽浙总督，三月与陕甘总督崧蕃对调，改任陕甘总督。也就是说，五个月之内，升允历经四个职位，由巡抚升任总督。

一连串令人眼花缭乱的任命背后是什么呢？光绪三十一年（1905）一月，清外务部右侍郎伍廷芳曾向日本驻华公使内田康哉透露，升允的升迁，得益于亲家荣庆的运作——军机大臣瞿鸿禨利用荣庆在家养病之机，免去升允陕西巡抚之职，转为空有虚衔的察哈尔都统。正在此时，属瞿鸿禨一派的魏光焘被参两江总督任上"吏治污浊，诸务废弛"[1]而遭解职。"魏被弹劾去职，空出现任闽浙总督之职位"[2]，升允因此获得了升迁的机会。

就任陕甘总督之初，升允推行了不少新政：工业方面，他设立劝工厂、官铁厂等，恢复了左宗棠所创办的兰州织呢局。[3]农业方面，创设甘肃督垦总局，整饬办理全省农田水利工程。文教方面，主持重修《甘肃通志》，至宣统元年（1909）十月成书，共一百卷；设立了官报书局，负责承印《甘肃官报》《甘肃教育官报》和私人著述等。编练新军方面，鉴于甘肃在"边防"上的重要地位，他克服财力捉襟见肘的困难，兴办陆军学堂，积极编练新军，到光绪三十二年（1906），已编练完成步队三标、炮队一队。

但自光绪三十二年七月十三日清廷宣布预备立宪后，升允态度转变，推进新政的热情逐渐消退。个中原因，主要是升允对君主立宪制

---

[1]《德宗实录》卷五三三。
[2]孔祥吉、村田雄二郎：《日本机密档案中的伍廷芳》，《清史研究》2005年第1期，第16页。
[3]王公度：《清末彭英甲举办甘肃洋务实业的一些情况》，《甘肃文史资料选辑》第4辑，第145页。

的反感，他认为立宪有害而无利。这种观点，集中表现在他于光绪末宣统初所上的《条陈新政折奏》中。

首先，升允认为载沣摄政后推进君主立宪的速度太快，准备太仓促，与慈禧当政时期"徘徊审慎，未遽见于实行"的"郑重此事之心"有着鲜明的对比。就召开国会而言，"速即立宪派"在宣统元年先后发动了三次全国性的请愿运动，以载沣为主的清廷当局最终妥协，宣布提前三年，于宣统五年（1913）召开国会。对此，升允颇为不满，在奏折中批评载沣一味求快而没有考虑各省的实际情况，"自上年各省要求国会代表到京而后，九年之期限定……尔来立宪条款馆文络绎，朝夕敦促，若有迫不及待之势。在馆臣但期办法之画一，而未计及各省人民程度之不齐，奴才则深恐一发而不可复收"。又以各州县议员煽动无知民众施压官府以免税免捐等"借公济私"事件为例，指出"国会不难于召集，而难于解散。不于召集之先预为解散之地"，反而易被"奸人"所用，进而削弱君权、危及统治。为此，他主张在实施之前应充分考虑君主立宪的利弊。[1]

其次，在奏折中，升允还直陈新政之弊。比如编练的新军以"衣帽、步伐整齐可观，居平卫生洁净自喜"，但这些是"兵家所忌非所宜"。[2]此外，他还直言"上年安徽兵变尽属新军，其首恶且系武备毕业学生，江南征兵亦有与巡警冲突情事"，认为"流弊至此，可为寒心"。[3]为此，升允强烈反对陆军部准备推行的司务长以上军官必须由武备学堂毕业学生出任的做法。通过分析财政、学务、军队、刑律等新政的"弊端"，升允最后认为诸如"立宪之国，其君主有神圣不可侵犯之尊崇，宪法一颁，皇室可以永固，而附丽于皇室者亦可长享其富贵"等说法可谓"奸人立说之巧，以耸动执政之听闻"[4]；诸如"专

---

[1] 本段所引，均见《申报》1909年7月31日，第4张第2版。
[2]《申报》1909年8月1日，第4张第2版。
[3]《申报》1909年8月1日，第4张第2版。
[4]《申报》1909年7月31日，第2张第2版。

制政体不能容于二十世纪"的说法为"奸人胁制之词",呼吁载沣等不要"轻听浮薄不更事者之言,致为海外著述家所匿笑"[1]。

升允反对推行君主立宪等新政,无疑表现出他的顽固和昧于大势,但他关于"推行君宪等新政过快过急以至于督抚弄虚作假应付"的说法,其他督抚也有同感:宣统二年(1910),云贵总督李经羲就在奏折中批评新政推行过程中各部只顾及与本部有关的事项,全然不顾新政事业的整体性,坦言各省督抚以一人之力,应对各部的要求,不得已只有装饰外表,聊以塞责。[2]当然,李经羲是力主速开国会派,与升允反对君主立宪的立场有本质区别。

后来成为芬兰总统的探险家马达汉(Carl Gustaf Mannerheim),年轻时曾到过中国西北,与时任陕甘总督的升允打过交道。据《马达汉西域考察日记》,升允原想安装一个引水管引黄河水入兰州城,"这是很容易做的事,因为黄河离城很近。但城里约300名挑水工都是四川人,据说四川人比起温顺的甘肃人来说脾气要暴躁得多。他们很可能会采取行动,来骚扰和攻击衙门。对官员来说,还是避免骚乱为上策"。[3]最后,这个引水工程告吹。堂堂总督,竟然会害怕三百名挑水工闹事,这多少透露出升允对新政失望之后的消极。

批评君主立宪后不久,升允于宣统元年四月十六日上折自请开缺。他说自己在去年偶感风寒,"初不过鼻塞头眩,咳嗽吐痰而已",后获悉慈禧、光绪帝病逝后悲伤过度,身体便每况日下,"常忽忽若有所失,且熟视而无睹,耳倾听而不闻";严重的时候,口鼻不能辨香臭,时常半夜起床,绕室彷徨,喃喃自语。[4]

---

[1]《申报》1909年8月1日,第4张第2版。
[2]李振武:《李经羲与国会请愿运动》,《学术研究》2003年第3期,第90页。
[3]马达汉:《马达汉西域考察日记(1906—1908)》,中国民族摄影艺术出版社2004年版,第438页。
[4]《宫中朱批奏折》,档号:04-01-12-0675-032。

1908年陕甘总督升允宴请马达汉（右）和在兰州参与新政建设的人员

　　这些语带夸张的表述在年轻气盛的摄政王载沣看来"皆刺己"[1]，便于宣统元年五月初六日以"迹近负气"为由，将升允开缺免职。[2]升允也因此成为载沣摄政后首位被免职的总督。

　　升允被开缺是否另有隐情呢？关于此事，载沣在日记中只写了"升总督允折奏请开缺，允之"[3]短短一句。有传言说，升允去职，除攻击君宪新政外，还与其属顽固派、为枢臣所厌有关。[4]

　　从光绪三十一年就任到宣统元年五月开缺，升允做了四年陕甘总督。这在清末新政期间的督抚中，任期算较长的了，仅次于直隶总督袁世凯和湖广总督张之洞五年的任期。

　　除前文所说的新政外，升允在陕甘总督任上还主持修建兰州黄河铁桥，成为佳话。兰州历来是东西交通要冲，穿城而过的黄河，为兰州带来丰沛水源，同时，也阻碍了兰州交通。过去人们在白塔山下

---

[1] 赵炳麟：《赵柏严集》，文海出版社1975年版，第647页。
[2]《宣统政纪》卷一三。
[3] 载沣：《醇亲王载沣日记》，群众出版社2014年版，第329页。
[4]《当代名人小传》卷下，第122—123页。

安设镇远浮桥,以二十四艘大船贯连,浮于河面,冬拆春设,很是不便。光绪初年,左宗棠进兵陕甘平乱时,为了方便行军和后勤转运,曾想修建黄河铁桥,但因洋商福克要价过高而放弃。[1]光绪三十二年九月,升允派甘肃洋务局与德商泰来洋行签订合同,由后者负责修建黄河铁桥。工程"于光绪三十四年二月动工,至宣统元年六月一律告竣",共用库平银三十一万二百二十多两。[2]兰州黄河铁桥不仅使黄河天堑变通途,时至今日还成为兰州名胜。

但升允的官声,似不像此兰州名胜那样美好。他的政绩,从清末民初流行于兰州的一首当地方言民谣中可见一斑。民谣说"走了个松泛,来了个呻唤"。个中含义,有学者撰文写道,"松泛",是光绪二十六年(1900)至三十一年出任陕甘总督的崧蕃的谐音,在兰州话里有两层含义:一为宽松、不紧张,一为病情好转,感觉稍适;"呻唤"音近"升允",就是普通话中的"呻吟",暗指升允继崧蕃接任陕甘总督后,一改前任宽松、简平的施政作风,横征暴敛,大大加重了百姓的负担,百姓为此痛苦不堪、"呻唤"不止。[3]另据《广益丛报》报道,由于升允主政陕甘时参奏过陕西布政使樊增祥,又弹劾过奕劻、袁世凯,还匿灾不报"大伤秦陇人感情",官民两界似乎都对升允颇有怨言,甚至有传闻说,他辞官后陕甘百姓将其比为秦桧,拟为之铸铜像,"镌铸其种种殃民劣迹"。[4]虽然《广益丛报》为重庆同盟会支部机关报,在报道反对新政、反对革命的升允时,或有夸大、攻击之嫌,但民谣和新闻报道中所说的官声不靖,或许也是让升允心灰意冷、决意去职的原因之一。

---

[1] 中国第一历史档案馆:《清末修建兰州黄河铁桥史料》,《历史档案》2003年第3期,第74页。
[2] 中国第一历史档案馆:《清末修建兰州黄河铁桥史料》,《历史档案》2003年第3期,第74—75页。
[3] 邓明:《一则民谣见两督》,《档案》2004年第3期,第19页。
[4] 张永江:《民族认同还是国家认同:清朝覆亡后升允的政治抉择》,《清史研究》2012年第2期,第11页。

一息尚存，复辟不止

升允辞官后，居住在西安满城，至宣统三年（1911）被任命为署理陕西巡抚为止，其活动不见于官方记载。[1]据对升允颇有好感的赵炳麟所说，升允被免职后，一度想入华山做道士，经其夫人相劝后才作罢，改"开酒店于西安之院前街，曰鼎华楼。夫妇持筹估酒，澹如也"。[2]还有说法说，升允辞官后从兰州搬到了西安，时常出入食肆，与普通百姓一同就餐，"并与谐谈甚欢，无人知其曾任专制朝兼圻者"。[3]

宣统三年九月初一日，陕西响应武昌首义，起义成功，宣布独立。陕西巡抚钱能训开枪自杀未遂，西安将军文瑞跳井自杀，其他官员闻警丧胆，纷纷逃窜。尽管清廷下旨让钱能训留任陕抚，但钱氏执意不愿再待在陕西。[4]无奈之下，清廷改任因强硬镇压湖南抢米风潮知名的杨文鼎为陕西巡抚。可是，杨文鼎也迟迟不赴任。无奈之下，清廷只得另谋陕抚人选。

陕西起义期间，升允因在乡下而躲过一劫。[5]获悉陕西独立消息后，他立即赶渡渭水、步行向西，"逃窜泾、原之间，嗣风声愈紧，乃步行西来，经淳化、三水，崎岖山僻，其苦殆不可言状"[6]，潜行六百里后抵达平凉。平凉是甘肃东部重镇，附近的庄浪驻防有八旗

---

[1] 张永江：《民族认同还是国家认同：清朝覆亡后升允的政治抉择》，《清史研究》2012年第2期，第11页。
[2] 《赵柏严集》，第647页。
[3] 《当代名人小传》卷下，第123页。
[4] 《辛亥人物碑传集》，第329—330页。
[5] 升允在十月初一日致署宁夏道道台孙庭寿的信中说："九月初一日，西安省城乱作，弟适于前一日下乡，未落贼窠。"见王民权、谢书文、柏雪梅：《西安市档案馆新征集五件历史文献简介》，《西安档案》2003年第2期，第42页。
[6] 王民权、谢书文、柏雪梅：《西安市档案馆新征集五件历史文献简介》，《西安档案》2003年第2期，第42页。

兵，离陕甘总督长庚的驻地兰州也不远。于是，这里就成了升允组织兵力、反攻陕西的大本营。抵达平凉之后，他自告奋勇，通过长庚代递奏折，表示愿率新军收复西安。[1]清廷获悉后，不禁大喜过望，在肯定升允"足见忠勇性成，深堪嘉尚"的同时，令其署理陕西巡抚、督办陕西军务。[2]

按照升允的设想，应先攻下西安，迎奉溥仪来此，建立偏安西北的小朝廷，再寻机扑灭革命、恢复清室统治。[3]为此，他迅速调集了原固原提督[4]张行志、原宁夏镇总兵马安良以及标统陆洪涛、周助学等前来，又奏调旧部、甘肃提法使彭英甲为陕西布政使兼营务处总理，组成了五十余营[5]共约三万人的队伍，即"甘肃东征军"[6]，自任统帅[7]。为了筹备军饷，升允变卖了自己的家产，"罄家室之所有以助军用"。[8]除此之外，原甘肃提督董福祥的家人也予以大力支持——尽管董福祥已于光绪三十四年去世，但其妻毁家相助，令孙子董金鳌"招集旧部新队计一万七千余名"的同时，还要他积极筹措军饷、军械，"带到现银五十万，又交出其祖母私蓄银三十万，又向各处筹集一百三十万、粮食十八万石、军火杂物四百五十大车"。[9]

在陕甘总督长庚的支持下，升允制订了南北两路进攻西安的计划：原固原提督张行志由陇南东进，目标是陇州、凤翔；升允自统北路，率马安良、陆洪涛等部由泾川往东。甘肃东征军一度连克长武、

---

[1]《宣统政纪》卷六四。
[2]《宣统政纪》卷六四。
[3]《郑孝胥日记》第3册，第1407页。
[4]即陕西提督，驻守固原，从一品。
[5]按一营五百人计算，约为三万人。升允在1913年给禅师嘉木样（指四世嘉木样·尕藏图旦旺秀）的信中说，"以前年允所部五十余营计之，每月约需银十三、四万两"。刘锋辑：《升允复辟阴谋》，《近代史资料》总35号，第152页。
[6]《郑孝胥日记》第3册，第1405页。
[7]韩世杰：《黄钺与民国元年的秦州起义》，《档案》2012年第5期，第28页。
[8]《郑孝胥日记》第3册，第1405页。
[9]《郑孝胥日记》第3册，第1406页。

邠州（今陕西彬县）等地，围攻离西安不足百里的乾州（今陕西乾县）。双方在这里反复争夺，伤亡惨重。为防革命军南"逃"，他还奏请朝廷饬令前来支援的姜桂题部分兵进攻洛南。[1]甚至，他还派人联络东北的张作霖，希望对方能与自己一起出兵，"订一拨队之期，以便戮力同心，互相接应"。[2]

升允积极联络的姜桂题，此前因率部攻下革命军占领的大同、潼关而被清廷赏加"太子少保衔，并赏穿黄马褂"。[3]但自宣统三年十月二十八日起，袁世凯主导南北议和。身为袁世凯心腹的姜桂题，自然不会再大力西进、配合升允。就在升允积极进兵之时，清廷于十二月二十五日发布退位诏书。但升允不甘就此罢手，故意隐瞒退位停战消息，继续率部进攻陕西民军，攻陷醴泉（今陕西礼泉县），兵锋直指咸阳、西安。1912年2月26日，孙中山致电袁世凯，指责升允在清帝退位后仍反对共和，实为国民公敌，请袁世凯派兵增援陕西民军，合击升允。[4]

袁世凯采用了软硬兼施的两手来对付升允：一方面派广东高州镇总兵赵倜部和姜桂题部等攻打升允[5]——两三个月前还是战友的姜桂题，如今成了升允的对手；另一方面派王树枏前往劝说，"命为宣慰使往陕西劝升吉甫制军罢兵"。[6]3月初，陕西军政府送回西安城内的升允眷属，并派人前来议和。升允表示："现今皇上退位，我已无君可事，惟有一死以报国恩。至于议和条约，已由彭、马二公主持，我

---

[1]《宣统政纪》卷六五。
[2]《辛亥革命史资料新编》第3册，第542页。
[3]《宣统政纪》卷六九。
[4]《孙中山全集》第2卷，第131页。
[5]《郑孝胥日记》第3册，第1407页。
[6] 王树枏：《陶庐老人随年录》，中华书局2007年版，第75页。袁世凯之所以请王树枏前往，是因为光绪三十一年四月升允出任陕甘总督时，甫一上任，即调王树枏署理兰州道。二人有同僚之谊。见《陶庐老人随年录》，第49页。吉甫为升允表字。

不过问。"[1]3月8日，陕西军政府与升允部签署和议。3月10日，升允退回甘肃。据其女婿、著名画家溥儒透露，获悉清帝退位后，升允一度准备喝药自杀。[2]细察升允退兵之举，除清帝已然退位、人心趋于共和等客观因素外，也有自身兵力、饷械不足的原因。1913年，他在讨伐袁世凯的第三篇檄文中回顾这段经历："自平凉出师，凡克复长武、陇州等九城，直抵醴泉。适下逊国懿旨，其时将领中不无一二观望者，后路饷械又不时给，揆情势不宜复战，遂乃罢兵西归。"[3]

尽管进攻西安、建偏安小朝廷的图谋未能实现，但升允所作所为，无疑让复辟派看到了希望——复辟骨干郑孝胥就对升允不吝夸奖，将其比作一心为元复国的王保保，"列国必敬重其人。千载而下，不愧王保保也"[4]、"升允能如此，可为忠臣义士吐气"[5]。而王树枏也因为被升允的义举所感动，拒绝了袁世凯让其劝说升允罢兵的请求，"余以清朝养士近三百年，而怀忠报国至死不变者仅见升公一人……因力辞之"。[6]

罢兵后的升允志在"恢复清室"。离开醴泉之时，他就向旧部表明了这点："一息尚存，此心不死，留身以待，后会有期耳！"[7]

北行库伦，声讨袁氏

离开醴泉后，升允先归平凉。据说他曾向袁世凯交涉，请罢陕西

---

[1] 张永江：《民族认同还是国家认同：清朝覆亡后升允的政治抉择》，《清史研究》2012年第2期，第11页。"彭、马二公"，指率部围攻乾州的彭英甲、马安良。
[2] 《辛亥人物碑传集》，第656页。
[3] 《郑孝胥日记》第3册，第1471页。
[4] 《郑孝胥日记》第3册，第1405页。王保保即元末名将扩廓帖木儿。明兴，攻取大都，元顺帝等北逃，扩廓帖木儿矢志匡复元朝，多次打败明军，被《明史》誉为"元之忠臣也"。
[5] 《郑孝胥日记》第3册，第1407页。
[6] 《陶庐老人随年录》，第75页。
[7] 刘锋辑：《升允复辟阴谋》，《近代史资料》总35号，第147页。

都督张凤翙之职,由自己出任都督,以便将来安置两宫,并要求补偿兵费两百万元。这些要求,均为袁世凯所拒。[1]不久,升允移居兰州。但在甘肃宣布拥护"共和"后,其部下多接受了民国官职,升允无法立足,只好迁居青海西宁,后又于1912年下半年由西宁躲到湟源东科寺。[2]这年,他在湟中曾与甘肃宁海镇守使马麒密谋"起义",终因马麒不肯出头而作罢。[3]1912年10月,甘肃都督赵惟熙奉袁世凯之命,派县丞李承绂携手书到湟中找到升允,劝其改变复辟旧志、出面筹划当地被裁八旗兵的生计[4],被升允严词拒绝。1913年升允被马麒勒令离境。[5]

鉴于自己行踪已被袁世凯方面掌握,加上西北旧部目前不愿起义,升允决定北出外蒙、前往库伦,联络蒙古王公贵族起事。[6]他于冬至后只身一人北上,家眷则留在兰州。据当时日本在库伦收集的情报,"离开西宁之升允,将家族遣留兰州,声言其家族之命运一任地方官民之所愿。据闻其只身向库伦进发"。[7]

升允北行的具体行程和其间苦状,其女婿溥儒在《清授光禄大夫前陕甘总督大学士多罗特文忠公神道碑》(以下简作《神道碑》)中记载颇详,"凌冬出塞……岁暮至阿拉善……别假行帐驼粮往库伦。不

---

[1] 张永江:《民族认同还是国家认同:清朝覆亡后升允的政治抉择》,《清史研究》2012年第2期,第12页。
[2] 东科寺位于青海湟源县西南五十里,该寺法主是蒙古土默特部高僧的转世。升允到库伦后写给嘉木样的信中说:"去冬在东科寺畅领教言,并承惠赐,俾得北行。"升允北行,得到当时正在甘青藏各大寺巡行弘法的嘉木样禅师的资助。见刘锋辑:《升允复辟阴谋》,《近代史资料》总35号,第152页。
[3] 刘锋辑:《升允复辟阴谋》,《近代史资料》总35号,第150页。
[4] 青海省志编纂委员会编:《青海历史纪要》,青海人民出版社1987年版,第268页。
[5]《青海历史纪要》,第268页。
[6] 刘锋辑:《升允复辟阴谋》,《近代史资料》总35号,第147页。
[7] 张永江:《民族认同还是国家认同:清朝覆亡后升允的政治抉择》,《清史研究》2012年第2期,第12页。

识道,迹驼马粪以行……以癸丑三月抵库伦"。[1]由此可知,从西宁到库伦,升允走了大约四个月,1912年底到阿拉善并在此过春节,其间一度迷路,最后循着驮马粪迹,在1913年3月抵达库伦。升允北行库伦,不仅备尝艰辛,还因此患上严重腿疾,三年后才基本养好。[2]拖着病腿走了如此之远,其毅力与意志可见一斑。同为复辟派的清监察御史胡思敬,在1913年8月给亲家、清末大学堂总监督刘廷琛的信中,就坦言自己不耐海上航行之苦,与升允相比自愧不如。此信也证实升允从青海到库伦走了一百二十多天,"升吉甫奔驰冰天雪窖之地,凡百二十余日始达库伦,无丝毫劳悴之色,人之度量相越如此之远,吾自知其不足与有为矣"。[3]

库伦,即今天的乌兰巴托。由于清廷盘剥过重,加上沙俄等外部势力挑唆,宣统三年十一月,蒙古活佛哲布尊丹巴呼图克图宣布独立,自称"额真汗"(俗称"博克多汗"),建立了实际控制外蒙古地区的政权。

初抵库伦,升允"颇蒙包克德优待,称为清国忠臣"。[4]自1913年3月到9、10月,升允在库伦待了半年多。其间,他主要做了两件事:一是努力游说外蒙古、沙俄出兵攻打袁世凯,为自己起兵争取军事援助;二是印制并散发讨袁檄文,为自己起兵做舆论准备。

为争取军事援助,他多次"与蒙古各大臣商议",定下了三路进兵讨伐袁世凯、迎奉宣统皇帝的计划;还从库伦写信给禅师嘉木样,请其借款两百万元作为复辟的经费,为此甚至说服了博克多汗政权的"王大臣"代为担保。[5]只是,这笔贷款是否告成,尚不得而知。

---

[1]《辛亥人物碑传集》,第657页。
[2] 1916年,同为复辟派的沈曾植得知升允腿愈之后,还专门去信祝贺,见王益知注释:《沈曾植函稿》,《近代史资料》总35号,第85页。
[3] 张锦贵整理:《退庐笺牍》(选录),《近代史资料》总35号,第103页。
[4] 刘锋辑:《升允复辟阴谋》,《近代史资料》总35号,第152页。
[5] 刘锋辑:《升允复辟阴谋》,《近代史资料》总35号,第152—155页。

1913年4月至6月间,在库伦的升允还利用自己"蒙古世仆"的民族身份,先后致书土尔扈特亲王帕勒塔、在北京的喀尔喀亲王那彦图、科尔沁公博迪苏、喀喇沁王贡桑诺尔布等,通过威逼利诱等手段劝说他们支持复辟清室。但正如前文所说,那彦图既与升允有隙,又刚被袁世凯任命为乌里雅苏台将军兼办理图什业图、车臣两盟事宜,怎么可能起而反袁?贡桑诺尔布虽是另一复辟派主将善耆的妹夫,但也刚刚被任命为蒙藏院总裁,自然也不会支持升允。此外,升允还致书驻京内蒙古科尔沁亲王、僧格林沁之孙阿穆尔灵圭,并附上讨袁檄文,"劝阿王为内应"。[1]这封密信是升允通过俄国公使馆转达的,但阿穆尔灵圭却密告总统府,最终使得密信在国会公开,并在报纸上发表。可以说,升允对这些蒙古王公的劝说完全没有达到他所期望的效果。

早在就任陕甘总督期间,因为甘肃编练新军不力,升允曾遭到袁世凯的指责——极端忽视军队。[2]清帝逊位之初,由于在复辟帝制还是实行共和的问题上存在根本分歧,升允和袁世凯的矛盾日益激化。如同肃亲王善耆一样,升允现存的一百多首诗中,就有不少作品情文并茂地批评袁世凯:他把袁世凯比作欺负孤儿寡母的曹操和司马懿,"孟德与仲达,狐媚取天下。尔既移汉鼎,彼亦虚魏社"[3];又把袁世凯比作专横篡权的司马昭,"秦庭但闻包胥哭,路人皆知司马心。欲加黄袍故作态,试戴白帽终成禽"。[4]

1913年6月,在库伦的升允还亲自撰写了三篇讨袁檄文,并送到哈尔滨俄报馆"代为石印"[5],将自己与袁世凯的矛盾公之于天下。

---

[1]张永江:《民族认同还是国家认同:清朝覆亡后升允的政治抉择》,《清史研究》2012年第2期,第15页。

[2]《马达汉西域考察日记(1906—1908)》,第440页。

[3]《东海吟》,第11页。

[4]《东海吟·东海吟拾遗》,第3—4页。

[5]《郑孝胥日记》第3册,第1468页;刘锋辑:《升允复辟阴谋》,《近代史资料》总35号,第153页。

三篇复清讨袁檄文,全名为《大清钦命督办军务前陕甘总督升允檄告天下文》。第一篇主旨是颂扬前清遗德,指斥孙中山、袁世凯等为"奸人",倡变法而乱政。在檄文中,升允说自己"为我清室存亡计","为万世纲常计","不惮险阻、不恤死生",北赴库伦,与俄国、蒙古国协约共同出兵,并号召天下共举义兵,复辟清室。第二篇檄文中,升允指斥袁世凯"假共和之名以盗天下",并对"华夷之辨"和"多杀生命"曲为辩解,为自己求助蒙、俄外援,武力复清寻找合法性——"盗贼入室,鸣邻里操戈而逐之,夫何嫌焉"。同时强调自己与俄国、蒙古国所订的条约"大旨恢复疆宇仍归我清室管领,不割我土地,不预我政权,兵费实用若干,由清室照数认还,此外视吾力之所能者以为酬谢。断不至贻中国无穷之累,如袁世凯者实授人以瓜分之柄也"。第三篇则指责民国政府对清室食言失德,"闻上半(年)经费止给一半,以后当更何如?德宗陵寝迄今未曾开工,并闻有今夏移驾驻颐和园之说",再度申明自己不顾"才弱力薄,不堪负重,窜身沙漠",北上库伦,以竭力恢复清室,呼吁更多"非常之人"加入此"非常之事"。[1]

尽管觉得檄文印制质量甚不佳,但在游说旧部杨增新、赵惟熙、马福祥以及绥远将军张绍曾等起兵反袁的信中,升允都附上了这三篇檄文。而且,他还托旧部广为转发,试图扩大影响,如一次性寄给阿尔泰护军使马福祥一百份,请他向"旧日僚友及统领、营官、镇、道、府、厅、州、县并名宦幕友之家居者,各寄檄文一本"。[2]

凭一己之力和整个体制抗争,难度可想而知。升允想"感化"的这些人并不都赞成他的复辟主张,新疆都督杨增新就把密信和檄文呈送给了袁世凯。1913年11月27日,袁世凯等发布了《驳斥升允

---

[1] 本段所引,均见《郑孝胥日记》第3册,第1468—1472页。郑孝胥在1913年6月23日、24日的日记中,全文抄录了《民主报》刊登的升允三篇檄文,可见他对升允之敬佩。
[2] 刘锋辑:《升允复辟阴谋》,《近代史资料》总35号,第153页。

信函檄文令》,对升允檄文一一回应:针对"假共和之名以盗天下"的指责,袁世凯首先回顾了清帝逊位前"全国骚动""京城炸弹屡发"的混乱局面以及隆裕太后"临朝涕泣,悲惨万状"的危急情形,阐明自己是受"以全权组织临时政府之旨"和隆裕太后的付托,不得已勉为其难管理国家,而非"盗天下";对于升允"优待皇室条件之皇宫经费现将停给,德宗陵寝迄未开工"说法,袁世凯指出"此项经费均由部陆续照支,其崇陵未竣工程亦已如制妥修,即日奉安如礼"。除此之外,袁世凯批评升允意图借助库伦、沙俄势力恢复帝制的做法,无异于"认仇为父",甚至有可能使得满汉复增恶感,进而危及皇室。若真如此,升允本人"不徒为民国之公敌,抑且为满族之罪人"。[1]

尽管升允到处散布檄文的行为让袁世凯颇为不满,但升允此时并未像有些学者所说的"受到袁氏政府的通缉"[2]——袁世凯只是将其行为定性为"始终执迷不悟,显系有意破坏民国"。[3]在饬令接到升允檄文者不要被鼓惑的同时,袁世凯也表示鉴于升允此前"居官有年"、微有功劳,希望其痛改前非,"本大总统亦必曲予优容",还曾批示"升若能悔前非而归顺,则当加优礼"。[4]否则,将饬令各地方官严行拿办。

掌握着国家政权的袁世凯,无疑比孤身一人的升允有着更多的手段和工具。当升允在库伦积极活动时,"迭据探报"得知"升允意图破坏"的袁世凯,对蒙古博克多汗呼图克图方面采取软硬兼施的手段:硬的方面,是下令各地上缴收到的"升允在库伦新疆各地散布之檄文",要求与蒙古接壤的晋陕甘新各省"重申军纪,严防升允之徒

---

[1] 本段所引,均见《袁世凯全集》第24卷,第318—319页。
[2] 张永江:《民族认同还是国家认同:清朝覆亡后升允的政治抉择》,《清史研究》2012年第2期,第16页。
[3]《袁世凯全集》第24卷,第319页。
[4]《袁世凯全集》第24卷,第319、346页。

谣言鼓惑",同时严密防范南方革命党"潜往西北各省,与宗社党联络"。12月9日又令国务总理熊希龄召集各部总长和绥远将军张绍曾等召开会议商议蒙边军事,利用《中俄声明文件》中沙俄承认中国在外蒙宗主权的规定,一边"拟请外蒙活佛酌派蒙军,在内外蒙交界处重设炮卡",防敌逃窜;一边下令姜桂题、张作霖等调集军队,"三面协攻",力求将库伦进犯包头之众"务剿净尽"。软的方面,袁世凯于1913年12月发布《汉蒙人民相安令》,强调五族一家,但又威胁说"如汉蒙人民敢有藉端报复扰害者,即按土匪惩办"。与此同时,袁世凯还加强了对蒙古王公的笼络,在12月23日发布《蒙古王公进封爵位令》,规定"自民国元年起,所有进封蒙古各王公,均准其照进封一位,世袭罔替。其有进封二三次者,仍按原有封爵,准以进一位,世袭罔替"。[1]

升允愿做"申包胥",但种种因素之下,蒙古博克多汗呼图克图却不愿做"秦哀公"。如此,升允在库伦的处境日益尴尬。在给甘肃提督马安良的信中,他道出了实情:"敝意欲借俄、蒙之兵以讨袁世凯,而俄国心怀两端,不肯十分相助;蒙古虽表同情,而其力薄弱,仅能助以驼马牛羊。"[2]再加上《中俄声明文件》在法理上规定,俄国承认中国在外蒙古的宗主权,而中国承认外蒙古自治。如此一来,升允想借俄、蒙势力复辟的计划也就变得更加不可能了。

既有袁世凯的严密防范和软硬兼施,又无博克多汗政权和俄国的切实援助计划,升允只能再谋新路。这次,他选择了东渡日本求助。

乞师日本,暗助张勋

1913年底,升允离开库伦,前往日本。其东渡路线,溥儒在

---

[1]本段所引,见《袁世凯全集》第24卷,第319、346、420、402、404、510页。
[2]刘锋辑:《升允复辟阴谋》,《近代史资料》总35号,第155页。

《神道碑》中写道:"取道恰克图、乌金斯克,展转至西比利亚、南满、大连,乃东渡,馆于东京。"[1]恰克图位于俄蒙边界界河的北岸,乌金斯克即今俄罗斯乌兰乌德,是西伯利亚大铁路的重要中转站。显然,升允是从库伦北走恰克图,自乌金斯克乘火车经满洲里南下到大连,再乘船渡日。[2]

日本外交史料馆所藏的《升允致日本政府书》表明,1913年4月,升允东渡日本之前曾致函日本政府,申明自己勠力恢复清室之志。在信中,他将袁世凯指斥为篡权的王莽、董卓,并劝说日方不要借款给中华民国政府,"近闻袁世凯向五国借款,将有成说……允预为声明,允将合内外蒙古、二十行省之有血气知尊亲者,并起而讨逆党,克复之后,此款不能认还"。[3]

此前,1912年5、6月间,川岛浪速等人曾密谋发动第一次"满蒙独立运动",支持复辟,以分裂中国。由于张作霖之吴俊升部截击,加上美英的干涉,日本不得不下达"中止满蒙独立运动"的命令,并电令川岛浪速回国。[4]升允此时寻求日本的援助,无疑会遭受冷遇。

政治上失意的升允,在日本过得穷困潦倒,住杉木屋,居所在东京"适园"。[5]为活动方便,在日本期间,升允改易姓名为"钱大

---

[1]《辛亥人物碑传集》,第657页。
[2] 有说法认为,升允之所以由满洲里南下大连,是因为他当时正被袁世凯政府通缉,见张永江:《民族认同还是国家认同:清朝覆亡后升允的政治抉择》,《清史研究》2012年第2期,第19页。不过,正如前文所说,袁世凯并未下通缉升允之命令。《申报》曾报道升允前往大连的消息,其中说民国政府对升允只是"驱逐出境"而非通缉拿办,见《申报》1913年12月19日,第2张第6版。
[3] 转引自张永江:《民族认同还是国家认同:清朝覆亡后升允的政治抉择》,《清史研究》2012年第2期,第18—19页。
[4] 事见本书"帝乡回首梦魂中——'悲剧斗士'肃亲王善耆"和"年年海角愁春去——'复辟狂人'恭亲王溥伟"。
[5] 升允作《适园即事》:"我居绿杉屋,日暮不扃扉。旁舍晓枫落,满阶红叶飞。"见《东海吟·东海吟拾遗》,第5页。

兽"。[1]据其在东京时所写的诗作——"相见一握手，致敬三鞠躬……讲学宗孔孟，吾道自此东"[2]，可见他主要以收徒讲学为生，即《神道碑》所说的"馆于东京"[3]。在上海的郑孝胥还听到过这位前清一品大员在东京街头卖烧鸭的消息，"闻升吉甫贫困，在东京卖烧鸭，短衣犊裈，自比相如"。[4]无奈之下，升允不得不向好友告急，郑孝胥、李经方、李经迈、沈曾植、姚文藻、吴学濂[5]等先后托日本海军间谍宗方小太郎给升允带去救济款，数额不下一两千元。[6]以堂堂一品大员之尊，却只能以教书、卖烧鸭和友朋接济为生。显然，升允的内心是痛苦和不甘的，其诗写道："勉支残局历辛壬，去国三年恨转深。安得王良操六辔，驰驱我欲效微忱。"[7]

1914年，第二次组阁的日本首相大隈重信因不满袁世凯与英美走得太近、拒绝签订"二十一条"等，开始暗中支持善耆的宗社党搞第二次"满蒙独立运动"。于是，升允在日本的活动趋于活跃。

在大隈内阁和日本军部的支持下，宗社党在日本重组，升允出席了成立仪式。据善耆的儿子宪均回忆："宗社党成立时照了一张相，前排正中坐着宪德，穿西式礼服；左首坐着升允（曾任陕、甘总督）穿长袍马褂，右首坐着头山满（日本浪人），另外还有……川岛浪速、宫岛大八（日本浪人）……等三十多人。"[8]

---

[1]《郑孝胥日记》第3册，第1598页。
[2] 出自升允的《示善邻诸生》，见《东海吟》，第11页。
[3]《辛亥人物碑传集》，第657页。
[4]《郑孝胥日记》第3册，第1527页。现存善耆诗中，有《戏成二绝寄素公》两首，并题注升允"时在东京开大雅楼烧鸭坊"。见《肃忠亲王遗集》，第27—28页。"素公"指升允（号素庵）。
[5] 李经方、李经迈、沈曾植、姚文藻、吴学濂为郑孝胥学生，都属于当时的复辟派。
[6] 据《郑孝胥日记》，1914年8月17日，郑孝胥、沈曾植、姚文藻资助三百元；1914年9月，吴学濂、李经方、李经迈共资助三百元；1915年，李经方、李经迈和郑孝胥共资助六百五十元。分别见《郑孝胥日记》第3册，第1527、1532、1584页。
[7]《东海吟》，第11页。
[8]《晚清宫廷生活见闻》，第310—311页。宪均为宪德之弟。

据负责联系升允、溥伟、郑孝胥等人的宗方小太郎报告，1914年8月，国内宗社党人士还筹划成立"复辟进步党"，推举升允为党魁，"纠合同志，联络各省，待至时机一到，拥宣统复辟"。[1]

1916年初，国内反袁运动风起云涌，让升允看到了复辟举事的希望，"群雄妄逐谁家鹿，竖子终遗御者禽"。[2] 1916年1月中旬，他通过日本陆军参谋次长田中义一介绍，见到当时日本政界最有威望和实力的元老山县有朋。在此期间，他甚至还起草了《上大正天皇书》，准备直接上书日本天皇，寻求支持。[3] 只是这些努力并未取得效果。4、5月间，他从日本回国，帮助恭亲王溥伟、肃亲王善耆实施第二次"满蒙独立运动"。[4] 但随着袁世凯在当年6月病逝，日本政府觉得已无支持宗社党的必要，第二次"满蒙独立运动"宣告失败。[5]

第二次"满蒙独立运动"的失败并没有动摇升允的复辟决心。1916年6月，他到济南，游说刚刚督理山东军务的张怀芝共图复辟——据《郑孝胥日记》，当时日本人曾许诺，如果升允能说服冯国璋、张勋、张怀芝共同复辟，日方"当以盐政余款二千万为兵饷"。[6] 1917年初，热衷帝制的日本人佃信夫来华，游说驻节徐州的长江巡阅使张勋复辟帝制，并对张勋说："如能将该誓约持往日本，不但寺内首相可以谅解，即其他有心之人亦将一致同情。如有适当的

---

[1] 宗方小太郎：《宗社党的复辟活动》，《近代史资料》总48号，第100页。
[2] 《东海吟》，第11页。
[3] 张永江：《民族认同还是国家认同：清朝覆亡后升允的政治抉择》，《清史研究》2012年第2期，第20页。此外，1916年2月升允在给溥伟的信中曾说"允有上大正书，钞稿呈览"。虽尚未发现上日本天皇书全文，但此信证实升允确实写了《上大正天皇书》。见于植元：《升允给恭亲王阴谋复辟的秘信》，《大连文史资料》第3辑，第57—58页。
[4] 1916年4月22日，在上海的郑孝胥已获知升允回国谋划复辟的消息。其日记记载，5月初，升允回国并寓居青岛。见《郑孝胥日记》第3册，第1606、1609页。
[5] 事见本书"帝乡回首梦魂中——'悲剧斗士'肃亲王善耆"。
[6] 《郑孝胥日记》第3册，第1613页。

人持誓约前往日本，本人愿作引介，与寺内首相会见。"张勋听后，立表同意，答称："如是，就劳升允老人走一趟吧！"并派特使急往上海，请升允速去日本。[1]

辞别张勋后，佃信夫先期回到日本，见到新任首相寺内正毅。得到寺内正毅对复辟的默许后，升允于1月13日自上海乘"博爱丸"再度赴日。[2]经过佃信夫的斡旋，升允见到了寺内正毅，呈交了张勋的《徐州会议（十三省督军会议）誓约》。

会见中，寺内对升允说："张勋氏的希望，本人业已详知。当命驻北京日本公使注意保护宣统帝的安全，尽可放心。诸君既已根据十三省督军连名宣誓的精神图谋复辟，日本没有理由加以反对。"寺内又告诉升允："听说先生寄寓青岛，归国之后，可能遇到某些不便之处，届时尽可与日本驻军司令官大谷商量，不必客气。本人亦将致函大谷说明此意。"听完寺内正毅这一番话，升允"感激之余不禁啜泣起来，老泪横流，不能自禁，连连陈谢，竟至语不成声。寺内也被这一为清朝矢忠守节的孤老遗臣的容态所感动，亦不觉滴下泪来，在座的人无不为之动容"。[3]

同寺内会见后的第二天，升允即启程回国。4月初，升允离开青岛南下，先往徐州密会张勋，然后南下上海，与德国驻沪领事商量借款以复辟举事。但就在徐州，他得知日本计划出面干涉向德国借款之事，只好颓然返回青岛。[4]在前清恭亲王溥伟相劝之下，他在5月再次来到上海，拜会德国领事馆官员顾锡恩，商谈借款。5月26日顾锡

---

[1]《张勋与佃信夫》，《近代史资料》总35号，第125页。"誓约"指各省督军一致同意复辟的《徐州会议（十三省督军会议）誓约》。寺内首相，是指日本新任首相寺内正毅。1916年8月，大隈重信内阁引咎辞职。10月，原日本驻朝鲜总督寺内正毅组阁。
[2]《郑孝胥日记》第3册，第1641页。
[3]本段所引，均见《张勋与佃信夫》，《近代史资料》总35号，第126页。
[4]《郑孝胥日记》第3册，第1656页。

恩明确表态："德人已收束一切，专备宣战，不能助力。"[1] 如此一来，升允奔走数月的借款计划宣告失败。

就在升允为复辟南下北上之际，北洋政府突然爆发了府院之争。总统黎元洪在5月23日下令解除段祺瑞国务总理之职，后于6月1日发布命令，以张勋"功高望重，共诚爱国"为由，着其"迅速来京，共商国是，必能匡济时艰，挽回大局"。[2] 形势突变，复辟已箭在弦上。

6月7日，张勋带定武军五千人由徐州北上，于7月1日实行复辟。当天，溥仪登极，下旨任命张勋为议政大臣兼直隶总督、北洋大臣，封为忠勇亲王；升允则被任命为大学士。但在短短十二天后，随着获得日本支持的段祺瑞率讨逆军攻入北京城，此次复辟破产。

复辟迅即失败的一大原因，是日本政府及军方的不支持。随着"一战"美国与德国因潜水艇事件断交，决定支持美国的日本政府也希望中国和德国断交。如此一来，统一的中国政府自然更有利于日方利益，如果支持复辟，很可能引发中国各方势力的混战，难以达成对德宣战的共识，不利于日方扩张在中国的利权。另一方面则是日本对华政策的转向，1916年寺内正毅上台之初就致力于修正前任大隈内阁强硬露骨的、加剧中日矛盾的对华政策，转向防止中国混乱、分裂，以利于日本将来独霸中国的方针，即执行不干涉中国内政、公平对待中国国内各政党的策略。因而在复辟一事上，寺正内阁尤为审慎。其实在1917年2月初与升允的会谈中，寺内针对复辟一事，便称"日本没有理由加以反对"，但也未对复辟之事表示明确支持与实际援助。4月，升允收到了青岛日本驻军司令官大谷喜久藏的通知，获悉日本军方明确表示不支持张勋复辟。这份由陆军大臣大岛健一于3月26日发给大谷的训令中写道，"此时发动复辟，造成混乱，不但对中国不利，

---

[1]《郑孝胥日记》第3册，第1664页。
[2]《北洋政府公报》第110册，第39页，1917年6月2日。

张勋复辟期间，溥仪再次登极

即对宗社党的前途亦颇不利。故……应力劝升允：发动复辟，目下尚非其时"。[1] 5月，日本首相寺内正毅同样表达了不支持复辟的态度，"就今日周围之形势观之，发动复辟，实恐万难奏效……切不可意气用事，以遗他日之悔"。[2]

面对日方的不支持，升允的失望，可想而知。因而出现了奇怪的现象，复辟期间，进出紫禁城、叩拜溥仪山呼万岁者当中，并没有升允的身影。除"日本政府变卦"之外，关于升允未从天津进京而是中道折返青岛的原因，还有其他几种说法：一种是说升允对操控张勋行

---

[1]《张勋与佃信夫》，《近代史资料》总35号，第127页。史料表明，决意复辟之前，张勋其实已明了日本方面的态度，但仍接受了黎元洪的邀请，率兵进京，冒险一试。见《张勋与佃信夫》，《近代史资料》总35号，第127—130页。

[2]《张勋与佃信夫》，《近代史资料》总35号，第129页。

动的刘廷琛、陈诒重、胡嗣瑗等人不满。早在升允向德国借款期间，刘廷琛不愿升允一人成功，希望张勋自与德人商借，故放风说借款事已被姚文藻泄露给日人，吓阻升允停止此事，致使升允向德国借款计划失败，此事后来被升允所知。[1]因而，升允与张勋的复辟主力已暗生龃龉。另一种是郑孝胥在其日记中说升允到天津后得知张勋"宗旨忽变"[2]，愤而南返青岛。所谓张勋"宗旨忽变"，或是指6月7日张勋离开徐州北上前后，以及抵达天津后，日方代表田中义一、同僚张怀芝，以及徐世昌、段祺瑞等，都表示不支持复辟。为此，张勋变得犹豫，滞留天津，暂不进京。6月11日，升允抵天津后获悉张勋态度的变化，对张勋之举提出批评，自己便于6月16日取道济南返回青岛。还有一种说法是升允女婿溥儒认为客观条件不允许，"未几变作，道阻不得赴"。[3]

"张勋复辟"的失败，给升允带来巨大的打击。但对于复辟，他仍矢志不渝，东南的张勋不成，他将目光重新投向西北。1917年12月，他因欠了李经迈三个月的房租被迫移居慈善医院[4]，可谓已无安身之所。尽管如此，他仍前往西北寻求宁夏护军使马福祥、甘肃宁海镇守使马麒等故旧的支持。但二马都表示"此事非一、二人所能办"，互相推诿，"无敢挺身先任者"，升允只好"废然而返"。[5]

升允此次西北之行，历时半年，期间也是艰苦万状，他甚至为此留下了绝命诗："慷慨捐躯易，从容赴义难。仰观天上日，相照寸心

---

[1] 鲁勇、鲁军编：《历史的诉说：清宫与青岛》，延边大学出版社2003年版，第47页。又见中国历史博物馆供稿：《郑孝胥丙丁日记》，《近代史资料》总35号，转引自张永江：《民族认同还是国家认同：清朝覆亡后升允的政治抉择》，《清史研究》2012年第2期，第20页。

[2]《郑孝胥日记》第3册，第1668页。

[3]《辛亥人物碑传集》，第657页。

[4]《郑孝胥日记》第3册，第1698页。

[5] 刘锋辑：《升允复辟阴谋》，《近代史资料》总35号，第158页。

丹。"[1]直到1918年6月中旬,升允一行才返回青岛。虽无功而返,但此间他写下了不少诗作,集结成《度陇吟》,被郑孝胥评为"慨慷壮烈,使人感涕"。[2]

虽屡遭困厄,升允为复辟而奔走的步伐始终未曾停歇。1918年6月刚从西北回来的他,这年冬天又奔赴东北,游说吉林督军孟恩远支持复辟。一年前"张勋复辟"时,孟恩远是全国唯一响应的督军。[3]1919年,升允还致书张作霖,策动其复辟。只是,这些努力最终都付之东流。

1921年,六十四岁的升允,身患风疾,已是"衰病侵寻"[4],甚至行动都需人扶持,但他仍然准备再赴西北,游说旧部。1922年5月,升允准备应罗振玉邀请移居天津,但"无移家之资"。经好友章梫张罗,郑孝胥、沈曾植、陈夔龙等资助了六百元[5],他方能成行,入住罗振玉位于德邻里的房子。

1924年——此时善耆已经去世,溥伟迭经嫡福晋、生母病逝以及复辟屡屡失败的打击,已寓居大连"日日矶头看鸟飞"[6],日趋颓丧。而这年秋天,升允不顾年高体弱,再度计划西行入陇,寻求支持。但这些努力,均告失败,他甚至未能进入西北。[7]

同年,溥仪被逐出宫搬到天津,升允与清室的往来更加密切。在时为逊清皇室总管内务府大臣郑孝胥的日记中,常有在溥仪住地见

---

[1] 出自《偕东友工藤斋藤二君,度陇至河湟,屡濒危殆,预作绝命词》,见《东海吟》,第19页。
[2] 中国历史博物馆供稿:《郑孝胥丙丁日记》,《近代史资料》总35号,第83页。
[3] 《辛亥人物碑传集》,第657页。
[4] 刘锋辑:《升允复辟阴谋》,《近代史资料》总35号,第158页。1920年8月,升允曾大病了一场。郑孝胥等好友获悉后,出资延请苏州名医前往诊视,养了一个多月,方才痊愈。
[5] 《郑孝胥日记》第4册,第1906、1908页。
[6] 孙宝田:《大连地方人士及往来书画名家轶事》,《大连文史资料》第3辑,第65页。
[7] 《辛亥人物碑传集》,第657页。

到升允的记载。[1] 1925年10月，升允和罗振玉、郑孝胥等还将反对苏维埃的白俄落魄将军谢米诺夫介绍给溥仪，企图借谢氏之力以助复辟清室。[2] 对于这位矢志复辟的老臣，溥仪也颇为优待，不时赐膳，1925年3月任命升允为顾问，1927年2月升允七十大寿时还赐寿并召见过他。

1931年9月7日，七十四岁的升允逝世于天津。溥仪赐谥为"文忠"，赏奠银千元，并派人代表自己前往升允家中吊唁。[3] 同年，升允归葬于北京朝阳门外头发营。[4]

复辟孤臣，奔走至死

如果说"廉"和"直"是升允为官清朝时的显著特点[5]，那"孤"则是进入民国后升允身上最鲜明的标签。

孤臣者，孤立无助或不受重用的远臣。升允曾在起草讨袁檄文时感慨自己的孤臣境遇："幕府才弱力薄，不堪负重，窜身沙漠，影只形单。知己亲朋，风流云散。"[6] 在"仕民国者半清朝"的民初，他在复辟之路上四处奔走呼号，但却知交零落、同道日稀。从前曾投入升允麾下、一起在西北起兵的甘肃提督张行志、总兵马安良和马福祥等昔日旧部渐渐转投民国，甚至出面阻止升允进入西北。这一处境也被时人看在眼里，郑孝胥在日记中盛赞升允之贤的同时不禁感慨升允之

---

[1]《郑孝胥日记》第4册，第2069、2120、2127页。

[2]《郑孝胥日记》第4册，第2068页。据溥仪回忆，谢米诺夫并非真心实意的帮忙者，反而从他那骗了五六万块钱。见《我的前半生》，第220—225页。

[3]《郑孝胥日记》第4册，第2340页。

[4]《辛亥人物碑传集》，第657页。

[5] 任陕西督粮道时升允将多余的办公经费充公、"美金归朝"之举（见《辛亥人物碑传集》，第655页）体现了升允之"廉"；参劾蒙古喀尔喀亲王那彦图放纵亲随、拒绝庆亲王奕劻献金为慈禧祝寿的提议等则体现了升允之"直"。

[6]《郑孝胥日记》第3册，第1471页。

"孤"，"往时端午桥极赞吉甫之贤，今观所为，诚贤者也。惜以无助，恐难成功"。[1]女婿溥儒也对升允之"孤"充满同情，并为其赋诗："渭水东流入乱山，秦兵卷甲一时还。灞陵夜宿无人识，木落秋高出武关。"[2]

尽管独木难支、复辟艰难，但孤臣升允寄语杨增新等旧部"留身以待"[3]，并以"慷慨捐躯易，从容赴义难"[4]明志。一语成谶，他的下半生便践行着他立下的志向——用"命"去复辟。

复辟是他的使命。这根源于深受儒家文化影响的升允对君臣纲常、忠君思想的尊崇和服膺，他认为君主制天经地义；其次，身为蒙古人，他"身受国恩历七代"[5]，从蒙古部落后裔升任地方总督，他的个人、家族命运与清王朝息息相关，清朝的终结也意味着他个人政治权力、身份地位的丧失；除此之外，民初的共和乱象，又进一步坚定了他的复辟理念。因而，他坚决维护清政府的统治体制，对君主立宪制以及民主共和制皆表现出强烈的反对态度。他以复辟为己任，自比为南宋文天祥，一身系清室兴亡，"南宋存亡公是赖"[6]；即便人在漠北的库伦，犹记挂身处深宫的溥仪，还以苏武自喻，"老臣犹在此，幼主竟何如。倘射上林雁，或逢苏武书"[7]，表示即便备尝艰辛也会不辱君命、不惜代价去恢复清王朝。

奔走是他的生命。从1912年到1931年近二十年间，升允为谋复辟，西达青海、宁夏，北至库伦，东渡日本，南抵上海，可谓东奔西走、南下北上，曾在西安开过饭店，在东京办过私塾、开过酒楼、卖

---

[1]《郑孝胥日记》第3册，第1472页。端午桥，即曾任两江总督、直隶总督的端方。
[2]《溥心畬传》，第42页。
[3]刘锋辑：《升允复辟阴谋》，《近代史资料》总35号，第147页。
[4]《东海吟》，第19页。
[5]《东海吟·东海吟拾遗》，第2页。
[6]《东海吟·东海吟拾遗》，第4页。
[7]《东海吟》，第1页。在诗中，他还把自己比作申包胥、文天祥、郭子仪，甚至自比为吴三桂。见《东海吟·东海吟拾遗》，第3、4、9页。

过烧鸭,隐忍待时。仅根据1911年9月至1913年升允活动过的地点来看,从西安到平凉三百公里,从平凉到西宁六百公里,从西宁到阿拉善六百公里,从西宁到库伦一千三百公里,从库伦到东京两千公里——两年的时间,升允走过的路程就将近五千公里,更不用说1916年、1917年他在青岛、上海、东京、天津等地奔波,1918年还前往河州等西北腹地。

悲剧是他的宿命。一次次奔走,一次次失败,一次次失望;再一次次奔走,一次次失败,一次次失望……正如他自己在第三篇讨袁檄文中所说的,"人君所执以驭天下者,权也;无权则无国"[1]——守旧的升允孜孜以求的,是恢复帝制、恢复清政府统治。但历史的车轮不可阻挡,逆共和民主潮流而动,注定了这位孤臣的悲剧命运。

---

[1]《郑孝胥日记》第3册,第1471页。

阁臣

庚子之变影响了清朝的国运，也重塑了晚清政治格局。奕劻上台，成首席军机大臣，任内阁总理大臣；留京办事的那桐也获得进入清廷权力中心的机会，出任军机大臣、内阁协理大臣，成了奕劻的直接下属。

那桐官运与奕劻紧密相连，贪腐也和奕劻一脉相承。奕劻之贪，名声在外，获弹章无数；那桐之贪，藏锋敛锷，闷声发大财。用"庆那公司"概括此二人，并不为过。中枢阁臣贪腐如此，清朝岂能不亡？

一年又过一年春*
——那家花园的风流与消散

那　桐（1856—1925），字琴轩，叶赫那拉氏，满洲镶黄旗人。举人出身，官至军机大臣、内阁大学士及皇族内阁协理大臣。辛亥革命后袁世凯内阁成立，那桐任弼德院顾问大臣。民国后寓居天津英租界，过遗老生活。

　　清华大学的标志性建筑——二校门，是一座青砖白柱三拱、中西合璧的门楼，门楼上方题有"清华园"三个大字，是圆润端庄的楷体。这三个字和原来的校名"清华学堂"四字，都出自曾任军机大臣的那桐之手。[1]

---

* 语出那桐1914年1月25日所写对联："今朝有酒今朝醉，一年又过一年春。"见北京市档案馆编：《那桐日记》，新华出版社2006年版，第765页。

[1] 宣统三年四月初一日，清华学堂在清华园正式开学。"清华学堂"成立时，那桐特意题写"清华学堂"四字。之所以由那桐题词，除了其书法颇有名气之外，一方面是因为此学堂由外务部、学部共同主管，而那桐当时为军机大臣，会办外务部事务；另一方面是无论选定清华园作为校址还是开办游美肄业馆，均（转下页）

那桐为公众所知的，除了这些题额，还有当年富丽堂皇的府邸。那家宅院东西从金鱼胡同东口到原台湾饭店（今华尔道夫饭店）东墙，南北从金鱼胡同到西堂子胡同，占地约二十五亩，原有房廊三百多间，"台榭富丽，尚有水石之趣"[1]，闻名京师。那家花园又名"怡园"，正房名"乐真堂"，室内有戏台，声光电一应俱全，加上地处市中心，遂成清末民初名重一时的达官贵人宴会之所，曾多次接待过孙中山、黄兴、段祺瑞等显赫人物。

升官之术

那桐，生于咸丰六年（1856），满洲镶黄旗人，与慈禧同属叶赫那拉氏。父亲普安，亦称浦安，咸丰三年（1853）中进士并被授翰林院编修，咸丰八年（1858）五月出任福建乡试副主考官，咸丰九年二月因"戊午科场案"获罪被杀，叔父铭安官至署吉林将军。[2] 尽管那桐出身官宦之家，但自父亲去世后，那桐家族开始败落。据那桐之孙张寿崇回忆，为了节约用度，那桐"那时上朝连靴子都不肯穿，先走路到那儿然后再穿靴子，生活困难到我家老姑太太在家里打带子"。[3]

光绪十一年（1885），那桐参加顺天乡试，考取举人，位列第一百一十二名。对于满族人来说，中举实非易事。也因此，那桐与端方、荣庆同被称为北京"旗下三才子"，人称"大荣、小那、端

（接上页）"得那相国桐赞助之力"。见清华大学校史研究室：《清华大学史料选编》第1卷，清华大学出版社1991年版，第28页。目前，"二校门"因在"文化大革命"中被完全拆毁，已非原物，而一院大楼上"清华学堂"题字仍是那桐所题原物。

[1]《荣庆日记》，第131页。
[2]《清史稿·列传二四〇》，第12593页。
[3]定宜庄：《最后的记忆——十六位旗人妇女的口述历史》（以下简称《最后的记忆》），中国广播电视出版社1999年版，第39页。

老四"。[1]

实际上,那桐在中举前就已入仕途。光绪三年(1877),那桐签分户部贵州司行走,从此在户部兜兜转转了二十一年,直至光绪二十四年(1898)十二月补授鸿胪寺卿。其间历任贵州司、福建司帮印,山东司主事,江南司员外郎,银库郎中和崇文门奏派委员等职。[2]

林林总总的官职当中,较为引人注目的是银库郎中和崇文门奏派委员两职。

光绪二十一年九月,经户部满尚书、崇文门副监督熙敬推荐,那桐出任崇文门奏派委员。崇文门监督之下,设正、副总办委员各一人,帮办委员二人。《道咸以来朝野杂记》的作者崇彝,曾做过崇文门税关的帮办委员。据其所述,崇文门监督办公衙署在崇文门外大街路东,到任之后,不再赴署。事无巨细,均由奏派总办委员负责,并有帮办委员二人协助。至于收入方面,奏派委员一年所得应不下一二万两银子。[3]

光绪二十二年六月,那桐调补户部银库郎中。六部郎中为正五品,官衔不高,但"佩带银库印钥"[4],地位颇为重要。据《清宫遗闻》载:"户部各差,以银库郎中为最优。三年一任,任满,贪者可余二十万,至廉者亦能余十万。其下司库书役人等,无不肥美。"[5]其实,在朝廷拟定银库郎中人选时,那桐排名第二,本无希望。但时任户部尚书的翁同龢力荐那桐,甚至不惜与军机首辅李鸿藻闹僵,终于让那桐获此肥缺。为此,那桐对翁同龢终生感激:"凡此逾格恩施,

---

[1] 戴逸、李文海主编:《清通鉴》第20册,山西人民出版社2000年版,第8821页。
[2] 《那桐日记》,第1079—1081页。
[3] 《道咸以来朝野杂记》,第104—105页。亦可参见本书"处世若大梦,胡为劳其生——庆亲王奕劻的优渥与悲凉"章。
[4] 《那桐日记》,第1080页。
[5] 坐观老人:《清代野记》,巴蜀书社1988年版,第33页。

皆翁、张两堂素昔之拔植也。"[1]

尽管有这两次提拔经历，但总体而言，在户部的那桐官运并不佳。至光绪二十二年，已入户部近二十年的他才官至五品。光绪二十年、光绪二十二年那桐经户部保举担任鸿胪寺卿，但两度落选——鸿胪寺是掌管朝会与国家宴会赞导礼仪的机关，鸿胪寺卿为正四品、少卿为从五品。失望之余，他在日记中无奈地写道，"署中保送鸿胪寺卿，余与如鹤侪两人系归题本名次在后，无望也"，"寅刻进内引见鸿胪寺少卿，桐名次第八，奉旨台布补授"。[2] 直至光绪二十四年（1898）十二月，那桐第三次才补上此四品官。

那桐由笔帖式入仕，升至四品，用了二十一年。但从光绪二十五年（1899）至二十九年，仅仅四年时间，他即由正四品鸿胪寺卿升至从一品的户部尚书，连升五级，其间更是越过从三品、正三品两级，于光绪二十五年十一月由四品鸿胪寺卿直接补授从二品的内阁学士兼礼部侍郎衔。[3] 升迁之快，可谓罕见。由四品直接升至从二品，这让那桐自己都觉得"圣恩高厚，特予超迁"。[4] 个中原因，主要是荣禄的大力推荐。

那桐之所以能得到荣禄的鼎力推荐，是因为他长期经营与荣禄的关系。"戊戌政变"之后，荣禄出任领班军机大臣，成为满人权贵之翘楚，也成为慈禧最信任、最倚重的军机大臣，"久直内廷，得太后信仗。眷顾之隆，一时无比。事无巨细，常待一言决焉"。[5] 荣禄为人极精明，城府甚深，却有贪财的致命缺陷。光绪二十七年（1901）由西安返回京师前夕，他致信奎俊说："京城南院花园各

---

[1]《那桐日记》，第211—212页。"翁、张两堂"是指时任户部尚书的翁同龢及户部侍郎张荫桓。
[2]《那桐日记》，第143、229页。台布，满洲正红旗人，后官至宁夏将军。
[3]《德宗实录》卷四五四。
[4]《那桐日记》，第327页。
[5]《清史稿·列传二二四》，第12375页。

房，均已收回，将来到京后再为斟酌办理。小号本钱，昨汇至山东'一零二七''四五三七'，交蔚廷、佑文，代存听用，以免由此动身赘累。"[1]

信中的"蔚廷"，指袁世凯，"戊戌政变"后取得荣禄信任，时为山东巡抚；佑文，指山东粮道达斌，与袁世凯、荣禄关系至为密切。"小号本钱"，指京官和各地官员之间的行贿银两。虽不知"一零二七""四五三七"这两组密码暗语的含义，但有一点很清楚：荣禄将所收的巨额金钱都寄给袁世凯等人"以钱生钱"去了。

《荣禄存札》记载的荣禄收受贿赂的具体数字与细节，更令人触目惊心。从庚子年夏天到光绪二十九年（1903）荣禄去世，不到三年时间，各地官员来函中涉及请托者竟有三四百件之多，如署湖南按察使继昌为求"逾格栽培"，一次性就送给荣禄"纹银千金"；两江总督刘坤一也曾一次性"汇送京平银二千两"。[2]

那桐也看准了荣禄贪财，每逢荣禄生日，必登门送礼。光绪二十四年十二月十八日，那桐补鸿胪寺卿，二十六日即以"从前在馆、在部、在库堂官均拜老师"的名义向原来的上司行感谢礼，"以千金拜荣仲华相国（前户部）受，四十金拜崇文山尚书（前户部）受，四十金拜徐荫轩相国（馆）受……"[3]按照常规，京堂送礼，四十两为准，那桐唯独下血本送给荣禄一千两，可见巴结之意。一来二往，荣禄便把那桐视为亲信，重点栽培。

升至从二品，为那桐在庚子事变中得以进入清廷决策中枢奠定了基础。光绪二十六年（1900）七月，八国联军进占北京前夕，慈禧、光绪帝西逃，时为理藩院左侍郎的那桐被派为留京办事大臣。由于同时兼任总理各国事务衙门大臣行走之职，在议和全权大臣、直隶总督

---

[1] 北京大学历史系中国近代史教研室编：《义和团运动史料丛编》第1辑，中华书局1964年版，第142—143页。
[2] 冬烘刚：《从〈荣禄存札〉看晚清官场请托》，《历史档案》2013年第4期，第104页。
[3] 本段所引，均见《那桐日记》，第300页。

李鸿章和总理衙门大臣奕劻尚未抵京之前，因缘际会，那桐成了与洋人交涉的核心人物。七月二十三日，他与留守京城的大学士昆冈等谋划"托总税务司赫德见各国公使，为之代商和局"；八月初四日，俄、日、英、德、美、法、奥、意八国联军士兵穿越紫禁城，那桐与敬信、裕德、世铎等人先在乾清门外等候，又在御花园伺候"喝茶、用果点"，"半日劳尽心力，危险情形笔难尽数"。在未奉谕旨、一切都乱了套的情况下，那桐与留京办事大臣昆冈等勉力维持，得到慈禧的赏识，下旨表扬那桐等"身处危城，力维大局，洵属可嘉"。[1]

现存史料显示，庚子事变期间，那桐家也受到严重破坏。无处安身的家人只好都避到了亲戚家中。在七月二十二日的日记中，那桐写道，"我家有洋兵搜抢财物，已不堪矣"[2]；又在信中说"弟居近东华，被劫最早，房屋占据，财物一空。……一家三十余口，无衣无食，全恃告贷"[3]。直到九月，那桐全家才搬回金鱼胡同本寓。[4]

那桐在庚子事变中国而忘家、尽心尽力，赢得了奕劻的赏识和慈禧的垂青，也迎来了职位的快速升迁：光绪二十六年八月调任礼部右侍郎，闰八月为正黄旗汉军副都统，九月为户部右侍郎兼管钱法堂事务；光绪二十七年四月兼左翼总兵官，五月为专使日本国大臣，赏加头品顶戴，九月署理外务部[5]左侍郎，十月被赏加尚书衔；光绪二十九年五月初一日，正在日本考察的那桐被任命为从一品的户部尚书，正式步入一品大员的行列。

四年之内得以连升五级，有荣禄的举荐，更有慈禧的赏识。光绪二十七年六月十七日，那桐接到时在西安行在的好友桂月亭来信，透

---

[1]《那桐日记》，第351—352页。八月初三日，清廷下旨派那桐为留京大臣，见《那桐日记》，第356页。
[2]《那桐日记》，第351页。
[3] 崔巍：《庚子事件后那桐、盛宣怀给吕海寰的信》，《历史教学》1986年第4期，第63页。
[4]《那桐日记》，第359页。
[5] 光绪二十七年六月初九日，总理各国事务衙门改名外务部，班列六部之首。

露"皇太后因桐在京办事得力，特颁赏银六百两"。素来爱财的慈禧亲赏私房钱，可谓罕见，那桐自己也承认："凡兹异数，感激殊深。"[1]此类逾格之赏，还不止一次：比如光绪二十八年八月，以左翼[2]总兵身份在颐和园值班的那桐获慈禧、光绪帝赏天青酱色小卷宫绸袷料各一件，"同时获赏的，有御前大臣三人、军机大臣四人、内务府大臣二人"。按例，左翼总兵并无资格获此赏赐，可见两宫对那桐的殊恩。[3]光绪三十一年（1905）六月，慈禧在仁寿殿召见那桐时还说："尔近来办事甚历练，将来朝廷大事全仗你了。"[4]笔者所见史料中，素以狠辣著称的慈禧除了对当年远袭千里、由甘肃带兵进京扈驾的岑春煊推心置腹，说过"我母子西巡时，若不得汝照料，恐将饿死，焉有今日。我久已将汝当亲人看待"[5]之外，如此称许臣属，实属少见。

自然，那桐对慈禧也悉心讨好。阅读《那桐日记》，会发现一个有趣的现象，那就是无论出国、出差还是年节甚至是慈禧从紫禁城移驾颐和园，那桐都会进献礼物。光绪二十八年八月，慈禧、光绪帝移驻颐和园，那桐除"进奉饽饽果子八大盒"外，甚至还随敬十二两银子；光绪二十九年初，那桐赴日出席大阪博览会，回国时给慈禧带了七宝窑大鱼花瓶、东洋彩缎等八色礼物；同年九月初一日至初三日，那桐以户部尚书身份赴天津出席银钱总厂开工仪式，尽管离京仅两天，他还是不忘给慈禧带回糟鱼、糟虾、糟鸡等礼物；十月初四日，"进奉万寿如意一柄……饽饽果品八大盒"等六色礼品，恭祝慈禧寿辰。[6]

---

[1]《那桐日记》，第383页。光绪二十九年（1903）三月，慈禧又"赏银六百两，食物十二匣，水果四筐"，见《那桐日记》，第457页。
[2]八旗中，以镶黄、正白、镶白、正蓝四旗居左，为左翼；正黄、正红、镶红、镶蓝四旗居右，为右翼。见《清代国家机关考略》，第96页。
[3]《那桐日记》，第437页。
[4]《那桐日记》，第540页。
[5]岑春煊：《乐斋漫笔》，中华书局2007年版，第31页。
[6]本段所引，见《那桐日记》，第436、471—472、482—485页。

那桐负责护送慈禧太后照片至大使馆（那桐站于门口）

  那桐的快速升迁，也得益于其办事尚属勤勉、颇有才干。应该说，在"旗下三才子"端方、那桐和荣庆三人中，那桐在政治成就上虽无法与推行新政、发展现代公共事业的端方相比，但在办事勤勉上，还是可圈可点的。

  光绪二十年十月初一日（1894年11月7日）为慈禧六十寿辰。为此，清廷在京城各处布置景点，搭建彩棚，整修道路，迎接庆典。此次庆典，翁同龢等三人为总办大臣，那桐等八人出任庆典总办，并负责景点布置事宜。《翁同龢日记》载，"仲路、琴轩来谈点景事，琴轩主之，此君才固可喜也"。[1]这里的仲路，是指后来出任度支部尚书的溥颋；琴轩是那桐的字，可见翁同龢对那桐的才华颇为赞赏。光绪二十三年（1897），那桐调任户部银库郎中半年后，适逢三年一届的京察，户部尚书熙敬给那桐的评语是"为守兼优，品端学裕"。就连慈禧也赏识那桐的办事能力，在召见那桐时说："我闻你颇能办事。"[2]

---

[1]翁同龢著，陈义杰整理：《翁同龢日记》第5册，中华书局1997年版，第2691页。
[2]《那桐日记》，第233、322页。

光绪二十九年九月，那桐调任外务部尚书。这年十一月十五日（1904年1月2日），他"拜各国新年，十一点起三点一刻完"，历时四个多小时，走访了比利时、法国、德国、美国、英国等十一国使馆。第二年情形也基本如此——光绪三十年十一月二十七日（1905年1月2日），"会同各部院堂官贺十三国新年，自十点半起到三点半归"。[1]

除了拜访外国驻华公使这种出力的事情外，遇到为朝廷出钱的事情，那桐也不含糊。光绪二十四年，清政府因《马关条约》规定的最后一期赔款即将到期，深恐再举外债不免为列强所挟持，决计不借洋款。为筹措赔款，清廷采纳右春坊右中允黄恩永发行"自强股票"的建议，由户部发行"昭信股票"。[2]据史料记载，时为户部银库郎中的那桐认捐了两千两，虽远不及恭亲王奕䜣、两江总督刘坤一的两万两，但与从一品的江宁将军丰绅的一千五百两、正二品的江宁副都统额勒春的一千两相比，数额已不算少。光绪三十一年（1905），《京话日报》发起了"国民捐"运动，呼吁国人为偿还辛丑赔款义捐。在此运动中，首席军机大臣、庆亲王奕劻捐银五千两，鹿传霖、瞿鸿禨、荣庆、徐世昌、铁良五位军机大臣各捐银一万两[3]，而时为外务部尚书的那桐捐了六千两[4]。宣统三年（1911），为筹措镇压辛亥革命军饷等，时为内阁协理大臣的那桐报效了京平银四万两，并购买爱国公债十一万两千八百元，远高于摄政王载沣的一万一千三百二十五元。[5]

那桐的快速升迁，也与他人脉关系广泛、善于巴结上司有关。除前文所说的夤缘荣禄之外，他对恭亲王奕䜣以及翁同龢、熙敬、奕劻等上司，无不悉心结纳。

---

[1]《那桐日记》，第489、523页。
[2] 崔鹏飞：《清政府发行"昭信股票"始末》，《金融教学与研究》1999年第5期，第61页。
[3] 刘军学、彭秀良：《清朝末年的国民捐运动》，《档案天地》2009年第5期，第40页。
[4]《那桐日记》，第564页。
[5]《那桐日记》，第705、707页；《醇亲王载沣日记》，第424—425页。

恭亲王奕䜣以不收进献知名，但逢恭王府喜事，那桐还是会备上礼物。光绪二十一年十二月，奕䜣孙女出嫁，那桐"送三镶白玉如意一柄……又茶敬十六两二分"等；光绪二十三年二月奕䜣之孙娶妻，那桐"送金表一对、三镶玉如意一柄"等。[1]

二月二十九日是奕劻的寿辰。从光绪二十二年至宣统三年（1911）每年这天前后，那桐都会去庆王府给奕劻拜寿，同时也会送上三镶玉如意、江绸袍褂料等礼物。此外，像庆王府嫁女、娶亲等，那桐都不忘孝敬。光绪二十一年十二月十六日，奕劻嫁女，那桐一早"到庆邸处送奁敬百金、茶敬八金"；光绪二十三年三月十二日，庆王府再次嫁女，那桐依然礼数周到，"到庆邸处道聘女之喜，交喜分百金、门包四金"。[2]

细心的读者可能会从《那桐日记》中发现，那桐送礼，有厚此薄彼之分。比如，他在光绪二十二年四月初九日的日记中写道，"到熙大人宅出喜分二百金"——熙大人即户部尚书熙敬，此时正是银库郎中那桐的顶头上司；而同是喜事，庆亲王奕劻嫁女，那桐只送银百两；至于哥哥那桂续弦，他只给了"五十金"。[3]

送礼之外，年节和日常的联络也是官员经营关系的重要手段。《那桐日记》记载，光绪二十四年（1898）正月初一到初八，那桐拜客五百多家——初二八十余家，初三七十余家，初四九十家。这无疑是个惊人的数字。其他年份的春节，那桐拜客数量也不在少数，如光绪二十二年一百一十多家，光绪二十三年二百八十多家。即便是光绪三十二年（1906），那桐官至体仁阁大学士，这年正月初一到初六，他依然出门拜客。[4]从每年春节登门拜年的情况看，那桐结交的人数及官阶呈逐年上升趋势。光绪十六年（1890）正月初一至十五，拜客

---

[1]《那桐日记》，第197、234—235页。
[2]《那桐日记》，第196、237页。
[3]《那桐日记》，第206—207页。那桂，字古香，光绪二年（1876）进士。
[4]本段所引，见《那桐日记》，第263—264、198、230—231、561页。

数量约计二百三十家，第二年增至三百三十余家，光绪二十五年仅初一至初五，拜客数量就达到四百余家。[1]

夤缘上司、广植人脉之外，那桐还通过义结金兰等办法，为自己的做官和升迁铺路：光绪三十一年（1905）十一月与仓场侍郎桂春结拜，光绪三十三年四月，与时为东三省总督的徐世昌结拜。[2]就这样，那桐渐渐织就了自己的关系网。

对上司悉心巴结，对同僚左右逢源，加上一以贯之的勤勉，适度的国而忘家，这些成就了那桐的步步高升。随着职位的升迁，那桐的财富也水涨船高。

生财之道

清朝在京文武官员，一品官员每年俸银一百八十两、俸米九十石。[3]尽管雍正帝改革后，吏、户、兵、刑、工五部尚书、侍郎发双俸[4]，但即便如此，按照这个俸禄水平，那桐也不可能在金鱼胡同盖起如此气派的院落、花园，更何况他长期出任的四品官俸银只有一百零五两。

那桐的家财是从哪里来的呢？

那桐人生的第一桶金，来自叔父的赠予。那桐父亲早逝，叔父铭安待他视如己出，名下的房屋及其他财产，那桐及铭安的亲儿子那晋各得一半。由此，那桐至少获得三万五千两现银，还有地契、房契等。[5]

除此之外，那桐也经营了多种生意。

---

[1]《那桐日记》，第4—5、43—44、301页。
[2]《那桐日记》，第556、600页。
[3]一石等于十斗。
[4]冯尔康：《雍正传》，人民出版社1985年版，第158页。
[5]《那桐日记》，第45、163页。

投资当铺。古谚说："穷不离卦摊，富不离药罐，不贫不富，不离当铺。"旧时，当铺和百姓生活密切相关。普通人家，总有一两件值钱的物件，周转不开时，就拿到当铺换钱救急；有钱了，再赎回来。有了原始资金的那桐，将投资当铺作为其生财之道。

《那桐日记》中常有那桐与当铺交往的记载，其中大量是他与合盛元[1]的银钱交易，难以尽述，既有因自己修房子等借款，也有为溥颋、庄心和等友人以及贝勒溥伦代借。[2]

与当铺关系熟络，有助于那桐解决公事上的难题。光绪二十年（1894），甲午战争爆发，清廷下令"由户部海署筹饷三二百万两"。为此，那桐与同僚先后约见二十六家银号、当铺，商借钱款，终于"议定息借商款事"。[3]不仅如此，与当铺熟络也有助于那桐增进与上司、同僚的关系。光绪二十一年十二月，那桐帮刚从总管内务府大臣职位上致仕的前体仁阁大学士福锟将银一万两存入恒利；光绪二十二年七月，他陪后来出任兵部尚书的铁良前往当铺存款。[4]存款这种极为私密的举动，福锟能交给当时仅为五品户部郎中的那桐办理，足见彼此关系之亲近。

光绪二十六年（1900）五月，义和团民众火烧前门外大栅栏某洋货铺，大火蔓延，烧了广德楼茶园和大栅栏的东珠宝市。时为顺天府丞的陈夔龙回忆，"此诚我朝二百年未有之变"。[5]当时负责熔铸铜钱的二十多家珠宝市均设炉房，炉房失火，京城内外大小钱庄、银号顿即周转不灵。第二天，"东四牌楼著名钱铺四恒首先歇业。……关系

---

[1] 合盛元原为茶庄，道光十七年（1837）改为票号。
[2]《那桐日记》，第6、247页。
[3]《那桐日记》，第149、153—154页。
[4]《那桐日记》，第196、213页。福锟，字箴庭，康熙帝次子允礽六世孙。光绪二十二年九月初三日（1896年10月9日），福锟病逝，那桐十分悲痛，在日记中记下福锟的知遇之恩。见《那桐日记》，第220页。
[5] 陈夔龙：《梦蕉亭杂记》，中华书局2007年版，第22页。

京师数十万人财产生计，举国惶惶"。[1]恒和、恒兴、恒利、恒源四家钱庄歇业，惊动慈禧。她紧急召见陈夔龙，陈氏提出先由官家垫借让"四恒"尽快开业的处理意见。[2]但歇业问题尚未解决，慈禧、光绪帝即匆忙西逃，京师处于无政府的状态，"四恒"又遭遇抢当风潮，"尽被营勇、溃军、洋兵、土匪，先后抢劫，靡有孑遗"。[3]

为帮助"四恒"尽快摆脱困境，十月，在京师局势初步稳定后，那桐与肃亲王善耆、日本浪人川岛浪速等多次商议，最终议定由官家出面借巨资三十五万三千两给"四恒"，助其复业。[4]

那桐等人之所以对当铺复业如此上心，是因为北京的许多当铺是朝廷高官开办的。和珅被抄家后嘉庆帝公布其二十大罪状，其中之一就是开办当铺，"以首辅大臣，下与民争利"。[5]光绪朝率领义和团同八国联军开战的兵部尚书、协办大学士刚毅，也在京城开设了三家当铺。[6]

据吏部尚书兼管顺天府府尹孙家鼐呈递的《京城当典加税请核减折》，光绪二十三年（1897），京师地面共有当铺一百九十余家。[7]出任户部银库郎中的第二年，那桐就开始投资当铺：光绪二十三年八月为购北新桥北大街路东增裕当铺，一次性投入五万三千多两；光绪二十四年十月，出资七万二千多两，买下了灯市口北东厂胡同

---

[1]《梦蕉亭杂记》，第22页。京师钱庄首称"四恒"，始于乾嘉之际，为浙东商人（宁绍人居多）集股开设，皆设于东四牌楼左右。见《那桐日记》，第134页；亦见于《道咸以来朝野杂记》，第104页。

[2]《梦蕉亭杂记》，第23页。

[3]中国科学院历史研究所第三所编：《庚子记事》，科学出版社1959年版，第96页；亦见于《那桐日记》，第350页。

[4]《那桐日记》，第361页。"庚子年的抢当风潮，使京师当铺遭受了前所未有的重创，以至于十年后清王朝垮台时，当铺的元气尚未能恢复过来。"见孔祥吉：《晚清的北京当铺——以〈那桐日记〉为线索》，《博览群书》2009年第7期，第95页。

[5]《清实录》第28册，中华书局1986年版，第430页。

[6]《梦蕉亭杂记》，第23页。

[7]《录副档》，档号：03-6510-124。

口外路东的元丰当铺,并改字号为"增长";光绪二十八年(1902)二月又凑银一万两,与人合伙开办"合兴当"。[1]仅此三家,那桐在当铺上的投资已达银十三万五千多两。除此之外,那桐还入股他人的当铺,曾投资合盛元五万多两,1918年"存和顺当股票银洋共一万元"等。[2]

这些当铺的获利情况如何?据《那桐日记》记载:"天佑斋田二送来翠搬(扳)指一个,押京松银一千两,每月六厘行息。"[3]这意味着一千两银子存押两个月,即可收银十二两之多,应该说利润还是不低的。

购买土地。光绪三十年(1904)六月,那桐出价两万六千两,买入大兴县天竺村等处十七顷零四亩土地,为了避嫌,他将这些地产登记在儿子绍曾(绍景沂)名下。之后租给了天竺村人马骥耕种,每年可收租金八百五十多两。光绪三十三年十一月,那桐出资四千二百多两,在昌平买地二百八十亩,每年可收租银一百四十两。除了耕地,那桐还投资墓地。光绪三十一年四月,他花了两千四百多两,买下了双桥一处占地一百一十多亩的墓地。[4]

放高利贷。光绪二十九年二月,那桐按月息六厘,从合盛元借银四千两,当日便交给自己开办的"合兴当"以月息一分出借。[5]一来一去,那桐即赚了月息四厘,无疑属于高利贷。

银行存款。随着中国半殖民地半封建化程度的加深,在华开设的外国银行越来越多。外商银行来华多设立于租界、使馆区等特权地

---

[1]《那桐日记》,第252、293、417页。据学者孔祥吉考证,增裕当铺在今天东城区手帕口胡同。

[2]《那桐日记》,第897、867页。合盛元当铺于1919年5月31日倒闭,那桐出资五万四千元,只收回三千元,亏损超过五万元。

[3]《那桐日记》,第332页。银两计算单位一两等于十钱,一钱等于十分,一分等于十厘。

[4]《那桐日记》,第520、600页。

[5]《那桐日记》,第454页。

区,以免受中国政局变动的影响。或许是庚子事变期间国内当铺被抢、银号被迫歇业的教训,或许是"存入华商银行,恐他日有抄没之累;外商银行既不受中国当局之节制,可以多此一重保障"[1],庚子国变之后,那桐开始在外国银行大量存款。光绪二十七年(1901)二月到九月,七个月的时间里,他就在日本正金银行、英国汇丰银行共存银一万七千两。此时清廷刚刚签订了丧权辱国的《辛丑条约》,被迫赔款四亿五千万两。在国家背上沉重的财务负担的同时,那桐个人却"财源广进",实在讽刺。为了掩人耳目,那桐将这些钱款都存在自己儿子绍曾名下。[2]此外,那桐还投资中国电灯公司,入股度支部银行和张镇芳创办的盐业银行等,盐业银行每年送来的董事花红、办公费、车马费就达两三千两。[3]

统计表明,从光绪二十七年二月到光绪三十二年十二月,短短五年,那桐以自己或者其子名义存入银行的钱款,仅有据可查的,已达两万五千两之巨![4]

宣统三年十一月,清廷已风雨飘摇,直隶提督姜桂题等武官和东三省总督赵尔巽等督抚上折奏请饬令亲贵大臣取回在外国银行的存款借作军饷。在舆论要求下,醇亲王载沣、庆亲王奕劻等主动提请袁世凯派人前往银行调查。调查的结果,据《大公报》报道:"各银行内庆、醇邸,涛、洵、朗贝勒,伦贝子、泽公、世太保、那中堂诸位名

---

[1] 杨荫溥:《上海金融组织概要》,商务印书馆1930年版,第185页。
[2] 其中,二月二十二日存入五千两,四月初三日存入两千两,五月十一日存入三千两,六月二十八日存入三千两,九月二十一日存入四千两,这些存款基本为五厘或六厘半利息。见《那桐日记》,第373—374、377、380、385、403页。除存款之外,那桐还将家中的古董、字画、高档服装等寄存于正金、汇丰银行,见《那桐日记》第749、773、819页。
[3]《那桐日记》,第588、589、866、888、902页。
[4] 其他各处的存款难以胜计,比如光绪三十三年九月二十日,曾存款两万在义善源,见《那桐日记》,第612页。

下均无存款。"[1]报道中的那中堂即那桐。这是因为那桐并没有以自己的名字开户，在银行自然无"存款"！

门生进贡。除投资事业、银行存款外，那桐还有大量的灰色收入。其中，收受门下的进献是重要的一项。

光绪二十九年（1903）五月，那桐被任命为户部尚书。也是从这时起，开始有大量的官员前来拜访那桐，求其照拂：这年闰五月初九日，时为湖南候补道的蔡乃煌来拜，到六月初四日，有十名官员前来拜见。那桐对每个人都有简短评语，如蔡乃煌的评语为"人体面精明，可用"。[2]

来拜门者，多为候补道，自然是求那桐帮忙谋得一实缺或差事。清朝自乾隆后期起走向衰落，历经白莲教起义、太平天国起义、捻军起义以及诸多和议赔款后，国库日趋空虚。从咸丰朝开始，捐纳、保举日益泛滥，候补官员盈塞于途，使清中期以来官多缺少的矛盾更加尖锐，求官、求差在官场内长期处于大规模刚性需求态势。[3]有学者统计，晚清时期仅候补的文官常年有两三万人之多。[4]很多人于制度内获得实缺遥遥无期，只能转而通过攀附权贵以求得职位。

这些访客，自然都不会空手前来。那桐在日记里写道，"关冕钧持贽来拜门（贽敬璧回）"。[5]显然，来拜门者，都会带着"贽敬"前来。而那桐在日记中专门注明将贽敬退回之举也从侧面证明：还有很多人的"贽敬"，他并未退还。

这些拜门者送的"贽敬"标准大概是多少呢？《那桐日记》记载，光绪三十一年，住在福余庵的三位晚辈"以千金为贽拜门"；光

---

[1]《清朝最后的120天》，第347—349页。
[2]《那桐日记》，第470页。
[3]冬烘刚：《从〈荣禄存札〉看晚清官场请托》，《历史档案》2013年第4期，第106页。
[4]肖宗志：《候补文官群体与晚清政治》，巴蜀书社2007年版，第31页。
[5]《那桐日记》，第473页。贽敬，表达敬意所送的礼品。

绪三十二年，"郭干卿（璧回其弟郭集芬瞻敬千金）来晤"。[1]由此看来，以千金作为进献标准的人不在少数。粗略统计，光绪二十九年全年（这一年那桐因任钦差赴日将近一个月），来拜门的约有五十三人，其他年份的拜门人数基本都在三四十人左右。[2]日积月累，那桐此项收入，数额无疑相当惊人。

遗老生活

晚清时期，尽管时事日艰，但文恬武嬉之风日盛一日，奕劻、那桐等高官，整日忙于请吃和吃请。以光绪三十二年（1906）为例，据《那桐日记》记载，除去正月走亲访友较为特殊不计，其余十一个月，那桐的应酬为一百五十二场，二月最多，"赴约"高达二十四次，几乎日日不空；中午已有一约、晚上再赴约的情况也时常出现；仅九月，应酬玩乐到深夜"子初"之时才回家的情形，就有五次。其中，不少应酬来自庆亲王奕劻及其子载振的邀请，比如二月二十九日、三十日，那桐就接连两天"到庆邸处拜寿看戏""赴庆邸之约看戏"；六月二十六日，"听戏六出。午初赴振贝子之约"。[3]此外，袁世凯、徐世昌、唐绍仪等高官也争相宴请，以拉拢升任体仁阁大学士的那桐。娱乐的方式，除了喝酒，还有听戏、听清音、看洋影（电影）、看舞会等等；设局的名义有生日寿宴、升官贺宴、娶妻、嫁女、添丁，还有赏菊之约、同年之约等等。当时，六国饭店、庆王府、颐年殿、东来顺等处都留下了那桐的身影。

---

[1]《那桐日记》，第535、590页。

[2] 光绪三十二年（1906）那桐升任大学士，据其日记，这一年前来拜门的有三十七人，见《那桐日记》，第561—591页。光绪三十三年（1907）出任东阁大学士、督办税务大臣，据其日记，这一年来拜门者有四十四人，见《那桐日记》，第591—622页。

[3]《那桐日记》，第565、566、576页。

宣统三年八月十九日，武昌起义爆发。九月初六日，驻守滦州的陆军第二十镇统制张绍曾联合第三十九协统领伍祥桢、第四十协统领潘榘楹，以及第二混成协协统蓝天蔚等发动兵谏，向清廷提出类似最后通牒的"立宪政纲十二条"。南北夹击之下，清廷被迫于九月十二日颁布《宪法重大信条十九条》，同意实行立宪，并规定"皇族不得为总理大臣及其他国务大臣并各省行政长官"。[1]九月十一日，袁世凯被任命为内阁总理大臣，组织新的责任内阁。同日，包括奕劻、那桐在内的原皇族内阁成员集体辞职，转至弼德院任职。

弼德院，旨在制约内阁职权，在宣统三年四月责任内阁成立时就确定设立，"该院权限与内阁相为维系，所关重要。必须同时并设，用备顾问……即行设立弼德院，以重宪政始基"。[2]设立之初，弼德院以溥仪老师、大学士陆润庠为院长，荣庆为副院长。闰六月二十日正式开院之时，清廷下旨令包括内阁总理大臣奕劻、协理大臣那桐等在内的全体阁员兼任弼德院顾问大臣。九月袁世凯责任内阁成立后，原皇族内阁成员那桐辞去内阁协理大臣之职，专任弼德院顾问大臣。

但弼德院奏事章程迟至十月才确定，章程规定所奏之事"以特旨咨询事件为限"。[3]这意味着弼德院并无具体日常事务。从日记看，自十月初八日起，那桐即请病假，直至清帝退位。也就是说，虽为弼德院顾问大臣，但他未曾到过弼德院视事，也未曾真正履行过顾问大臣之职。

十一月二十八日，袁世凯下朝路上在东华门外遭遇革命党人炸弹袭击。袁氏虽未受伤，但"卫队管带炸伤身死，兵警亦伤数名"[4]，

---

[1] 周叶中、江国华主编：《博弈与妥协——晚清预备立宪评论》，武汉大学出版社2010年版，第555页。
[2]《宣统政纪》卷五二。
[3]《宣统政纪》卷六五。
[4] 中国第一历史档案馆：《一九一二年袁世凯被炸案》，《历史档案》1983年第3期，第42页。

一时震动京师内外。清廷随即对革命党人展开大规模搜捕。鉴于京城时局不靖，这一天，那桐携家眷避往天津，此后不时往返京津两地。至曹锟发动"北京兵变"的两天后——1912年3月2日，那桐移居天津，开始长住。[1]

在天津，那桐一开始租住在德国租界，4月之后以三个月500两的价格改租法国人普布隆的房子。7月24日，他以17000万两的价格，买下了英租界孟家庄一块六亩多的地，聘请德国人慕塞修建。工程于1912年8月7日开工，至1913年1月14日交付，用银41490两，加上购地款，此处房屋花费已达58490两。[2]

1月17日，那桐一家正式搬入孟家庄新居。新宅为独立院落，由一大一小两栋楼组成，包括花园、车库等。大楼为钢筋混凝土结构，楼下为客厅，分中式（汉、满两种）和西式（欧式、日式）类型。小楼为红色，两层砖木结构，红瓦顶，有15间房，另有汽车房4间，一切都让那桐觉得"可慰之至"。1919年3月，他对房屋重新进行了装修，前后用时三个月，用银15200两。[3]

1912年7月，长孙降生，那桐开始享天伦之乐。那桐来津后，其岳母、四弟、大女儿等也跟随而来。亲人相聚，颇为热闹。迁入新居后，生活趋于稳定，那桐心情大好，在除夕夜挥毫写下"今朝有酒今朝醉，一年又过一年春"之联，一副闲适知足、及时行乐的权贵心态，字句之中，难见王朝倾覆的"亡国之痛"。

或许是因为曾主管外务部、长期与外国人打交道，那桐肯接受新事物，对西方生活方式和西方事物并不排斥：光绪二十七年（1901）五月二十日，时为户部右侍郎的他就花了银40元、耗时2小时，给自

---

[1]《那桐日记》，第707、710页。
[2]《那桐日记》，第714、724页。工程原价为37500两，后因地基有水，加价3200两，花房、上屋等加价790两。见《那桐日记》，第725、727、737页。
[3]《那桐日记》，第737、898页。

己拍了一段影像，在日记中也有多次看"洋影"的记载。[1]要知道，中国第一部电影《定军山》于光绪三十一年才诞生。此前四年，那桐就尝试给自己拍摄类似电影的活动影像，无疑属于尝鲜者。移居天津后，那桐依然保留赶时髦的爱好。1913年他以每年250两的价格，给新居买了瑞记洋行保险，保价4万两；1920年，他出资4600元购买"美丰"牌汽车，乘车去马场道、海河等地游览；甚至花了4880元，给自己在天津的新家装上美丰暖汽管，还用寒暑表记载温度。[2]只是，和同为"旗下三才子"的端方积极筹办新政、创设实业不同，目前很少发现有关那桐政治主张的记述。光绪二十七年，那桐曾作为钦使，就日本驻华使馆书记官被杀代表清廷赴日赔礼道歉。出使期间，那桐觐见了日本天皇、皇太子，参观了日本的大学、银行、监狱等。但其日记中，虽有称赞日本银行"坚固洁净可爱……最奇者为算数机器"[3]等记载，却无只字点评日本政治制度。

日常生活中，那桐及时行乐，闲适充实。他好吃喝，有笔记记载，"那琴轩性豪侈，酷嗜声色狗马。善啖，非嘉肴不入口，每食必具燕窝、鱼翅二簋，啖之立尽，其庖人月领菜资至六七百金之多"。[4]其日记中也常有饮红酒、吃西餐的记载。[5]

吃喝之外，旅游是那桐的另一爱好。光绪二十四年（1898），那桐趁验收东陵风水墙工程之便，游览了盘山、万松寺等景点，"极游山之乐事，可谓偿吾素愿矣"；1915年，因"右臂运动不灵"（中风之症）被迫休养三年后的那桐"游兴勃然"，于4月南下饱览南京、杭州、镇江等地美景；1916年10月又携家眷游泰山。除此之外，那桐虽身躯肥硕，但还遍游北京门头沟的潭柘山岫云寺、戒台寺等西部名胜，以及

---

[1]《那桐日记》，第381、558、609页。
[2]《那桐日记》，第740、917、924、921、988页。
[3]《那桐日记》，第395页。
[4]《新语林》，第135页。
[5]《那桐日记》，第613、1004页。

西山的长安寺、灵光寺、大悲院、龙王堂、香界等八大名刹。[1]

那桐还爱好京剧。身为朝廷重臣，他有机会观赏谭鑫培、杨小楼、梅兰芳等顶级演员的演出，曾在慈禧和光绪帝驻跸颐和园期间随驾，四天看戏三十三出。[2]1912年移居天津后，看京剧成为那桐主要的娱乐方式，他经常带夫人、子女、族人去听戏，几乎跑遍了津门的茶园戏楼，往往深夜才归。[3]此外，借怡园和乐真堂戏楼之便，他也能够常常欣赏名家演出。1917年11月29日，看梅兰芳演《天女散花》；1918年8月为给那桐贺寿，友人梁士诒等请梅兰芳、杨小楼等名家前来演出；1919年11月15日，为了看梅兰芳的《游园惊梦》，他专程由天津回北京，可谓十足的戏迷；1924年那桐寿辰，名家荟萃，"唱杨小楼'夜奔'、梅兰芳'金山寺'、尚和玉'四平山'等戏十出，戏、菜均佳"。那桐爱看戏、会品戏，也和诸多京剧名家交游，关系颇好，1921年8月那桐生辰，"梅兰芳送戏一出"表示祝贺。1917年5月，谭鑫培病故，那桐还在日记中难过地写道，"名伶谭鑫培今日病故，失一角色可惜也"。[4]

吃喝玩乐、醉心戏剧、纵情山水之外，那桐的遗老生活也偶有酸涩。1914年1月26日，值大年初一，那桐"午后拜年十余家……来拜年者二十余家"。这和他之前拜客四五百家、来拜者门庭若市的情景形成鲜明对比。尽管他在日记中自嘲"隐居海滨，消受清福，别有意味，非热闹场中所可知矣"，但其中的落寞可想而知。再加上原先要将房子赠予自己儿子绍曾的衡芝圃竟反悔来信索要房款，那桐心中泛起的酸涩，估计更为浓烈。[5]

---

[1] 本段所引，见《那桐日记》，第290、720、795、757—758、773页。
[2] 《那桐日记》，第436—437页。
[3] 井振武：《从〈那桐日记〉看满清王公贵胄民初归隐津门的寓公生活》，《天津政协》2014年第10期，第49页。
[4] 本段所引，见《那桐日记》，第861、878、909、1056、962、847页。
[5] 《那桐日记》，第765、712页。

移居天津后，那桐自称"前清告退少保大学士"[1]，属于遗老一族。每逢溥仪、隆裕太后生日，他都会送去衣料等礼物。1922年3月15日，溥仪大婚，那桐更是一次性进献了一万元。逊清皇室自然也不会忘记这位老臣。1916年8月21日，那桐在北京宅第举办六十大寿，逊帝溥仪送来寿佛一尊、御笔书"宜家富寿"匾一面等礼物。那桐备感荣幸，率子侄等在门外恭迎，全然不顾已进入民国，依然"行三跪九叩礼"。[2]

移居天津后，那桐虽关心时事但基本不再参与，诸如1916年袁世凯称帝改元及去世、1917年7月张勋复辟、1919年五四运动等重大事件，他都在其日记中有所记载，但绝少表态。[3]据孙辈回忆，归隐津门的那桐也极少和政界接触，与其交往较多的是曾任军机大臣、学部尚书的荣庆。[4]

1914年袁世凯发布大总统令同意设立清史馆，编纂清史，延聘赵尔巽为清史馆馆长。[5]9月16日，那桐应清史馆馆长赵尔巽之邀，受聘为《清史稿》名誉总纂，"赵次山先生送来清史馆聘书一封、信一函、修史商例七件，聘予为名誉总纂"。[6]

赵尔巽之所以聘那桐为名誉总纂，一是那桐此前历任体仁阁、东阁、文渊阁大学士，也有担任国史馆、实录馆总纂的经历，堪任此职；二是他和那桐有着良好关系，在《那桐日记》中，就有大量那桐

---

[1]《那桐日记》，第739、765、791页。有记载说进入民国后，那桐始终没有剪发，"那琴轩发辫长垂，示不忘故主。人问何以不剪除？那不答，重问之，曰：'物有本末，事有终始，可以人而有头无尾乎？'闻者哗然"。见《新语林》，第124页。
[2]《那桐日记》，第739、982、828页。
[3]《那桐日记》；第815、824、850、895页。
[4]张寿崇：《那家花园往事琐谈》，《天津文史资料选辑》第44辑，第225—226页。
[5]详见本书"未必天心肯放闲——做民国官修清朝史的赵尔巽"章。
[6]《那桐日记》，第781页。清史馆所聘的名誉总纂、纂修顾问一百多人，他们并不负责具体工作。见邹爱莲、韩永福、卢经：《〈清史稿〉纂修始末研究》，《清史研究》2007年第1期，第87页。

和赵尔巽彼此宴请、相互走动的记载。

那宅今昔

那桐一家，本住在今天东城区北河沿一带，其日记中常有"河沿本家""河沿宗祠"的记载。[1]那桐幼时父亲卷入科场案被杀，但叔父铭安对其视若己出，情同父子，将自己在金鱼胡同的宅院等资产对半分给那桐和自己的亲儿子那晋，因此那桐大约在光绪十二年（1886）从河沿祖宅搬到了金鱼胡同。[2]光绪二十六年五月，那桐将北河沿的老屋以银三千两的价格出售。[3]

据那桐之孙张寿崇回忆，那桐在金鱼胡同的房子，"原来只有住宅部分，当时大门内悬有'太史第'和'乡举重逢'的匾额"。[4]但房子除了功能单一，还时常漏雨。光绪十六年（1890）五六月，京师多雨。六月初三日，那桐在日记中写道，"雨弥大，庭中积水尺余，房屋无不渗漏者。郁郁家居，使人闷损"。[5]为了解决房屋漏雨问题，第二年七月，那桐出银千两，委托广兴木厂对房屋进行修缮。历时三个月，工程完工，那桐一家于十月搬回。[6]

然而，修好的房屋又在庚子事变中遭到破坏。八月十三日，时为留京大臣的那桐查看金鱼胡同寓所后，在日记中写下了"残坏不堪寓目矣"[7]之语。

至于后来房廊三百多间、气派非凡的那家花园，是经过"陆续

---

[1]《那桐日记》，第4、341、5、61、258页。
[2]北京市政协文史资料委员会：《府园名址》，北京出版社2000年版，第120页。
[3]《那桐日记》，第343页。
[4]《府园名址》，第120页。乡举重逢是指乡试中举满六十周年。
[5]《那桐日记》，第26页。
[6]《那桐日记》，第58、66页。
[7]《那桐日记》，第352页。

向东西扩延,遂成以上规模"。[1]据《那桐日记》,那桐至少有以下几次买房记录,用银近万两:光绪二十八年(1902),那桐花费五千多两购置了那宅西侧瑞铭的房子;光绪三十一年,花四百两从英国医生德真手中购买了金鱼胡同中段路北一地块;同年二月,以银两千两购买那宅马圈西住房一所,共有房子二十四间;三月,购入前奉天府尹裕长[2]位于西堂子胡同南的马圈一所,共有房子十二间。为了巴结那桐,裕长的三个儿子衡璋、衡玖、衡鑫没有收钱,表示要送给那桐的儿子绍曾为业。那桐"辞之不获,乃答赠其千金",相当于花了一千两购得。[3]

那桐买下这些地段后,开始大加营建,房子规模日益扩大,最终建成了自西向东横向排列、并联七跨大院落的庞大宅第,依次布置马号、西大院、两所宅院、怡园、东大院(内有乐真堂及戏楼)[4],占地超过二十五亩,有房廊三百多间。[5]光绪二十八年二月,那桐同军机大臣荣禄、王文韶"在家公请十二国钦差"。[6]此后,那家宅院开始慢慢成为宴请公使、同僚之所。光绪三十一年十一月,军机大臣鹿传霖等借那宅花园宴请日本驻华公使小村寿太郎,主客共二十六人[7];光绪三十四年三月,军机大臣荣庆也在日记中写道,"早赴那相棠花小宴之约,台榭富丽,尚有水石之趣。张、袁、世、铁在座"。[8]

---

[1]《府园名址》,第120页。
[2] 裕长,曾任直隶天津道,光绪十年被任命为奉天府尹,光绪二十六年去世。
[3]《那桐日记》,第434、531、532、533页。1912年清帝退位,那桐不再官居高位,衡璋便来函索取房钱八百两,那桐如数支付。见《那桐日记》,第712页。
[4] 贾珺:《台榭富丽 水石含趣——记清末京城名园那家花园》,《中国园林》2002年第4期,第72页。
[5]《府园名址》,第120页。
[6]《那桐日记》,第418页。
[7]《那桐日记》,第556页。
[8]《荣庆日记》,第131页。张、袁、世、铁指张之洞、袁世凯、世续、铁良。

清帝逊位后，那桐多数时间在天津做寓公，那家宅院除让仆人看护外，还将一部分出租，租客甚至包括曾任国务总理的陆征祥，每月租金一百两。只是，陆征祥任总理一职并未多久，第二年，这处房子转租给了别人，租金由每月一百两涨至二百两。[1]

由于环境优美、设施新潮，加上声光电齐全，怡园和乐真堂戏楼在民初成了社会各界名流宴请的场所。1912年8月，孙中山、黄兴等应袁世凯之邀进京，从8月底到9月中旬，北京政府内务总长赵秉钧、五族同进会、逊清皇族先后借那宅公宴孙中山、黄兴等，与会宾客少则二三十人，多则四五十人。[2]1914年1月14日，王克敏借那宅宴客演剧；1914年4月21日，段祺瑞借花园办女儿婚礼；1918年6月4日，冯国璋、段祺瑞借那家花园演戏宴请两广巡阅使龙济光等。1925年后，那家花园还向普通人出租，如1月21日，"潘、周二姓今日借余园结婚"；6月16日，"今日唐、蒋二姓借余园行结婚礼"。出租花园的价格，虽未见于日记，但以那桐之精明，相信不会是无偿的。毕竟，就是那桐自己的儿子用，也需要"借"——"今日宝儿酒会，借余园演票戏"。[3]

1925年那桐病故，因家道中落，那家后人将建有乐真堂的那家花园东大院出租。1950年4月，东大院为国家收购，先后成为东城区工会、武装部的办公地点。1977年前后，该院建筑被全部拆除，建成电子计算中心大楼。[4]紧邻东大院的怡园于1991年被改为北京旅游小吃城，如今尚存假山、方亭、井亭、两株古槐、东墙及与之相连

---

[1]《那桐日记》，第728、739页。
[2]《那桐日记》，第727—728页。详见《清朝最后的120天》，第596—599页，亦可参见本书"处世若大梦，胡为劳其生——庆亲王奕劻的优渥与悲凉"章。
[3] 本段所引，见《那桐日记》，第765、771、873、1066、1074、1072页。王克敏曾任民国财政部长，后沦为汉奸，1937年成为日本扶植的傀儡政权"伪中华民国临时政府"首脑之一。
[4]《府园名址》，第128页。

上图：那桐在那家花园
下图：那桐和弟弟那晋在那家戏台

的走廊，但已不成格局。[1]

而那家花园西半部于1951年被卖给兴业公司，中部为空军后勤通信处所购。1952年9月，西半部建成了九层楼高的饭店。因饭店的首批客人是出席1952年亚洲及太平洋区域和平大会代表，饭店就取名为和平宾馆，由郭沫若题名。后由于外事接待任务日益繁重，政务院于1955年用新开路招待所同空军后勤通信处所占用的那家花园中院部分做了交换，对中院加以改造，以提升和平宾馆的接待能力。

至此，那家花园已无昔日模样。从光绪十二年（1886）那桐搬到金鱼胡同开始苦心营建，至1977年左右那家花园基本被拆除，前后不到百年，已是"吴宫花草埋幽径"，令人唏嘘。

不娶妾室

那桐先后有两任夫人：第一任夫人赵氏于光绪十七年（1891）因"患呕吐便血之病甚剧"病故，同年十月，那桐续娶邓氏为妻。[2]和当时大多数权贵之家不同，那桐没有任何妾室，与两任夫人关系颇好。1999年，那桐之孙张寿崇在接受采访时感慨地说："我家没有姨太太，没有丫头，没有抽大烟的，所以才能延续到现在。要有……就完了。"[3]

两任妻子给那桐生了八个女儿和一个儿子。长女嫁给了曾署直隶总督的崇厚之孙，五女、六女和孙女在民国初年都嫁入了庆王府，长孙女嫁给了袁世凯的第十三子袁克相。那桐唯一的儿子名绍曾，曾为中国银行营业股股员，后出任正红旗汉军副都统、热河巡阅使咨议官，1923年还被授陆军中将，但都是虚职。因那桐入股盐业银行并

---

[1]李鸿斌：《孙中山与北京园林》，《北京园林》1995年第3期，第39页。
[2]《那桐日记》，第54、66页。
[3]《最后的记忆》，第38—39页。

1920年那桐偕夫人邓氏及儿孙们在京师山本照相馆拍的合家照

当选董事，绍曾也成了盐业银行候补董事。[1]

辛亥革命后，那桐的孙辈都改姓张。那桐之孙张寿崇道出了个中原因："我家的老姓是叶赫那拉……姓张是民国以后改的，其实应该姓章，因为在《八旗满洲氏族通谱》里边，叶赫那拉氏第一个出名的叫章嘉……后来民国时排满，汉人里姓张的不是比姓章的普遍么，就用了这个张。"[2]

圆滑处世

那桐题写的"清华园"，被评字体圆润。字如其人，那桐为人也颇为八面玲珑。最为典型的是，光绪三十三年（1907），袁世凯和岑春煊在"丁未政潮"中势若仇雠，但身处政治旋涡的那桐却能够一面与岑春煊频繁走动，一面与袁世凯一派关系亲近、与徐世昌义结金兰，在两派之间左右逢源，游刃有余。《那桐日记》也显示，那桐曾与维新派、帝党、实力派汉臣等各种政治集团都保持着良好的关系。

这种八面玲珑的为人也使得那桐这一人物更为复杂。他有厚道的一面。光绪十一年（1885），那桐参加顺天乡试中举，那年的同考官之一是著名御史安维峻。尽管那桐后来身居高位，但他对安维峻这位房师[3]始终恭敬如礼。光绪二十年（1894），在安维峻因上折参劾李鸿章被慈禧发配新疆后，那桐赠银二百两作为程仪；1920年，已在天津寓居八年的那桐得知安维峻已由新疆回到甘肃，安家秦安县后，便通过蔚丰商业银行"汇洋三百元"，以表心意。[4]在对待有着养育

---

[1]《那桐日记》，第979页。
[2]《最后的记忆》，第37页。
[3]按照明清科举惯例，凡考中的举人，均应谒见荐卷的房师（同考官）及主考的座师（主考官），自称门生，拜主考为座主。据《内阁侍读原任福建道监察御史翰林院编修安公晓峰墓志铭》，光绪十一年安维峻为顺天乡试同考官。安维峻，字晓峰。见安维峻：《谏垣存稿》，甘肃人民出版社1991年版，第136页。
[4]《那桐日记》，第164、940页。

之恩的叔父铭安时,那桐也始终顾念叔父的厚待,分三次将其赠予的三万五千两归还。[1]还清之后,那桐在日记中欣慰地写道,"是十三年之久,款项一旦清偿分文不欠,真大快事。叔父视我如子,有此恩典,我今如数恭缴,彼此可谓恩至义尽,千古美谈也"。[2]在与叔父共同生活的几十年间,那桐侍奉唯谨,年节、做寿均一丝不苟。叔父病逝后,从请谥到办理丧事,主要都由那桐一手操持。[3]

但那桐也有精明、善于钻营的一面。光绪二十八年,那桐花费五千一百两购买金鱼胡同西侧瑞铭的房子,却只按千两纳税。[4]按今天的说法,这涉嫌偷税漏税。尽管家资殷实,但一旦有利可图,那桐从来"当仁不让"。他曾以每月"当十钱十六千"[5]的价格租用官家库房十六间,又出银四百两,以儿子绍曾的名义将其转为私产。[6]

总体来看,那桐其人,正如一些学者的评价——"作为清末一代重臣,他虽无政治智慧,却结交有术、擅长纳贿、精于理财"。[7]那桐有小精明、颇勤勉,或能为太平之官,实不堪末世中尚书、军机大臣、内阁协理大臣之任。这是由于根本上,那桐并不尊崇儒家传统道德与为官清节,反而唯利是图、贪名久著,与庆亲王奕劻有"庆那公司"[8]之称。摄政王载沣的胞弟载涛也曾在回忆录中指出,"那桐是一个著名圆滑的官僚","平日贪得无厌","是著名的大贪污者,拿钱走

---

[1] 三次归还的数额分别为一万两、一万两和一万五千两。见《那桐日记》,第163、201、502页。

[2] 《那桐日记》,第502页。

[3] 《那桐日记》,第696—698页。

[4] 《那桐日记》,第434页。

[5] 当十钱是指面值当十的制钱。以《申报》登载的银钱行情折算,1911年银一两约可换制钱一千五百一十文。按此换算,"十六千"大约为银十一两。见蒋立场:《清末银价变动研究(1901—1911)》,苏州大学硕士学位论文,第34页。

[6] 《那桐日记》,第620页。

[7] 孙燕京:《从〈那桐日记〉看清末权贵心态》,《史学月刊》2009年第2期,第119页。

[8] 《晚清宫廷生活见闻》,第66页。

他的门路者,大有其人"。[1]按照规定,清朝本不许官员开当铺,但那桐热衷开典当铺,力图通过典当行进一步"以钱生钱",凭借大量的财富夤缘慈禧,在获得慈禧赏识重用的同时也败坏着清朝吏治。

作为前清贵族,那桐对晚清覆灭、政权更迭的态度则显得置身事外,较为冷淡。从《那桐日记》中,很难看到他"怨天尤人""忧时愤世"的内容。宣统二年正月初一日,此时的清王朝已危机四伏,孙中山领导的同盟会发动多次起义,但那桐在日记中写下"国事极顺遂"[2]之语。1912年2月12日,清帝退位,他也只是平静地写下"本月(日)奉懿旨三道,宣布共和立宪国体"[3],与前功臣馆总纂恽毓鼎的"呜呼!国竟亡矣……真堪痛哭"[4]、前直隶总督陈夔龙的"十二月廿五日逊位诏书颁出,二百六十八年之天下,从此断送。哀何可言"[5]形成鲜明的对比。1912年2月18日是清帝逊位后的第一个大年初一,这天,那桐在日记里写道"风定天晴,气象甚好。此后遵照临时大总统袁通告,改书阳历"[6],从中完全看不出江山鼎革后他的情绪变化,对于清王朝的终结似乎也欣然接受。1917年7月1日(阴历五月十三日),张勋复辟,拥立溥仪登基,第二天,那桐即改用阴历记日记;但在7月12日(阴历五月二十四日)张勋复辟失败后,7月14日,他又立即改用西历。[7]纪年方式的反复改变,似乎反映着那桐在民清交际、新旧更迭之间的摇摆与谨慎,颇值得玩味。

---

[1]《晚清宫廷生活见闻》,第81—82页。
[2]《那桐日记》,第650页。
[3]《那桐日记》,第709页。
[4]《恽毓鼎澄斋日记》,第576页。
[5]《梦蕉亭杂记》,第116页。
[6]《那桐日记》,第709页。
[7]《那桐日记》,第850—851页。

处世若大梦，胡为劳其生[*]
——庆亲王奕劻的优渥与悲凉

爱新觉罗·奕劻（1838—1917），字辅廷，晚清宗室重臣，加封"铁帽子王"。宣统三年改设责任内阁，成为首任内阁总理大臣。辛亥革命后，改任弼德院总裁。民国建立后，奕劻迁居天津，依然深受倚重，负责筹划接待孙中山、主持隆裕丧礼等重要事务。

1917年初，清朝的三位王爷接连去世，以至曾为清功臣馆总纂的恽毓鼎在日记中惊叹，"半月中连陨三王，亦奇事也"。[1]

三位王爷当中，我们最熟悉的莫过于"铁帽子王"奕劻。他以贪腐知名，有传闻称他的银行存款高达七百多万英镑。

---

[*] 语出光绪二十五年（1899）奕劻所题团扇，"处世若大梦，胡为劳其生。所以终日醉，颓然卧□楹。觉来盼庭前，一鸟花间鸣。借问此何日，春风语流莺。感之欲叹息，对酒还自倾。浩歌待明月，无尽己亥情。"见《奕劻及其书画》，《紫禁城》1991年第4期，第36页。

[1]《恽毓鼎澄斋日记》，第776页。三位王爷分别是庆亲王奕劻、顺承郡王讷勒赫和礼亲王诚厚。

奕劻，生于道光十八年二月二十九日（1838年3月24日）[1]，祖父永璘为乾隆帝第十七子、嘉庆帝的胞弟，封庆亲王；父亲绵性是永璘的第六子，袭爵为不入八分辅国公，在清朝十二等级爵位中属第八等。[2] 奕劻为绵性长子，按清制，他本可以袭爵第九等的镇国将军。但事不凑巧，道光二十九年（1849），五伯父绵悌辞世，诏命奕劻过继为绵悌之嗣子。而绵悌死前获罪，被降为第九等的镇国将军。如此一来，奕劻只能袭第十等的辅国将军。奕劻在《清实录》中的第一次出场，即为此事。[3]

奕劻的成长环境比较艰苦。庆亲王一支，从永璘开始就已被边缘化：永璘因行为不端，死后被赐谥"僖"[4]；本支袭郡王爵的奕彩，因"服中纳妾"被查处；父亲绵性为袭王爵借机行贿被革除了副都统职位，贬往盛京戍边。英国《泰晤士报》曾报道说，奕劻"出身寒微……固喜弄笔墨，少时家寒，尝以字画易钱以资津润其贵"。[5] 或许，正是落魄光景的深刻记忆，使得后来的奕劻对财富如此醉心。

咸丰二年（1852）正月，以兼奉伯父、庆良郡王绵慜祭祀，奕劻被赏贝子衔。从辅国将军到贝子，三年跨越了五级，应该说这是一次相当大的飞跃。而后，奕劻负责的差事愈加重要。咸丰八年（1858）

---

[1] 张波、赵玉敏：《道光十二年至宣统三年王公大臣年岁生日表》，《历史档案》2010年第2期，第31页。
[2] 顺治九年（1652）时，清廷规定，其后清宗室的爵位自高而低分为十二等，依次为和硕亲王、多罗郡王、多罗贝勒、固山贝子、奉恩镇国公、奉恩辅国公、不入八分镇国公、不入八分辅国公、镇国将军、辅国将军、奉国将军和奉恩将军，此外统称闲散宗室。所有十二等爵位，仅准其嫡长子一人承袭，且承袭方法是"世袭递降"，即依原有级别一代减一等，至五世而止。当然，少数对国家有功勋的亲王则不在此列，他们经皇帝恩准，可享受世袭罔替的隆遇，号称"铁帽子王"。见《大清会典》卷一《宗人府》。
[3] 中国第一历史档案馆藏：《大清宣宗成皇帝实录》卷四七四。
[4] 按照谥法，"僖"非善谥，指有过、小心等。
[5] 《庆亲王历史》（译伦敦《泰晤士报》北京通信），《申报》1911年6月8日，第2张第2版。

以贝子身份带领侍卫十员代表皇帝前往祭奠礼部尚书徐泽醇[1]，咸丰十一年（1861），二十四岁的奕劻成为咸丰帝治丧委员会的成员之一。这意味着，这位年轻的贝子进入了皇室的核心圈。

仕途初起步

奕劻命运的转折，有一种说法是说他得到了慈禧的赏识。奕劻善书写会画画，早年住在方家园，与慈禧的娘家为邻。慈禧的弟弟桂祥，生性疏懒，不喜读书写字，按惯例问候姐姐的起居安康时，桂祥便让奕劻捉刀代笔，由此夤缘慈禧。从现存的山水扇面及书法作品看[2]，奕劻能写会画不假。但从时间来看，奕劻更多是受到咸丰帝的提拔。毕竟，慈禧当时只是一名贵妃，在咸丰帝健在的情况下，她没有多少干政的机会。

咸丰九年（1859），奕劻出任镶黄旗汉军副都统，为正二品，这意味着奕劻有了第一个实缺职务。奕劻本属镶蓝旗，在满洲八旗中是最末一级，没有经过其他职位历练而直接出任，表明咸丰帝对奕劻很是信任和赏识。

从此，奕劻开始进入八旗军中任职。从咸丰九年到光绪二十四年（1898）近四十年间，他先后出任和兼署过十一个旗的都统，包括地位最高的满洲上三旗中的镶黄旗和正黄旗，成为宗室中少有的熟悉军队之人。

光绪二十年（1894），甲午战争爆发。直隶提督叶志超、总兵卫汝贵在平壤弃城溃逃，清军陷于被动。其间，奕劻曾奏请统兵出战。光绪帝表扬他"具见忠爱勇往之忱"，但以"总理海军，兼管各项差

---

[1] 中国第一历史档案馆藏：《大清文宗显皇帝实录》卷二六九。
[2]《奕劻及其书画》，《紫禁城》1991年第4期，第36页。1912年2月，曾任职前清陆军部的丁士源到天津拜访奕劻，就获赠奕劻自画的山水扇面。见丁士源：《梅楞章京笔记》，中华书局2007年版，第349—350页。

使,责任繁重,且夙夜在公,趋承左右,未便远赴军营"[1]为由,没有同意他的请求。同时,又令奕劻帮同恭亲王奕䜣,管理、节制当时云集在京城附近的各路援军。

戊戌变法期间,光绪帝计划精练陆军,准备参照西方制度训练神机营、京城绿营,为此派奕劻管理八旗骁骑营。谕旨中,他对奕劻的评价为"向来办事认真,熟谙武备"。[2]

除统领八旗、训练军队外,奕劻还管理过军队的全国总部机关。光绪十一年(1885),海军衙门成立。此前一年刚晋为庆郡王的奕劻,与直隶总督李鸿章一道,协助醇亲王奕譞管理海军事务;光绪三十三年(1907)三月,他更是以军机大臣的身份,奉旨管理陆军部事务。可以说,除了没有带兵打仗的实践,奕劻的军中履历堪称完备。

军职之外,奕劻的职位还涉及众多部门。据统计,奕劻先后担任过的职务至少有二十五个。此外,他还有大量临时性差使,如办理咸丰、同治、光绪三位皇帝和慈禧太后的丧仪,担任同治帝大婚册封副使,负责筹办慈禧六十寿辰等。宣统三年(1911)出任内阁总理大臣之前,奕劻的任职几乎已遍及内廷和中央机关,比如光绪二十九年(1903)三月奕劻升任军机大臣后,曾以"任重事繁"为由,请求辞去兼差。经慈禧同意,一次性辞去的就有御前大臣、镶黄旗满洲都统等九个职务。[3]

奕劻负责过的差事中,有一项颇为今人熟知,即筹办京师大学堂(今北京大学前身)。应奕劻的奏请,光绪帝下令内务府修葺了地安门内马神庙一带的空闲府第,作为大学堂临时开办之所。

---

[1]《德宗实录》卷三四七。
[2]《德宗实录》卷四二〇。
[3]《德宗实录》卷五一三。

频频升迁路

奕劻年轻时得以升迁，一个主要的原因是勤勉，这个优点在举目皆是纨绔的宗室里，尤为突出。

同治二年（1863），二十六岁的奕劻受命前去守护清东陵，并负责看护当时暂厝东陵附近隆福寺的咸丰帝灵柩。清东陵在河北遵化，距北京约一百二十公里，周围十分荒凉，但奕劻在此干得兢兢业业。为了给咸丰帝陵种树，他奏请户部拨付银两，但户部推说此项银两归直隶总督划拨。奕劻不依不饶，多次上折，终于获得拨款。从1863年至1880年的十七年间，尽管已升任御前大臣、领侍卫内大臣，但奕劻始终兼任着守护东陵的职务。据《清实录》记载，这十七年间，奕劻只在光绪五年（1879）二月因病请过二十天的假。这次病假期间，奕劻的生父绵性亦病故，清廷决定赏还绵性生前被革的副都统衔。[1] 此前，奕劻因在同治帝大婚中办理得力，已于同治十一年（1872）九月被赏加郡王衔、授御前大臣，成为皇帝近臣。因此，绵性的死后哀荣，与奕劻办事勤勉、获皇帝器重分不开，可以说是"父以子贵"。

在军国大事上，奕劻更为尽职尽责，光绪十五年四月，光绪帝陪同慈禧观看了奕劻负责的神机营水陆操练后十分满意，下旨表扬奕劻等"平日训练认真，深堪嘉尚"。[2]

奕劻的另一特点是公正严明。会办海军大臣期间，他对海军事务颇为上心。内务府曾挪用了海军衙门经费银十多万两，由于是皇室所用，多年来，无论是总理大臣奕䜣还是另一会办大臣李鸿章，都没有处置。光绪十五年六月，经奕劻上折催要，刚刚亲政的光绪帝下旨让内务府偿还，"着总管内务府大臣即将十三年分欠解银一万两、十四

---

[1]《德宗实录》卷八八。
[2]《德宗实录》卷二六九。

年分应还银八万两,并本年应还之款,一并迅筹解还,勿再延宕"。[1]

在光绪三十二年(1906)清廷三年一次的官员政绩考察中,时为军机大臣、总理外务部事务的奕劻,得到的评语为"谨慎忠纯,力持大体,竭诚筹划,悉协机宜"。[2]要知道,此类考察并非全是走过场,如宣统元年(1909)的考察中,民政部右侍郎赵秉钧就因为声名平常而被勒令"原品休致",即按原级别退休。

综观清廷对奕劻的评语,频见"老成谋国""谨慎""忠纯""勤劳""认真"等[3]评价其工作态度之语,较少有对其工作能力的评价。由此,我们大致可以得出这样一个结论:奕劻此人,办事尚属谨慎认真,但能力未见过人之处。

勤勉、认真、谨慎的奕劻,年轻时多少也有些莽撞和激情,只是这种激情如吉光片羽。

光绪十年(1884)三月,奕劻被任命为总理各国事务衙门(简称总理衙门)大臣。这意味着,他从之前的皇室内部事务中解脱出来,首次参与管理国家政务。这一转变,无疑拓宽了他的仕途。

同年,奕劻上呈了平生最为出格的一份奏折。总理衙门设立后,一直由恭亲王奕䜣兼管。光绪十年三月十三日,慈禧为了削弱奕䜣势力,借中法战事不力,开去奕䜣一切差使,撤去恩加双俸,令其家居养病。与此同时,还悉数罢免以奕䜣为首的全班军机大臣,这就是历史上著名的"甲申易枢"。在此朝局重大转换之际,一周前刚刚受命管理总理衙门的奕劻,在三月二十四日联合在总理衙门行走的周德润,以及张爱玲的祖父、御史张佩纶等人上折回护恭亲王[4],被翁同龢在日记中评为"意在恭邸而不敢显言"。[5]此折一上,慈禧十分不

---

[1]《德宗实录》卷二七一。
[2]《德宗实录》卷五五四。
[3]《德宗实录》卷五七三;《宣统政纪》卷一五;《宣统政纪》卷四五。
[4]《录副档》,档号:04-01-13-0356-037。
[5] 翁同龢:《翁同龢日记》第4册,中华书局1992年版,第1822页。

高兴，批评奏折"语多失当、迹近要挟"[1]，为奕䜣官复原职张目。最终，上折的奕劻等八人均被"传旨申饬"[2]，相当于现在的通报批评。慈禧虽未严惩奕劻，但显然把他吓得够呛。此后的奕劻再无此类出格举动，始终站在慈禧阵营——不论是在光绪二十四年（1898）的戊戌变法中，还是光绪二十六年的义和团运动中。这样的立场，也确保了他在仕途上一路升迁，成为宗室中为朝廷办理外交、军务的得力人员。

光绪二十六年，八国联军进犯北京，慈禧太后和光绪皇帝出逃西安。八月初二日，谕旨令本在西安伴驾的奕劻赶回京城，和八国联军接洽、谈判求和。与清廷一再催促却以生病为由在上海观察形势、迟迟不首途北上的李鸿章不同，奕劻迅即回京，并于八月二十一日奏报京城情形以及和总税司赫德接触后了解到的情况。而李鸿章，直到近一个月后的九月十八日才抵京。

除与洋人接触外，奕劻还在京主持了清点房屋馆舍损毁情况、发放在京旗人官兵饷银、筹备醇亲王载沣赴德赔礼道歉、派员前往清帝陵祭扫等事务。其角色，类似于咸丰十年（1860）英法联军攻占北京时留守的恭亲王奕䜣。这些工作，显然深得天心——谈判期间，慈禧下旨准奕劻"在紫禁城内乘坐二人肩舆"；光绪二十七年（1901）十月和谈大体告成后，大局渐定，转危为安，更赏奕劻食亲王双俸。[3]

曾为奕劻祖父永璘府邸的和珅旧宅，后来主人变成了奕䜣，成了恭王府；曾为恭亲王奕䜣所享的亲王双俸，如今落到了庆亲王奕劻头上。弹指一挥间，天渊翻覆。

议和期间，沙俄趁火打劫，企图吞并中国的东北地区，威逼利诱议和大臣李鸿章签订《中俄密约》。对此，奕劻明确表示反对。在给

---

[1]《德宗实录》卷一八〇。
[2]《德宗实录》卷一八〇。
[3]《德宗实录》卷四八八。

1901年《辛丑条约》签订现场（坐者右一为奕劻，右二为李鸿章）

荣禄的信中，他就直言"合肥更事之久，谋国之忠，弟夙所钦佩，独中俄定约一事，不免过有成见"，并担心一旦签约，将引各国效仿，"致贻国家无穷之患"。不仅如此，他还单衔密奏，"盼朝廷权衡利害，慎重施行"。[1]

奕劻身为亲王虽列名在前，但庚子和谈实由李鸿章主事——"一切独断独行，决无与庆邸就商之时……大权独揽，左右无人也"。[2]只是，和谈甫成，两宫銮驾尚未抵京，李鸿章便于光绪二十七年九

---

[1] 杜春和、耿来金、张秀清编：《荣禄存札》，齐鲁书社1986年版，第9、12页。体现奕劻主权意识的事例还有：光绪二十七年（1901），清廷开办京师警务学堂，聘用日本人川岛浪速为监督。奕劻不允许川岛浪速插手中国警务，另派绍英、瑞澂等人襄办，并指示他们："公事应以中国成法为主，其日本之警务章程，有可采者，亦应择善而从。我约川岛专办巡捕学堂……不约进署办事。"见《绍英日记》，第17—18页。

[2]《荣禄存札》，第49页。奕劻也对李鸿章说："我公系国家柱石，实为当今不可少之人。凡事均须借重，本爵拱听指挥耳。"见佚名：《西巡回銮始末》卷三。

处世若大梦，胡为劳其生 | 207

月二十七日病逝。如此，奕劻幸运地独享了和谈成功的荣耀。第二年起，他便出任了京城"第一肥缺"——崇文门正监督。

光绪九年至光绪十一年中法战争期间，奕劻进为庆郡王；光绪二十年（1894）中日甲午战争期间，成了庆亲王；光绪二十七年八国联军侵华期间，他又被赏食亲王双俸。与国家屡屡遭难形成鲜明对比的，是奕劻的频频升迁。

参劾与荣宠

光绪二十九年（1903）三月，荣禄去世。奕劻以亲王之尊，成为领班军机大臣，兼管外务部事务。不久，慈禧又命他管理财政处、练兵处，可谓集内外军政大权于一身。

握住了权力的奕劻，开始慢慢失去好运气。

入值军机不久，奕劻即遭到为官生涯中的第一次参劾。这年，广西巡抚王之春因在广西平靖匪乱中"专主招抚，遽报肃清"[1]、广西提督苏元春因"纵兵殃民，缺额吞饷"[2]，先后被参去职议罪。八月，御史王乃征参劾军机大臣奕劻、王文韶包庇此二人，并为各自姻亲希贤、汤寿铭说情。但此次奏参被慈禧定性为"以臆度之辞登之弹章，殊属非是"[3]，传旨严行申饬王乃征。

从此，对奕劻的弹劾可谓科道交章、此起彼伏，仅江春霖就先后八次上折参劾奕劻。[4]

众多的参折主要分为两类：

一类是参劾奕劻任用私人、徇情枉法。光绪三十三年（1907），

---

[1]谭群玉、曹天忠编：《岑春煊集》第3册，广东人民出版社2019年版，第177页。
[2]《岑春煊集》第3册，第169页。
[3]《德宗实录》卷五二〇。
[4]《宣统政纪》卷三〇。

湖北按察使梁鼎芬参奕劻受贿后为徐世昌谋东三省总督一职。[1]宣统二年（1910）正月，御史江春霖参劾奕劻任用私人、结党营私。[2]

其余更多的是参劾奕劻大肆收受贿赂。光绪二十九年九月，广东道监察御史蒋式瑆在批评奕劻等玩忽职守、能不称官的同时，重点参劾奕劻大肆收受贿赂，直言奕劻"素有好货之名"，以致家中"贿赂公行，门庭若市"。蒋式瑆还举例说，奕劻出任军机大臣以来，"收受外省由票号汇寄之款闻已不下四十万两……甚至俄人以外交经费五百万金来京师运动该亲王亦复收受，诚不解何以丧心病狂至于此极"。[3]但此折上奏后，清廷未做任何处理。

光绪三十年（1904）三月，户部筹设大清银行。蒋式瑆奏请亲贵将钱存入大清银行的同时，参劾奕劻在英国汇丰银行有大额存款。蒋式瑆原折，目前在清宫档案中未见，但《清史稿》中有摘要：

> 户部设立银行，招商入股。臣风闻上年十一月庆亲王奕劻将私产一百二十万送往东交民巷英商汇丰银行收存。奕劻自简任军机大臣以来，细大不捐，门庭如市。是以其父子起居、饮食、车马、衣服异常挥霍，尚能储蓄巨款。请命将此款提交官立银行入股。[4]

蒋式瑆此折一出，关于奕劻"细大不捐，门庭如市"的说法不胫而走。三月二十五日，清廷下旨派左都御史清锐、户部尚书鹿传霖带领蒋式瑆前往汇丰银行确查。据后来的奏报称：汇丰银行答复，银行往来账目从来不给外人查看；问汇丰银行和庆亲王有无往来，回答

---

[1]《德宗实录》卷五八〇。
[2]《宣统政纪》卷三〇。
[3] 本段所引，均见《宫中朱批奏折》，档号：04-01-12-0630-022。
[4]《清史稿·列传八》，第9098页。

是从未见过；而蒋式瑆也承认消息"得之传闻"。[1]最后的处置结果，是让蒋式瑆回"原衙门行走"，奕劻则照旧当差。奕劻自然不会亲往银行存款，汇丰银行说没有见过他，并不代表他在汇丰银行没有存款。应该说，这次调查是很不深入的。

参折之中，影响最大的当数光绪三十三年（1907）三月御史赵启霖就"杨翠喜事件"所上之折。赵启霖在参折中说：新署黑龙江巡抚段芝贵为了讨好奕劻及其子载振，买歌妓杨翠喜献给载振。此外，段芝贵还从天津商会王竹林处筹措银十万两，送给奕劻作为寿礼。

三月二十五日，清廷诏免段芝贵署黑龙江巡抚和布政使职，并让醇亲王载沣和大学士孙家鼐确查。四月初五日，载沣、孙家鼐上奏调查结果：歌妓杨翠喜为兵部候补郎中王益孙（又名王锡英）在天津以三千五百元所买，现正在王益孙家中；王竹林（又名王贤宝）系河南候补道，充当商务局总办，与段芝贵并无往来，天津商会年终入款七千余元，本局尚不敷用，商会其他商董也佐证，给段芝贵措十万金之款不但未见而且未闻。[2]

关于此案的内情，民间还流传了其他版本：慈禧下旨调查后，奕劻父子赶忙向袁世凯求援。袁世凯派心腹连夜将杨翠喜从北京送至天津，又派人威逼利诱王益孙承认自己是杨翠喜的夫婿，同时让他在京津报纸上刊登启事，驳斥"杨翠喜已由某大员献与某贵胄"的谣言。此外，又嘱王竹林不可承认与段芝贵有经济往来。于是，赃证俱销，无迹可寻。

此案轰动一时，但载沣和孙家鼐并没有亲赴天津，而是派正红旗满洲印务参领恩志、内阁侍读润昌前往访查。案件结束后，载沣等人将十七本证人证言、商会账簿以及杨翠喜卖身契等咨送军机处备查，

---

[1]《德宗实录》卷五二八。
[2]《录副档》，档号：03-7392-070。载振之子溥铨在《我的家庭"庆亲王府"片断》中说："我听家里人说，府里确实没有见过杨翠喜。"见《晚清宫廷生活见闻》，第281页。

以昭慎重。应该说，有如此之多的证言、证据，载沣等人上奏的调查结果或许更符合事实真相。

受此事件影响，在载沣等人上奏的次日，已任农工商部尚书四年的载振，被迫请辞包括御前大臣、领侍卫内大臣、农工商部尚书等一切职务。据清宫档案记载，不仅载振自己"情辞恳挚，出于至诚"，奕劻还"面奏、再三吁恳"，请辞军机大臣等要差。[1]最终，慈禧的处理是罢免载振，挽留奕劻，同时以"于亲贵重臣名节所关并不详加访察，辄以毫无根据之词率行入奏、任意污蔑"为由，将赵启霖"即行革职"。[2]同年十一月二十六日，新帝溥仪出于安抚意图，下旨封奕劻为亲王世袭罔替：

> 庆亲王奕劻公忠体国、懋著贤劳。庚子以来，顾全大局，殚心辅弼，力任其难，厥功甚伟，应加优赏，用奖勋猷，加恩着以亲王世袭罔替。[3]

"世袭罔替"，即"铁帽子王"。奕劻因此成为清朝最后一位铁帽子王，完成了从一个闲散宗室到世袭罔替亲王的飞跃。

除此之外，还有参劾奕劻和袁世凯暗中往来的奏折：光绪三十二年（1906）八月，给事中陈田参劾奕劻收受袁世凯银十万两后举荐袁之心腹徐世昌为东三省总督；光绪三十四年十二月，慈禧病故，载沣出任摄政王不久，陈田又上折奏参袁世凯结党营私，居心叵测，不可再留任军机大臣，并批评奕劻和袁世凯结交违背祖训、暗中结党，"臣闻袁世凯之赐寿也，庆亲王奕劻至去亲王而书名于寿联，贝子载振之祝词至称'四哥'而自称'如弟'，昧亲王交通百官之祖训"。[4]

---

[1]《德宗实录》卷五七二。
[2]《德宗实录》卷五七二。
[3]《上谕档》，光绪三十四年十一月二十六日。
[4]《宫中朱批奏折》，档号：04-01-13-0421-030。

陈田上折当天，载沣即下旨解除袁世凯一切职务，令其"回籍养疴"，但对奕劻却没有任何处置。

载沣为何对陈田的参折选择性接受，如此回护奕劻呢？

奕劻在辛丑议和中的表现，奠定了他在慈禧心中乃至整个清廷中的地位。尽管有众多御史参劾奕劻贪腐，乃至在庚子事变中护驾有功的岑春煊都曾当面参劾，但在贪贿成风的清末，慈禧无力也无心以此查办奕劻。[1]对于刚刚摄政的载沣而言，历道光、咸丰、同治、光绪四朝的老臣奕劻，无疑是其稳定朝局的重要力量，是需要安抚的对象。面对光绪帝、慈禧先后去世留下的权力真空，载沣采取的是让弟弟载涛、载洵等年轻亲贵掌权的方式来填补。而令袁世凯"回籍养疴"，在载沣看来，既能为自己的亲哥哥光绪帝报宿仇，又能削弱奕劻和袁世凯联盟的势力，还能进一步稳固自己的统治，可谓一石三鸟。[2]

从宣统二年十一月到宣统三年八月，已逾古稀之年的奕劻以"才力竭蹶、无补时艰""年力已衰，材能至浅"等为由，先后七次上折，请求辞去军机大臣、内阁总理大臣等职务[3]，而载沣的答复都是不许。更有趣的是，宣统二年十一月十六日奕劻首次上折请辞时，载沣非但没有批准，还历数奕劻在庚子和谈以及光绪帝、慈禧太后丧礼上"转危为安……决疑定计"之功，盛赞其"夙夜兢兢，职任一无旷误"。[4]

直到武昌起义后，饱受诟病的"皇族内阁"难以为继，宣统三年九月十一日，奕劻第八次请辞，载沣这才解除了奕劻内阁总理大臣之

---

[1] 光绪三十三年（1907），岑春煊在慈禧召见时，"面劾庆亲王奕劻纳赂鬻官"。当时慈禧的答复是："奕劻太老实，是上人的当。"见《乐斋漫笔》，第27、30页。其实，慈禧本人对下属的进贡也基本来者不拒。甚至，她从紫禁城移居颐和园之日，臣子们都会献礼以表心意。见本书"一年又过一年春——那家花园的风流与消散"章。
[2] 有关袁世凯解职，详见《清朝最后的120天》之"袁氏出山"章。
[3]《上谕档》，档号：03-7447-170，03-7453-059，03-7460-086。
[4]《宣统政纪》卷四五。

职,但又立即任命他为国务顾问机关弼德院院长。为收拾民心,清廷决定于十月初六日宣布实行君主立宪。为此事,九月二十九日,载沣还派奕劻代表自己前往太庙行礼[1],这表明此时的奕劻依然深受载沣的信任。

十月十六日,载沣退居藩邸、不预政事。隆裕太后在谕旨中批准载沣辞职的同时,批评他"受人朦蔽,贻害群生"。[2]那载沣是受谁蒙蔽呢?一般认为,这说的就是奕劻。当天,御史温肃上折为载沣鸣不平的同时,参劾奕劻等"当国有年……年来万事隳坏,致酿成滔天之祸"。[3]但温肃上呈此折后,奕劻也没有受到任何查处。

避居寓天津

1912年2月12日,清帝逊位,不久奕劻避居天津。[4]但他离开京师、避居天津的细节尚不清楚。

关于奕劻离开京师的情形,大致有两种说法:

其一,学者马平安在《最后一个铁帽子王》一书中写道:1912年3月1日凌晨,北京定阜街胡同匆匆驶出了数辆大车,出正阳门往东火车站急驰而去。中间的一辆大车上,坐着一位颓丧欲绝的年逾七十的古稀老人。此刻,这位老人正在几位侍妾的半劝半挟中放声大哭。他,就是亲身见证了大清帝国晚期整个苦难过程的庆亲王奕劻,时人戏谑之为老庆。[5]

其二,龙翔、泉明在《最后的皇族》一书中,引许指严《十叶

---

[1]《上谕档》,宣统三年九月二十九日。
[2]《上谕档》,宣统三年十月十六日。
[3]《宣统政纪》卷六六。
[4]《清史稿·列传八》,第9099页。
[5] 马平安:《最后一个铁帽子王:爱新觉罗·奕劻的是是非非》,中华书局2016年版,第173页。

野闻》的记载，称奕劻是在载振等人"绑架"下离京的，"（清帝逊位后）奕劻家人劝他往天津避难，他执意不肯。在亲家孙宝琦与长子载振的强行'绑架'下钻进轿车，趁天不亮溜出正阳门，赶坐头班火车奔了天津，住进租界。一上火车，他如释重负，卧榻而眠。到了天津，他吃得香睡得着，彻底将'以老命殉国'抛往爪哇国了"。[1]

前一种说法文学色彩过浓，而后一种提到的"绑架"等情节，未见其他史料印证。

关于奕劻去天津的日期，较为确切的记载见于丁士源《梅楞章京笔记》一书。武昌起义之初，丁士源为清陆军大臣荫昌副官长。据他回忆，清帝退位后仅三天，奕劻即在天津。1912年2月15日，丁士源到达天津。次日，奕劻就把他找去谈论时局。1912年5月，原内阁协理大臣徐世昌出京去青岛，曾在天津短暂停留。其间，徐世昌拜会了奕劻。5月26日，他在日记中写道："午后到租界访晤庆邸、振贝子、孙慕韩，各谈片刻。"[2]清帝逊位后，原内阁协理大臣那桐也避居天津。6月3日，他在日记中写道："振贝子来晤。"[3]如果说丁士源所记为孤证，那么徐世昌、那桐的日记表明：奕劻最晚不迟于5月就已经避居天津。另据奕劻亲家绍英[4]的日记记载，1912年7月至10月，他去天津探望家人时，曾多次与奕劻晤谈。[5]

奕劻在天津居所的位置，目前尚未找到确切记载。仅据载振之

---

[1] 龙翔、泉明：《最后的皇族：大清十二家"铁帽子王"逸事》，北京大学出版社2011年版，第222页。《十叶野闻》中说："于壬子正月十三日出京，系其亲家孙宝琦所力劝。庆初意尚欲老死宫门，而孙亲家则强令其家人捆载行李，雇揽大车，凌晨辀轳出正阳门而去。"见许指严：《十叶野闻》，三晋出版社2022年版，第234页。

[2] 徐世昌：《徐世昌日记》第22卷，北京人民出版社2013年版，第10786页。振贝子即载振。孙宝琦，字慕韩，曾任山东巡抚，后为民国外交总长，代理国务总理。

[3] 《那桐日记》，第714页。

[4] 绍英的长子世杰迎娶了奕劻的第八女为妻，见《绍英日记》，第162页。

[5] 《绍英日记》，第197、204页。

子溥铨回忆，避居天津之初，奕劻居住在德租界，而载振住在英租界。[1]

有文章认为，奕劻避居天津之后，基本不问世事，过着逍遥的寓公生活。如《十叶野闻》称：奕劻到天津后靠打麻将消磨时光，"庆既侨寓天津，实行其颐养主义。平常大抵聚福晋、格格等打麻雀，其底码大都收束，以百计而不以千计。闻一万元底，则久不义矣。每日饭后起，以四圈或八圈为度，完后则福晋等各散，乃自洗骨牌而打五关矣"。[2]

这种说法，不尽符合历史事实。作为历经道咸同光宣五朝的元老，避居天津期间，奕劻依然深受原摄政王载沣的倚重：1912年孙中山进京的接待事宜、1913年隆裕太后去世后的丧礼，都是奕劻在主持大局。

1912年8月，孙中山应袁世凯之邀北上进京。在其莅京之前，时在天津的原民政部右丞绍彝曾修书数封给其胞兄绍英（时任逊清皇室总管内务府大臣），信中披露了奕劻等人筹划逊清皇室如何款待孙中山的内幕。

9月4日，绍彝在信中说："孙中山各界均欢迎，惟皇族无，似乎缺点，总以略为周旋为妥。本朝皇室为吾（五）大民族之一，并与前代亡国不同。一请孙中山实作共和之国，将来必有感情，日后皇室以及旗族均为有益也。王意以伦四爷代表尤为得法……地方以城内为佳，能在迎宾馆尤为妥当。"[3]

绍彝信中所说的"王"，指的就是奕劻，伦四爷指贝子溥伦，曾任前清资政院总裁、农工商大臣。信中，绍彝还提醒弟弟绍英，为节省开支，接待可参照总统府或外务部的标准而不必按御膳标准。或许

---

[1]《晚清宫廷生活见闻》，第281页。

[2]《十叶野闻》，第235页。

[3] 晓尧：《几页书札　一段历史——孙中山先生1912年在北京会晤摄政王载沣之探源》，《艺术市场》2003年第Z2期，第91页。

觉得此事传扬出去有损皇室颜面,因此绍彝在信中强调"此条千万不可对外人言也"。至于宴请时间和地点,绍彝给出了9月11日在那家花园的明确建议。[1]

9月11日,清皇室在那家花园宴请孙中山。醇亲王载沣"因小恙未到"[2],由溥伦出面主持宴请。其实在9月10日上午,孙中山就到醇亲王府拜会了载沣,当日下午,载沣还做了回访,两人交谈了约一个小时。[3] 由此可知载沣身体其实并无不适,之所以不出现,只是在遵照奕劻等人的"安排"。远在天津的奕劻,"导演"着京城招待孙中山之事。

这些都表明,避居天津时的奕劻,并非传闻所说的不问世事。

由于儿女亲家的关系,清帝逊位后,绍英与奕劻见面的次数,远较其他前清高官多。至1917年奕劻去世,绍英的日记中有关奕劻的记载达五十七条之多。尽管大多比较简略,但也从不同侧面反映了退隐后的奕劻在逊清皇室中的地位。

1913年2月22日,年仅四十六岁的隆裕太后郁郁而终。3月17日,绍英奉醇亲王载沣之命前往天津,请奕劻回京主持隆裕丧礼。奕劻答应于3月30日回京。3月27日,主持后宫的瑾妃召见载沣和总管内务府大臣景丰、绍英商量隆裕丧礼筹备事宜,载沣明确表示待奕劻回京后再议。3月29日,奕劻返京当日,绍英奉载沣之命前往庆王府,向奕劻介绍宫内近日情形,以备皇室召见。载沣对奕劻的倚重,可见一斑。4月9日,隆裕灵柩暂厝仪式完毕,至4月15日,奕劻才由京返津。[4]

---

[1] 本段所引,均见晓尧:《几页书札 一段历史——孙中山先生1912年在北京会晤摄政王载沣之探源》,《艺术市场》2003年第Z2期,第91页。绍彝信中所说的八月初一日为阴历,阳历为9月11日。

[2] 《绍英日记》,第200页。

[3] 《辛亥革命后的北京满族》,第238页;亦见于黄宗汉、王灿炽编著:《孙中山与北京》,人民出版社1996年版,第127—128页。

[4] 本段所引,均见《绍英日记》,第220—224页。

1913年隆裕太后去世,在太和门广场举行的哀悼会

1914年3—4月,奕劻既不时"进内"拜见逊帝溥仪,又与民国要人频频互动。4月12日,民国政府代理国务总理孙宝琦等人宴请奕劻,"晚,孙总理请陪庆邸,同座有徐、世太保、梁燕孙、周总长、汪伯棠、联春卿、沈雨人、曹次长、章总长"。[1]如此高规格的宴请,显示出奕劻依旧在逊清皇室与民国官员之间有着较高的地位。

五十七条有关奕劻的记载中,1913年9月和1915年4月的两处,尤能展现奕劻的个性。1913年9月27日,奕劻罕见地和绍英谈起逊帝溥仪的成长计划,希望溥仪学习西方科学技术,甚至应该出洋留学,"将来皇上宜学新学,有通达各国情形之妥人随同出洋留学,始堪自主,否则日后甚可危也"。很难想象,这竟然是从一向被视为保

---

[1]《绍英日记》,第261页。徐、世太保即徐世昌和世续,梁燕孙为时任总统府秘书长的梁士诒,周总长、曹次长、章总长分别指财政总长周自齐、外交部次长曹汝霖和司法总长章宗祥。

处世若大梦,胡为劳其生 | 217

守派的奕劻口中说出来的。而在将近十年后,当已经大婚的溥仪提出想出洋留学时,还遭到父亲载沣和后宫诸位太妃的反对。此外,奕劻还发表"以财政论……民国已有亡国之势矣"等言论,透露出他对民国的不满。[1]

若干身后事

1916年,奕劻身体状况开始变差。12月28日,绍英接到庆王府电话,托他请医生去给奕劻看病。绍英不敢怠慢,第二天中午即陪同医者龙保卿前往庆王府。[2]但这次,好运气也不再眷顾奕劻——缠绵病榻一个多月后,他终告不治,于1917年1月28日病逝于北京庆王府,享年八十岁。

奕劻的遗折显示,他的病因是失血失眠,病根在于操劳过甚,"数载以来,疾病淹缠,迄未能一奉朝请。迨至去年冬季,益觉委顿不支,失血失眠,险象迭起,迭延中西医诊治,或言系由频年操劳过甚,心血两亏所致,非安心调养不易见功,方谓仰托福庇,得以渐就安痊,不意药石无灵,延至本月初六日,气息仅属,已无生存之望"。[3]由此看来,基本上属于年老体衰的油尽灯枯。毕竟此时的奕劻已年届八十,在当时实属高寿。

绍英、徐世昌、那桐、恽毓鼎等前清高官对奕劻之死的反应,颇值得玩味。绍英与奕劻走动频繁,1月28日,他在日记中写道:"是日申刻庆王爷仙逝,闻信之下,伤如之何。"[4]徐世昌第二天才得到消息,其日记记载:"庆邸昨日申刻薨逝,往哭之。"[5]庚子事变时那桐

---

[1] 本段所引,均见《绍英日记》,第240页。
[2]《绍英日记》,第342页。
[3] 秦国经:《逊清王室秘闻》,故宫出版社2014年版,第78页。
[4]《绍英日记》,第348页。
[5]《徐世昌日记》第22卷,第10960页。

因留京协助奕劻办事而获赏识，经奕劻举荐，短短几年升至内阁协理大臣，但其日记中只有冷冰冰的"酉刻庆亲王薨逝，即阴历正月初六日也"之语。[1]清帝逊位后，那桐尽管长住天津，不时与载振等人走动，但翻检其日记，从无拜会奕劻的内容。

恽毓鼎知悉最晚，态度也最为激烈：1月31日，他在日记中说："奕劻于初六日病死，年正八十，虽未报丧，吾膝不能为老贼曲也。以宗室元辅而双手献祖宗天下于人，求之历史，竟无其匹。"[2]不仅如此，恽毓鼎当日还拟了一副挽联对奕劻进行嘲讽：

减王寿十岁以益先皇，岂非大清卜世灵长之福；
历民国六年而登仙界，惜少洪宪开基拥戴之勋。[3]

挽联中"减王寿十岁"是在骂奕劻活得太久；"惜少洪宪开基拥戴之勋"，字面的意义是为奕劻没能领衔拥戴袁世凯称帝而可惜，实则嘲讽奕劻与袁世凯关系亲密、臭味相投。

奕劻之死也引发了溥仪与载沣之间的矛盾：奕劻去世以后，溥仪依例派贝勒载涛带领侍卫十员前往奠醊，并赏给陀罗经被和三千元治丧费，开复任内一切处分，由其子载振袭庆亲王。但实际上，溥仪内心对奕劻十分不满。在《我的前半生》中，溥仪就直言不讳地说"庆王就是以办理卖国外交和卖官鬻爵而出名的奕劻"[4]，并且花了不小的篇幅来讲述奕劻贪赃枉法、卖官鬻爵和贪缘袁世凯让北洋势力坐大等劣迹。1月30日，奕劻遗折呈上后，照例应根据奕劻一生事迹赐予谥号。这天，当绍英正与载沣、世续等商议"庆邸恤典事"时，溥仪派老师伊克坦、陈宝琛、朱益藩前来，告知载沣"毋庸特予谥法"。但

---

[1]《那桐日记》，第840页。
[2]《恽毓鼎澄斋日记》，第773页。
[3]《恽毓鼎澄斋日记》，第773页。
[4]《我的前半生》，第17页。

载沣并不赞同溥仪的做法，第二天依然指示内务府上折请谥。[1]

2月1日，溥仪在养心殿召见绍英、世续等人，再度反对赐谥。《绍英日记》记载，上云"庆亲王将大清国都卖了，对不住列祖列宗，毋庸予谥"，世中堂对云"内务府应照例奏请应否予谥"，上云"你们可向王爷说明毋庸予谥，如予谥，应用'墨、灵、幽、厉'等字"。[2]

获悉溥仪不同意给奕劻赐谥后，载沣表示"只好如此办理"的同时，依然坚持"亲王无谥法，面子上稍差耳"。而且，除载沣、世续等人之外，溥仪的叔叔、前海军大臣载涛也认为"有谥法为合宜"。[3]

最终，溥仪做出了让步，为奕劻赐谥"密"。绍英在日记里说："按谥法，思虑详审曰'密'，追补前过曰'密'，系援照理密亲王谥法也。"[4] 外界普遍认为，溥仪为奕劻赐谥"密"是追补前过之意。绍英的记载，无疑丰富了我们对此谥号的理解。[5] 恽毓鼎则认为，即便赐谥"密"，也不足以彰奕劻之过，"按谥法，能悔前过曰'密'。是'密'虽曰恶谥，然'悔过'二字，恐老庆尚不足当之"。[6]

奕劻之孙溥铨在《我的家庭"庆亲王府"片断》一文中写道：奕劻的"丧事办得极为豪奢，凡其生前喜爱物品，无不照样糊制一份，精巧玲珑，无异真品。就是车轿桌椅，也都用木料制成，内铺毛毡细锦，费用无法计算。府内大管家名吴玉顺，二管家名巴彦。扎制这些

---

[1]《绍英日记》，第348页。

[2]《绍英日记》，第348页。据记载，最初内务府拟谥号为"哲"，见《逊清王室秘闻》，第79页。

[3]《绍英日记》，第349页。

[4]《绍英日记》，第349页。理密亲王，即康熙的次子、废太子胤礽。胤礽病逝，雍正帝赐其谥为"密"。

[5] 据恽毓鼎的记载，此前清朝共有三位亲王被赐谥"密"：理密亲王胤礽、显密亲王丹臻、诚密亲王胤秘，见《恽毓鼎澄斋日记》，第775页。但恽毓鼎记载似乎有误，诚亲王胤秘的谥号为"恪"。

[6]《恽毓鼎澄斋日记》，第775页。

冥货因全由巴彦经办，事后冥货铺向巴彦要钱，载㨄[1]把持不给，吴玉顺也故意刁难，逼得巴彦竟上吊死了"。[2]

奕劻葬于五峰山脚的白羊城（今北京市昌平区流村镇五峰山庄），这里也是庆王陵，由第一代庆亲王永璘选定，有大小园寝八处，内有大小宝顶二十二座，埋葬着四代共二十七人。[3]

奕劻陵寝位于白羊城北宫东北，有碑楼、宫门、红墙、享殿、大宝顶一座。[4]民国以后，军阀混战，曾有多批军队和土匪觊觎庆王坟，所幸看墓人保护得力，未被盗掘。"七七事变"后，昌平西山瓦窑警察所所长包旭堂用炸药炸开庆王府园寝，把园寝内二十二座陵墓的殉葬珍宝全部掠走。此陵之后历经多次破坏，至1966年，庆王坟残存建筑被拆毁，南宫1955年被部队征用至今。20世纪80年代，奕劻葬地东宫盖起了学校。[5]

奕劻诸子中，载振曾任农工商部尚书，因杨翠喜案被迫上折请辞，之后再没踏入过政坛，次子载㨄获封镇国将军，第五子载抡无爵位。奕劻死后，庆王府一分为三，各自另过。据载抡女儿溥鐴回忆，1919年，载抡举家到天津购房定居。[6]1923年，载㨄因所住的庆王府被大火烧毁也搬到天津。至于载振，则于1925年买下小德张的楼房，在天津"庆王府"过着寓公生活。

兄弟三人避居天津后，北京的庆王府只留下一部分老佣人看管。1928年，时任国民党第四军团总指挥的方振武将司令部设于庆王府内，占据多年，走时将所有家具物品掳掠一空。[7]为了王府不再被他

---

[1]奕劻有六子，三、四、六子早殇，长子载振、次子载㨄、五子载抡长大成人。
[2]《晚清宫廷生活见闻》，第276页。
[3]李富厚：《京西北庆王园寝》，《北京档案》2011年第11期，第58页。
[4]《清代王爷坟》，第221—222页。
[5]该学校2006年时已改为饭庄。见冯其利、周莎：《重访清代王爷坟》，北京燕山出版社2007年版，第158—159页。
[6]《爱新觉罗氏的后裔们》，第243页。
[7]《晚清宫廷生活见闻》，第279页。

人强占，载振便让亲戚好友住进府内，1940年前后载振将王府"售与伪华北行政委员会，售价伪币约四十五万元，三房平分"。[1]抗战胜利后，国民政府接收了庆王府，教育部编审会和国民党空军北平地区司令部就设在府内。1949年初，中国人民解放军接管北平后，庆王府又成了华北军区司令部所在地，聂荣臻元帅曾在此指挥过解放华北的战斗。自20世纪50年代初至今，庆王府一直为部队所用。[2]

奕劻三子中，载㩆最为挥霍，曾在一夜之间输掉两所房子。由于他挥霍无度，没几年就把分得的财产花光了，债台高筑，于1935年落魄而死。[3]载㩆长子金溥钧、次子金溥铭，从小娇生惯养，长大后只会吸烟、赌博、吃喝玩乐。家道衰落后，金溥铭曾到东北找溥仪，但没有谋得好差事，又回到北平。抗战胜利后，金溥铭曾在国民政府北平民政局第一科当办事员，每月薪水六七十元，但不久即被解雇。走投无路之下，他只好变卖家里的物件维持生活。到了最后，奕劻这位嫡孙沦落到捡破烂为生——有时捡不到东西卖钱，一日一餐也难以维持。一门遭际，令人唏嘘。[4]

第五子载抡一直长住天津。抗战胜利后，他加紧和国民党军政人员建立联络，并与国民党天津警备司令部参谋长严家诰结为把兄弟。天津解放前夕，载抡携妾室逃往香港，不久金尽囊空，带病返津，于1950年去世。[5]

奕劻曾以"四留"名其别墅，并以小条幅悬诸壁上，嘱后辈恪守此训。其词云："留有余不尽之禄以还朝廷，留有余不尽之财以遗百姓，留有余不尽之巧以还造化，留有余不尽之书以遗子孙。"[6]但从其

---

[1]《晚清宫廷生活见闻》，第279页。
[2]林克光等主编：《近代京华史迹》，中国人民大学出版社1985年版，第119—120页。
[3]《晚清宫廷生活见闻》，第278页。
[4]《清代八旗王公贵族兴衰史》，第407—408页。
[5]《晚清宫廷生活见闻》，第278页。
[6]《晚清宫廷生活见闻》，第279页。

儿孙的结局来看，显然他们都没有遵此遗训。奕劻的一番苦心，可谓付之东流。

传闻与辨正

光绪三十年（1904）三月，御史蒋式瑆参劾奕劻将私产一百二十万两存入英国汇丰银行。[1]1911年5月19日，《泰晤士报》驻京记者莫理循（George Ernest Morrison）在给友人的信中写道，"庆亲王据称在外国银行的存款，即有七百一十二万五千镑"；10月24日，他又在给友人的信中称，奕劻曾将个人的二十五万两白银存入外国银行。[2]

尽管莫理循在信中明确表示"此项数字来自御史的弹劾奏章及别的消息来源"，并提醒布拉姆"这些数字都是难以置信的"。[3]但仍有文章直接引述莫理循的说法，称奕劻的银行存款高达七百多万英镑。[4]那么，奕劻是否真的家财万贯、富可敌国呢？

武昌起义爆发后，清廷财政拮据。宣统三年（1911）十一月，袁世凯的心腹、直隶提督姜桂题联合冯国璋、张勋、张怀芝、曹锟等十五名将领，以及赵尔巽、陈夔龙、段祺瑞、锡良等督抚联名电请饬令王公亲贵将外国银行存款提出以充军饷。为此，各王公亲贵自请调查银行存款。最终调查的结果，《大公报》报道："经外务部蔡左丞、度支部周副大臣会同详密探询，各银行内庆醇邸，涛、洵、朗贝勒，伦贝子、泽公、世太保、那中堂诸位名下均无存款，并据各银行声

---

[1]《清史稿·列传八》，第9098页。
[2]骆惠敏编：《清末民初政情内幕：〈泰晤士报〉驻北京记者、袁世凯政治顾问乔·尼·莫理循书信集下：1912—1920》（以下简称《清末民初政情内幕》），知识出版社1986年版，第765页。
[3]《清末民初政情内幕》，第728页。
[4]笔者认为，奕劻在外国银行有七百多万英镑存款，是一种误读。

称，官界存款统计不过三百万。"[1]奕劻、那桐、载泽等人在外国银行并无存款。

  不论是《大公报》的报道，还是蒋式瑆的奏折，所说都不一定十分准确。但可以肯定的是，奕劻的家赀不是小数。宣统三年二月，奕劻第八女嫁给绍英长子。绍英后人马延玉就曾听祖母说，奕劻所送嫁妆，囊括了女儿过门后的各种生活用品，少说也过百抬，其中还有一张紫檀木大床。[2]清帝逊位后，载振能花十几万元买入小德张的楼房，出资二十多万元入股天津的劝业场和交通旅馆[3]，在天津"庆王府"过着骄奢生活，还在庆王陵花费十二万余元营建园寝[4]等，都表明载振从父亲奕劻处继承而来的财产相当丰厚。

  粗略统计，奕劻的财产包括北京庆亲王府、承泽园、泄水湖、苦水井花园府邸，十余处铺面房，以及南苑田地二十顷、旗地六百多顷。[5]此外，还有官俸和受贿所得。

  光绪十七年（1891）七月，奕劻被任命为崇文门正监督。崇文门监督，为京师收税总机关，是京城"第一肥缺"。据曾任崇文门监督帮办委员的崇彝所述，该职位一年的收入至少数万两。[6]桂祥只出任税关监督一年，就将桂公府修葺一新，并发自内心对家人说"我这后半辈子总算不用发愁了"。[7]

---

[1]《大公报》1912年1月18日，第1张。报道中所说"蔡左丞、周副大臣"，分别指外务部左丞蔡绍基、度支部副大臣周自齐；至于"涛、洵、朗贝勒，伦贝子、泽公、世太保、那中堂"，分别指军咨大臣载涛、海军大臣载洵、训练禁卫军大臣毓朗、农工商大臣溥伦、内务府大臣世续以及那桐。详见《清朝最后的120天》，第347—349页。
[2]马延玉：《绍英奕劻两家联姻记》，《紫禁城》2003年第3期，第28页。
[3]《晚清宫廷生活见闻》，第299、284页。
[4]《清代王爷坟》，第222页。
[5]《晚清宫廷生活见闻》，第279页。
[6]《道咸以来朝野杂记》，第104—105页。
[7]《末代皇帝的非常人生》，第46页。

此后，奕劻又于光绪二十八年至三十年连续出任崇文门正监督。如此待遇，堪比乾隆年间八连任的和珅。仅此，奕劻所得应不下数十万两。

奕劻借红白喜事等所收受的礼金，也不会是小数目。奕劻生日是阴历二月二十九日。在《那桐日记》中，就有不少去庆邸拜寿的记载，如光绪二十三年（1897）奕劻过六十大寿，那桐送去了"三镶玉如意一柄、桦木寿星八仙一堂、江绸袍褂料一套、荷包二匣"[1]；以"清流"著称的翁同龢，也送去了"如意、缎幛、袍褂、荷包、燕席、酒、烛、猪"。[2] 光绪三十三年（1907）奕劻迎来七十大寿，更是连办了四天寿宴，宴请宾客甚至包括各国驻华使节。[3]

除办寿之外，诸如嫁女等喜事，百官也会给奕劻送贺礼。光绪二十三年，刚刚办完六十寿宴不久，奕劻又嫁女，翁同龢送去了"如意、红绿绸四卷、佩件两匣、羊一、酒一、烛十斤、茶十斤"[4]，那桐则"交喜分百金、门包四金"[5]。

更为可观的财富则来自各级官员的孝敬。1917年奕劻病逝，由载涛主持分家事务。载㧑嫌分给他的钱少了，就对载涛抱怨说："辛亥前各方面所送的金银珠宝就不用提了，光是辛亥革命时，因为隆裕太后迟迟不发表《逊位诏书》，袁世凯为了恫吓她迅速发布，就向祖父和总管张兰德（即小德张）每人报效了三百万两银子，怎么才分配这一点呢？"[6]

是否有三百万两银子尚待考证，但袁世凯贿赂奕劻应该有据可凭。1912年秋，袁世凯曾约临时参议院议长吴景濂到总统府看账本。

---

[1]《那桐日记》（上），第235页。
[2] 翁同龢：《翁同龢日记》第6册，中华书局1998年版，第2985页。
[3]《那桐日记》，第597页。
[4]《翁同龢日记》第6册，第2988页。
[5]《那桐日记》，第237页。
[6]《晚清宫廷生活见闻》，第23页。此处"祖父"或有误，应指父亲奕劻。

据吴景濂回忆，"清帝退位的时候，所有清帝左右的官宦及有权势的人，都得到了袁世凯的赠款，谁得多少都详细记在账册上"。[1]只有恭亲王溥伟强烈反对清帝退位，袁世凯没敢拿钱贿赂他。照此说法，接受赠款的官宦中，自然有庆亲王奕劻。再比如刘厚生在《张謇传记》中写道：奕劻出任军机大臣之际，时为直隶总督的袁世凯曾派杨士琦送去银十万两，并承诺今后还将不时孝敬。[2]还有胡思敬也在书中记载奕劻"初入政府，方窘乏不能自舒"，袁世凯一次就贿赂他三四十万两。[3]

这些说法虽未必完全属实，但也不是空穴来风，坊间也戏称奕劻为"老庆记公司"[4]。晚清重臣岑春煊在其自传《乐斋漫笔》中说，自己于光绪二十九年三月出任两广总督时，曾查处过粤海关小官员周荣曜贪污案。周氏"纳贿京朝，广通声气"，侵吞的公款送给了奕劻不少，用以谋得驻比利时公使之职。经岑春煊奏参，清廷将周荣曜革职查抄，"凡积年赃款，达数百万之多"。后来面见慈禧时，岑春煊就以此为例参劾奕劻"纳赂鬻官……太后为之嘿然有愧色"。[5]敢于在慈禧面前参劾，可见岑春煊掌握的有关奕劻接受贿赂的事实，应该是可信的。

溥仪曾悲愤地说："大清二百多年的天下，断送在奕劻手里。"[6]但其实，葬送大清的并不主要是奕劻，更是咸丰帝、慈禧、载沣等

---

[1]《魂断紫禁城》，第251页。
[2]刘厚生：《张謇传记》，上海书店出版社1985年版，第127—128页。
[3]胡思敬：《退庐全集》，文海出版社1969年版，第1350页。关于奕劻的受贿与财富，《十叶野闻》中多有记载，如直隶总督陈夔龙，每年进奉的冰敬、炭敬数万两；仅七十诞辰，奕劻收受的现金就不下五十万两，礼物不下百万；四川某候补道一人送上现金十万两，获任海关道。见《十叶野闻》，第243—246页。文中记载是否属实，尚待考证。
[4]《十叶野闻》，第242页。
[5]本段所引，均见《乐斋漫笔》，第27页。
[6]《我的前半生》，第70页。

人。奕劻的贪腐某种程度上源自慈禧和载沣的纵容。为了防止官员贪腐，清廷曾规定崇文门正监督一职为一年一任命。但从光绪二十八年开始，奕劻连续三年出任该职，或许，这是慈禧为了酬答奕劻在庚子和谈中的功劳而有意为之。毕竟，奕劻对清廷的最大"贡献"，是在庚子年办理中外和议。正如溥仪在《我的前半生》中所说："辛丑议和是他（奕劻）一生中最重要的事件。在这一事件中，他既为西太后尽了力，使她躲开了祸首的名义，也让八国联军在条约上满了意。"[1]但慈禧此举，何尝不是将"一年一任命"制度视为具文、纵容奕劻贪腐呢？

---

[1]《我的前半生》，第18页。

总督

清朝末期，全国有九位总督。随着辛亥鼎革，几位总督迈上了不同的道路——云贵总督李经羲短暂出任国务总理；直隶总督张镇芳效忠袁世凯，但不支持复辟；两江总督张人骏选择归隐；两广总督张鸣岐在各派势力间游走；东三省总督赵尔巽则超然于新旧之外，以修史来自我安慰。

传统儒家思想讲求"崇奖忠贞""风励臣节"，昭劝历代士子不事二君。但这次政权更迭并非千年以来的"改朝换代"，而是以共和取代专制。如此一来，忠与奸，进步与落后，变得莫名的悖论、莫名的吊诡，也为这几位总督异常复杂的人生选择添了几分矛盾与挣扎。

得勾留处且勾留*
——李经羲的任性与逢源

李经羲（1857—1925），字仲山，号悔庵，安徽合肥人，官至云贵总督。辛亥革命时，被蔡锷礼送出境，后担任民国政府参政院参政，被袁世凯封为"嵩山四友"之一。1917年在"府院之争"时出任国务总理兼财政总长，但因张勋复辟，就任不足十天即去职。

大名鼎鼎的李鸿章家族，在清代出了三位总督：李鸿章本人，曾任两江、两广和直隶总督；兄长李瀚章，曾任湖广和两广总督；侄子李经羲，末代云贵总督。而且，李经羲不仅崭露头角于晚清，还一度活跃于民国，与徐世昌、赵尔巽、张謇一道被袁世凯封为"嵩山四友"[1]，甚至还出任过十天民国总理。

李经羲的传奇并不止于此：其子李国筼，在袁世凯时期曾被任

---

* 语出李经羲《泛舟西湖二绝·得勾留处且勾留》："得勾留处且勾留，不奈疏钟碎客愁。半日清游还未足，朦胧山色送归舟。"

[1]《袁世凯全集》第33卷，第657页。

命为广东、广西巡按使[1];曾孙李道豫,曾出任中国常驻联合国代表、驻美大使,2019年10月获颁"外交工作杰出贡献者"国家荣誉称号。

李经羲,字仲山[2],是李鸿章弟弟李鹤章之子。和李鸿章"少年科第"不同,他只是优贡出身。所谓优贡,是指经地方选拔合格后送入国子监读书的生员,每三年选拔一次,朝考合格后可授予官职。光绪五年(1879),二十三岁的李经羲朝考一等,"奉旨以知县用"。[3]

曾在李府管事的唐凌辉回忆:李府最盛时期,有田二百五十七万亩。仅李鸿章名下的田产,每年可收租五万石。[4]至于李经羲的父亲李鹤章,虽曾入曾国藩军幕、随李鸿章南征北战,但因李鸿章避嫌不举荐,镇压太平天国后,朝廷只授予他甘肃甘凉道之职。李鹤章一气之下便回老家主持家政。[5]他购房置地,兼营盐业、茶叶和当铺,迅速发家,在原温家大村建起了有四百多间房的李家楼,又在合肥城里建了五进豪宅。[6]

李经羲刚任知县不久,父亲李鹤章即于光绪六年(1880)去世,按例须丁忧三年;光绪十三年(1887)出任四川永宁道不到一年,又赶上母亲于光绪十四年去世,只好再守孝三年。或许是为了不耽误仕途,光绪十七年(1891)借顺天、直隶水灾之机,李经羲一次性捐银一万两。这一大手笔让李经羲被赏戴文官巡抚(从二品)以上才能得到的花翎,并于光绪十九年(1893)被授湖南盐法长宝道。湖南盐法

---

[1]《袁世凯全集》第26卷,第475页;第32卷,第18页。1916年,袁世凯改各省的行政长官民政长为巡按使。
[2] 李经羲,又字仲仙、仲宣、仲轩、宓生,号悔庵,晚号蜕叟。
[3] 中国第一历史档案馆:《光绪年间官员履历单选载》,《历史档案》1985年第1期,第27页。
[4] 宋路霞:《李鸿章家族海上沉浮录》(上),《江淮文史》2000年第1期,第104页。
[5] 与李鹤章一样统领一军的刘铭传,同治三年(1864)八月已升至从一品的直隶提督,而李鹤章只是四品的甘肃甘凉道。此后,虽经曾国藩奏请开去李鹤章甘凉道缺留于曾国藩军营办理营务,但不久李氏即离营回老家。见中国第一历史档案馆藏:《大清穆宗毅皇帝实录》卷一一二、一三九。
[6] 宋路霞:《李鸿章家族:晚清第一家》,重庆出版社2005年版,第53—54页。

李鸿章（左）与兄长李瀚章（右）及子孙的合影（站立者左四为李经羲）

长宝道包含两层职权：盐法道主管一省盐务，长宝道则管理长沙、宝庆两府。也就是说，三十七岁的李经羲此时虽是四品官，但既管湖南全省盐政，又管理湖南省城长沙的政务，身份颇为特殊。

从光绪五年到十九年这十四年间，除去为父母守制的六年，李经羲实际做官的时间只有八年，却能由七品知县升至四品道员。这其中，李瀚章、李鸿章两位伯父的荫庇，以及父亲李鹤章的丰厚家资功不可没。

李经羲的早年仕途中，李鸿章的影响如影随形：光绪二十一年（1895）九月，李经羲遭遇了人生第一次参劾，被指署理湖南按察使期间授意下属刑讯逼供。后虽经历史学家陈寅恪的祖父、湖南巡抚陈宝箴查核"尚无情弊，免其置议"[1]，但联想到此时正是李鸿章刚刚签

---

[1]《德宗实录》卷三八二。

署《马关条约》、"一生事业扫地无余"之际，参劾者落井下石也并非没有可能。光绪二十七年（1901）三月初三日，正在西安避乱的慈禧下旨升四十五岁的云南布政使李经羲为广西巡抚。[1]此时，七十九岁的李鸿章正抱病在京师与八国谈判，力争让慈禧早日回銮。慈禧此举，很难说没有投桃报李、慰劳李鸿章之意。慈禧和宣统帝后来给李经羲的谕旨中，也不时有"渥受国恩"、"世受国恩"[2]之语。

顶撞慈禧被免职

任命李经羲为广西巡抚仅一个月，清廷又匆忙下旨，令其改任云南巡抚。也就是说，李经羲这位广西巡抚根本没有来得及赴任。

个中原因，是要他去善后近代史上颇为有名的"昆明教案"。据署理云贵总督丁振铎的奏报，光绪二十六年四月，法驻滇总领事方苏雅（奥古斯特·弗朗索瓦，Augste Francois）以在华兴建铁路需要自卫为名，携带装有大量军火的三百余件"行李"来到蒙自海关。经蒙自海关税务司声明海关章程后，方苏雅留下"四十六件"装枪长箱暂存"蒙领署"，带着余下二百多件"行李"强行闯关。四月十三日，方苏雅一行抵达省城昆明，厘金局又从其随行的行李中查出军火"二十六驮"。方苏雅随即率众携枪赶到厘金局，"指吓委员，殴打丁役，立将军火抢运入城"[3]。其蛮横无理激起了民愤：五月十四日，上万名百姓包围昆明法国总领事府，焚毁、拆卸了两座法国教堂并波及两座英国教堂，引发"昆明教案"。

《辛丑条约》签订后，中法双方重新商讨了"昆明教案"的善后问题。由于新任云贵总督魏光焘尚未到任，署理总督的前云南巡抚丁

---

[1]《德宗实录》卷四八一。
[2]《德宗实录》卷五二九，《宣统政纪》卷四五。
[3]《光绪朝朱批奏折》第一二〇辑，第322页。

1900年"昆明教案"中被烧毁的天主教堂

振铎不愿一人承担与法国交涉之干系,便于光绪二十七年(1901)四月以"遇事与李经羲反复筹商,深资倚赖"为由将时任云南布政使的李经羲奏留。而清廷也认为"边务紧要,李经羲办事明爽",便改命李经羲为云南巡抚。[1]

"昆明教案"最终以中方赔偿银十五万两而落幕。[2]光绪二十八年四月李经羲奏请进京陛见,慈禧未允,指示他可以通过奏折汇报政情。未料,李经羲再次陈请,并表示"章奏不能有济",且身处嫌疑,有些话无法在奏折中言明。陈请陛见折中甚至还有如果不准陛见,"徒使国家有异日之悔"等言语。这触怒了慈禧,四月初八日下旨斥责李经羲"词涉要挟……任意肆行",免去其云南巡抚之职,"交部议处"。[3]富家子弟李经羲的任性,可见一斑。

---

[1] 本段所引,均见《德宗实录》卷四八二。
[2] 法方最初要求赔偿银三十三万两,丁振铎、李经羲等表示云南"地瘠民贫,万难筹措"。后历经四个月的谈判,法方终于答应将赔款减至十五万两,中方当年筹交法方六万两,余款分三年补足。见吕坚:《方苏雅与昆明教案》,《北京档案》2000年第4期,第19页。
[3] 本段所引,均见《德宗实录》卷四九八。

李经羲这次赋闲长达半年之久，直到当年十二月，清廷才下旨赏其三品顶戴、署理贵州巡抚。[1]要知道，早在光绪十五年（1889）——十三年之前，他就是二品衔。看来，慈禧对李经羲的处置，颇有些霹雳手段的味道。

广西平匪露峥嵘

从光绪二十八年十二月到光绪三十年（1904）三月，李经羲一直在署贵州巡抚任上。根据学者李细珠的统计，清末新政期间的一百一十八位督抚，80%以上的任期在两年以下。由此看来，李经羲一年零四个月的任职时间在巡抚中并不算短，但始终没有实授。显然，慈禧在有意历练和敲打这位任性的世家子弟。

光绪三十年四月十六日，清廷再次谕令李经羲出任广西巡抚。[2]这一次，没有署理的过程，而是直接实授。奇怪的是，接到清廷谕旨后，李经羲即上折请病假，后在朝廷一再催促下，才于五六月间由贵州启程至广西赴任。更为奇怪的是，贵州和广西接壤，李经羲却舍近求远，奏请由贵州出湖南，走长江经湖北、上海，再由海路去广西。此后，尽管清廷否定了李经羲此上任路线，令其由陆路速赴广西，并于七月初三日、初八日和初十日接连下旨催促，但直到八月十八日，才收到李经羲接任的奏报。[3]慢腾腾地赴任，又一次显示出李经羲的任性。

清廷一再催促和李经羲一再拖延，都是因为此时广西正闹匪乱：清廷希望李经羲早日到任，协助两广总督岑春煊平乱；李经羲则想通过拖延赴任，躲开平乱。

---

[1]《德宗实录》卷五〇九。
[2]《德宗实录》卷五二九。
[3]《德宗实录》，卷五三三、五三四。

自咸丰元年（1851）太平天国在广西起事以来，广西大小匪乱持续不断。太平天国被镇压后，一度稍平。辛丑议和之后，再度勃兴。光绪二十九年（1903），广西巡抚王之春就因镇压内乱不力被革职，提督苏元春被拿京问罪、发配新疆。

　　但在此次平匪中，姗姗来迟的李经羲显现出办事条理清晰的一面：除奏调湖南张庆云一军来桂助剿、催促各省尽快解付协饷之外[1]，有两项工作可以说颇具新意。首先是大力开展收枪工作。李经羲告诉朝廷，广西匪乱之所以难以彻底扑灭，是因为流失在外的枪支过多，"广西匪股，旋扑旋炽，实因枪码之多"。为此，他鼓励士兵剿匪时"多夺快枪快码"，对积极上缴者给予奖赏，对藏匿不报者军法处置；至于部队用枪，则"编号烙印报查"。在李经羲看来，"匪械既绝，匪患自清"。[2]这一建议得到朝廷的高度赞赏，立即下旨令岑春煊等照此认真办理。第二项措施是着力抓捕土匪头目。鉴于广西匪乱已久、民匪难辨，他责令地方整顿团练、保甲，稽核户族，将境内土匪头目摸排清楚，悉数填表上报。然后再督促地方"按名悬赏，勒限购拿"，自己则随时派员分赴各地查验。如此一来，土匪头目变得有籍可查，大大提高了平匪的效率，增强了剿匪的效果，"自上年八月起至上年十二月底止，约毙匪一万二千五百余名，其中阵毙之数为多；自本年正月起截至本年十月底止，约毙匪三千六百余名，其中拿办之数为多"。[3]

　　这一系列平乱组合拳，充分展示了李经羲明快爽利、条理清晰的办事特点。广西匪乱平定后，为给抓获的土匪找出路，他还于光绪三十一年十二月奏请在土匪最多的地方成立罪犯习艺所，对匪犯加以改造，"以遏乱源"；同时设立随营速成学堂，对官兵加以训练。鉴于

---

[1]《德宗实录》卷五三五。
[2] 以上所引，均见《德宗实录》卷五三八。
[3]《光绪朝朱批奏折》第一一九辑，第56页。

不少人是因为欠了赌债而走上抢劫之路，他还奏请在广西一律禁赌，"广西善后，禁赌极关紧要，拟设法一律严禁"。[1]此外，李经羲还先后上了《奏为广西各属惩办积匪地方大致敉平并将办匪名数分造表册以备稽考事》[2]、《奏为密陈广西伏莽易炽治标难懈暨先后办理实在情形事》[3]等折，对广西平匪工作进行了总结。

李经羲在广西平匪中的出色表现，得到了清廷的高度认可。光绪三十一年九月，清廷下旨将其"交部从优议叙"。[4]

庇护蔡锷获余荫

光绪三十三年（1907），经历了"丁未政潮"[5]的慈禧，在调直隶总督袁世凯、湖广总督张之洞进京的同时，起用一批老臣，以安抚人心。八月十四日，她命已革云贵总督丁振铎、前湖南巡抚俞廉三、前江苏巡抚陆元鼎、开缺广西巡抚李经羲来京豫备召见。但有趣的是，四人之中，慈禧赏丁振铎、俞廉三侍郎衔，又赏陆元鼎三品京堂候补，留他们在京"协理开办资政院事"，唯独对李经羲，除了因他在安徽募捐赈济超过四十万两而交部优叙，没有任何安排。[6]直到慈禧去世后，李经羲才重新复出，于宣统元年（1909）正月十九日被任命为云贵总督——至此，李经羲已赋闲将近四年时间。

从光绪二十四年十二月（1899年1月）由福建布政使调任云南布政使，到此番被任命为云贵总督之前，李经羲在云南为官已有大概三

---

[1]《德宗实录》卷五五二。
[2]《宫中朱批奏折》，档号：04-01-16-0288-142。
[3]《德宗实录》卷五五七；《录副档》，档号：03-6040-013。
[4]《德宗实录》卷五四九。
[5]光绪三十三年，以瞿鸿禨、岑春煊为代表的清流派与以奕劻、袁世凯为代表的北洋派激烈政斗，最终北洋派胜出，慈禧罢黜了军机大臣瞿鸿禨，同意两广总督岑春煊辞职，史称"丁未政潮"。
[6]《德宗实录》卷五八五、五七九。

年半的时间,对云南风土人情等可谓稔熟。这位末代云贵总督,任内的一大政绩当属重视云南陆军讲武堂的建设。

据讲武堂毕业生、新中国开国元帅朱德回忆,云南陆军讲武堂由护理云贵总督沈秉堃于宣统元年七月开办,主要为清朝培养军事人才。[1]它的毕业生在云南独立、讨伐袁世凯的护国战争中表现亮眼。据讲武堂学堂监督李根源的统计,"诸生死于援黔、援川、援藏,与护国、靖国之役者,至百余人",约占毕业生的四分之一。[2]

宣统元年冬,李经羲走马上任,亲自兼任讲武堂总办。学员祝鸿基回忆,当年第一期甲、乙两班学生毕业时,李经羲亲临讲武堂发证书,对学生讲话。由于身体弱、声音小,他便令学堂监督李根源代为传达:"总督对于云贵总督可以不做,而讲武堂不能不办。"[3]

朱德是云南陆军讲武堂丙班步兵科的学生,宣统三年闰六月毕业。据说,朱德当年因错过了讲武堂的报考时间,门卫不让进,他便与门卫大声分辩。适逢李经羲那天正在讲武堂巡视,闻声便派人前去查看。得知朱德是从四川步行到昆明来求学的,李经羲便料其将来必有大作为,遂当场决定破例录取。朱德后来还多次说起此事。[4]

但这个故事,或只是后人的演绎。据中共中央文献研究室主编的《朱德传》,朱德是和同学敬镕一起,从四川乐山徒步七十多天,于1910年4月来到昆明,寄住在四川同乡萧氏在昆明景星街开设的临时客栈里,准备应试。第一次,朱德用四川原籍报名,因为是外省人落榜了。不得已,只好投身川军干了一两个月的步兵,再以云南蒙自籍

---

[1]全国政协文史资料研究委员会编:《辛亥革命回忆录》第一集,文史资料出版社1961年版,第3页。
[2]《辛亥革命史资料新编》第4册,第503页。
[3]全国政协文史资料研究委员会编:《辛亥革命回忆录》第三集,文史资料出版社1962年版,第391页。
[4]吴宝璋:《朱德与云南辛亥革命研究四题》,《研究朱德》(第一辑),2015年,第8—9页。

应试，名字也由原来的朱建德改为朱德，这才考入了讲武堂。[1]

  李经羲对朱德虽无录用、擢拔之情，但对蔡锷确有知遇之恩。出任广西巡抚期间，他多次派人前往湖南，聘请从日本学成归国的蔡锷来广西，并任命蔡锷为广西新军总参谋长，兼随营学校及陆军测绘学校总办。如此，使得蔡锷慢慢成为广西新军建设的核心人物。就任云贵总督后，李经羲又力邀蔡锷前来云南编练新军。1911年春，蔡锷来到昆明，不久被任命为云南新军第十九镇第三十七协协统。据蔡锷的学生兼部属雷飙回忆，当时来自北洋军的靳云鹏对蔡锷颇为忌恨，在李经羲面前说蔡锷是革命党。李经羲对靳氏说："蔡松坡极稳重干练，非轻举妄动者比，君可放心，我自有道理。"武昌起义爆发后，靳云鹏等人又对李经羲说蔡锷确系革命党首领，宜早去之，以安军心。李经羲依然不为所动，批评靳云鹏说："此次武昌事起，全系鄂省当局仓皇失措，操切过甚所致，吾滇宜镇静处之，使之潜消默化为妥，不可再事操切，以坏大事。"另据云南第十九镇某排长王冠军在《辛亥云南反正亲历记》一文中回忆，在蔡锷当上三十七协统领后，广西咨议局也打电报给李经羲，"说蔡是革命党，不可重用，特别是不可让他掌握兵权。李曾将这个电报交给蔡看，以示用人不疑"。由于李经羲的一再庇护，蔡锷得以安然无恙。[2]

  为响应武昌起义，云南新军于宣统三年（1911）九月初九日在昆明城发动起义[3]，推举蔡锷为总指挥，随后宣布云南独立。起义前，蔡锷即叮嘱各官兵："如攻督署时，务留意保护李督及其眷属。"[4]时年二十六岁的连长朱德率兵攻占总督府后，发现李经羲已逃匿，便

---

[1] 中共中央文献研究室编：《朱德传》，中央文献出版社2006年版，第20—21页。
[2] 本段所引，见《辛亥革命回忆录》第三集，第407、409、410、367页。蔡锷，表字松坡。
[3] 因当天是阴历九月初九日，故又称"重九起义"。
[4] 《辛亥革命回忆录》第三集，第410页。

立即率部追击搜查。当晚，将躲藏在四集堆某巡捕家中的李经羲搜获。[1]蔡锷得悉后，严令不许伤害，并安排人护送李经羲至法国驻昆领事馆躲避。[2]

昆明起义成功后，蔡锷被推举为云南都督。他和副都督李根源前往法国领事馆，请李经羲出山执掌大局。此时的李经羲，显示出清室荩臣的一面，说自己世受皇恩，不愿改变忠于清朝的立场。蔡锷便不再勉强，请李经羲一家搬到五华山临时军政府居住，由自己亲自加以保护。[3]

云南独立时，李经羲曾去信劝蒙自总兵放弃抵抗、投降民军，并下令云南各地清兵四十多个巡防营共一万多人，全部就地投降，接受云南军政府领导。蔡锷便以此说服部下，说李氏对革命尚有功劳。后由参议会做出决定，"礼送"李氏全家出境，乘滇越线火车离开云南。雷飙回忆，九月二十日，李经羲离开云南，"行时蔡公与（雷）飙等均随轿步行，送至车站照料上车，并派彭权率兵一连随车送至河口"。[4]这次起义中，云南布政使世增为起义军所杀。[5]如果没有蔡锷的保护，李经羲或有性命之虞。至此，他长期以来对蔡锷的知遇终于获得了回报。1961年辛亥革命五十周年之际，朱德作诗《辛亥革命杂咏》，"生擒总督李经羲，丧失人心莫敢支。只要投降即免死，出滇礼送亦宜之"[6]，对蔡锷不杀李经羲予以肯定。

十月十三日，李经羲经越南抵香港。第二天，据清廷在香港的线人奏报，"云贵总督李帅昨由海防到香港，现觅住宅，似久逗

---

[1]中共中央文献研究室编：《朱德年谱》（新编本）上册，中央文献出版社2016年版，第22页。
[2]任光椿：《将军行——蔡锷传》，团结出版社1996年版，第82页。
[3]《辛亥革命回忆录》第三集，第411页。
[4]《辛亥革命回忆录》第三集，第411页。
[5]《宣统政纪》卷七〇。
[6]李新芝、谭晓萍主编：《朱德纪事》，中央文献出版社2011年版，第84—85页。

留"。[1]这也证明,李经羲是从昆明乘坐滇越铁路到越南海防港后,再坐船转往香港的。

最终,李经羲没有停留香港,而是返回了上海。彼时,上海革命正如火如荼,这位前清一品大员刚抵达火车站便被新军强行剪去了辫子。[2]颜面尽失之下,李经羲"躲进小楼",当起了寓公。

国会请愿显开明

李经羲跻身督抚之后,为政一直处于矛盾状态,既做清室荩臣,出色完成处置"昆明教案"、广西平匪、促成国内第一条国际铁路——滇越铁路开通等任务,又似乎有意无意和清室保持距离。光绪二十八年(1902),他办理完"昆明教案"后执意要求进京陛见,惹怒了慈禧而被免职。光绪三十一年(1905)平定广西匪乱后,他又以"病体难支"为由恳请开缺,经其一再陈请,朝廷无奈之下,只得在九月间将其解职。[3]要知道,咸丰七年(1857)出生的李经羲,其时才不过四十八九岁,正是年富力强的阶段。如此频繁请病假,多少有对时局和朝廷不满的成分。就任云贵总督后,他积极筹办"宪政",推行城镇乡地方自治、推广厅州县简易识字学塾等[4],但对革命又采取睁一只眼闭一只眼的态度,一方面采取免去李根源云南讲武堂监督之职等措施以防范革命,另一方面又对被指为革命党人的蔡锷、罗佩金等人予以包容。

李经羲这样的矛盾心态,也体现在对立宪的态度上。

---

[1]中国第一历史档案馆编:《清代军机处电报档汇编》第24册,中国人民大学出版社2005年版,第348页。李经羲给朝廷的奏报中说是十月十一日抵港,见《辛亥革命》(六),第264页。
[2]宋路霞:《李鸿章家族海上沉浮录》(中),《江淮文史》2000年第2期,第137页。
[3]《德宗实录》卷五四八,详见本书"此材岂堪论时局——'青发总督'张鸣岐的腾达与落魄"章。
[4]《清末筹备立宪档案史料》下册,中华书局1979年版,第801—805页。

自宣统元年十一月至宣统二年九月，在江苏咨议局议长张謇等人的策动下，立宪派在全国发起了四次国会请愿运动，要求速开国会。李经羲也积极参与，主张设内阁、开国会，且内阁、国会应同时并进，"欲求筹备实际，非有阁、会不可；欲救现行先着（者），尤非阁、会不可"。在第三次国会请愿运动期间，绝大多数督抚联衔奏请清廷"亲简大臣，立即组织内阁，特颁明诏，定于一、二年内开设国会"。此番督抚联衔，李经羲便是其中的主导者，负责起草奏稿，提出"内阁、国会为宪政根本……缺一则辅车无依，阁、会均有逾辙之害"。[1]

　　然而最终，李经羲国会、内阁并进的建议并未被朝廷采纳。摄政王载沣于宣统二年十月初三日下旨，"缩改于宣统五年实行开设议院"，并表示"一经宣布，万不能再议更张"。至于设立内阁的时间，清廷则含糊其辞，只表示"先将官制厘订，提前颁布试办，豫即组织内阁"。[2]与此同时，为遏制速开国会请愿运动，摄政王载沣下令将参与第四次请愿的东三省代表押解回籍，并将组织者温世霖发戍新疆。

　　在国会请愿运动中，再次显示了李经羲的矛盾心理。他一面为各督抚将军起草了联衔奏折，另一面又拒绝领衔，只在联衔上奏者中列名第六。有评论认为，虽然众督抚联衔奏折，但主张推行立宪即是反对中央集权，因而李经羲较为审慎，不愿成为众矢之的。[3]

　　无论如何，积极主张设内阁、开国会的李经羲走到了时代的前沿，被外界视为清廷高官中的开明一派，他的建议也被赞"洞观时局，至为明澈"。[4]这样的定位，为他后来在民国初年的活跃埋下了伏笔。

---

[1] 本段所引，见钱永贤、耿明、邵白整理：《庞鸿书讨论立宪电文》，《近代史资料》总59号，第49、54—57页。
[2]《宣统政纪》卷四三。
[3] 马亚娜：《末代云贵总督李经羲研究》，云南大学博士学位论文，第68页。
[4] 钱永贤、耿明、邵白整理：《庞鸿书讨论立宪电文》，《近代史资料》总59号，第88页。

洪宪称帝挺袁氏

  民国成立不久,李经羲从上海来到青岛。1913年10月10日,袁世凯挟"二次革命"胜利之威,当选中华民国正式大总统。11月4日,他颁布《解散国民党取消国民党议员资格令》,宣布国民党为"乱党",下令收缴国民党国会议员证书、徽章,取消国民党员的议员资格,迫使国民党议员占多数的参众两院无法正常开会,处于"不生不灭之情况"。11月26日,袁世凯下令召开政治会议,征求社会各界对治国大政方针的意见,特派"李经羲、梁敦彦、樊增祥、蔡锷、宝熙、马良、杨度、赵惟熙合组政治会议机关",会议代表由各省以及国务总理、各部总长举派人员等组成,共八十余人。12月12日,袁世凯颁布命令,任命"李经羲为政治会议议长"。[1]

  政治会议本为仿日本顾问院而设,袁世凯将其定位为"最高行政议事机关""辅助政府办事机关",但其实际运行具有国会的性质。[2]鉴于政治会议各委员"其中人材依然有新旧两派之区别,难免无意见冲突之处",袁世凯曾面谕李经羲,希望李氏能"调和各派意见,不致因感情上作用,贻误大局。俾议事可以圆满进行"。[3]

  袁世凯为何选中李经羲呢?首先,作为清末封疆大吏,李经羲和众多逊清遗老有着密切联系,在清亡后与大批逊清皇室成员、督抚及其他高官都避居青岛。其次,通过宣统年间的国会请愿运动,可知李经羲是主张设立议会的立宪派。他认为不管是皇帝还是总统,只有颁布宪法,成立议会,让大家说话,把皇帝或总统置于民众监督之下,

---

[1] 本段所引,见《袁世凯全集》第24卷,第170、171、526、309、410、561页。

[2] 《袁世凯全集》第25卷,第117、446页。1914年1月15日,袁世凯曾谈及政治会议"仅备政府咨询,决不能在立法上、行政上判其权限。该议会虽能表决案件,施行与否,政府实操其权"。

[3] 《袁世凯全集》第24卷,第561页。

才是国家的前程。[1]为此,李经羲自然乐于出任具有国会性质的政治会议的议长。再者,"二次革命"后的各省都督及各地将军,如直隶都督冯国璋、奉天都督张锡銮、河南都督张镇芳、署理山东都督靳云鹏等人都出自北洋系。而北洋系的鼻祖李鸿章正是李经羲的叔父。在袁世凯看来,有了这层渊源,李经羲能够起到调和各派意见的作用,各省都督以及政治会议代表多少会给他一点面子。

后来的事实也证明,李经羲在政治会议议长的职位上确实干得尽心尽力。

政治会议自1913年11月16日成立,至1914年5月26日停止运作,运行半年之久,共计开会十五次。据1913年12月24日公布的《政治会议规则》,"政治会议以议决关于民国建设之政治问题为范围"[2],半年间议决通过《救国大计咨询案》《组织造法机关咨询案》《祭天咨询案》和《祀孔咨询案》等。可以说,为袁世凯称帝铺平了道路。

1913年12月29日,政治会议开始讨论《救国大计咨询案》,并于1914年1月10日议决。鉴于参众两院议员不符合《国会组织法》中过半数的规定,各省也实难按时递补,而且从1913年4月中华民国第一届国会开会至今,已经闭会长达九个月。为此,政治会议议决停止国会。1月10日,根据政治会议决定,袁世凯正式下令解散国会。[3]

1914年1月至4月,经政治会议运作,约法会议正式开幕,李经羲担任约法会议议员资格审定会会长,为袁世凯挑选符合其意愿的议员。约法会议表决通过《中华民国约法》,即"袁记约法",废除了南京临时参议院通过的《中华民国临时约法》(以下简作《临时约法》)。

---

[1]鲁海:《青岛民国往事》,青岛出版社2012年版,第46页。
[2]《袁世凯全集》第24卷,第520页。
[3]《袁世凯全集》第25卷,第50—54页。

"袁记约法"共六十八条，大大扩充了总统的权力，比如此前"临时大总统经参议院之同意，得宣战、媾和及缔结条约"，如今大总统可以直接"宣告开战、媾和"；此前作为立法机关的参议院"自行集会、开会、闭会"，如今大总统拥有了召集、解散立法机关的大权等。[1]如此，彻底将行政凌驾于立法、司法之上，实现了袁世凯由内阁制过渡到总统制的愿望。在1914年5月1日《公布中华民国约法之布告》中，袁世凯公开宣称："以议会政治之万不宜于今日之中国也，于是以总揽统治权属之于国家元首。"[2]后又在新约法公布之日不胜喜悦地说，"予今日始入政治新生涯"。[3]

1914年1月29日，政治会议第六次会议议决《祭天咨询案》和《祀孔咨询案》，由总统代表国民祭天和祭孔。此举有着为袁世凯称帝做思想铺垫的浓厚意味。鲁迅先生就批评说："从二十世纪的开始以来，孔夫子的运气是很坏的，但到袁世凯时代，却又被从新记得，不但恢复了祭典，还新做了古怪的祭服，使奉祀的人们穿起来。跟着这事而出现的便是帝制。"[4]

因此，有评论认为，由袁世凯召集的政治会议合并了行政权、立法权、司法权，总统代表的行政权失去监督，致使《临时约法》下立法、行政权、司法权三足鼎立之势独归袁世凯支配下的行政部门。政治会议是"为袁氏消灭国会之阶梯，进行帝制自为之初步"。[5]

李经羲在政治会议议长一职上的尽心尽力，显然获得了袁世凯的赏识：1914年5月26日政治会议停止运作，由参政院取代。当日，袁世凯即任命李经羲为参政院参政。[6]同年10月，又特任李经

---

[1]《孙中山全集》第2卷，第222—223页；《袁世凯全集》第26卷，第206页。
[2]《袁世凯全集》第26卷，第211—212页。
[3]《袁氏当国史》，第192页。
[4]《鲁迅全集》第6卷，第328页。
[5]杨幼炯：《近代中国立法史》，商务印书馆1936年版，第180页。
[6]《袁世凯全集》第26卷，第472、474页。

1914年6月，中华民国参政院开院合影（前排左八为参政院议长黎元洪，左九为徐世昌，右四为赵尔巽，二排左九为李经羲）

羲为审计院院长。[1] 政治上倚重的同时，袁世凯对李经羲也不吝封赏：1914年5月26日，任命李经羲之子李国筠为广东巡按使[2]。5月29日，授予李经羲一等嘉禾章，1915年1月1日授中卿，加封上卿衔。1915年秋，将徐世昌、赵尔巽、李经羲比作"华岳三友"。[3] 12月20日称帝不久，封李经羲为"嵩山四友"之一——"徐世昌、赵尔巽、李经羲、张謇，皆以德行勋猷，久负重望……国有大政，当就咨询……特颁嵩山照影各一，名曰'嵩山四友'，用坚白首之盟"，均不许称臣。[4]

---

[1]《袁世凯全集》第29卷，第48页。
[2]《袁世凯全集》第26卷，第475页。
[3]《袁世凯全集》第26卷，第488页；第30卷，第1—2页；第32卷，第745页。
[4]《袁世凯全集》第33卷，第657页。后来政事堂研究制定了包括"均许随时自请入对""延见时得乘坐四人肩舆"等六条优礼"嵩山四友"的办法，见侯宜杰：《袁世凯传》，百花文艺出版社2005年版，第448—449页。

得勾留处且勾留 | 247

"五日京兆"总理梦

1916年6月6日,袁世凯病逝,黎元洪继任总统。1917年,就是否对德国宣战一事,黎元洪和国务总理段祺瑞发生"府院之争"。5月23日,黎元洪免去段祺瑞国务总理、陆军总长职务,并于25日提名李经羲为国务总理。

黎元洪起用李经羲,本是想通过李鸿章家族与北洋系的渊源以安定北洋各将领、拉拢张勋。但此举遭到了各地北洋督军的纷纷反对:5月29日,倪嗣冲首先宣布安徽独立,随后山东、浙江、奉天、河南、直隶、山西、陕西、黑龙江等省纷纷宣布独立。在一片反对声中,李经羲躲在天津租界不敢进京就职,经黎元洪一再催促,他提出必得有张勋进京保驾才能就职。迫不得已之下,黎元洪6月1日发令,以张勋"功高望重,至诚爱国"[1]为由,令其进京调停,并在张勋的压力之下于12日宣布解散国会。6月14日,李经羲在张勋等陪同下乘专车抵达北京。同日,张勋致函徐世昌、段祺瑞等,表达拥护李经羲组阁的态度。有了张勋的支持,李经羲于6月22日通电正式就任国务总理一职,同时兼任财政总长。但李经羲此次组阁,并不为外界所看好。他本拟将赵尔巽、严修、汪大燮等人笼络到自己内阁中,还曾致电邀张謇出任农商总长[2],但都遭到拒绝。《当代名人小传》写道:"经羲当丁巳夏尝承黎元洪命组织内阁,一时函电交驰、招致贤才,而人殊无应之者。"[3]

实际上,张勋进京的根本目的,并非为了调停黎元洪和段祺瑞的矛盾,而是图谋复辟帝制。7月1日,张勋等人在养心殿叩见清逊帝溥仪,宣布复辟。此举,使召其进京的黎元洪尝到了与虎谋皮的

---

[1]《中国近代通史》第6卷,第175页。
[2]《张謇全集》第2卷,第630页。
[3]《当代名人小传》卷上,第32页。

苦果。尽管张勋等多次派人前往黎元洪府邸威逼利诱，但黎元洪始终拒绝接受一等公爵赏，并拒绝将权力交还清廷，对复辟"誓不承认"。7月2日，黎元洪电请副总统冯国璋代行总统职权，免去李经羲国务总理之职[1]，并重新任命与冯国璋关系密切的段祺瑞为国务总理，请冯、段二人迅速出兵，驱逐张勋，"以期复我共和，而救危亡"。[2]情急之下，李经羲于7月2日化装成运煤工人，从东交民巷六国饭店东头的"水门"逃出[3]，乘火车直奔上海。他的国务总理任期，从5月28日国会通过到7月2日止，理论上有三十五天，但实际在任还不到十天。

重返上海的李经羲心灰意懒，从此再无出山之意。《申报》报道了晚年李经羲在公众场合为数不多的几次露面，1922年7月，李经羲曾为家乡鼓与呼，上书黎元洪请求立即裁撤驻皖冗兵以减轻安徽百姓负担；11月，二度出任大总统的黎元洪授予李经羲"一等大绶宝光嘉禾章"。[4]但实际上，晚年李经羲大部分时间都在上海的大花园豪宅里安心当寓公。这片豪宅占地数十亩，由左、中、右三幢主楼及众多的裙房连缀而成，也是李经羲曾孙、中国前驻美大使李道豫从小生活的地方。后来成了上海市原第六十二中学所在地，但因学校扩建，拆得只剩下临街一排了。

从1901年被任命为广西巡抚跻身督抚之列，到1917年被免国务总理退出政坛，李经羲的人生高光时刻，正处于清末民初时局快速转换之际。这十多年间的作为，也彰显了李经羲的个性。

逢源是李经羲的处世哲学。出身于官宦世家的他，耳濡目染，深谙"给人以活路，给己一退路"的做人及为官之道。出身李鸿章家族，也让他多了笼络人心、通达人脉的资本。任云贵总督期间，正是

---

[1]《北洋政府公报》第112册，第35页，1917年7月2日。
[2]《中国近代通史》第六卷，第181页。
[3] 宋路霞：《李鸿章家族海上沉浮录》（中），《江淮文史》2000年第2期，第137页。
[4]《申报》1922年7月24日，第3张第10版；《申报》1922年11月8日，第2版。

清末各种社会矛盾加剧的三年,但李经羲左右逢源,对革命党人既防范又纵容,恩遇蔡锷和李根源,使他在云南起义后安然无事,还能取走存在当地银号的四万余两银,甚至光明正大地带走了云贵总督大印。[1]武昌起义爆发后至清帝逊位这一百二十多天,任职的督抚共四十三人[2],但只有李经羲一人官至民国国务总理,在封建帝制和民主共和之间都能游刃有余。

多变是李经羲的为官法宝。云南独立时,李经羲明明未做抵抗即逃匿,而到香港后给清廷的奏报中,却说自己不愿投降,几次三番想自裁,"羲到溃兵巷战,枪伤仆而复起,扳枪自裁,被巡捕夺去,拥至其家,十二日自出就死,全局议绅偕叛党劝充都督,始则跪求,继则恫吓,羲誓死责斥,拥入议局,以兵严守,不听自裁,持拒八日,知不可强,九月二十夜严护出境"。清末国会请愿运动中,李经羲以"立宪派"著称;民初袁世凯执政之时,李经羲却又为《中华民国约法》通过而奔走,为袁世凯称帝扫除了一个个障碍;到府院相争时,为换取张勋对自己出任国务总理的支持,他对张勋复辟举动不置可否。如此善变,以致有人称其为"滑官吏、伪名士"。[3]

精明是李经羲的人生底色。光绪年间广西平匪,李经羲抓住了收枪这一关键环节,为快速靖乱奠定了基础;经理云南期间,动工兴筑滇越铁路的同时,与法方有理有节地斗争,以维护权益,最终使得中国第一条国际铁路于1910年开通,促进边疆经济发展;还有

---

[1] 李经羲临走时,军政府除准予他将存在同庆丰的四万余两银元带走外,又另送五千银元,所有眷属的路费均由公家提供。据说李经羲特地带走了云贵总督印,蔡锷向之索取,李云:"我至香港,尚有奏折呈摄政王,以了我之责任。"见《革命逸史》(下),第1160页。

[2] 李细珠:《辛亥鼎革之际地方督抚的出处抉择——兼论清末"内外皆轻"权力格局的影响》,《近代史研究》2012年第3期,第92页。四十三位督抚中二十四人起义爆发时在职,十九人起义爆发后任职。

[3] 本段所引,均见《辛亥革命》(六),第246、263—264页。

妥善处理昆明教案和英国入侵片马案等，无不展现出李经羲精明能干的一面。

时仕时隐，或朝或野，既做清室荩臣又出任民国总理。在时局急剧转换的清末民初，李经羲"得勾留处且勾留"，平衡调和各方势力，展现了高超的左右逢源之术。

未必天心肯放闲*
——做民国官修清朝史的赵尔巽

赵尔巽（1844—1927），字次珊，号无补，汉军正蓝旗人，曾任四川总督、湖广总督、东三省总督。民国建立，赵尔巽交卸总督之职，避居青岛，后被委任为清史馆馆长，主持纂修《清史稿》。

1927年，有四位重要的清朝遗老相继去世：突然逝于山东青岛的康有为，自沉于颐和园昆明湖的国学大师王国维，以及溘然长逝的两位末代总督——前两江总督张人骏与前东三省总督、《清史稿》总纂官赵尔巽。

赵尔巽，道光二十四年（1844）出生，同治十三年（1874）中进士，累官至山西巡抚、湖南巡抚、署户部尚书、盛京将军、湖广总督、四川总督兼成都将军、东三省总督等，晚年得子，自觉人生无憾

---

* 语出赵尔巽：《镜宇同年尚书七十生辰绘图题诗寄索和作勉成二律藉申颂祝并贺赐寿大喜》，中国第一历史档案馆藏：《赵尔巽全宗档案》，第113号。

而号称"无补老人"[1],为晚清政坛炙手可热的人物。

传奇家世

赵家属汉军正蓝旗,自顺治三年(1646)起就落籍山东泰安,从赵尔巽的祖父赵达纶一辈开始发迹,以"一门六进士,弟兄两总督"[2]成为中国近代史上的显赫家族。

赵尔巽的父亲赵文颖中进士后出任阳谷县知县。咸丰四年(1854)二月,捻军进攻阳谷县时,赵文颖"怀印上城",捻军攻入县城后,他"怒马驰入贼队,被七创,骂不绝口死"。[3]后经两任山东巡抚阎敬铭和丁宝桢奏请,赵文颖入祀名宦祠和山东省城昭忠祠。[4]

作家赵珩是赵尔巽的曾侄孙、赵尔丰的曾孙。据其回忆,赵文颖殉难后,赵家家道中落,穷得甚至连纸都买不起。但赵尔巽的母亲还是以一己之力,抚养大了四个孩子,并亲自负责四个孩子的教育,"一门三进士,弟兄两总督",成为当地的励志佳话。为了纪念这位传奇的女性,人们将山东泰安赵尔巽母亲的墓地称为"奇母地"。[5]

敢言御史

光绪十二年(1886)赵尔巽外放为贵阳府知府之前,长期在京城

---

[1] 赵珩:《二条十年》,中华书局2019年版,第12页。
[2] 赵达纶为道光三年(1823)进士,赵尔巽的父亲赵文颖、叔叔赵文起同为道光二十五年(1845)进士,赵尔巽兄弟四人,除三弟赵尔丰外都是进士,但赵尔丰官至署理四川总督,因此兄弟四人中,就出了两位总督。
[3]《清史稿·列传二七八》,第13586页。
[4]《钦定原任山东商河县署理阳谷县知县文公忠义传》。转引自李皓:《盛京将军赵尔巽与日俄战争后的奉天政局》,东北师范大学博士学位论文,2009年,第17页。
[5]《二条十年》,第5页。

担任御史，以刚直敢言著称，"以儒生当'言官'而刚正不阿，主持清议而名闻朝野，和当时翰林院的前辈如张之洞、张佩纶等一起被誉为清流"。[1]担任御史期间，最知名的莫过于参劾光绪帝的生父、醇亲王奕譞和军机大臣左宗棠一事。

光绪十年（1884）三月，赵尔巽联合左庶子盛昱、右庶子锡钧等一起上折，以"向无诸王在军机行走"[2]的祖宗成法，反对慈禧让醇亲王奕譞与军机大臣会商事件，直言奕譞"不宜参预军机事务"。同年闰五月十八日，刚刚交卸两江总督、回京师再度入值军机的左宗棠，上折举荐都察院左副都御史曾纪泽"博通经史，……于泰西各国情形，了如指掌"[3]，甚至认为曾纪泽之才高于刚刚署理两广总督的张之洞，希望朝廷能简任曾纪泽为两江或闽浙总督。两天之后，赵尔巽上折参劾左宗棠保举已为三品的朝廷高官与体制不合，奏请朝廷下旨批评左宗棠，并撤销曾纪泽"交军机处存记"的奖励。[4]

尽管慈禧对赵尔巽两折做了冷处理，指示"应毋庸议"[5]，但赵尔巽敢言的秉性，可见一斑。

光绪十一年（1885）十月，赵尔巽外放为四品的贵阳府知府。[6]此时距他中进士已过去十二年。同为进士，早于赵尔巽的曾国藩道光十八年（1838）金榜题名，道光二十九年（1849）升授二品礼部侍郎；晚于赵尔巽的志锐光绪六年（1880）中式，光绪十八年（1892）也官至礼部侍郎。就是与同科的林绍年相比，赵尔巽的升迁也算较慢的，光绪二十八年（1902），林绍年被任命为云南巡抚，赵尔巽还是低一官阶的山西布政使，而且已在这一职位上做了四年，此前还历任

---

[1]《二条十年》，第8页。
[2]《清史稿·列传八》，第9094—9095页。
[3] 左宗棠：《左宗棠全集·奏稿八》，岳麓书社1996年版，第497页。
[4]《德宗实录》卷一八六。
[5]《德宗实录》卷一八〇。
[6] 中国第一历史档案馆：《光绪年间官员履历单选载》，《历史档案》1985年第1期，第25页。

安徽按察使、陕西按察使、甘肃新疆布政使等。

清宫档案记载,任贵阳府知府期间,赵尔巽以才能出众获"军机处存记"等嘉奖。[1]因此,仕途上的这番蹉跎,多少与其直率敢言、易得罪人的秉性有关,而非因其能力不强。

在贵州,赵尔巽待了九年:光绪十一年至十九年(1893)任八年知府。清制,贵阳府知府并无直接上书言事的权力,但就任知府不久,他就通过都察院转递了覆陈时事四条一折;第二年五月又上折劝办护商轮船[2],尽管总理各国事务衙门并未同意他的建议。光绪十九年,赵尔巽升贵东兵备道,直到光绪二十年(1894),他终于获得了离开贵州的机会——由贵东道升任安徽按察使。[3]

光绪二十八年十二月二十四日,时为山西布政使的赵尔巽被任命为湖南巡抚,正式步入封疆大吏行列。自此,赵尔巽开始充分展示其为官手腕。

出任湖南巡抚前,由于护驾有功的山西巡抚岑春煊调署四川总督,赵尔巽曾短暂护理山西巡抚半年多的时间。在此期间,赵尔巽根据自己在安徽按察使任上创办自新所的实践,至少两度上折,呼吁改革当时的罪犯流配制度。按照当时的规定,对于接收来的贫穷且无手艺的"军、流、徒"刑犯及其子女家属,各州县须给予至少一年的资助;对于其中的少壮而无手艺者,可令其充当驿卒等。但实际上,各州县根本不敢把这些人安排到驿站工作,流配制度可以说已流于空文。光绪二十八年十一月初四日,赵尔巽上折直言这一流配制度"失本意者三""弊端四",已为"州县亏累之大宗",使得"法制几成虚设",奏请朝廷"饬下各省通设罪犯习艺所",让罪犯学得一技之长,

---

[1]《德宗实录》卷二九二。
[2]《德宗实录》卷二二八。
[3] 中国第一历史档案馆:《光绪年间官员履历单选载》,《历史档案》1985年第1期,第25页。

有益于社会。[1]光绪二十九年（1903），刑部议准"各省通设罪犯习艺所章程"，规定各省设立罪犯习艺所。清王朝监狱改良的序幕由此拉开。

可以说，正是赵尔巽的大力推动，开创了中国近代监狱作业制度和教诲教育制度的先河。此后，像北京功德林庙宇的顺天府习艺所（后改为京师第二监狱）、保定习艺所（后改为京师第三监狱）、袁世凯创办的天津习艺所（后为直隶监狱和天津监狱），以及奉天习艺所、江宁习艺所、江西习艺所、山西太原习艺所等纷纷设立。至1911年，全国各省、府、州县几乎都设立了习艺所。[2]

任事疆臣

据当时的报纸报道，赵尔巽到长沙就任湖南巡抚时，只携一名仆人、六名勇丁随行，颇具"俭德清风"。[3]下车伊始，他立即颁布了《整顿吏治文》，拟订了整顿吏治二十四条规定；还要求各地官员记"日记"，将每天处理地方诉讼的情况按月向抚院报告，以备核查。就任湖南巡抚一年多，赵尔巽把发展教育作为新政的"首务""急务""第一要务"。光绪三十年（1904）七月，赵尔巽调署户部尚书。继任湖南巡抚的陆元鼎在这年十一月奏报朝廷，赵尔巽"振兴学堂，一年之中，创立最多，渐推渐广，风行各属""未尝不叹其提倡之力，规画之宏"。[4]

进京不到一年，因盛京将军增祺丁忧开缺，赵尔巽于光绪三十一

---

[1]《宫中朱批奏折》，档号：04-01-01-1055-044；亦见于朱寿朋编：《光绪朝东华录》，中华书局1958年版，第4967—4970页。

[2]蔡杰：《简论赵尔巽与清末监狱改良》，《牡丹江师范学院学报（哲学社会科学版）》2013年第1期，第50—51页。

[3]阳信生：《赵尔巽与清末湖南新政》，《株洲师范高等专科学校学报》2006年第6期，第71页。

[4]《光绪朝东华录》，第5257页。

年四月接任。

将军，是各地八旗驻防机构的最高长官，从一品，与加尚书衔的总督相同，因驻防各地方，也被称为封疆大吏。其实权虽不如总督，但地位高于总督。若与总督驻在一个省区，会同奏事要以将军领衔。

清朝定都北京后，盛京被尊为陪都、留都，是东北地区的政治、军事、经济中心。盛京将军也称奉天将军，辖境相当于今辽宁省（旧柳条边除外）及内蒙古呼伦贝尔盟、哲里木盟各一部分，还有吉林西部和东南部一带，其地位与权力实重于其他地方的八旗驻防将军。[1] 而且，随着旗民二元体制的不断调整，盛京将军的执掌权限不断扩大，乾隆二十七年（1762）起，奉天府尹归盛京将军节制，到光绪末年，盛京将军成为盛京乃至整个东北地区的最高地方军政长官。在光绪三十三年（1907）东三省改制之前，盛京将军作为一种特殊的军府行政建制而存在，不但兼管盛京户、兵、刑、工各部以及奉天府府尹事务，而且"总督奉天旗民地方军务，兼理粮饷"，集地方军政大权于一身，成为清王朝皇权在其"龙兴之地"的最高代表。

赵尔巽为汉军正蓝旗人，虽然同以来满汉畛域日渐淡化，但以汉人镇守清王朝的"龙兴之地"，有清一代仅此一例。这凸显了慈禧和清廷对赵尔巽的信任及倚重。

接任盛京将军前夕，日俄两国为争夺中国东北与朝鲜进行的战争尚未结束，赵尔巽自然无法赴任。直到日俄战争胜负已定，他才于六月十九日离京赴任。从四月初四日接到任命到六月十九日离京这整整两个半月时间，赵尔巽主要做了两方面的准备工作：一是筹措经费，谋划善后；二是奏调官吏，网罗各类人才。

顺治元年（1644）清兵入关统一中原后，东北地区就被视为"发

---

[1] 在全国十三个将军辖区（盛京、吉林、黑龙江、绥远城、江宁、福州、杭州、荆州、西安、宁夏、伊犁、成都、广州）中，留守陪都的盛京将军统辖的兵力最多，有一万七千多人。见《清代国家机关考略》，第250页。

祥重地"而长期"封禁"。清朝"封禁"东北，本来是要保护这块"重地"免受汉族和外来势力的染指，可是二百多年与内地的隔离，明显拉大了东北与内地经济、文化发展的差距。赵尔巽面临的奉天，此时可谓民穷财匮。

考虑到朝廷财政困难，赵尔巽筹款的方式可谓独具一格：他不指望朝廷拨款，而是发挥曾任户部尚书的优势，让各省捐款。[1]经其函求，直隶、湖北均允助银二十万两，湖南、广东、江宁各十万两，江苏、浙江各八万两，河南允助银五万两，山东允助银四万两，江西、安徽、山西各允助银三万两，四川、陕西各允助银两万两。署理户部尚书的经历让赵尔巽深谙各省财政状况，对于协款较少的省份，比如陕西、江西，赵尔巽多次去函电恳请续筹，最终陕西、江西都答应再增加两万两。经过一番努力，赵尔巽共筹得各省协济经费约一百万两。[2]此外，经过赵尔巽的争取，清廷同意在奉天实行官职捐输，并将此项收入定为协济奉省的专款。[3]这些款项"虽然远不能满足战争善后各项支出所需，但在短期内有效地缓解了奉天的财政困难，而且为一些战争善后工作的及时推行提供了必要的启动资金"。[4]另一方面则是网罗人才，赵尔巽奏调的人员中有已革广西巡抚史念祖、已革翰林院庶吉士熊希龄、刚刚补授广西南宁府知府的王人文等，甚至还有"学问甚优"的蔡锷。只是由于广西巡抚李经羲的反对，加上可能蔡锷不肯前来，奏调蔡锷没有成功。

钱权在手，人才济济，赵尔巽一上任就开始了大刀阔斧的改革：光绪三十一年（1905）七月，接印视事仅一个月后，赵尔巽呈递了数封奏折，主张裁撤奉天府尹、奉天府丞，改设奉天学政兼管吉林、黑龙江两省学务，归并粮饷处以及税务总局，筹设财政总局，归并盛

---

[1]《赵尔巽全宗档案》，第105号。
[2] 李皓：《盛京将军赵尔巽赴任准备述论》，《历史档案》2013年第1期，第121、122页。
[3]《录副档》，档号：03-6539-089。
[4] 李皓：《盛京将军赵尔巽赴任准备述论》，《历史档案》2013年第1期，第122页。

京五部事务进而裁撤盛京五部（礼部、户部、工部、刑部、兵部）。[1]其中，裁撤奉天府尹和盛京五部最为引人瞩目。

满族入关之初，盛京将军与奉天府府尹一起掌管旗民和地方事务，"向例盛京将军管辖旗人，奉天府府尹兼理民事，原无统辖"。[2]定都北京后，为了尊隆盛京的陪都体制，次第设立了礼、户、工、刑、兵五部。[3]盛京五部均各设满侍郎一人，官秩二品。此后历经改革，盛京将军的权力不断扩大，到光绪年间，盛京将军一般兼管府尹事务、兼辖盛京五部，奉天府尹已经形同虚设。因而，光绪三十一年八月初六日，清廷发布上谕，同意赵尔巽所请，裁撤奉天府府尹兼巡抚一缺。[4]赵尔巽还着手裁撤盛京五部，除五部侍郎外，最终裁掉五部郎中十四缺、员外郎二十六缺、主事二十五缺、笔帖式九十三缺，五六七品官以及司库、司狱、助教、驿丞等共一百余缺。[5]此举，不仅精简了奉天的行政机构，提高了行政效率，还为继任者徐世昌在东北建立行省奠定了坚实的基础。

与官制改革同步的是用人制度的改革。赵尔巽的诸多举措中，"高薪养廉"之举显得尤为超前。

奉天偏处东北一隅，天寒缺苦，吏治腐败，多数官吏不愿往任。尤其自日俄战争以来，奉天地方百物腾贵，地方官员生活益形清苦。为此，光绪三十一年六月，署盛京将军廷杰等奏请酌加津贴。[6]然而，所加为数无多，地方官吏大多仍然入不敷出。赵尔巽履任后，奏请优

---

[1]《德宗实录》卷五四六至五四九。
[2]《钦定大清会典事例》卷二十三。
[3]《清代国家机关考略》，第58页。
[4] 中国第一历史档案馆编：《光绪朝上谕档》第三十一册，广西师范大学出版社1996年版，第116页。
[5] 李皓：《盛京将军赵尔巽与日俄战争后的奉天政局》，东北师范大学博士学位论文，2009年，第29页。
[6]《德宗实录》卷五四六。

加津贴、厚给薪酬[1],提出从光绪三十二年四月初一日起增加官员津贴。为了确保措施的顺利推进,赵尔巽并未要求中央拨款,所需款项当地自筹,由田房契税项下开支。[2]这样,奉天各官员的薪水就有了稳固的来源保障。

在增加官员津贴的同时,赵尔巽裁撤各项节寿陋规,减轻官吏的非正常开支负担。旧时各级衙署门口均有"门禁"的阻隔,任何人要进府拜见长官,首先要交纳一笔不小的费用。赵尔巽上任以后,取消了盛京将军衙署的门禁,以方便官民拜访,也利于自己听取多方意见,进而监督考核各级官吏。他还经常走出衙署,深入了解下属的工作状态。英国传教士杜格尔德·克里斯蒂(Dugald Christie)在奉天施医布道长达四十年,与时任盛京将军的赵尔巽多有接触。他在回忆录中对赵尔巽的这些举措给予高度评价:"他极力抑制贿赂,鼓励正直和尽职。为了查明事实真相,他经常微服私访,用这种办法,来检查司法和其他公共机构官员尽职与否。他的所作所为有利于提高社会的道德风气,影响相当深远。"[3]

奉天地方官以前出行多系乘车,近代以来世风日下,官员养尊处优,坐轿者日多,轿夫队伍亦随之扩大,财政负担加重。作为地方大员,赵尔巽本有坐轿的权利,年逾花甲的他却以身作则,出行以骑马为主,不得已才乘车,坚决不坐轿。[4]为示决心,他把将军衙署所有轿夫、伞夫、执事人役一概革退,令其别谋生计。与此同时,他饬令各州县官员出行时只准乘车、不准坐轿,否则一经查出,定行参撤。如此一来,不但废止了地方的陋规积习,还整顿了吏治,净化了行政

---

[1]《录副档》,档号:03-6665-069;《宫中朱批奏折》,档号:04-01-35-1075-042。
[2]《录副档》,档号:03-6665-069。
[3]杜格尔德·克里斯蒂著,张士尊、信丹娜译:《奉天三十年(1883—1913)——杜格尔德·克里斯蒂的经历与回忆》(以下简称《奉天三十年》),湖北人民出版社2007年版,第167页。杜格尔德·克里斯蒂也译作司督阁。
[4]李皓:《盛京将军赵尔巽与日俄战争后的奉天政局》,东北师范大学博士学位论文,2009年,第53页。

环境，又减轻了财政负担，改善了社会风气，可谓一举多得。对于赵尔巽在奉天整顿吏治的成果，时为奉天农工商局局长的熊希龄在给汪康年的信中予以高度赞扬："奉天官场扫除积习，一切繁文皆为次帅净尽，可为各省所无。"[1]

从光绪三十一年四月至光绪三十三年（1907）五月，赵尔巽任盛京将军两年多，改革成绩斐然：

财税方面。从光绪三十一年七月到光绪三十二年六月，也就是赵尔巽上任一年时间里，"统计总共收银三百八十二万五千六百五十七两"，比光绪二十八年（1902）增加了二百三十多万两，比奉天历史上财政收入最高的光绪二十四年（1898）所收的一百六十二万两还多出二百多万两。赵尔巽在奏折中说："诚属成效昭著，为各省近来所罕有。"[2] 其他各项杂税亦征至二百万两以上，被《奉天通志》评为"清季奉省捐税增收最多之数"。[3]

发展新式教育方面。赵尔巽调任盛京将军后，热心提倡和奖励新学。[4] 他赴任前，奉天共有各类学校49所，在校学生2469人，至其任期结束，奉天的学校已增加到1352所，在校学生51018人。[5]《中国近代学人象传》就评价赵尔巽"在各地任职期间，颇能扶持教育事业"。[6]

编练新军、巩固边防方面。清末以来，奉天地方防营营务废弛，装备又参差不齐，对胡匪打击不力，地方亦难安靖。同时，日本侵略

---

[1]《熊希龄集》第1卷，第222页。赵尔巽，字次珊，故亦称次帅。
[2]《宫中朱批奏折》，档号：04-01-35-0584-059。
[3] 王树枏、吴廷燮、金毓黻等纂：《奉天通志》卷一百四十六，东北文史丛书编辑委员会1983年版，第3345页。
[4] 辽宁省地方志编纂委员会办公室主编：《辽宁省志·教育志》，辽宁大学出版社2001年版，第14页。
[5] 王鸿宾、向南、孙孝恩主编：《东北教育通史》，辽宁教育出版社1992年版，第331—332页。
[6] 大陆杂志社编：《中国近代学人象传》，文海出版社1985年版，第298页。

20世纪初奉天省立女子师范学校的学生正在操场运动。该校原是奉天官立女子师范学堂,为盛京将军赵尔巽于1906年下令创办

势力亟欲越俎代庖,不准奉天地方编练新军,屡次以中俄约定为借口,从中破坏奉天的练兵计划。赵尔巽到任后,经其努力,清廷于光绪三十二年正月同意"由驻扎保定府之第三镇内,遴派协统徐占凤,督率步队一标、马队两营、炮队一营,由火车运往锦州,搜剿贼匪"。[1]北洋军的到来,不仅加强了奉省的军事实力,而且有助于奉省攻剿胡匪。正是在北洋军的帮助下,奉天收编冯麟阁、剿灭杜立山。两股胡匪势力的平靖,有力地稳定了地方局势。

为巩固边防,赵尔巽在中俄边境大力推广蒙荒开垦。东三省北部、内外蒙古一带是抵御俄国蚕食的第一道屏障。然而,蒙古地区地广人稀,边备空虚,十分不利于巩固边防。为此,赵尔巽积极主张开发蒙地,多方劝说蒙古王公丈放更多荒地,扩大招垦规模,吸引百姓前往耕种。科尔沁地区扎萨克图王旗、扎萨克镇国公旗、图什业图旗三处蒙荒为赵尔巽着力的重点区域,经过艰苦的努力,垦荒取得了有目共睹的成绩。据统计,扎萨克图王旗共放出土地30.7

---

[1]《袁世凯全集》第14卷,第496页。

万垧，扎萨克镇国公旗共放出24.1万余垧，图什业图旗到1913年前后共放出71万余垧。[1]按惯例，新丈放的土地，蒙古王公将放荒所得的一半报效国家。仅扎萨克镇国公旗荒地，就征收库平银44.2万余两。[2]丈放蒙荒之举，既有利于稳固边防，又充盈了国库，还为百姓提供了耕地、牧地。

光绪三十三年三月，赵尔巽调任四川总督。[3]对于赵尔巽任盛京将军期间的政绩，《奉天通志》如此评价："莅奉期年，励精图治，百废俱举"。[4]直隶总督兼北洋大臣袁世凯对赵尔巽这一时期的治绩也赞赏有加："我公莅奉年余，从容整理。于吏治、营务、外交、财政诸端，百废俱举，顿易旧观。闳识毅力，在疆吏中独为其难。"[5]英国传教士杜格尔德·克里斯蒂更是对赵尔巽评价颇高："赵尔巽的人生格言可以用'进步、效率、节约'来概括。他免去了那些只食俸禄而无所事事人的职务，把一些有事业心的人聚集到自己周围，委以重任。他把自己的开支降到最低点，生活朴素，轻装简从，从不矫饰张扬。"[6]

宦途老手

光绪三十三年（1907），清廷改盛京、吉林、黑龙江三个将军辖区为行省，分设巡抚，其上设东三省总督。东三省总督加钦差大臣衔，兼管三省将军事务，系东北最高军政长官。

三月初八日，清廷下旨任命原巡警部尚书徐世昌为东三省总督。

---

[1] 李皓：《盛京将军赵尔巽与日俄战争后的奉天政局》，东北师范大学博士学位论文，2009年，第99—101页。垧，计算地亩的单位，每垧合十亩。
[2] 《录副档》，档号：03-6736-021。
[3] 《德宗实录》卷五七一。
[4] 《奉天通志》卷一百四十一，第3247页。
[5] 《赵尔巽全宗档案》，第135号。
[6] 《奉天三十年》，第167页。

奉天行省公署，原为盛京将军府

宣统帝即位不久，摄政王载沣以"足疾"为由，将军机大臣、外务部尚书袁世凯免官，令其回籍养病。宣统元年（1909）正月，徐世昌考虑到自己被视为袁世凯一党，加之"到东两年劳苦，百病丛生……外交棘手"[1]，便以"痔发便血……病复增剧"为由奏请开缺。清廷调徐世昌任邮传部尚书，而以云贵总督锡良"为钦差大臣、东三省总督兼管三省将军事务"。[2]

锡良到任后很快就发现，自己的施政主张往往难以落地，便以"莅东两年，毫无裨益"且"病势难支"为由，于宣统二年（1910）十一、十二月间多次上折请求开缺。[3]宣统三年三月，清廷任命赵尔巽为东三省总督、钦差大臣，兼管三省将军事务，与此同时，还赋予赵尔巽便宜行事之权，"所有用人及各项要政，均准其便宜措置"，并

---

[1]《徐世昌日记》第6卷，第2896页。
[2]《宣统政纪》卷七。
[3] 中国科学院历史研究所第三所主编：《锡良遗稿·奏稿》（二），中华书局1959年版，第1256、1258、1263页。

规定黑龙江、吉林两地巡抚上折前仍应先通报东三省总督，以维护总督的权威。[1]就这样，在四川总督、湖广总督任上历练之后，赵尔巽于四月回到阔别四年的东北。

下车伊始，还来不及放"三把火"，赵尔巽就赶上了辛亥革命爆发。按原计划，从八月十七日起，他开始巡察吉林、黑龙江两省[2]，但在八月二十一日当天，他刚抵齐齐哈尔[3]，就接到清廷电报，被告知湖北省城失陷。清廷在电旨中说："奉省为根本重地"，要他速回奉天"妥慎防维，毋稍疏忽"。[4]赵氏立即于二十二日向吉、黑两省巡抚和第二十镇统制转发清廷电报，要求他们"严密侦防，免生事端"。同时下令奉天民政司、巡警局、混成协等"不动声色，广布侦探，防患未然"。[5]

八月二十四日晚，赵尔巽"星驰到奉"[6]，立即召集各司道会议，磋商维持治安事宜，要求各司员值此国事艰难之秋，务须勤奋从公，以防革命党人"致滋事端"。[7]

第二天，为防奉省驻军步鄂军之后尘，赵尔巽又召开会议，邀请新军协统以上将领及旧军五路巡防营统领参加，讨论时局和东三省应持之态度。据冯玉祥将军回忆，在此次会议上赵尔巽明确地表示："我们拿皇上的俸禄，吃皇上的饭，我们连骨头都是皇上的，朝廷的深恩厚泽，为臣子的不应一刻忘记。"因此，对皇上要"鞠躬尽瘁，以死相报"。[8]

为防范革命在东三省爆发，赵尔巽这个宦海老手在舆论控制、增

---

[1]《宣统政纪》卷五一、五二。
[2]《宣统政纪》卷六一。
[3]关捷：《赵尔巽在辛亥革命时期的政治行为》，《满族研究》1992年第1期，第32页。
[4]《宣统政纪》卷六一。
[5]辽宁省档案馆编：《辛亥革命在辽档案史料》，1981年，第38页。
[6]《宣统政纪》卷六一。
[7]关捷：《赵尔巽在辛亥革命时期的政治行为》，《满族研究》1992年第1期，第32页。
[8]冯玉祥：《我的生活》，上海教育书店1947年版，第138页。

兵、筹饷等方面进行了相应的准备，充分展现了其精明能干、干练果敢的一面。

舆论方面。赵尔巽一面派人前往上海、南京、北京充任探员，打探各类消息；一面严控当地报纸报道武昌起义的消息，并利用舆论为清廷歌功颂德。八月二十五日，《大中公报》号外刊载了武昌起义消息。赵尔巽立即以"摇惑人心，扰乱治安"为由，查封报馆，逮捕执事等负责人，同时严令在奉天省的中外报馆暂缓登载武昌起义的新闻，以图封锁消息，安定民心。[1]他还饬令警务总局"将旅奉官员及兵士等与湘鄂地方往来函件一并拆阅"[2]，防止武昌起义的消息扩散。

更为关键的是防范新军起事。辛亥革命前，驻扎奉天的部队中，新军方面有驻守新民、锦州两府的第二十镇，统制为张绍曾，以及驻守省城奉天的第二混成协，协统为蓝天蔚。武昌起义前，第二十镇被调往滦州参加秋操。如此一来，第二混成协成为驻奉天的陆军主力。

第二混成协协统蓝天蔚是留日士官优等生，思想激进，与当时的第六镇统制吴禄贞、第二十镇统制张绍曾合称"士官三杰"。三人与革命党人关系密切，下辖各部颇受革命影响。辛亥革命爆发后，在请求袁世凯、那桐将蓝天蔚一协调往关内未果后[3]，对新军极不信任的赵尔巽，按一营五百人编制，先后招募马步九营镇防，同时重新组建奉天中路防队。[4]至此，奉天扩充兵力四五千人，"粗足自固"。[5]九月十一

---

[1]《辛亥革命在辽宁档案史料》，第41页。

[2]《盛京时报》1911年10月18日，第4版。

[3] 中国第一历史档案馆编：《清代档案史料丛编》第8辑，中华书局1982年版，第9—12页。

[4] 光绪三十四年（1908）改编巡防五路时，设有中路巡防队。宣统元年（1909）十月，中路巡防队马步八营和左路步队一营拨归陆军二十镇编练。武昌起义爆发后，北洋第三镇调回直隶，中路空虚，故赵尔巽编练部队填补。参见郭建平：《辛亥革命张作霖进驻奉天新论》，《历史档案》1995年第1期，第122页。

[5]《宣统政纪》卷六三。

日,赵尔巽又告知清廷:吉林添募巡防队马步六营,黑龙江添练马队五营——此时距武昌起义爆发不过二十天,东三省的反应可谓神速。

添兵自应筹饷。由于西方各国保持中立,赵尔巽向日本正金银行和华俄道胜银行借款均未成功。鉴于"奉属边内各州县,均有王公圈地,每年由庄头直接收租,数逾百万",赵尔巽采取非常之举,饬令奉天省"各王公将本年应征地租金……尽数留充奉饷"。此虽为"暂时借款",但初步解决了军饷问题,为稳定奉天局势提供了物质保障,也充分表现了赵尔巽的应变能力和不拘一格的为政手腕。[1]

为响应武昌起义,聚集奉天的革命党人张榕、张根仁等经过计议,决定于九月二十二日召集军、绅、商、学各界代表开会,成立"奉天国民保安会",并计划推举蓝天蔚为关外革命军讨虏大都督,张榕为奉天省都督兼总司令,驱逐赵尔巽出关,宣布东三省独立。当时,清政府和各国领事都认为奉天独立已是大势所趋。英国驻奉天领事甚至抢先向在北京的驻华公使朱尔典电告"奉已独立"[2]的消息。

九月十五日,当蓝天蔚开始为"驱赵独立"活动做军事部署时,赵尔巽对蓝天蔚的严密监视收到了效果:当晚,蓝部营长李和祥就秘密向赵尔巽报告蓝之部署。为防不测,赵尔巽考虑调张作霖所部进驻奉天。

光绪二十八年(1902),土匪出身的张作霖为盛京将军增祺所招抚,此时正率前路巡防队中的七营兵马驻防在距沈阳五百公里的吉林洮南一带。武昌起义爆发后,身为赵尔巽僚属的奉天咨议局副议长袁金铠见奉天兵力空虚,便向赵尔巽建议重用张作霖。袁金铠介绍说,"此人机警,而且愿效忠大帅",还以身家性命担保,极力敦促赵尔巽调张作霖进省。[3]调外兵入省,极易蹈东汉末年董卓进京之覆辙。但

---

[1] 本段所引,均见《清代档案史料丛编》第8辑,第289页。
[2]《清代档案史料丛编》第8辑,第13页。
[3] 郭建平:《辛亥革命张作霖进驻奉天新论》,《历史档案》1995年第1期,第122页。袁金铠推荐张作霖之语,亦见于《辛亥革命回忆录》第五集,第546页。

在袁金铠极力保荐下，加之省防急需兵力，赵尔巽终于下定决心，札调张作霖的前路巡防队来奉天。九月十八日，接到赵尔巽的电报后，张作霖便于当晚率领马队两营，昼夜兼程，于九月二十一日——革命党人召开独立大会前一天到达省城奉天。

大会当天，赵尔巽登台演说。他首先声明自己两次到东三省所作所为问心无愧，接着说，在此关内风云多变的情势下，东三省处于日俄两强之间，稍有异动，深恐前途不堪设想，望全省父老们各安生业，静观时局演变。然而，讲话当场被革命党人赵中鹄[1]打断。他起立说："赵次珊，今日不是你报功的时刻。以奉天粮食问题来说，现在老百姓已活不下去了。你要讲真话，不应净说些官腔废话！"赵中鹄话音未落，早有布置的张作霖登上讲台，制止赵中鹄的发言，并把手枪"啪"的一声拍到桌面上，大声说："我张某身为军人，只知听命保护赵大帅，倘有不平，我张某虽好交朋友，但我这支手枪，它是不交朋友的！"[2]此前，会场内外早已被张作霖的武装所控制，咨议局的大门只准出不准入。在场的革命分子和奉天咨议局议长吴景濂等人见状，纷纷跑出咨议局。之后，在副议长袁金铠的一手操纵下，成立"奉天国民保安公会"，"公推"赵尔巽为会长，奉天咨议局议长吴景濂、第三十九协协统伍祥桢为副会长，下设外交、军政等八部，另设参议部作为监督机关，以袁金铠为参议总长。[3]

"奉天国民保安公会"成立第二天，赵尔巽立即电告清廷"已将独立取销"，并以蓝天蔚"与两标素不相洽，今则全协皆不听其命令"为由，请求开去蓝氏协统之职，去除心腹之患，同时举荐反对蓝天蔚的聂汝清接任协统。[4]至此，奉天最重要的兵权已不为革命党所有。

---

[1] 赵中鹄后担任张榕创设的奉天联合急进会执法部长，见《辛亥革命在辽宁档案史料》，第143页。

[2] 《辛亥革命回忆录》第五集，第547页。

[3] 《辛亥革命在辽宁档案史料》，第49—50页。

[4] 《宣统政纪》卷六三、六四。

九月二十四日,赵尔巽以派蓝天蔚赴东南各省考察战事的名义,驱蓝出省。[1]随后,吉林、黑龙江也仿效奉天做法,分别成立以巡抚陈昭常、周树模为会长的"保安公会"。换汤不换药,赵尔巽再度牢牢掌握东北军政大权。

稳定了东三省局势的赵尔巽,对奉天主要军官施以笼络之术:经其奏请,土匪出身的张作霖、冯德麟,以及参将马龙潭、吴俊升和副将吴庆桐等奉天防营各路将领,均获升迁,"以总兵记名简放"。十二月二十四日,清帝逊位前一天,内阁还应赵尔巽之请,以保持奉天治安出力为由,升赏驻扎奉天的第三镇各级军官——"统制潘矩楹补授副都统,统领聂汝清补授协都统并加副都统衔,伍祥祯补授协都统"。[2]

另一方面,赵尔巽对东三省的革命党人大加整肃:在革命党人成立的奉天联合急进会会址周围增加岗哨、严密监视,要求各地文武官员"乱未起,预防之;乱初生,力制之;乱既起,痛剿之",缉拿革命党人柳大年、张根仁等。宣统三年十二月,张作霖部残忍杀害了奉天联合急进会会长张榕,以及革命党人宝昆、田亚赟,还查抄了他们的家产——张榕家损失的财产就合沈平银五万三千三百余两;宝昆的"万贯家私为之一空",包括亲戚存于其家价值数千金的衣服、珠宝、黄金、白银,甚至地契等也"百无一存"。不仅如此,赵尔巽还发布"晓谕",污称张榕为"匪人",因拒捕而被格毙。此外,对张作霖将张榕案扩大化、先后抓捕数十人的处理方式,赵尔巽也表示"如议办理"。随着张榕被杀和柳大年、张根仁等被捕,奉天联合急进会趋于

---

[1]《辛亥革命在辽宁档案史料》,第51页。蓝天蔚被礼送出奉天之后,赴上海。1912年1月12日,孙中山任命蓝天蔚为关外大都督,进兵山东和东北,以图南北夹击,统一中国。但由于盘踞在奉天的日本人阻挠北伐军在奉天"中立地带"登陆,加之清帝逊位,蓝天蔚便令一部分北伐军退到烟台待编,另一部分遣散,同时致电孙中山请免关外大都督之职。进兵东北之事,就此停止。

[2]《宣统政纪》卷六八、六九、七〇。

瓦解。[1]

闻知起义消息立即返回奉天的迅捷,早于革命党人行动前招兵和札调张作霖入省城的果敢,暗中收买蓝天蔚部队官兵的谋略,高压手段整肃报刊和革命党人的铁腕,不怕犯上、征收王庄租金作为军饷的灵活……就这样,通过种种手段,赵尔巽镇压了东三省的革命运动。九月二十三日,当各省忙于应对革命党人、督抚纷纷逃亡之时,赵尔巽在"奉天国民保安公会"成立告示中说:"现在各处解款已到,库储充裕,金融机关渐臻稳固,地方可永保无虞。"[2]十月初八日,他好整以暇,邀请科尔沁亲王阿穆尔灵圭来奉天,商议稳定蒙古各旗、稳定边境之法,还在十月二十二日与内阁电商在黑龙江黑河府开金矿、煤矿之事。[3]

去除革命党人迫在眉睫的威胁后,赵尔巽进一步强化自己在东三省的地位。清帝退位前夕,赵尔巽一度被宗社党、保皇派等视为取代袁世凯的目标人选。十二月初五日,奉天咨议局议员王荫棠在给奉天咨议局议长袁金铠[4]的信中透露,自己正在京城运动逼迫袁世凯辞职,改由赵尔巽接任内阁总理大臣、锡良出任东三省总督。[5]

圆滑政客

在此期间,赵尔巽成为反对和支持共和的两股势力极力争取的

---

[1] 本段所引,见《辛亥革命在辽宁档案史料》,第66、124、139、125、133页。有统计数字表明,辛亥革命期间,为镇压庄复、辽海、凤安等地起义,赵尔巽、张作霖就杀害了四百多名革命党人,见关捷:《赵尔巽在辛亥革命时期的政治行为》,《满族研究》1992年第1期,第37页。

[2]《清代档案史料丛编》第8辑,第15页。

[3]《宣统政纪》卷六五、六六。

[4] 宣统三年十二月初二日,奉天咨议局以革命党人吴景濂私往南京投票为由,取消其议长资格,由副议长袁金铠接任。

[5]《清宫辛亥革命档案汇编》第75册,第221—227页。

对象。

一方面，奉天咨议局议长袁金铠以及在京城的资政院奉天代表曾有翼、王荫棠等反对共和、力主维持君主立宪乃至帝制。他们函电往来，过从甚密。十二月初二日，王荫棠、曾有翼致信袁金铠，密报御前会议赞成共和，"已有不可挽回之象"，要袁金铠说服赵尔巽"联合军民，以全省之力抗之"。[1]袁金铠将此函传禀赵尔巽的同时，以奉天咨议局的名义致电内阁，申明支持君主立宪、反对共和、反对清帝逊位的立场，"东省人士拥戴君主，矢死不能移，公也，非私也……乃日来更有可骇可怪之名词隐约入口，皆以为朝廷将有逊位之说……万一出此，东省人民万不敢承认"。[2]1912年2月，袁金铠还拟订了《东三省反对共和十二条》，前两条就是，"逊位懿旨乃由迫挟，非出朝廷本意，东三省人民不忍承认；东三省人民迎戴大清宣统皇帝，若宣统皇帝有不能到东三省之事实，东三省另立近支皇族之开明者为临时皇帝"。[3]独立之意，跃然纸上。没有赵尔巽的默许，袁金铠岂敢如此？

另一方面，诸如赵尔巽的弟弟赵尔萃、旧部叶景葵等，则力劝赵尔巽早日宣布共和。2月15日，赵尔萃在给赵尔巽的电报中直言，"众主共和，王无可勤，义无可举。苟有妄动，即是攘夺，转为南北公敌"。叶景葵告诉赵尔巽，反对共和"是动天下之兵，以三省为孤注"，如此一来，"生为戎首，殁受恶名，破国亡家，岂徒杀身而已！"2月29日，奉天交涉使许鼎霖呼吁赵尔巽恪守共和，"帅既总制三省，应以保全三省为目的。三省兵力既不足以反对共和，只有认真建设共和，以求国利民福"。[4]

就赵尔巽本人而言，尽管他多次强调"东三省地位、人民心理

---

[1]《清代档案史料丛编》第8辑，第133页。
[2]《袁世凯全集》第19卷，第503页。
[3]《清代档案史料丛编》第8辑，第208页。
[4]本段所引，见《清代档案史料丛编》第8辑，第199、220页。

确与内地不同",要求"东三省人民未选出代表赴临时国会议决以前,所有东三省一切章制,均暂仍其旧",提出"三年内在东三省官吏,自总督以下,中央不得任意易人"、"三年内东三省赋税、军队,不调拨他处之用"等七条要求,[1]但并未像袁金铠那样明确反对共和、主张独立。与此同时,对于日本趁乱攫夺东北的企图,赵尔巽始终保持高度警惕,多次重申保境安民、防止外国干涉,曾吁请袁世凯派人对日方容留匪徒、肆行不法的行为提出交涉,"我共和宣布以后,日人尚节节逼我,如见肺肝"。[2]十二月十四日,他在致吉林民政使韩国钧的电报中也说:"万一共和,奉以保境息民为主。"[3]

动荡之际,赵尔巽对自己的地位和权力格外敏感。鉴于东三省要求独立的呼声越来越强烈,清帝逊位前,内阁总理大臣袁世凯一度想将赵尔巽换掉,以心腹张锡銮为东三省总督。东三省军政绅商各界获悉后,于十二月十九日致电内阁,予以坚决拒绝,表示"决不承认"。[4]潘矩楹、聂汝清、张作霖、袁金铠等也于同日联名劝阻张锡銮"暂止行旌,免生冲突"。[5]不仅如此,东三省将领还连续发表了致内阁、亲贵、各省督抚、军队及各国外交使团的四个通电,反对共和,拥护宪政,推举赵尔巽为他们的首领。奉天陆防各军在致赵尔巽的节略中表忠心称:"陆防军人永守大帅命令,共济时艰。"[6]

清帝逊位第二天,赵尔巽即致电内阁,强调"对于东三省用人行政能不遽变更,乃可共相维系,不生疑虑",同时也要求吉林巡抚陈昭

---

[1]《袁世凯全集》第19卷,第504页。
[2]《清代档案史料丛编》第8辑,第191、197页。类似电稿在《清代档案史料丛编》第8辑中还有不少。
[3]《清代档案史料丛编》第8辑,第149页。
[4]《袁世凯全集》第19卷,第497页。
[5]《清代档案史料丛编》第8辑,第157页。据1912年2月29日,奉天交涉使许鼎霖给赵尔巽的函件称,"张金帅(张锡銮,字金波)在京患病,总统屡催起程,竟不果行"。见《清代档案史料丛编》第8辑,第219—220页。
[6]《清代档案史料丛编》第8辑,第143页。

常、黑龙江巡抚宋小濂"即以维持治安、不启外人干涉为目的……即国体解决后,仍认定保守治安,照常办理"。2月15日,他在回复叶景葵的电报中再度申明坐镇东北、保持社会稳定之意——这些都表明赵尔巽并非追求东三省独立,而以稳定社会、安抚民心为第一要务。[1]

2月17日,赵尔巽复电袁世凯,赞同袁氏提出的"再见同一国旗之军队不可挑衅,诚有至理"。[2] 2月底,东三省总督府急电东北各地,"自明年正月初一起,改用中华民国元年,二月十八日悬五色坪旗"。[3] 3月15日,袁世凯颁布大总统令,改东三省总督为东三省都督。第二天,赵尔巽即以东三省都督衔致电袁世凯,咨询东三省选派参议院议员的办法。[4] 这也意味着他接受了中华民国和临时大总统袁世凯之领导。4月12日,赵尔巽通饬东北各地:"今国体解决,共和告成……从前已设之保安会,一律取销。"[5] 至此,喧嚣一时的东三省独立之说尘埃落定。[6]

3月13日,赵尔巽在电稿中向袁世凯如此剖明心迹:"尔巽等在共和未成以前,惟以保境安民为目的,共和既定以后,亦惟抚民防乱,以待新政府命令之行。"同年8月,在给黎元洪的电报中,他再度强调自己从未想过"与中央相断绝",并以"事实具在,可复而按"驳斥外界关于他反对共和的种种说法。[7] 揆之史料,赵尔巽所言或有溢美之处,但基本属实。

---

[1] 本段所引,见《清代档案史料丛编》第8辑,第185、189页。
[2]《清代档案史料丛编》第8辑,第193页。亦见于《袁世凯全集》第19卷,第581页。
[3]《辛亥革命在辽宁档案史料》,第222页。正月初一为2月18日。
[4]《袁世凯全集》第19卷,第637页。
[5]《辛亥革命在辽宁档案史料》,第225页。
[6] 1912年初,曹锟的第三镇军队发动"北京兵变"后不久,蓝天蔚报告孙中山、黄兴等,"东省亦受宗社党运动,闻已撤共和国旗"。但事后证明,这只是蓝天蔚据传言所报。3月13日,赵尔巽致袁世凯电时直斥,"蓝天蔚以关外都督不得一逞,有类病狂,竟借京津一时之小变,捏造瞒天之大谎,冀惑天下人耳目,与东省挑隙"。见《清代档案史料丛编》第8辑,第225—229页。
[7]《清代档案史料丛编》第8辑,第229、269、270页。

为了避免"以一隅而牵全局",袁世凯改委张锡銮为直隶都督,让赵尔巽继续留任东三省都督。然而,对赵尔巽提出的"三年内在东三省官吏,自总督以下,中央不得任意易人"[1]等要求,袁世凯及北京政府始终没有承认。不仅如此,7月17日,袁世凯签署经参议院表决通过的政令,改东三省都督为奉天都督,"毋庸兼辖吉、江"。[2]这意味着赵尔巽之职只管理奉天一省而不再管理吉林、黑龙江,其权力大为缩水。10月2日,因赵尔巽在平定混成第二协士兵叛乱中"布置防范,极为周密",以及在外蒙活佛煽动独立蒙匪作乱中"调度有方",袁世凯下令将东三省军务统归奉天都督办理。[3]如此,又相当于恢复了赵尔巽节制东三省的权力。10月9日,中华民国成立一周年前夕,袁世凯签署命令,授予九位都督陆军上将军衔,赵尔巽位列榜首——当初残酷镇压革命党人活动的赵尔巽,成了民国的功臣。

这些表面文章自然瞒不了赵尔巽这样的宦途老手、圆滑政客。他深知袁世凯对自己的不信任,先后于6月、7月、10月四度请辞。[4]11月3日,袁世凯同意赵尔巽辞职,令其来京以备咨询,并任命张锡銮暂署奉天都督。[5]

民国史官

赵尔巽交卸后,并未如袁世凯所言进京以备顾问,而是避居青岛。

---

[1]《袁世凯全集》第19卷,第504页。
[2]《袁世凯全集》第20卷,第195页。
[3]《袁世凯全集》第20卷,第459页。
[4]前两次请辞,见《袁世凯全集》第20卷,第77、195页。1912年10月7日,征剿库伦独立叛乱期间,赵尔巽又一次致电袁世凯请求辞职,"巽衰庸多病,万不足以救危亡,恳请大总统速选贤能,另筹所以救东之道,巽之所能者止此"。见《清代档案史料丛编》第8辑,第319页。第四次请辞在10月23日,见《袁世凯全集》第20卷,第543页。
[5]《袁世凯全集》第21卷,第9页。

1914年2月3日，国务总理熊希龄及各部总长呈请袁世凯，提出设立清史馆修撰清史，"大清开国以来，文物粲然，治具咸饬……洎乎末叶，孝定景皇后尤能洞观世运，俯察舆情，宣布共和，与民更始……我中华民国追维让德于大清皇室，特颁优待条文，崇德报功，无微不至。惟是先朝纪载，尚付阙如，后世追思，无从观感。及兹典籍具在，文献未沦，尤宜广召耆儒，宏开史馆，萃一代人文之美，为千秋信史之征。兹经国务会议议决，应请特设清史馆，由大总统延聘专员，分任编纂"。[1]同日，袁世凯批示同意国务院所请。[2]3月9日，袁世凯发布大总统令同意设立清史馆，编纂清史，延聘赵尔巽为清史馆馆长。[3]5月26日，又任命赵尔巽为参政院参政，以示笼络之意。[4]

　　一般认为，袁世凯同意设立清史馆、修清史，有展示治下之民国战事初平和笼络前朝遗老的用意。《一士类稿》作者、民国掌故大家徐一士说："民国三年，内战甫止，袁世凯欲以文事饰治，议修清史……世凯之设馆修史，本含有藉是延揽胜朝遗老、山林隐逸之用意，犹之清初修明史故智。"[5]而袁世凯之所以延聘赵尔巽为馆长，首先是因为赵尔巽翰林出身，历任督抚高官，无论是清望还是资历均堪胜任馆长一职；其次是赵尔巽渊博的学识给袁世凯留下了深刻的印象。在请赵尔巽出任馆长一职的信中，袁世凯就说"夙念执事（赵尔巽）学识渊深，谙习掌故，用特竭诚延聘，充任馆长"。[6]

---

[1]《北洋政府公报》第23册，第147页，1914年2月5日。
[2]《袁世凯全集》第25卷，第221页。
[3]王国彬辑：《1914年设立清史馆的几件史料》，《历史档案》2003年第4期，第59页。
[4]《袁世凯全集》第25卷，第474页。
[5]徐一士：《清史稿与赵尔巽》，《逸经》1936年第2期，第75—77页。今人韩永福也说"袁氏赞成纂修清史，还有其政治层面上的考虑，重要的一点就是藉修史羁縻一批文人遗老"，见韩永福：《〈清史稿〉的编修过程》，《历史档案》2004年第1期，第7页。
[6]王国彬辑：《1914年设立清史馆的几件史料》，《历史档案》2003年第4期，第59页。同年7月在给财政部的批示中，袁世凯再次夸赵尔巽"硕学闳才"。

赵尔巽内心是很乐意出任清史馆馆长之职的。获任之初，他曾说，"是吾志也……一代有一代之事，始有一代之史"。[1] 尽管心中乐意，但在袁世凯一再催促下，赵尔巽仍迟迟不进京，而是借机让袁世凯下令对被四川革命党人杀死的弟弟、前清署四川总督赵尔丰"平反"。3月24日，袁世凯颁发大总统令，要国务院为赵尔丰从优议恤并宣付史馆立传。心愿得偿后，1914年6月初，赵尔巽方启程进京，"安然就任史职矣"。[2]

据赵珩所述，为显尊崇，袁世凯还按当时北洋政府远程接送贵宾的最高礼遇——特派"花车"前往青岛，接赵尔巽一家进京。[3]

就这样，以"我是清朝官，我编清朝史，我吃清朝饭，我做清朝事"[4]自诩的赵尔巽抵京，入住袁世凯为其特备的秦老胡同公馆。袁世凯还派军士四名妥为护卫，"可为极优礼之旷典矣"。[5]

就任后，赵尔巽先在秦老胡同公馆设置"清史馆临时筹备处"。9月1日正式开馆后，清史馆迁至故宫东华门内原清朝国史馆和会典馆处——该处有房子一百余间、库房一座。[6]

随后，赵尔巽开始聘请前清遗老文人组成修史队伍，"修史者有总阅、总纂、纂修及征访等职，先后延聘百数十人，别有名誉职约三百人，馆中执事有提调、收掌、科长及校勘等职，亦逾二百人，可

---

[1] 奭良：《清史馆馆长前东三省总督盛京将军赵公行状》，《无补老人哀挽录》，民国铅印本，国家图书馆古籍馆藏，第6页。
[2] 伏传伟：《新朝与旧主的抉择——清史馆设置缘起与赵尔巽的就任》，《学术研究》2006年第5期，第107页。
[3]《二条十年》，第10—11页。所谓的"花车"，就是有豪华内饰的高级专列，由卧铺车厢、起居车厢和豪华餐车三节车厢组成，所有的内部设施都是西洋款式，如红丝绒的沙发和座椅，挂着流苏的幔帐和窗帘，与那时的西洋高等车厢几乎无异。
[4]《我的前半生》，第90页。
[5]《盛京时报》1914年6月9日，第3版。
[6] 邹爱莲、韩永福、卢经：《〈清史稿〉纂修始末研究》，《清史研究》2007年第1期，第86页。

谓盛矣"。[1]他还请袁世凯下令各地征选省、府、县图志以及私家传记、碑铭、墓碣等送往清史馆,以备修史之用。[2]经费方面,起初,赵尔巽预算清史馆的临时开办经费为1万元,每月经常经费为1万元。对此,财政部认为国史馆平均每月经费仅8472元,比清史馆更节约。言外之意,即要缩减清史馆经费。赵尔巽对财政部将两馆相提并论且为国史馆抱屈的说法大为恼火,遂上书袁世凯,呈请清史馆暂缓开办。7月25日,袁世凯指示"经费必须宽筹,开办尤难从缓",要求财政部"迅速筹拨的款,俾足敷该馆之用"。[3]经其争取,临时开办经费和每月经常经费分别追加至2万元和2.2万元。[4]

由于经费充足,至1916年,清史修撰工作进展顺利。1917年张勋复辟,战事一开,清史馆被迫闭门数月,撰稿工作一度停顿。此后虽经恢复,但袁世凯去世后北洋政府所拨经费骤减——由原来的每月两万多元减至三四千元,且这三四千元"犹不时至,或参以国库券、公债票之类,损折难计"。[5]这样一来,经费短缺,编撰者也少了大半,纂修进度受到很大影响。

到1926年秋,历经十二年的努力,《清史稿》书稿终于粗具规模。但此时赵尔巽健康状况堪忧,已近灯枯之年,因此,他亟思在有生之年结束编修工作。经袁金铠从中联系,他向张作霖、张宗昌等筹到一笔款项,预计用两年时间审定全部书稿。然而,仅仅过了半年,

---

[1] 徐一士:《清史稿与赵尔巽》,《逸经》1936年第2期,第76页。另据学者考证,赵尔巽先后聘请了一百三十一人,实际到馆工作者九十余人,其中撰稿者六十八人,收掌、提调等三十余人。另有名誉顾问、纂修顾问一百多人不在此列。见邹爱莲、韩永福、卢经:《〈清史稿〉纂修始末研究》,《清史研究》2007年第1期,第87页。
[2] 王国彬辑:《1914年设清史馆的几件史料》,《历史档案》2003年第4期,第60、83页。
[3]《北洋政府公报》第35册,第263页,1914年7月26日。
[4] 伏传伟:《新朝与旧主的抉择——清史馆设置缘起与赵尔巽的就任》,《学术研究》2006年第5期,第108页。
[5]《无补老人哀挽录》,第7页。

1927年春，赵尔巽突然提出将全稿立即付印。对此，《清史稿》列传主要审定者夏孙桐认为史稿未经总阅审定，错漏矛盾之处尚多，"断断不可冒昧行之"而付印，建议"仍依前议，实事求是，逐加修正，务延总阅，全体讨论，以期详审，期以三年集事"。[1]但未能说动赵尔巽。除此之外，当时清史馆经费已近枯竭，部分编撰者也希望及早刊印，以稿费补发欠薪。这年夏天，恒念"吾不能刊清史，独不能刊清史稿乎"[2]的赵尔巽病倒了，"印书之意愈切"。此时，正好袁金铠自奉天到京。赵尔巽便召集全馆同人至病榻前，将经费交付袁金铠，托其负责刊印事务，以一年为期，将《清史稿》印出，并促编审各员"尽力赞助，任画一清理，每卷成即交馆发刊，期一年蒇事"。[3]

1927年12月，《清史稿》列朝本纪及部分志、表、传共五十册刊印完毕，至1928年5月又印出剩余部分八十一册。至此，五百三十六卷、八百余万字的《清史稿》初步完成。赵尔巽在发刊词中称"此稿乃大辂椎轮之先导，并非视为成书也"，故名曰《清史稿》。遗憾的是，赵尔巽未能亲见《清史稿》刊印出版，已先于1927年9月3日病逝。

就赵尔巽而言，民国建立不到一年，他即辞去奉天都督之职，这多少有些做前清忠臣的意味；而后接受袁世凯之邀出任清史馆馆长，又可能被指为"贰臣"，充民国新任。于是，在两难之间，我们也就可以理解他为何要一再迁延就任时间，一再宣称"我是清朝官，我编清朝史，我吃清朝饭，我做清朝事"。

尽管刊印之后因水平参差不齐、讹误错漏甚多难称信史，尽管因美化清朝遭到南京国民政府查禁，但《清史稿》还是给后人研究清史留下了大量翔实可信的史料。从1914年至1927年，年逾七旬的赵尔巽为此书倾注了十三年的时间，克服年高体弱、时局动荡、经费支绌

---

[1]朱师辙:《清史述闻》卷十，上海书店出版社2009年版，第138页。
[2]《无补老人哀挽录》，第7页。
[3]《清史述闻》卷五，第60页。

等困难，为《清史稿》得以面世奠定了坚实基础，实属不易。跟随赵尔巽一道参与《清史稿》纂修的奭良曾说，赵尔巽为纂修《清史稿》倾注了大量心血，"公日一到馆，校视已成文史，间有勒削，尝一日阅至二万字，精力滂魄如此"。[1]

奭良曾说赵尔巽"天性仁厚，精力缜密，少而端悫，老而不衰"。[2]但参劾醇亲王奕譞、铁腕镇压张榕等革命党人，又凸显了赵尔巽性格中刚硬的一面。刚柔并济的性格，也造就了赵尔巽软中带硬的政治手腕，驭人有道。比如对于土匪出身的张作霖，赵尔巽在提携他的同时更多是让其慑服。张学良曾说："我父亲（指张作霖）没有一个人可怕的，没有怕的人，他就怕赵尔巽，就是赵尔巽能说他……我父亲能起来，就是赵尔巽提拔起来的。"[3]

赵尔巽确实是张作霖走上历史舞台的重要推手："奉天国民保安公会"成立大会上，张作霖以武力威胁革命党人，保护了赵尔巽，稳住了奉天的局势，也增加了赵尔巽对他的信任——调张作霖的前路两营进奉天。不仅如此，宣统三年十二月，赵尔巽同意将张作霖所统部队由十二营扩为十六营[4]，使得张作霖的兵力达三千五百人以上。随着军事实力的增强，张作霖腰杆也硬了起来，具备了涉足政界的重要条件，并逐渐成为东三省乃至全国举足轻重的人物。

赵尔巽去世时，张作霖正以陆海军大元帅的身份行使中华民国统治权。9月5日，张作霖颁布大元帅令，褒扬赵尔巽一生功绩，令财政部拨五千元治丧，并亲往祭奠，"大元帅闻讣驰至，伏哭极哀"。[5]据赵珩祖母回忆：当时的张作霖已是北洋政府陆海军大元帅，势力扩

---

[1]《无补老人哀挽录》，第6页。
[2]《无补老人哀挽录》，第7页。
[3]张学良口述，唐德刚撰写：《张学良口述历史》，中国档案出版社2007年版，第13页。
[4]《清代档案史料丛编》第8辑，第129—130页。
[5]《无补老人哀挽录》，第7页。

张到长江以北和江南部分地区,处于人生的巅峰时期。但在赵尔巽面前,张作霖始终自称僚属、麾下。就任陆海军大元帅之后,每次谒见赵尔巽,都署"沐恩张作霖"。丧礼期间,张作霖行至北京北兵马司胡同赵尔巽宅邸大门口时,即开始一步一叩首,一路磕入灵堂,痛哭至两个鼻孔流血不止,以至被人搀出灵堂,"那场景真应了古人对'泣血稽颡'的描述"。[1]

而对待奉天另一将领冯德麟,赵尔巽更多展示柔性一面,让冯氏心服。冯德麟(又名冯麟阁)本是日俄战争爆发后日本招募的"大日本帝国讨露军满洲义勇兵"(又称"东亚义勇军")统领,后为日本人所弃,赵尔巽担任盛京将军期间将其收抚。[2]宣统三年(1911)十月,赵尔巽致信时为巡防左路统领的冯德麟,要其"用心用命"守卫东三省西北边防。或许是出于对晚辈张作霖在武昌起义后受赵尔巽重用的不满,此前冯德麟曾赶来奉天面见赵尔巽诉委屈。赵尔巽此信,一是为自己因忙于与日本人交涉未能好好款待冯德麟而致歉,更主要的目的是安抚"此行颇为愤慨"的冯德麟。为此,赵尔巽随信给冯德麟寄去了自己所穿多年的一件大衣,以示笼络和亲近,"天气渐冷,山僻多寒,至为驰念。敝裘一袭,鄙人所常御者,附函奉赠"[3]——这样的做法,很容易让人想起在蒯通等游说韩信离开刘邦时,韩信所说的"汉王解衣衣我,推食食我"[4]。

从年轻时担任御史开始,赵尔巽即以敢言著称。任贵阳府知府时经常顶撞上司,"有面诤无面从",以致当时的贵州巡抚潘霨曾说,"赵太守寡妇面孔不可当也"。[5]但赵尔巽的直言,颇得慈禧太后和光绪帝优容——早在光绪十年,赵尔巽参劾醇亲王奕譞、军机大臣

---

[1]《二条十年》,第16页。
[2]《清代档案史料丛编》第8辑,第400—401页。
[3]《清代档案史料丛编》第8辑,第35页。
[4]《史记·淮阴侯列传第三十二》,第2622页。
[5]《无补老人哀挽录》,第2页。

左宗棠，慈禧只是"着毋庸议"，并未对其做出惩罚；光绪三十一年，赵尔巽赴任盛京将军前，慈禧还特"赐治装银五千两，一时慈眷之隆，无与伦比"。[1]据说，慈禧还曾当面称赞他"历来忠直，所言皆当"，对其颇为赏识。[2]这样的恩眷，让浸润于儒家君臣思想的汉人赵尔巽更加忠于清王朝。综观赵尔巽在辛亥革命前后的言行，发现他少有赞扬共和之语，但也很少发现其攻击共和民主制度的言论。在这位传统官员的身上，更多的是保境安民的为官本分，"惕惕然以国权领土为惧"。[3]

辛亥革命风起云涌之际，赵尔巽的弟弟赵尔丰署理四川总督，总管四川军民政务。面对变局，在东北经营多年、颇得民心的赵尔巽，深知掌握兵权的重要性，急调张作霖等部进驻沈阳，增加兵力。然而，刚刚制造了"成都血案"的赵尔丰，却在民怨沸腾之际亲写手令将自己三千人的卫队交四川军政府都督尹昌衡。最终，赵尔巽得以善终，但赵尔丰为尹昌衡所擒杀。抛开革命与非革命、正义与非正义的立场之辩，这样的史实无疑令人深思——动荡之秋，决定赵尔巽、赵尔丰兄弟命途云泥之别的，或许仅仅是一念之差。

---

[1]《无补老人哀挽录》，第3页。
[2] 叶景葵：《叶景葵杂著》，上海古籍出版社1986年版，第53页。
[3]《清代档案史料丛编》第8辑，第269页。

承平旧事怀千叟*
——"箩筐总督"张人骏的传闻与真相

张人骏（1846—1927），字千里，号健庵，晚号湛存居士，直隶遵化人，进士出身。任两广总督时，与日本驻粤领事交涉，收回东沙岛。后任两江总督，在革命军进攻南京时出逃，坐日本军舰离开。清朝覆灭后避居青岛、天津。

张人骏的名字，很多读者可能不太熟悉。但其侄女张爱玲，可谓鼎鼎大名。按辈分，张人骏是张爱玲祖父张佩纶的侄子，年龄却比后者还大两岁。他幼年登科，中年扶摇，官至总督，虽无张佩纶的名气，却是河北丰润张家官职最高者，且在任内积极收回了被日本人侵占的东沙岛，功在国家。

张人骏，十九岁中举，同治七年（1868）二十三岁时中进士，授

---

* 语出1913年张人骏为青岛"十老会"所写诗作。诗中的"千叟"指清康熙、乾隆、嘉庆三朝曾先后在畅春园、乾清宫、皇极殿宴请朝野老人，张人骏借此怀念清廷。见张守中编：《张人骏家书日记》，中国文史出版社1993年版，第206页。

翰林院庶吉士，直至光绪十五年（1889）才获得外放的机会，由兵科给事中升任广西桂平梧郁盐法道。二十年的京官生涯，张人骏只官至四品，仕途可谓不顺。

不同于叔叔张佩纶为知名清流头角峥嵘、诗文奏折名重一时，张人骏"为人凝重"[1]、"谨言慎行，缄默言事"[2]。光绪十年（1884）中法马尾海战中，会办福建海疆事宜的张佩纶率行引兵出战，使得福建水师几乎全军覆没，之后被贬充军。[3]而张人骏虽在四月就中法交恶上了《慎持和议并筹战守疏》[4]，却没有受到任何牵连。外放之后，更是一路升迁，历任广西按察使，广东、山东布政使，山东、河南、广东、山西巡抚，两广总督、两江总督兼南洋通商大臣，直至辛亥革命弃职。

张人骏在政治上，偏于保守一派。光绪二十六年（1900），义和团运动蔓延至山东。在义和团问题上，前山东巡抚毓贤采取安抚政策，袁世凯继任后，在决定抚还是剿时犹豫不决。时为山东布政使的张人骏对袁世凯说："公试揣此类妖妄之徒古来有能成大事者乎？"[5]一语点醒袁世凯，袁氏因此转为驱逐镇压山东境内的义和团，进而与湖广总督张之洞、两江总督刘坤一等发起"东南互保"。义和团民众的鲜血染红了袁世凯的顶子——他后来因此被赏加太子少保衔，名声大噪，张人骏"因之换帖并结姻亲"。宣统元年十二月二十一日，张人骏第五子张允亮迎娶袁世凯长女袁伯祯。[6]

---

[1]《张人骏家书日记》，第199页。
[2] 张守中编著：《方北集》，河北美术出版社2014年版，第64页。
[3] 光绪十年张佩纶被派往福建办理海疆事务。七月，中法战争爆发，清廷大败，福建水师战船几乎全被法舰击沉。战后，张佩纶先被降二级留任，接着因御史弹劾被革职，听候查办，后又被发往军台效力赎罪。见《德宗实录》卷一九一。光绪十一年，张佩纶被遣送张家口充军三年以赎罪。见刘天昌：《两广总督张人骏》，海洋出版社2018年版，第393页。
[4]《德宗实录》卷一七七。
[5]《张人骏家书日记》，第200页。
[6]《张人骏家书日记》，第200页；《两广总督张人骏》，第404页。

收回东沙岛

自光绪二十六年升任漕运总督，张人骏正式跻身督抚行列。其为官生涯中最大的亮点，当属出任两广总督期间交涉收回被日本人占领的东沙岛。

东沙群岛是我国南海诸岛中位置最北、离大陆最近、岛礁最少的一组群岛。其中的东沙岛，为东沙群岛中唯一出露海面的陆礁岛屿，覆盖着由珊瑚及贝壳碎屑风化而成的白砂。岛上富有淡水，椰树茂盛，植被良好，景色优美，附近海域海洋生物资源丰富。

光绪三十三年（1907）七月，日本商人西泽吉次带领一百二十余名工人，乘坐"四国丸"号轮船登上了我国的东沙岛。[1]趁我国渔民无人在岛上之际，西泽吉次等不仅肆意拆除了我国渔民居住的房屋和用于加工海产品的厂棚，而且丧尽天良地掘开了一百三十二名遇难中国渔民的坟墓，将尸骨焚烧后扔入大海。此外，还拆毁了祭祀这些遇难同胞的祠堂，以及渔民们为祈祷平安盖的海神庙。之后，西泽吉次在岛上盖起了用于居住的简易楼房、用于生产的厂房，铺设了小铁道，安装了电话，建起了淡水厂，将该岛命名为"西泽岛"。[2]

八月十三日，《申报》以《日本发见太平洋新岛》为题，报道了日本占领我粤属岛屿的消息。时为两江总督的端方看到后，于八月底奏报清廷外务部。[3]

九月初五日，外务部致电两广总督张人骏，要求他核实处理。但其实两个月前的七月初四日，张人骏才被任命为两广总督，并于八月

---

[1]《申报》1907年9月20日，第5版。
[2]刘天昌：《张人骏谈判收复东沙岛考证》（上），《军事史林》2019年第1—2期合刊，第66页。
[3]张良福编著：《让历史告诉未来——中国管辖南海诸岛百年纪实》（以下简称《让历史告诉未来》），海洋出版社2011年版，第3页。

初八日携部分家眷抵达广州两广总督府。[1]

从光绪三十四年（1908）二月十五日起，张人骏开始与日本驻广东领事赖川浅之进交涉收回东沙岛。针对日方坚持主张只有中国志书的有关记载才能作为有效证据等无理要求，张人骏及有关人员经不懈努力，在光绪初年王之春[2]所著的《清朝柔远记》和雍正八年（1730）台湾总兵陈伦炯所著的《海国闻见录》等图书中找到有力证据：《清朝柔远记》所绘沿海舆图中，明确标注东沙岛在粤属海域，列其位置于甲子、遮浪之间；《海国闻见录》中的《沿海形势图》也有东沙岛的明确记载。[3]经过两年的交涉，在中方已有大量证据且两广民众开始抵制日货的情况下，日本政府终于承认东沙岛为中国领土。

宣统元年（1909）二月十一日，清廷派出以黄钟瑛为舰长的"飞鹰"号军舰，登陆东沙岛。在向岛上日人简单问话之后，黄钟瑛一行绘制了东沙岛上房屋、铁路、码头等设置图，并拍摄了八张岛上各处的照片，后离岛返航。在随后的电报中，张人骏告诉清廷："查该岛向名东沙，与附近琼岛之西沙对举，沿海渔户，倚为屯粮寄泊。海神庙建设多年，实为华民渔业扼要之区。"[4]至此，清朝官方开始以"东沙"命名这座岛。

当年五月，清廷调张人骏为两江总督兼南洋通商大臣。五月十九日，张人骏致电外务部和水师提督萨镇冰，要求速派"海筹"号军舰来粤，准备派员和日方代表一起前往东沙岛对日方资产进行评估。[5]此时，距五月二十四日张人骏交卸两广总督仅剩五天。[6]在交接事务

---

[1]《两广总督张人骏》，第400页。
[2] 王之春，湖南人，历任广东兵备道、署理广东布政使以及山西巡抚、安徽巡抚、广西巡抚。
[3]《两广总督张人骏》，第33、43页。
[4]《让历史告诉未来》，第24页。
[5]《两广总督张人骏》，第47—48页。
[6]《宫中朱批奏折》，档号：04-01-12-0676-090。

千头万绪之下，张人骏始终不忘收回东沙岛之事，足见其"以国家利益为重的爱国之心"。[1]

张人骏离任后，继任两广总督的袁树勋等继续与日方交涉。又经过两个多月的艰苦谈判，中日双方在当年八月二十八日签订《收回东沙岛条款》，规定中方需花费十九万元，购买日本人西泽吉次在岛上的物业。当年十月，中方人员登上了东沙岛，举行了简单而庄严的接收典礼：广东水师的"广海"号军舰"燃贺炮二十一响，以伸庆贺"，并在东沙岛升起大清的黄龙旗。被占两年零三个月后，东沙岛重新回到祖国的怀抱。[2]

在交涉收回东沙岛的同时，张人骏还派人去勘察巡视西沙岛。[3]宣统元年闰二月，他派水师副将吴敬荣率队前往勘察，基本掌握了西沙群岛的岛礁分布情况和地理位置，并拍摄了相应的照片。三月，他又成立筹办西沙岛事务处，委任广东布政使胡湘林、沈曾植等负责。有评论认为，这相当于将筹办处升格为省级，可见张人骏对保卫西沙、开发西沙的重视程度。[4]四月初一日，张人骏又派广东水师提督李准率领海军官兵、测绘学生、工程师、医生等一百七十余人，分乘"伏波""琛航""广金"三艘兵轮，前往西沙群岛做第二次勘察——此次勘察历时二十一日，考察岛屿十五座，并逐一命名，勒石竖旗。

李准回到广州后，立即将勘察详请汇报给张人骏，并禀请张人骏开发西沙。张人骏"惊喜欲狂，以为从此我之海图，又增入此西沙十四岛也"。[5]在考察西沙群岛的基础上，筹办西沙岛事务处

---

[1]《两广总督张人骏》，第48页。

[2]《让历史告诉未来》，第35、38页。

[3] 张守中：《先府君行述——张人骏生平资料的新发现》，《文物春秋》2014年第1期，第74页。

[4]《两广总督张人骏》，第74页。

[5] 李昕：《南海何曾隐风流：清末广东水师提督李准纪事》，海南出版社2020年版，第223页。

向张人骏递交了开发西沙群岛的八项建议,包括将各岛一一命名、书立碑记、搜集岛内矿砂、建设榆林港和三亚港作为接应西沙之基地等。[1]

根据勘测结果,遵照张人骏的指示,广东参谋处于宣统元年六七月间重新编制完成了《广东舆地全图》。该书首页《广东全省经纬度图》收入了包含东沙群岛和西沙群岛地名、精确经纬度和地形地貌的海图。这是中国政府首次以国际通用的经纬度法,将东沙、西沙群岛正式列入我国的版图之中。此书至今为国家图书馆、广东中山图书馆、台湾"中央研究院"傅斯年图书馆所收藏。东沙岛、西沙岛的名称,由张人骏亲自确定并使用至今。这是张人骏在维护我国南海主权方面留下的确凿证据和做出的重大贡献。[2]

1935年,中华民国政府水陆地图审查委员会编印《中国南海各岛屿图》,将南沙群岛西部,位于北纬7度58分到8度02分、东经110度35分到38分,南北长约9公里、东西宽约6.5公里的一个珊瑚暗礁命名为"人骏滩"。1983年,中国地名委员会受权公布南海诸岛标准地名,"人骏滩"名称不变,并沿用至今。[3] 这是国人对张人骏收复开发东沙群岛、勘测开发西沙群岛历史功绩的最高褒奖。

逃离南京城

张人骏在两江总督任上远不如任两广总督时风光。宣统元年六月下旬,张人骏抵南京接任两江总督,之后尽管有在上海建自来水厂、在南京建成金陵电灯官厂、倡修苏州寒山寺,以及成功举办南洋劝业会和第一届全国运动会等可堪书写的政绩,但他与当地士绅、咨议局

---

[1]《让历史告诉未来》,第48—50页。
[2]《两广总督张人骏》,第90页。
[3]《两广总督张人骏》,第98页。

相处并不融洽。[1]

宣统三年（1911）二月，江苏省咨议局召开临时会议，对宣统三年江苏省预算案做出了重大修改。张人骏对此十分恼火，坚持按原方案执行，临时议长张謇和议员们则集体辞职以示抗议。

尽管清廷于四月先后两次下旨批评江苏省咨议局"逾越权限"，裁定咨议局对预算案的删减增补，"窒碍难行"，明确宣示对张人骏的支持[2]，但在此之后，或许是与咨议局存在矛盾，或许是已预感到革命形势山雨欲来，张人骏多次上折自请开缺。只是，朝廷始终未允[3]，甚至将其奏电留中不发。

八月十九日，武昌起义爆发。九月十八日，南京第九镇新军在统制徐绍桢率领下，由中华门外向南京城进攻，但因缺乏弹药失败，被迫退到镇江。九月二十三日，在沪军都督陈其美等人推动下，江浙联军总司令部在镇江成立。之后，沪、浙、苏、镇（江）联军联合攻打南京，并于十月十二日光复南京。

关于革命军两度进攻南京期间张人骏的表现，民间有着不少传闻。

时在南京劝业道任职的马涯民在《南京光复见闻琐忆》一文中说，第一次攻打南京之前，上海革命党方面曾派了许多人前来南京策动起义，并准备推举张人骏为江苏都督。但张人骏没有同意，表示："我世代受清朝的厚恩，怎么可以反叛？"经过司道再三劝告，张人骏哭着说，"你们自己去选择吧，让我回到故乡去！"[4]随后，张人骏和一众司道议决推江宁布政使樊增祥做都督。正在这时，江南提督张勋跑进来对张人骏说："别的人可以背叛朝廷，你老师也可以背叛朝廷吗？"张勋说完，把桌子一拍就跑出去了，"司道们知道张勋一反

---

[1]《两广总督张人骏》，第403—404页。
[2]《宣统政纪》卷五二、五三。
[3]《两广总督张人骏》，第405页。
[4]《辛亥革命回忆录》第四集，第257页。

脸，是决不可能和平解决的了，所以都纷纷散去"。[1]

九月十八日，革命军第一次进军南京，有传言说张人骏被杀，也有说他服毒自尽。[2]但其实，张人骏得到了张勋的妥善保护，安然无恙，而且表现得相当镇静。他在九月二十日给继室陈氏[3]的信中说："十八日事虽危险，而我并不惊慌。"[4]同日，张人骏告诉身在上海的小儿子张允靖不要相信谣传，表示自己不会自杀，"我身体甚好，可告汝母弗念。我但能过得去，决不过于激烈，至多被发入山，不与闻世事耳"。在信中，张人骏还细心提醒儿子，寄信的时候不要留上海的地址，以免革命党侦知，于家眷不利。[5]张人骏性格之谨慎，可见一斑。

革命军光复南京前一天，张人骏等曾派人与革命军和谈，提出"一、不伤人民生命。二、不杀旗人。三、准张勋率所部北上。四、准张人骏、铁良北上"[6]四条件。徐绍桢同意第一、二、四项，但反对张勋率部北上，要求张勋部解除武装方可出城，并表示如二十四小时不予正式答复将立即发动攻击。[7]由于革命军态度强硬，张人骏未继续谈判，和议最终未成。十月十二日革命军攻占南京后，张人骏和江宁将军铁良逃离南京，避往上海，最后辗转到了天津。

关于张人骏、铁良是如何离开南京的，同样有着诸多传闻。这些传闻语焉不详且互相矛盾，甚至有说张人骏是坐着箩筐从城墙上缒下来然后逃走的。张人骏侄女张爱玲在《对照记》中写道："'革命党打

---

[1]《辛亥革命回忆录》第四集，第257—258页。
[2]《两广总督张人骏》，第406页。
[3]同治七年（1868），张人骏娶韩氏为妻，光绪六年（1880），韩氏去世；光绪十四年，张人骏续娶陈氏。见《方北集》，第62—64页。
[4]《张人骏家书日记》，第140页。
[5]《张人骏家书日记》，第140—141页。张允靖于1891年出生，是张人骏最小的儿子，母亲为续弦陈氏。
[6]《辛亥革命》（七），第79页。
[7]《辛亥革命》（七），第79页。

到南京，二大爷[1]坐只箩筐在城墙上缒下去的'，我家里一个年轻的女佣悄悄笑着告诉我。她是南京人。多年后我才恍惚听见说他是最后一个两江总督张人骏。一九六零初，我在一个美国新闻记者写的端纳传（《中国的端纳》）上看到总督坐箩筐缒出南京围城的记载，也还不十分确定是他，也许因为过去太熟悉了，不大能接受。"[2]就这样，很多文章著作都戏称张人骏为"箩筐总督"。

出城的真相

张人骏、铁良是否是坐箩筐出城的呢？

当时，进攻南京的江浙沪联军大约为一万四千人，以此兵力，想要包围南京城，显然是不可能的。[3]当时，联军进攻计划是集中主力由北向南进攻，先攻打南京的重要军事堡垒钟山天保城，占领制高点，另以一部进攻雨花台。十月初六日，联军总司令部移驻南京城东外郭的麒麟门，调集各军开始分门攻城，"由苏军炮攻通济门、雨花台，浙军炮攻朝阳门、洪武门，镇军炮攻神策门、太平门，沪军炮攻金川门、仪凤门等处"[4]，最终从太平门、神策门入城。

南京城共有十三个城门，通济门、雨花台在南京城南偏东，朝阳门、洪武门在南京城东，神策门、太平门、金川门、仪凤门在南京城北。照此部署，联军并未攻打南京城西面毗邻秦淮河的定淮门、清凉

---

[1] 张人骏是张爱玲父亲张志沂的堂兄，也就是张爱玲的堂伯父。
[2] 张爱玲：《对照记》，北京十月文艺出版社2007年版，第10页。刘天昌在《两广总督张人骏》一书中说张人骏等人于十月十二日凌晨由日本工兵小队保护从清凉门用绳兜缒城而下，来到江中的日本军舰。见《两广总督张人骏》，第406页。
[3] 《辛亥革命回忆录》第四集，第243页。同治三年（1864），曾国荃攻打南京，最后围城兵力达到五万人，但仍有千余太平军从南城太平门逃出。见曾国藩：《曾国藩全集·日记三》，岳麓书社2011年版，第69页。
[4] 马长林、黎霞选编：《辛亥江浙联军光复南京史料》，《上海档案》1991年第6期，第59页。

门、石城门、水西门等。因此,张人骏等无须缒城出逃。

革命党人方面的记载,包括郭孝成的《江苏光复纪事》、钱锺书父亲钱基博的《辛亥江南光复实录》、原第九镇军官徐森和谌秉直的《第九镇秣陵起义和江浙联军光复南京亲历记》,以及杨啸天的《参加第九镇南京起义》等回忆文章,多只提到张人骏通过日本方面出逃,并没有说他坐着箩筐缒城而下。[1]

张人骏、铁良等当事人的奏折也只是说他们登日本兵轮离开南京,同样没有提到坐着箩筐缒城而下。张人骏在奏折中写道:"臣与铁良潜行赴沪,因匪党搜查甚紧,当将初十、十二两电托人代发。旋由海道绕至天津。"[2]

十月十六日,张勋电奏南京城丢失的同时,告知朝廷张人骏、铁良的情况,"督臣张人骏、将军铁良由臣同至日本兵轮,别后,旋雨花台调集各队渡江"。要知道,张勋南京战败后退守徐州,部下兵力还有一万两千人。[3]从常理推断,数量如此多的部队要出城,不可能不开城门。因此,与张勋一同出城的张人骏等,也无须缒城而下。

如果说革命党人的记载可能有不实之处,当事人的言说可能有粉饰之嫌,日方档案的记载则应相对客观——但无论是日本驻华使馆,还是日本驻南京领事、驻上海总领事发给国内的电报,都只说张人骏、铁良等乘坐日本"秋津洲"号军舰离开南京前往上海,再转乘"西京"轮秘密前往大连,同样也没有提及二人坐箩筐出城之事。[4]日本驻南京领事铃木十月十五日明确告诉日本外务大臣内田康哉:

---

[1]《辛亥革命》(七),第17、54、79页;《辛亥革命回忆录》第四集,第245—246页。这一时期的《申报》对光复南京战役做了详细报道,也未提及张人骏等缒城出逃之事。

[2]《辛亥革命》(七),第112、115、120页。

[3]《辛亥革命》(七),第111—112页;《张人骏家书日记》,第144页。

[4]《辛亥革命》(七),第108页;《日本外交文书选译》,第70页。

"张总督及铁良将军于十月十三日下午两点三十分乘我国军舰'秋津洲'号由本地出发前往上海。"[1]

张人骏、铁良等之所以能坐上日本军舰出逃,和此时日本政府的对华政策不无关系。辛亥革命爆发后,日本政府为了维护其在华特殊利益,曾策动武力干涉,但由于英国的反对等原因作罢。尽管如此,日本还是不断对华增兵,至1911年11月中旬,派往长江流域的日本军舰已达到十六艘,总数是平日的三倍多,仅次于英国;日本"第三舰队"司令官则被推举为各国海军最高指挥官。1911年10月17日,日本海军大臣传令"第三舰队"司令官:"如有清国官宪或叛徒投身于我舰艇、要求保护,可根据外务令的精神予以处置。"因而,该舰队遵令而行,先后用军舰"收容"了安徽巡抚朱家宝、两江总督张人骏、江宁将军铁良等清廷高官。[2]

运作谢罪折

离开南京后,张人骏行踪如何?

十月二十一日,日本关东民政长官白仁致电外务大臣内田康哉,告知张人骏、铁良等已到大连,下榻于大和宾馆。四天后,张人骏一行离开大连前往奉天,再取道奉天,于十一月初抵达天津,暂住利顺德西饭店。[3]

十二月初五日,在南京被革命军占领近两个月后,清廷收到张人骏奏陈南京失守详情并自请处分的奏折。就丢失南京,"抵津患病"

---

[1]《日本外交文书选译》,第69—70页。
[2] 李少军:《国民革命前日本海军在长江流域的扩张》,《历史研究》2014年第1期,第50、53页。日本海军不仅"收容"清廷高官,也为黄兴等革命党人提供保护,这体现了日本对华政策一贯的两面性。
[3]《日本外交文书选译》,第70—71页;《两广总督张人骏》,第406页。

的江宁将军铁良在十一月初七日就已上折请罪。[1]张人骏的谢罪折为何晚了近一个月才上递呢？

其实，早在十月初十日、十二日，张人骏到上海后就托人致电，告知清廷南京失守消息。但到天津后，张人骏才得知"前两次电奏并未达到"。[2]

督抚有守城之责，咸丰末年忠王李秀成指挥太平军二破江南大营，时为两江总督的何桂清弃守常州逃往上海，后被清廷逮至京师斩首。武昌起义后，弃城的湖广总督瑞澂出逃上海后被下旨逮问，最终被革职，对于一生忠于清室的张人骏来说，为自己出逃寻求体面的说法是必须的。

从档案得知，张人骏一开始有重夺南京的计划。十月底在奉天时，他与东三省总督赵尔巽讨论过此话题，赵尔巽建议由奉天巡防统领张作霖带兵前往协助。[3]当时，张人骏设想，在天津稍事休整后，他和铁良先往京师筹款，再南下徐州与张勋会合，重夺南京。[4]

但最终，张人骏既未进京，更未南下徐州，而是始终滞留天津。个中原因，主要是筹款困难。

按照张人骏的估算，张勋的部队每月需饷银三万余两，两江总督行辕每月需四万两左右。[5]除此之外，徐州当年水灾颇为严重，两江总督还需筹款赈济。这些都"非巨款不可"，但此时财政已濒临枯竭的清廷自然无法满足张人骏的拨款要求；他还曾向直隶总督陈夔龙借款、借兵，但陈夔龙担心咨议局追查，没敢答应。[6]

---

[1]《辛亥革命》（七），第115页。
[2]《辛亥革命》（七），第120页。
[3]《两广总督张人骏》，第406页。
[4]《辛亥革命》（七），第120页。
[5]《张人骏家书日记》，第145、146页。十月退守徐州后，张勋部的军饷主要由当地士绅筹措。
[6]《张人骏家书日记》，第142、145页。

四处碰壁之后,张人骏对两江总督一职开始望而生畏,担心在没有巨款的情况下前往徐州,将面临守军哗变、民众造反的风险。十一月十九日,他对在京师任户部主事的长子张允言说:"无款无兵,如何前去?"甚至,他还后悔离开南京、贸然北上,"我事一无眉目,此次北来大错,后悔无及。非得巨款不能南行"。一番考虑后,张人骏决定效仿江宁将军铁良"以病为辞",并开始了一系列的运作。[1]

张人骏先派儿子张允言和内阁阁丞(相当于秘书长)华世奎商量奏折的写法,后让张允言去拜访结拜兄弟、袁世凯身边的红人徐世昌,又让张允亮在岳父袁世凯面前疏通。在此运作下,时为内阁总理大臣的袁世凯也积极为其出谋划策。[2]

十二月初,清廷收到张人骏关于南京失守的请罪折。奏折中,张人骏叙述了在南京被围、凭张勋一支孤军与革命军苦战二十多天的"功绩",解释自己出逃北行、滞留天津主要是为张勋在徐州的部队筹划饷项。同时,以生病为由,请朝廷另简两江总督人选。[3]

尽管张人骏在奏折中表示"一俟病体稍痊,即当赴京归罪"[4],但经过此前的一番运作,他已深知朝廷不会再追究。果然,十二月初五日,清廷下旨,"失守地方本属咎有应得,惟念该督效力有年,此次与铁良、张勋坚守苦战,援绝城陷,情尚可原。既据奏称病难速痊,着开缺听候查办",同时,令张勋护理两江总督。[5]

在此之前的十一月初九日,清廷对江宁将军铁良的请罪折如此批复:"铁良电奏防守不力,咎无可辞,请从重治罪等语。铁良着先行

---

[1] 本段所引,均见《张人骏家书日记》,第141—142页。
[2]《张人骏家书日记》,第141—144页。张允亮,张人骏的第五个儿子,娶了袁世凯的长女。张人骏曾专门致信袁世凯,感谢其"指示迷途"。
[3]《辛亥革命》(七),第120页。
[4]《辛亥革命》(七),第120页。
[5]《宣统政纪》卷六九。

1912年张人骏致袁世凯书手迹（慰庭宫太保亲家大人阁下：违侍钧衡，倏逾七载，金壬误国，盗弄潢池。我公东山复起，人骏待罪北行，咫尺国门，不得一瞻颜色，怅惘何如！金陵失事情形极为复杂，笔难罄书，不欲再渎清听。总之此事关于气数，人骏不幸……）

开缺，驰往徐州防军，立功赎罪。"[1]和铁良相比，张人骏甚至无须赴徐州立功赎罪，处分无疑更轻。

晚年当寓公

1912年被清廷开缺后不久，张人骏举家前往青岛。[2]个中缘由，有说张人骏曾为山东巡抚，与德国人有旧，避往青岛有庇护于德国之意；也有说张人骏来青岛是不愿在民国为官，"辛亥后，袁屡征之不应，因移居青岛以避之"。[3]

虽然张人骏迁往青岛的具体时间尚待考证，但住址是明确的。据张人骏曾孙张守中访查，张人骏的别墅位于肥城路4号，为砖混结构，2005年兴建中山路星光大道时被拆除。[4]该住宅档案载："原所在地，青岛市市南区肥城路四号。原建造期，约1920年前后，考为1913年。原结构，砖木石混构。"[5]

清末民初之际，恭亲王溥伟、协办大学士徐世昌、东三省总督赵尔巽、云贵总督李经羲、两江总督周馥、学部副大臣兼京师大学堂总监督劳乃宣等一大批前清高官，都选择避往青岛定居，"青岛僻在海隅，美风景，德人治理严肃，地方安乐，辛壬之际避秦者多来居，颇有山水文酒之会"。[6]

1913年3月25日，由周馥、吕海寰、赵尔巽等发起，在青岛周

---

[1]《辛亥革命》（七），第115页。
[2]《两广总督张人骏》，第407页。
[3] 赵琪等：《胶澳志》，成文出版社1968年版，第1327页。张允亮的儿子张象耆曾撰文回忆："张人骏这时既不出任民国，也不与袁世凯相见，而且不肯与袁同在一个城市，张直到八十二岁也未到北京来。"见《张人骏家书日记》，第237页。
[4]《方北集》，第69页。
[5] 王桂云：《张人骏避居青岛始末》，《青岛史鉴》2010年第1期。
[6]《方北集》，第48页。"辛壬"指农历辛亥、壬子年，即1912年、1913年。

馥宅中成立"十老会",成员都是七十上下的前清遗老。[1]他们"各赋一诗",以志纪念,成一时盛事。张人骏曾作诗:避地同栖岩谷间,春风杖履共登攀。招邀近局聊娱老,忧患余生暂解颜。漫似耆英追洛下,可知世变异商山。承平旧事怀千叟,欲向云梯叩九关。[2]诗中"千叟"指清康熙、乾隆、嘉庆三朝盛世,曾分别于畅春园、乾清宫、皇极殿宴请朝野老人,暗含张人骏此时犹心怀清廷。由于张人骏的大量史料在"文革"中被毁,这是其为数不多存世的诗作之一。

张人骏居青岛期间,曾数次游览崂山,并在崂山附近镌有游山题刻——《郁达夫日记》[3]、傅增湘《劳山游记》[4]等都有在崂山见到张人骏题词的记载。2006年张人骏曾孙张守中前往访查时,当地村民告知题石位于今崂山官桥石屋,字竖排、有手掌般大小,但"在大集体时村中使用石料,石刻题字被毁"。[5]

1914年7月,第一次世界大战爆发,日本占领青岛,德日交战。为躲避战火,张人骏一家三代离开青岛,重回天津。[6]

张人骏此番回津,住在天津市英租界戈登路(今湖北路1号),今旧宅尚存。张爱玲在《对照记》中写下她幼年去看望堂伯父张人骏的情景:"冷落偏僻的街上,整条街都是这一幢低矮的白泥壳平房,长长一带白墙上一扇黝黑的原木小门紧闭。进去千门万户,穿过一个个院落与院子里阴暗的房间,都住着投靠他们的亲族。虽然是传统的

---

[1] 此十人分别为:周馥、陆润庠、吕海寰、刘葂祺、劳乃宣、王季寅、赵尔巽、童祥熊、李思敬、张人骏。见劳乃宣:《桐乡劳先生(乃宣)遗稿》,文海出版社1969年版,第287页。

[2]《张人骏家书日记》,第206页。

[3] 郁达夫:《郁达夫日记集》,浙江文艺出版社1986年版,第311页。

[4]《方北集》,第69页。

[5]《方北集》,第69页。

[6]《方北集》,第73页。

房屋的格式,简陋得全无中国建筑的特点。"[1]

光绪朝探花、后任中国文史馆副馆长的商衍鎏与张人骏是世交。据其后人收藏的张人骏1915年致商衍鎏的两封信,可知寓居天津之后,张人骏深居简出,情绪颇为低落,感慨"世变至此、祇能暂图苟安,来日若何,殊难预料"。至于自己的情况,张人骏在两封信中都表示一切如常,"兄蒙庇粗适,舍间一切平顺""迩日眠食如常。舍间一切平顺,足释远怀"。[2]

1916年,张人骏曾给堂弟张志潭复信,谈及自己的近况,"兄七十衰年旦暮待尽,一切世人不欲与见,一切世事不愿与闻"[3],其行述中也说张人骏晚年主要以看书、临帖自娱,"无一日废书不观,暇恒以临碑帖自娱"。[4]这些都透露出张人骏万念俱灰、与世无争的境况。

但作为前清遗老,张人骏在青岛时,仍心系前清,因忧心国事染上肝疾。1917年张勋复辟,他被授为协办大学士,但未及赴任,复辟已告失败。[5]1926年,张人骏长子张允言病故,白发人送黑发人,无疑让这位逊清遗老心中多了一份苦涩。1927年2月8日,张人骏病逝于天津,享年八十二岁。同在这一年去世的,还有康有为、赵尔巽、王国维等人。

士人的风骨

据其子张允亮回忆,张人骏"广颡方颐,隆准大耳,声若洪

---

[1]《对照记》,第8页。
[2]本段所引,均见张守中:《人骏致藻亭书札小记》,《中国文物报》2015年3月3日,第4版。
[3]《张人骏家书日记》,第147页。张志潭为张佩纶次子、张爱玲的伯父。
[4]《方北集》,第67页。
[5]《方北集》,第48页。

钟"。[1]从面相看，张人骏长着宽广而方正的额头、丰满的脸颊、高鼻子、大耳朵。这在旧时，被认为是有厚福的面相。但在生活中，张人骏性格相当谨慎——他在遗折中说，"吾本中材，谨慎一生，幸而至此"。[2]光绪三十三年，张人骏由河南巡抚升授两广总督。接到圣旨的第二天，他告诉长子张允言，虽为升官，自己的心情却是喜忧参半，"升官固可喜，远虑亦不能无，未免中心惴惴耳"。[3]

在政治上，张人骏也属保守一派。除前文所说的向袁世凯建议镇压义和团、因财政预算案与江苏士绅闹矛盾外，他对创办咨议局等新政也十分排斥。光绪三十四年（1908）六月，清廷推行预备立宪，下旨限各省一年之内成立咨议局。时为两广总督的张人骏像其他督抚那样，在广东加紧筹办，并于宣统元年（1909）二月、八月等多次向朝廷奏报筹办经过，信誓旦旦地表示："自当将逐渐应办事宜切实筹备，以冀届期成立……固不敢迁延贻误，亦不敢操切扰民。"[4]但在同年正月给张允言的家书中，他攻击新政"不体民情"，又因推行过快导致"财政日竭，用项日增"，断言"咨议局自治会如果成立，官无治民之权，恐不免日趋于乱"。[5]这表明，张人骏在内心里，是反对推行新政的。这样的立场，直到武昌起义爆发也没有改变，以致当张謇劝其奏请速定宪法时，张人骏"大否之"。[6]

政治上偏于保守的张人骏眷恋清朝，对民国并无好感。他不愿在民国为官，移居青岛以避之；1915年12月袁世凯称帝，张人骏"几失声而哭"[7]，反对袁世凯复辟；1925年溥仪出走天津后，张人骏还曾

---

[1]《方北集》，第49页。
[2]《方北集》，第48页。
[3]《张人骏家书日记》，第103页。
[4]《录副档》，档号：03-9295-014、03-9296-021。
[5]《张人骏家书日记》，第137页。
[6]《张謇全集》第8卷，第729页。
[7]《两广总督张人骏》，第408页。

前往觐见[1]，可见他对溥仪、清室的耿耿忠心。逊清皇室也给予张人骏相当的礼遇：1924年是张人骏中举六十周年。清代，读书人中举后即有做官的资格，因此"乡举重逢"是一件可堪庆贺之事。这年，逊帝溥仪"赏"张人骏"太子少保衔"，颁御书匾额。1925年溥仪又亲自接见年届八十的张人骏并赐寿。[2] 张爱玲在《对照记》中所写，也侧面印证了张人骏不忘清室：见到张爱玲，张人骏总爱问"认多少字啦？"然后就让张爱玲"背个诗给我听""再背个"，但"他每次听到'商女不知亡国恨，隔江犹唱后庭花'就流泪"。[3]

和清亡后奕劻、那桐等在天津"诗酒风流"不同，寓居天津的张人骏过着清教徒般的生活，以致被外界认为古板，甚至有"老张家"之说，意思是"又臭又硬"。[4] 据张爱玲《对照记》，晚年张人骏颇为清贫：没有厨师，一家人的饭菜都是由儿媳妇下厨，"他五十几岁的瘦小的媳妇小脚伶仃站在房门口伺候。他问了声：'有什么吃哒？'她回说：'有包子，有盒子。'……一大家子人的伙食就是她一个人上灶，在旁边帮忙的女佣不会做菜"。[5]

自光绪二十六年（1900）出任漕运总督起至1912年，张人骏历任督抚十二年，清廉为大家公认——"少有风骨，操履端洁"[6]，"清廉自持，家无余财"[7]，"虽处脂膏，不以自润也"[8]。光绪三十一年（1905），张人骏担任广东巡抚兼管广东海关事务时，"实能破除情面，

---

[1]《方北集》，第48页。

[2]《方北集》，第48页。

[3]《对照记》，第8页。张爱玲在散文《天才梦》中曾写道："我三岁时能背诵唐诗，我还记得摇摇摆摆地立在一个满清遗老的藤椅前朗吟'商女不知亡国恨，隔江犹唱后庭花'，眼看着他的泪珠滚下来。"见金宏达、于青编：《张爱玲文集》第4卷，安徽文艺出版社1992年版，第16页。文中的"满清遗老"，就是张人骏。

[4]《张人骏家书日记》，第238—239页。

[5]《对照记》，第10页。

[6]《近代名人小传》，第213页。

[7]《胶澳志》，第1327页。

[8]《方北集》，第49页。

锐意规画，积弊一清。约计厘剔撙节所得，每年可增出银四十余万两"。这些银子按惯例本可归张人骏所有，他却交给了国库，清廷因此下旨嘉奖其"任事实心，深堪嘉尚，着交部从优议叙"。[1]据说宣统元年张人骏从两广总督离任时，当地士绅想送他十万毫洋，也被他拒绝了。[2]

但应该说，仅张人骏历年为官所得的养廉银，就是一笔颇为可观的数目。据记载，张人骏给家中寄的银两不在少数：1902—1903年11000两，1904年4100两，1906—1907年11800两，1907—1908年18000两。[3]其孙张象耆也承认："他（张人骏）的遗产还是够张家吃几代的，解放后最后一次分家，每房所得遗产还是不少的。"[4]也就是说，张爱玲看到的景象，更多是张人骏治家颇严、家风朴素的缩影，并非张人骏晚年穷厄至此。

在家庭中，张人骏十分重视对儿孙辈的教育，后代也都颇有建树。[5]儿子辈中：长子张允言为进士，第四子、第五子均为举人，除早殇的儿子之外，各个儿子均有官职——长子张允言，大清银行监督；次子张允襄，陕西潼关县知县；三子张允方，民政部主事；四子张允恺，驻德使馆参赞；五子张允亮，度支部主事；六子张允靖，分省补用知州。此外，张家还与李鸿章、袁世凯、王懿荣家族结有姻亲。[6]孙辈中，好几个都考入同济大学学工科，后来成为工程师，为修筑同蒲路、成渝路做出了贡献。[7]不仅如此，他也持家颇严：他本

---

[1]《德宗实录》卷五四四。
[2]《张人骏家书日记》，第239页。
[3]《张人骏家书日记》，第22页。
[4]《张人骏家书日记》，第239页。
[5] 张人骏不仅重视家庭教育，也重视公共教育，是今天蜚声国际的香港大学的主要创办者之一。在第十四任香港总督卢押筹款困难时，时为两广总督的张人骏号召广东官员绅商等捐款二十万元。见《申报》1909年6月13日，第2张第2版。
[6]《方北集》，第50、97、51页。
[7]《张人骏家书日记》，第239页。

人一生不纳妾，也不许子弟们纳妾，还不允许子弟吸食鸦片烟，"另外也不办大寿……家中一直没有办过堂会。赌博也在禁止之例，连唱京戏也视为不肖之事"。[1]据其儿孙辈所言，张人骏晚年"在目疾未甚以前，仍无一日废书不观"。[2]因此，晚年的张人骏并"不是一个过潇散生活的逸老，而是一个典型的旧式正人君子"。[3]

---

[1]《张人骏家书日记》，第238页。
[2]《方北集》，第50页．
[3]《张人骏家书日记》，第238页。

政界从今不敢谈*
——张镇芳的官场失意和商场得意

张镇芳（1863—1933），字馨庵，河南项城人，与袁世凯为姨表兄弟，进士出身，官至署理直隶总督。民国建立，张镇芳任河南都督，卸职后大力建设盐业银行。在政治上，支持袁世凯任大总统，但对其称帝持消极态度，还因参与张勋复辟被捕，旋获赦。

近代以来，河南项城因出了袁世凯而声名远播。袁家之外，项城的第二大望族，则是清朝末代直隶总督张镇芳一家。

张镇芳，同治二年（1863）出生于河南项城秣陵镇阎楼村，光绪朝进士。父亲张瑞桢（字恩周）是乡试举人，弟弟张锦芳为乡间秀才。因膝下无子，张镇芳按照旧俗过继张锦芳之子张家骐为嗣子。这个张家骐，就是后来大名鼎鼎的收藏家张伯驹。

---

* 语出张镇芳《病后感怀》其二："政界从今不敢谈，风潮暂避感成全。漫云国士能图报，犬马驰驱十二年。"张镇芳：《津寓感怀诗草》，杨天石、李遇春主编：《近代旧体诗文集萃编》第53册，国家图书馆出版社2023年版，第1页。

张、袁两大望族，既是亲戚，又常常联姻：张镇芳的母亲与袁世凯的母亲是姐妹俩，因此张镇芳和袁世凯实际上是姨表兄弟。[1]此外，张镇芳的堂兄娶了袁世凯的堂妹；袁世凯的哥哥袁世昌娶了张镇芳的堂姐[2]，可谓亲上加亲。不仅如此，经袁世凯奏保、提拔，张镇芳才得以外放北洋，署理直隶总督、直隶都督和河南都督。因而，对仅比自己大四岁的袁世凯，张镇芳还执门生礼，在其诗集《津寓感怀诗草》中常有"多年追随，亲承训诲""计伺候大总统前后已十二年""富贵功名皆大总统之所赐"之语。[3]

1914年退出政坛后，张镇芳创办了盐业银行。盐业银行成为民国初期北方经营最好的银行。也正因为张镇芳的多财善贾，张家在项城"有地万亩有余"[4]，在北京、天津广置房产。这些，为后来张伯驹从事收藏奠定了财富基础。

十年仕途原地踏步

据张镇芳墓志铭记载，张镇芳、张锦芳兄弟二人的学业由父亲张瑞桢传授，"以严父而兼名师"。张镇芳后来也回忆，父亲"课余甚严，五夜挑灯，殷殷不倦"。[5]光绪十一年（1885），二十三岁的张镇芳与父亲同时参加乡试。结果出来后，张镇芳中举，张瑞桢落第。父亲拦下准备进京参加会试的张镇芳，让他等自己中举后一同进京。三年后，张瑞桢果然中举，父子俩"同上春官，一时传为佳话"。光绪十八年（1892）五月，张镇芳中进士，授职户部陕西司主事（正六

---

[1] 杨箴廉：《张伯驹家世及部分至亲的德政善行》，《周口日报》2021年5月10日，第4版。
[2] 张镇芳的堂姐是指张镇芳大伯张大木的二女儿。
[3]《津寓感怀诗草》，第2、1、12页。
[4]《津寓感怀诗草》，第12页。
[5]《津寓感怀诗草》，第11页。

品），后负责管理捐纳房。所谓捐纳，就是通过捐资、纳粮换取官职官衔。康熙六年（1667）清廷曾规定捐银四百两或米八百石，准给八品顶戴，至于捐纳所得，主要用于赈灾和用兵。张镇芳在管理捐纳房银库职任上，历经翁同龢、王文韶、鹿传霖三位户部尚书，获得了"老成、负清望"的评价。这表明，张镇芳处事稳妥，为官清廉，政声颇佳。[1]

任职户部期间，因父母相继去世，张镇芳只好回原籍守制，直至光绪二十六年（1900）丧期服满始赴京城任职。刚抵京城，就遇到八国联军侵华、两宫西逃事件。张镇芳混迹难民之中，徒步追赶辇驾，一直走到衡水才坐上车马，又过洛阳、涉潼关，终于追上两宫行在。第二年年底慈禧、光绪帝回銮，叙评功劳，张镇芳被赏加四品官衔。[2]

光绪二十八年（1902）九月，直隶总督袁世凯奏调张镇芳前来直隶"会办银元局务"。从袁世凯奏折中"户部主事张镇芳，朴诚干练，为守兼优……久历京曹"[3]一语可知，张镇芳虽被赏四品衔，但职位仍是六品户部主事。从光绪十八年（1892）春中进士至今已十年，张镇芳仕途始终原地踏步。相比于曾国藩以及末代伊犁将军志锐在十一年的时间里已经由进士升至二品，显然，连续为父母守制严重影响了张镇芳的仕途。无奈之下，光绪二十九年（1903），曾主管全国捐纳的他，也通过捐纳取得四品道员的资格，办理永平府属盐务。

无缘湖南的祸与福

永平府辖境大体包括今天河北秦皇岛、唐山的大部分地区，有

---

[1] 本段所引，见钟广生：《清故光禄大夫署直隶总督张公馨庵墓志铭》，钟碧容、孙彩霞编：《民国人物碑传集》，四川人民出版社1997年版。
[2]《清故光禄大夫署直隶总督张公馨庵墓志铭》。
[3]《袁世凯全集》第10卷，第489页。

"京东第一府"之称,府属盐场"废弛五十余年,百弊丛生,已成积重难返之势"。[1]张镇芳接手后严加整顿,杜绝贪墨,建立缉私总局,严治盐运走私,扩充官盐销路,大大改善了盐场的经营困境。光绪三十二年(1906)闰四月,袁世凯奏报,永平府属盐场"自二十九年七月至三十年年底,已得余利银十余万两。自三十一年正月,至年底止,又得余利银十余万两"。[2]两年时间,扭亏为盈,而且盈利高达二十多万两。可见袁世凯在奏调张镇芳时认为其"长于会计"[3],可谓识人。而张镇芳也因此获得善于理财之名。[4]

光绪三十年十二月、光绪三十二年闰四月,袁世凯两度上折奏陈张镇芳经理永平盐场之功,称赞张会办直隶银元局事务时"规画精详,实心任事",办理永平盐场时"不避劳怨,才具开展,操守谨严……有守有为,任劳任怨,尤为济时之选"。[5]清廷随后下旨,将张镇芳"交部从优议叙""交军机处存记"。[6]

袁世凯之外,杨士骧、陈夔龙两任直隶总督也接连保举张镇芳。杨士骧在光绪三十三年十一月的奏片中胪陈了张镇芳办理永平府属盐务四年来"岁得余利十余万两"的成绩,赞其"精于计学,成绩昭然者,实为不可多得之员"[7];陈夔龙在宣统二年(1910)三月也附片保举张镇芳"心思精细,识见明通,裕课恤商,能持大体,洵属才堪使用,不徒以综核见长"[8]。

但面对接二连三的保举,清廷都只是下旨将张氏"交军机处存记",并未改变张镇芳仕途蹉跎的局面。不仅如此,光绪三十二年

---

[1]《袁世凯全集》第13卷,第119页。
[2]《袁世凯全集》第15卷,第105页。
[3]《袁世凯全集》第13卷,第119页。
[4]《清故光禄大夫署直隶总督张公馨庵墓志铭》。
[5]《袁世凯全集》第15卷,第104页;第13卷,第119页。
[6]《袁世凯全集》第13卷,第119页;第15卷,第105页。
[7]《录副档》,档号:03-5492-110。
[8]《录副档》,档号:03-7442-005。

六七月间，张镇芳还被参劾在永平"办理盐渔各捐，重征扰民"。参折中说，张镇芳莅任两三年间，六次变更政令，"其货则由三百斤减为百六十斤，价则由一千增至十千。朝令夕更，毫无定见"，"步步设局，处处重征……渔户困苦不堪……商贩不堪其扰，纷纷歇业"。清廷下旨让直隶总督兼管长芦盐政的袁世凯查复，最终认定"均无重征扰民情事，应请毋庸置议"。[1] 盐务向来属是非之地，张镇芳遭参劾或许有得罪商人遭报复的缘故，但最终得以"毋庸置议"，可能也不乏袁世凯对这位姨表兄弟的袒护。

光绪三十三年底，张镇芳以二品衔署理三品的长芦盐运使一职，后于次年正月正式补授[2]，仕途终于迈上了新台阶。宣统元年（1909）十一月，因办理慈禧葬礼有功而被赏头品顶戴；宣统三年三月，又被任命为湖南提法使——这是张镇芳获得的第一个重要地方实职。[3] 但吊诡的是，直到1912年清帝逊位，张镇芳始终未能赴任。

原来，任命下达两天后，直隶总督陈夔龙即奏请将张镇芳留任[4]，后又为盐政大臣载泽所留。个中原因，是被盐商借洋款逾期不还拖累。长芦盐商王贤宝、李宝恒借洋款修铁路逾期未还，外商以长芦盐运司居间担保为由，要求清廷赔付。长芦盐运使的顶头上司、度支部尚书兼盐政大臣载泽认为，张镇芳事前疏于调查，可谓"咎有应得"。[5] 更深层的原因，则是此时袁世凯已被摄政王载沣下令"回籍养疴"。张袁两家素来交好，张镇芳自然会被视为袁党。宣统元年出任直隶总督的端方就密告张镇芳，军机大臣张之洞多次在载泽面前说张镇芳是袁党。果然，载泽在宣统三年六月调查盐商拖欠外债案时就谈及张袁结党话题。张镇芳急中生智，回答说："他人只一层党；余

---

[1] 本段所引，均见《袁世凯全集》第15卷，第444—445页。
[2]《录副档》，档号：03-5499-100。
[3]《宣统政纪》卷二五、五一。
[4]《宣统政纪》卷五一。
[5]《录副档》，档号：03-7510-021。

则乡党、父党、母党、妻党、政党，又加数层，无可隐讳。然为国家办公事，非私党也。"[1]此番回答竟然得到了载泽的谅解。[2]载泽后来奏报，鉴于张镇芳就任以来"经征课款尚无贻误"且事后积极补救，建议朝廷"从宽免其议处，以册后效"。[3]与此同时，考虑到新任长芦盐运使刘钟琳还在安徽赈济尚未回京，载泽建议让张镇芳留任，继续负责盐场引地征收等棘手要务，并获清廷批准。[4]

载泽的调查刚告一段落，六月十八日，直隶总督陈夔龙再度上奏留张镇芳帮同办理财政。[5]陈夔龙此举，致使张镇芳留在天津而没去革命活跃的南方，无意中救张氏于险境。八月十九日武昌起义爆发。九月初一日，湖南宣布独立，巡抚余诚格逃往上海，湖南提法使朱益濬被清廷紧急任命为署理巡抚。张镇芳如果前往湖南任职，能否苟全性命于乱世，实难悬揣。

四十天的直隶总督

辛亥革命的爆发，让赋闲三年的袁世凯东山再起。张镇芳虽对清廷"无事则弃之，有急则用之"[6]的做法表示不满，但还是为袁氏出山积极奔走：他前往拜谒庆亲王、内阁总理大臣奕劻，为袁世凯打探中枢内幕；他逐一拜访奕劻、海军部大臣载洵、度支部大臣载泽，建议"部臣居中调度，疆臣在外指挥"，力促清廷调回陆军部大臣荫昌，

---

[1]《津寓感怀诗草》，第1页。张伯驹后来也回忆说，"先父在北洋，至辛亥迁任长芦盐运使。时管盐政大臣为泽公（载泽），见先父谓为袁党，先父对曰：'不惟为袁党，且有戚谊。'故先父纪事诗，有'抗言直认层层党'一语"。见刘成禺、张伯驹：《洪宪纪事诗三种》，上海古籍出版社1983年版，第296页。

[2]《津寓感怀诗草》，第1页。

[3]《录副档》，档号：03-7510-021。

[4]《宣统政纪》卷五五。

[5]《录副档》，档号：03-7440-049。

[6]《袁世凯全集》第19卷，第13页。

为袁世凯争取到钦差大臣以及节制前线各路兵马大权。[1]另据张伯驹回忆，袁世凯出山后，张镇芳为袁世凯总办后路粮台、筹措饷械，"时军事政令，皆集中彰德……先父在彰德总办后路粮台"。[2]可以说，二人此时已彼此倚为腹心。[3]

大权在握后的袁世凯对张镇芳投桃报李。九月，袁世凯进京组阁，十一月，免去张镇芳湖南提法使之职，令其以三品京堂候补到度支部襄办爱国公债事务；十二月，直隶总督陈夔龙因病请辞，袁世凯即调张镇芳署理直隶总督兼北洋大臣。[4]虽为署理，但半年之内，由三品提法使升任二品总督，张镇芳可谓平步青云。

然而，世事难料。甫一上任，张镇芳即遭到直隶士绅的抵制。个中原因，是直隶百姓认为张镇芳在长芦盐运使任上曾为盐商王贤宝、李宝恒担保借洋款，事后因盐商无法偿还，只好挪用路捐公款填补亏空，给直隶带来不小的损失。[5]署理直隶总督仅十天，十二月二十五日（1912年2月12日），清帝逊位。在黄兴的支持下，南京临时参议院的直隶代表先后提议两位直隶人——江北都督蒋雁行和前广西布政使王芝祥为直隶都督，以取代张镇芳。[6]此举，既利用了直隶士绅对张镇芳的不满，也是为了就近监视袁世凯。但直隶为京师肘腋，卧榻之旁，袁世凯岂能容南方染指？无奈之下，袁世凯只好舍卒保车，于

---

[1]《清朝最后的120天》，第175—189页。

[2]《洪宪纪事诗三种》，第298页。

[3]早在光绪三十四年十二月，袁世凯得悉自己将被摄政王载沣免官之初，担心有性命之虞，便连夜潜往天津，入住英租界利顺德饭店，意欲出洋避祸。当时，同为袁党的直隶总督杨士骧未敢往见，只送去银六万两；张镇芳则亲自去饭店劝袁世凯次日立即返京，领旨后速回彰德，并将之前奉命管理粮饷局结余的三十万两银赠予袁世凯，作为袁回籍养家之贽。张伯驹为此写下诗存念，"霹雳一声祸有因，包车风帽到天津。姻亲不避层层党，赠与存馀卅万银"。见《洪宪纪事诗三种》，第296页。

[4]《宣统政纪》卷六八。

[5]吉迪整理：《大树堂来鸿集》，《近代史资料》总50号，第185页。

[6]详见本书"不复恋此马蹄声——唐绍仪与袁世凯的交恶"章。

3月15日允准张镇芳辞呈,改派张锡銮出任直隶都督。[1] 短短四十天,张镇芳的直隶总督生涯匆匆落幕。

任河南都督的是非

3月23日,因河南都督齐耀琳请假省亲,袁世凯委任张镇芳署理河南都督,此后到1914年2月,张镇芳担任河南都督将近两年。[2] 其间,镇压白朗起义是一项重要工作。

白朗是河南宝丰人,农民出身,同治十二年(1873)生。[3] 从1911年到1914年,他领导的起义军转战豫鄂皖陕甘五省,持续三年,成为民国初期规模最大的农民起义运动。

白朗起义大致可分为三个阶段:1911年10月至1912年11月在宝丰、鲁山地区的发展与受挫时期;1912年11月至1913年4月母猪峡休整时期;1913年4月至1914年8月跨省流动作战和覆灭时期。[4] 与张镇芳密切相关的,是前两个阶段。

1912年11月,在张镇芳军事进剿、招抚收编[5]以及残酷清乡[6]等举措下,白朗起义军无法在宝丰、鲁山一带立足,队伍一度缩减至

---

[1]《袁世凯全集》第19卷,第638页。
[2]《袁世凯全集》第19卷,第658页。署理七个月之后,1912年10月28日,袁世凯颁布命令,任命张镇芳为河南都督;11月,又授张镇芳陆军上将衔。
[3] 杜春和编:《白朗起义》,中国社会科学出版社1980年版,第1页。有说法,称白朗为白狼,与其身材高瘦、腿长行快有关。见乔叙五:《记白狼事》,《近代史资料》总10号,第133页。
[4] 李红光:《白朗研究》,山东大学硕士学位论文,第45页。
[5] 1912年10月,张镇芳曾将杜启斌、岳东仁等十多位河南农民武装首领先骗至鲁山受抚,再出尔反尔,将他们擒斩。拒绝接受招抚的白朗幸运逃过一劫,并很快由原来的六七十人增加到六七百人。见杜春和:《关于白朗起义的几个问题》,《近代史研究》1981年第1期,第295页。
[6] 张镇芳下令,"如某村有匪,该村长不先为出首,一经查明,除将该村长枪毙外,余皆处以死刑"。见《白朗起义》,第8页。

二十七人，只得转移到母猪峡。母猪峡位于舞阳、遂平之间，四面环山，峭壁陡岩，峡内七十里荒无人烟，易守难攻。官军不敢贸然攻入，白朗得以趁机招集旧部和新人，积蓄力量。[1]而此时的袁世凯、张镇芳等人对"漏网"的白朗重视不够，错失良机。

进入1913年，白朗起义军复炽：先袭击了湖北随县，又攻占河南唐县、禹州，连陷荆紫关、西坪，进逼淅川、邓州、内乡、镇平等地，震动河南、湖北两省。6月2日，张镇芳致电袁世凯自请处分，"镇芳疏于防范，调度乖方，咎无可辞，应请严加议处，以谢绅民"。[2]

更有甚者，白朗起义军还俘虏美国、挪威传教士八人。美、挪政府为此向袁世凯施压，要求救出传教士。美国方面甚至威胁袁世凯"此事如有周折，则美政府将撤销承认中华民国之举"。[3]外交压力之外，由于白朗起义军在此期间攻占枣阳，奔袭宝山、鲁丰，甚至攻破豫西重镇南阳，进攻信阳，威胁京汉铁路，河南绅民因此对张镇芳"剿匪不力"大加指责。内外交困之下，11月30日，自觉"上无以对大总统，下无以对诸同乡"的张镇芳致信袁世凯，以"素不知兵"为由，提出辞职。[4]

考虑到白朗军已窜扰豫鄂两省，为避免地方各军相互推诿，袁世凯任命陆军总长段祺瑞为湖北都督，统筹指挥各军作战，还登报悬赏"二万元购买白狼首级，其有得下级匪首之首级者，亦赏洋一万元"。[5]与此同时，袁世凯对属下官员恩威并施：1914年1月9日，褫

---

[1] 李红光：《白朗研究》，山东大学硕士学位论文，第72页。
[2] 《白朗起义》，第15页。
[3] 《申报》1913年10月4日，第2版。
[4] 《白朗起义》，第35—36页。1912年6月，张镇芳曾以身体染病为由请辞，但袁世凯搬出数十年交情之说，加以挽留，"闻病，殊深驰系。执事自莅豫以来，治军拊民，颇彰绩效……忍辱负重，古有明训。以数十年相知之稔，当不忍见事无可为，舍凯而去。务望勉力支持，勿庸言退"。见《袁世凯全集》第20卷，第82页。
[5] 《大公报》1913年12月21日，第4版。

夺剿匪不力的师长张锡元陆军中将之衔,责令其戴罪立功;1月20日,根据陆军部建议,将"督率不力"的河南都督张镇芳、河南护军使赵倜"先行褫职,准其留任,立功自赎"。[1]另一方面,采纳张镇芳、段祺瑞等提出的"四面合围,聚而歼旃"[2]建议,将对付白朗军的策略由"追剿"改为"围剿"。

1914年1月,白朗军攻占安徽六安,"致教堂焚毁,教士戕一人,掳二人",再次引起各国交涉。此外,1月中旬,白朗军占领光州[3]后,白朗还声称要北上攻取袁世凯家乡——项城。同时,民间也传出白朗将掘袁氏祖坟的风声。[4]狼狈不堪的张镇芳不得不紧急从开封调兵一营前往项城增援。鉴于张镇芳"近为中外攻击甚力,留之适足害之",袁世凯认为此时张氏"不如避位,以塞舆情,于公私为两得也"[5],便于2月13日将内外交困的张镇芳免职,同日命段祺瑞兼领河南都督,组织豫皖鄂会剿事宜。[6]

除剿办白朗起义军不力之外,张镇芳的河南都督生涯,还面临着诸多不如意。

1912年4月,张镇芳走马上任后,"治豫一遵清代成法"[7],重用前清翰林、进士和旧官僚,省府各官"非前清之翰林,即前清之主事",府一级的知事"非前清之进士,即前清之中书"。[8]但赴任之前,张镇芳就遭到河南众多团体的抵制。3月26日,开封公民进步党等支持革命的团体召开大会,发电十余道,坚决拒张,要求袁世凯在

---

[1]《袁世凯全集》第25卷,第47、145页。
[2]《中华民国史档案资料汇编》第三辑·军事(二),第44页。
[3]光州,今河南潢川县。
[4]《白朗起义》,第235、356页。
[5]《白朗起义》,第107页。
[6]《袁世凯全集》第25卷,第285页。
[7]《清故光禄大夫署直隶总督张公馨庵墓志铭》。
[8]王天奖、邓亦兵:《辛亥革命在河南》,河南人民出版社1981年版,第138页。

旧官僚林绍年、江翰或同盟会员曾昭文、张钫中择任。[1]张镇芳就任后，抵制也并未停止，5月9日，河南省议会致电袁世凯，吁请河南仿效湖北，设立民政长之职，以分都督张镇芳之权；5月10日，河南各界又通电公举袁世凯六弟袁世彤为河南都督，以取代张镇芳；5月14日，汝州、光州百姓还举报张镇芳"滥用私人，垄断把持"芦盐买卖，以致"人心大愤"。[2]

舆论攻击张镇芳，还有其他的因素：1913年3月宋教仁遇刺引发"二次革命"，其间，河南开封发生了火药库爆炸事件。张镇芳为尽快稳定局面，严布城防，大肆镇压，还出动军警包围革命党人主办的报社，捕杀报社青年、革命学生，一些报道因此指责他"杀戮无辜，不可数计"。[3]

实际上，袁世凯一直很看重张镇芳。面对河南省议会增设民政长的要求，袁世凯表示湖北之所以设民政长，是因为黎元洪"身兼数职，整军经武，日不暇给，乃自请特任人专理民政，以分其劳"，而河南则不必增设此职。[4]至于更换都督的提议，袁世凯的态度更为明确，地方官制正在制定之中，各省都督是否公举尚未确定。即便公举，"亦必由法定机关办理，断不能由少数人民匿名径电中央，擅举都督"。[5]据张镇芳之子张伯驹所言，袁世彤"无学问……居乡豪横，多行不义"，且与袁世凯"兄弟向不睦"[6]，河南绅民公举其为河南都督，无疑是在扫袁世凯之颜面、有意给袁世凯出难题。气愤的袁世

---

[1]河南省地方史志编纂委员会主编：《河南辛亥革命史事长编》，河南人民出版社1986年版，第262页。
[2]《袁世凯全集》第20卷，第16、17、30页。
[3]《清故光禄大夫署直隶总督张公馨庵墓志铭》；乔叙五：《记白狼事》，《近代史资料》总10号，第133页；寓真：《张伯驹身世钩沉》，《黄河》2013年第4期，第14页。
[4]《袁世凯全集》第20卷，第16页。
[5]《袁世凯全集》第20卷，第17页。
[6]《洪宪纪事诗三种》，第310页。

凯,在5月10日的电报中要求张镇芳"查明发电人,严行申饬"。[1]

而张镇芳也不遗余力地支持袁世凯执政的北洋政府。1912年5月,黄兴发起"国民捐"以缓解中央财政紧张,张镇芳等河南文武官员均捐出一个月的薪俸。此外,张镇芳还额外从每月办公费中捐出两千两,"镇芳自将每月应支公费三千两,除捐收养贫民五百两,暨自留膳杂费五百外,其余悉数永远提充国民捐"。1912年6月,张镇芳还代表河南认捐三十万两,用于支持中央财政。在"中央财政困难,达于极点"之际,张镇芳的这些举措,无疑让袁世凯"殊深嘉慰"。[2]

1914年2月13日被免职当天,张镇芳即离开河南开封进京,不辞而别。当日段祺瑞发"特至急"电报给袁世凯和国务院,请求"迅饬该督回汴,并令会办剿抚事宜"。[3]2月17日,袁世凯复电段祺瑞,拒绝让张镇芳回任河南都督的建议,但同时又令张镇芳留河南、会办剿匪事宜。[4]

但张镇芳本人无意再回河南,2月14日,已到北京的他在给段祺瑞的信中说:自己"学识浅陋,本无济变之才,自到中州,诸多贻误……殃民误国,何颜再赴河南?"并透露将于第二天离京回天津,"料理住房,安置敝眷"。[5]此后,尽管他曾于4月2日启用会办河南剿抚事宜关防,但很快又于5月8日将关防销毁。[6]这表明,张镇芳出任会办剿抚之职,不过一个多月。

---

[1]《袁世凯全集》第20卷,第17页。
[2]本段所引,均见《袁世凯全集》第20卷,第65、85页。不仅张镇芳,他的弟弟张锦芳也不遗余力地支持袁世凯政府:1915年1月"独力认购公债十六万元"。此举被袁世凯认为"洵属热心爱国",特颁"四等嘉禾章"以示奖励。见《袁世凯全集》第30卷,第66页。
[3]《白朗起义》,第108页。
[4]《袁世凯全集》第25卷,第301页。
[5]《白朗起义》,第110页。
[6]《袁世凯全集》第26卷,第15、290页。

1914年8月,白朗在宝丰的山区战死,白朗起义至此失败。[1]为镇压白朗起义军,袁世凯先后调动了中央的北洋军和豫、皖、鄂、陕、甘等省的地方军达二十万人[2],更换了张镇芳、段芝贵、段祺瑞、陆建章等数位"统帅"。至于军费开支,仅1914年1月至6月的半年之内,中央和地方的支出就达两千多万元。如此,使得袁世凯多次感慨"劳师縻饷,贻笑中外"。[3]8月21日,经督理河南军务田文烈、宏威将军赵倜禀请,袁世凯取消对张镇芳的免职处分,"张镇芳着开复褫职处分",10月7日,又任命张镇芳为参政院参政。[4]

无论如何,免职一事对张镇芳打击颇大——多年之后,他在《病后感怀》诗注中不无幽怨地说,"十载读书,廿年游宦,博得褫职,贻笑亲朋,流寓津门"。[5]

当然,就任河南都督期间,张镇芳虽与白朗军作战不力,但在对外事务上颇有政绩,比如,向英国福公司据理力争,收回部分矿权,为河南开发了一项稳定的收入来源。

对今天的大多数读者来说,福公司是个陌生的名字,但在一百多年前可谓大名鼎鼎。福公司是光绪二十四年(1898)开始在中国大规模投资的英资企业,以经营煤矿为主,兼营铁路、金融和进出口贸易,投资规模占当时英国对华投资总额的40%。[6]

福公司的活动范围主要在中国内陆腹地,特别是煤储量极为丰

---

[1]《白朗起义》,第5页。另有说法,由于"官军围剿益力,白狼睹此情势,已知无可挽救,且身已受伤不克复振,因此气愤成疾,病殁于鲁山之石庄附近"。之后被"掘尸枭首",首级被悬于开封之大南门示众。见乔叙五:《记白狼事》,《近代史资料》总10号,第138页。

[2]乔叙五:《记白狼事》,《近代史资料》总10号,第132页。

[3]杜春和:《关于白朗起义的几个问题》,《近代史研究》1981年第1期,第303—304页。

[4]《袁世凯全集》第28卷,第178页;第29卷,第49页。

[5]《津寓感怀诗草》,第4页。

[6]汪敬虞编:《中国近代工业史资料》第2辑上册,科学出版社1957年版,第12—17页。

富的山西和河南两省。《辛丑条约》签订后，一方面外国侵略者不断谋求更大的采矿特权，另一方面全国逐渐掀起了收回筑路与开矿权的爱国运动。因此，福公司在中国的经营极容易与清廷及中国人民发生纠纷。

光绪二十四年五月，总理衙门批准了《豫丰公司与福公司议定河南开矿制铁以及转运各色矿产章程》。光绪二十八年（1902），福公司依照原合同英文版本第一款中"专办怀庆左右黄河以北诸山各矿"的规定，要求"凡人民之开采土窑者，必须通过福公司"，并自行绘制了横跨修武、河内两县，总面积达七十多平方公里的矿区图，敦请河南巡抚禁绝界内土窑。[1]由于该图所示矿界以红线标注，故称红界。

然而，双方发生了基于"专办"的解释权之争。在总理衙门的压力下，河南方面最终于光绪三十年（1904）与福公司达成协议，在红界内划出部分矿区，给予福公司正式开矿凭单。由于该矿区图用黄线标注，故称黄界。

《黄界开采凭单》使福公司第一次取得了法定意义上的矿权和矿区。之后，由于山西官绅的抵制，光绪三十二年（1906），福公司放弃了在山西的开矿活动，转而加大豫北煤矿的经营力度。从19世纪末至第一次世界大战爆发前夕的1913年，福公司仅在河南焦作煤矿投资就达1398.6万元。1911年，河南土窑组织中州、豫泰、明德3个煤矿公司，与福公司分庭抗礼。[2]辛亥革命后，河南官员和当地绅商则希图利用政权更迭之机，取消福公司的开矿权。[3]

福公司显然不肯善罢甘休。1912年10月，福公司第4号矿井发

---

[1] 王守谦：《政治变迁中的中外企业竞争——福公司矿案研究（1898—1940）》，华中师范大学博士学位论文，第55页。

[2] 薛毅：《袁世凯与福中总公司的建立》，《河南职技师院学报》1989年第2期，第74页。

[3] 王守谦：《政治变迁中的中外企业竞争——福公司矿案研究（1898—1940）》，华中师范大学博士学位论文，导论第1页。

生了透水事故。福公司借口损失过大，向新任河南都督张镇芳申请扩大矿区——越出"黄界"到"红界"开采，英国驻华公使朱尔典也在北京敦请中华民国外交部饬令河南方面给予合作。

福公司此举遭到河南士绅的强烈反对，时任河南都督的张镇芳因此拒绝了福公司要求开采红界的请求。但包括大总统袁世凯、外交总长孙宝琦在内的众多北京政府官员为息事宁人，主张"承认福公司红界开采权"。[1] 1914年11月9日，河南方面与福公司在北京签订《合办福中公司草合同》，双方同意由福公司和中原公司合组福中总公司，经营黄界、红界地区及附近经批准的煤矿，"总公司应请中国政府委派督办一员、副督办一员，并请河南省官署指派专员一人，维持河南省及士绅、商民之利益"。[2] 1915年5月16日，袁世凯任命一年前已请辞河南都督的张镇芳为福中总公司督办，自己的次子袁克文为副督办。[3]

《合办福中公司草合同》签订后，光绪二十四年所订合同以及宣统元年（1909）所订的卖煤专条同时作废。[4] 对此，有论者评价，"总体来看，从1914年到1916年的一系列谈判，正式废止了1898年原始合同，使福公司无法再利用该合同的疏漏，对中国矿权肆意需索……就某种程度而言，这对中国传统矿业在竞争压力下进行技术和管理模式上的革新，无疑是一种有意义的推动"。[5]

促使中英合办福中总公司和收回洛潼铁路路权，是张镇芳在河南都督任上的得意之举，能顺利实现也出乎其意料之外。张镇芳自己曾说："政府将洛潼铁路收归国有，煞费苦心，居然办到。至于福

---

[1] 黄藻鞠人编述：《河南福公司矿案纪实》，国家图书馆藏，第135页。
[2] 《中外旧约章汇编》第2册，第1084页。
[3] 《袁世凯全集》第31卷，第353页；第32卷，第23页。
[4] 《中外旧约章汇编》第2册，第1085页。
[5] 王守谦：《政治变迁中的中外企业竞争——福公司矿案研究（1898—1940）》，华中师范大学博士学位论文，第99页。

公司煤矿缪辖多年，本立于失败地位，既不能不损失利权，乃力与磋商，分采合销，仿照滦矿，尤为周密，而外人竟无异言，亦始料所不及也。"高兴之余，他还赋诗一首，以作纪念："纷纷巷议与街谈，路矿收回幸两全。试问梁垣诸父老，酿成交涉几多年。"[1]也有评论说，"改中英合办名曰福中公司，为豫省开一富源，实自公始"。[2]

打造北方最好的银行

中国第一家银行——中国通商银行成立于光绪二十三年（1897）。随着近代工商业的不断发展，民国建立后，近代银行业兴起。据统计，截至1912年底，中国官办与官商合办银行共24家。1914年第一次世界大爆发后，英国汇丰、俄国道胜等外商银行无暇东顾，更为国内民族金融业的发展提供了机会。从1919年到1923年，每年新设银行数均超过20家，1922年达到创纪录的36家。到1923年，全国共有银行158家，比1912年增长了5倍还多。[3]

盐业银行就是在这一背景下成立的一家专业银行，最早由袁世凯提议设立。1914年10月，"大总统以盐款为财政大宗，急宜专设银行，妥慎经营，藉以维持盐业，活泼金融，即派张镇芳氏筹办"。[4]

张镇芳曾任长芦盐运使，熟悉盐务，自身又是理财能手，此时又刚刚卸任河南都督，可谓创办盐业银行的合适人选。1915年初，他正式提出的官商合股开办盐业银行的建议得到袁世凯批准。[5]按照最初的计划，盐业银行资本为500万元，其中，袁世凯指示由财政部等拨官款200万元，另由发起人张镇芳、袁乃宽招集商款300万元。但

---

[1]《津寓感怀诗草》，第3页。
[2]《清故光禄大夫署直隶总督张公馨庵墓志铭》。
[3]《中国近代通史》第6卷，第527页。
[4]周葆銮：《中华银行史》第二编，商务印书馆1919年版，第37页。
[5]《袁世凯全集》第30卷，第770页。

由于财政紧张，加上财政总长周学熙、周自齐担心作为中央政府主要收入的盐税被盐业银行把持后财政部指挥不灵，最终财政部只以盐务署名义筹拨了10万元。私股中，张镇芳投入40万元（实交30万元），张勋10万元，倪嗣冲10万元，还有袁乃宽、那桐等人，多则8万元，少则2—3万元，实收64.4万元。[1]

3月26日，盐业银行北京总行成立，张镇芳自任总理，袁乃宽为协理（后增加张勋为协理）。尽管以专业银行的名义成立，但在后来的发展中，盐业银行兼具了官商合办银行、国家银行、商业银行的性质。它的投资者中，多是北洋政府官员或割据一方的北洋军阀。在开办的最初三年中，经营得法，获利颇丰，至1916年结账时获利达到76万元，是开办资本金64.4万元的1.2倍。由于获利优厚，投资者纷至沓来，到1917年股本增至150万元，1922年股本为500万元，1927年股本为750万元，为当时商业银行之首。在北方的盐业银行、金城银行、中南银行、大陆银行这"北四行"中，盐业银行成立最早，后来的发展成绩亦最佳，成为中国近代商业银行的典范。逊帝溥仪在经费紧张之时，曾拿出金编钟、金印、瓷器等大内藏品到银行抵押，经常选择的银行，就是汇丰银行和盐业银行。[2]

张镇芳浸淫政坛多年，自然深谙政商结合之妙。他请求袁世凯下令财政部拨款合办，请袁世凯的侍从武官、亲信袁乃宽担任盐业银行协理，自是想借重袁世凯之势。只是人算不如天算，盐业银行开办不久，袁世凯即筹谋称帝，张镇芳也因此陷入两面不讨好的境地。[3]

---

[1] 张伯驹：《盐业银行与北洋政府和国民党政权》，《天津文史资料选辑》第13辑，第71页。
[2] 《我的前半生》，第153页；《绍英日记》，第562—563页。
[3] 1917年卷入张勋复辟后，张镇芳因"背叛民国"无法复任盐业银行总理之职。后经张作霖出面干预，1921年被推举为盐业银行董事长，直至1933年去世。见张伯驹：《盐业银行与北洋政府和国民党政权》，《天津文史资料选辑》第13辑，第75—77页。

与袁氏称帝若即若离

对袁世凯当总统一事,张镇芳十分赞成,甚至认为总统不应设任期,曾在诗中抱怨"元首何堪限五年",并自注说"中国人民程度决不可屡易元首,倘五年逐鹿一次,将互相残害,未有不亡者"。[1]

但对于袁氏称帝,张镇芳的态度则不甚明确,他在称帝过程中的活动和作用,也有着诸多互相矛盾的记载。一种说法将其列为帮助袁世凯称帝的"十三太保"之一。1915年12月23日,督理云南军务唐继尧、云南巡按使任可澄致电袁世凯,请取消帝制,惩办元凶,"立将杨度、孙毓筠、严复、刘师培、李燮和、胡瑛、段芝贵、朱启钤、周自齐、梁士诒、张镇芳、袁乃宽等即日明正典刑,以谢天下"。[2]另一种说法,大收藏家张伯驹则认为父亲张镇芳一直反对袁世凯称帝。[3]然而,无论是张镇芳的《津寓感怀诗草》还是墓志铭,对张镇芳在袁世凯称帝期间的举动都只字不提。[4]至于张镇芳在诗作中,也只称袁世凯为大总统,从未有"皇帝"之类的称谓。

历史真相究竟如何?

在袁世凯筹备称帝阶段,助力称帝的机构有筹安会、全国请愿联合会、中枢小组、办理国民会议事务局、参政院和大典筹备处这六个。[5] 筹安会于1915年8月23日成立,杨度任理事长,孙毓筠为副理事长,严复、刘师培、李燮和、胡瑛为理事,他们也被称为"筹安六君子"。[6] 筹安会成立当天的通告中,强调其宗旨为"研究君主、民主国体二者以何适于中国,专以学理之是非、事实之利害为讨论之

---

[1]《津寓感怀诗草》,第5页。
[2] 李希沁等编:《护国运动资料选编》(上),中华书局1984年版,第115页。
[3]《洪宪纪事诗三种》,第313页。
[4]《津寓感怀诗草》;《清故光禄大夫署直隶总督张公馨庵墓志铭》。
[5] 胡晓:《洪宪帝制时期的御用机构》,《安徽史学》2020年第5期,第62—70页。
[6] 侯宜杰:《袁世凯传》,第411—413页。

范围"。[1]但很快，筹安会越出"法理"讨论范围，公开鼓吹帝制。9月19日，全国请愿联合会成立，会长沈云沛，副会长那彦图、张锦芳[2]。该联合会积极在全国范围内联系社会上有地位的人，请愿变更国体、拥护袁世凯做皇帝。

如果说筹安会和全国请愿联合会与张镇芳尚无表面联系，那中枢小组、办理国民会议事务局、参政院和大典筹备处这四个机构，张镇芳确实参与其中。

中枢小组是不公开的帝制御用机构，主要任务是主持操办国民代表大会选举工作，由朱启钤、梁士诒、段芝贵、周自齐、张镇芳、雷震春、江朝宗、阮忠枢、吴炳湘、唐在礼、袁乃宽、张士钰等十余人组成。中枢小组主要通过向各省将军、巡按使发密电的方式，"传示'主座'（当时对袁世凯由总统选任皇帝时的过渡尊称）命令，按内定步骤指示实际的具体选举工作"。[3] 1915年10月23日的一封密电称："国体投票解决后，应用之国民推戴书，文内有必须照叙字样，曰：'国民代表等谨以国民公意恭戴今大总统袁世凯为中华帝国皇帝，并以国家最上完全主权奉之于皇帝，承天建极，传之万世。'此四十五字万勿丝毫更改为要。再，此种推戴书在国体未解决之前，希万分秘密。"[4]此电署名即为"启钤、自齐、士诒、镇芳、忠枢、在礼、乃宽、士钰、震春、炳湘"，其中的"镇芳"，就是张镇芳。12月11日，

---

[1] 王云五主编，凤冈及门弟子谨编：《民国梁燕孙先生士诒年谱》，台湾商务印书馆1978年版，第286页。
[2] 关于全国请愿联合会副会长其人，有张镇芳、张锦芳两种记载：梁士诒的年谱以及唐在礼的回忆录中记为张镇芳，见《民国梁燕孙先生士诒年谱》，第289页；《魂断紫禁城》，第143页。黄毅《袁氏盗国记》、李宗一版《袁世凯传》和侯宜杰版《袁世凯传》记为张锦芳，见黄毅编：《袁氏盗国记》，文海出版社1967年版，第54页；李宗一：《袁世凯传》，中华书局1980年版，第326页；侯宜杰：《袁世凯传》，第422页。同在《袁氏盗国记》，"大事记"中副会长却写作"张镇芳"，见《袁氏盗国记》，第17页。
[3]《魂断紫禁城》，第144页。
[4]《袁氏盗国记》，第113页。

参政院(代行立法院)举行全体会议,推戴袁世凯为皇帝。中枢小组立即于当日给各省将军、巡按使发密电,要他们广为宣传。此电的落款,也是"启钤、自齐、士诒、镇芳、忠枢、在礼、乃宽、士钰、震春、炳湘"。[1]

现存档案中,还有张镇芳单独指示请愿和推戴工作的记载。1915年9月27日,督办河南军务赵倜、巡按使田文烈接到筹安会副理事长孙毓筠密电,要求河南每县选定一人,召集临时大会,用记名投票法决定君宪或共和国体。国体决定君宪后,接着推定君主人名,并电告参政院。赵倜、田文烈就此询问张镇芳"此项办法,我公已否接洽?应否即照此准备?"显然,赵、田二人此时已知悉张镇芳参与推戴之事,否则,何须致电询问早已辞去河南都督之职的张镇芳?张镇芳随即复电,"祈照孙电筹备……镇芳。艳。"按照民国电报日期代码,"艳"为29日。这也表明早在1915年9月,袁世凯筹划帝制的工作已经启动,张镇芳此时也已参与其中。[2]

中枢小组之外,张镇芳还是大典筹备处成员。12月19日,经袁世凯批准的大典筹备处正式公开。顾名思义,这一机构的主要任务,就是负责袁世凯登基称帝大典的筹备工作。内务总长朱启钤任处长,处员有梁士诒、周自齐、张镇芳、杨度、孙毓筠、唐在礼、叶恭绰、曹汝霖、江朝宗、吴炳湘、施愚和顾鳌。[3]

因此,张镇芳早期即参与筹划袁世凯称帝是确凿无疑的。但上述各员在其中所起的作用还是不一样的。在唐在礼看来,"朱启钤、梁士诒,他们是当时出面的总主办,当然还是名副其实的重要人物。朱一面是'相国'徐世昌的影子,一面与西南的实力派也有比较密切的关系。梁士诒、张镇芳是主持发动全国各地各方面请愿联合会的中心

---

[1]《袁氏盗国记》,第137—138页。
[2]《护国运动资料选编》(上),第13页。
[3] 陶菊隐:《北洋军阀统治时期史话》第2册,生活·读书·新知三联书店1958年版,第134页。

人物。周自齐、梁士诒当时号称'财神',是筹备帝制中财政的'主拿'"。[1]

令人费解的是,1915年12月,袁世凯曾两次特封公、侯、伯、子、男共一百二十八人,还有一、二等轻车都尉世职七十人[2],但其中并无张镇芳。不仅如此,1916年4月12日,袁世凯还下令免去杨度、孙毓筠、张镇芳等人的参政院参政职务。[3]

此中缘由,《张伯驹身世钩沉》一书作者寓真评论道:"由于张家与袁家的乡谊关系众所周知,镇芳在场面上不得不虚与委蛇。但袁世凯心知镇芳不赞成其称帝,便不给他委任要职。洪宪时颁布'赐爵令',论功行赏,大封爵位,所封公侯中也没有张镇芳。"[4]张伯驹也在《洪宪纪事诗补注》中说,张镇芳其实是反对袁世凯称帝的,"洪宪初,先父曾劝项城勿为,谓即使成功,难以为继,试看后人谁为李世民耶?"袁世凯五儿子袁克权也对张伯驹说,在袁世凯被免职、勒令回籍养疴时张镇芳曾送上银三十万两等,值得感念,但在袁世凯称帝一事上却不太积极,"不甚卖力"。[5]这也侧面证明张镇芳对袁世凯称帝的消极态度。

张镇芳对袁世凯称帝态度并不积极、参与程度不深之说,应该可信。1916年6月6日,袁世凯去世,黎元洪继任总统。7月14日,黎元洪发布"惩办帝制祸首"命令,"自变更国体之议起,全国攘攘,几陷沦亡。始祸诸人实尸其咎。杨度、孙毓筠、顾鳌、梁士诒、夏寿田、朱启钤、薛大可均着拿交法庭,详确讯鞫,严行惩办,为后世戒。其余一概宽免"。[6]此七人中,杨度和孙毓筠为筹安会正副理事

---

[1]《魂断紫禁城》,第149页。
[2] 李宗一:《袁世凯传》,第338页。
[3] 1916年4月12日,张镇芳请辞参政院参政一职,获得袁世凯的同意,见《袁世凯全集》第35卷,第153页。这是张镇芳在袁世凯政府的最后一个官职。
[4] 寓真:《张伯驹身世钩沉》,《黄河》2013年第4期,第20页。
[5]《洪宪纪事诗三种》,第313、296页。
[6]《北洋政府公报》第89册,第327页,1916年7月15日。

长，顾鳌为办理国民会议事务局局长，梁士诒、朱启钤为中枢十人小组成员，夏寿田为袁世凯内史官，薛大可为最先鼓吹帝制的《亚细亚报》经理，其中并无张镇芳。尽管七人"均已逃避安处，无一就逮者"[1]，最后的惩办也不了了之，但这至少表明，在时人眼中，袁世凯称帝事件中，张镇芳并非核心人物。

卷入张勋复辟的狼狈

实际上，张镇芳不赞成袁世凯称帝的原因之一，是觉得应该恢复清帝法统。或许是基于这样的心理，他加入了张勋复辟阵营，并因此一度身陷囹圄。

袁世凯去世后，黎元洪接任民国总统，但中央政府实权操在国务总理段祺瑞手中。在中国是否对德宣战等重大问题上，以黎元洪为代表的总统府和以段祺瑞为代表的国务院产生了严重分歧，府院之争趋于激化。机缘巧合之下，张勋和各省督军代表组成的"督军团"一时为政坛所瞩目。

1916年6月，对南方讨袁颇为不满的张勋，即邀北方直、晋、豫、皖和东三省代表前往其驻节所在地徐州召开会议，要求南方各省取消独立，主张北洋"团体"一致对外。9月，安徽督军张勋和省长倪嗣冲召集山东、奉天、吉林、黑龙江、江苏、河南、湖北、江西、福建、山西、直隶、广东、甘肃十三省区督军、省长代表，举行第二次徐州会议，决定设"各省区联合会"（又称"督军团"），公推张勋为领袖。1917年1月，张勋和倪嗣冲以为冯国璋生日祝寿为名，邀集各省督军代表及皖系徐树铮等举行第三次徐州会议，提请总统罢斥佞人，拥护总理，公开"打击黎和支持段"。1917年5月，因黎元洪不肯解散国会，督军团由张勋主持召开第四次徐州会议。其间，黎元洪

---

[1]《申报》1916年7月15日，第2版。

将段祺瑞免职的消息传来，与会人员以同意复辟为条件，换取张勋出面，以解散国会、迫黎退位、北上复辟。[1]

张镇芳和张勋素有渊源。盐业银行成立之初，张镇芳就力邀时任长江巡阅使兼安徽督军的张勋为协理。几经往返，张勋总算答应。[2] 据张伯驹1966年所写材料，"一九一七年，安徽督军张勋在徐州召集会议，酝酿复辟，与张镇芳函电磋商甚密，督军团及各方代表签署决定复辟时，张镇芳亦应邀赴徐州"。1917年6月，张勋偕新任国务总理李经羲以及张镇芳、雷震春等赴京。张伯驹随父同行，在天津火车站候车室，"报贩子兜售那时出版的《红楼梦索隐》，雷震春和一行人打趣说：'不要看索隐了，我们到北京去索隐吧！'看当时情况，好像他们很有把握"。[3]

张勋复辟前后，张镇芳与其书信往来频繁。张勋的《松寿堂来鸿集》收录了不少张镇芳来函。信中透露，张镇芳积极在天津为复辟奔走，打探徐世昌等人的态度为"半推半就，若拒若迎"，又对张勋说，"此等重大问题，如少轩来京，更易解决"。两人在信中还就亲德联日、图谋复辟等问题交换意见。1917年5月11日，张镇芳和雷震春在信中劝张勋尽快派兵进京，"黎、段两人断难并立。趁此机会，厉兵秣马，可以定乱为名，收服人心，藉图大计。时不可失，机不可缓"。[4]

复辟后，张镇芳还积极出任溥仪小朝廷要职。7月1日，溥仪重新登基后，任命张镇芳为内阁议政大臣兼度支（财政）部大臣。但在全国的讨伐和反对下，复辟旋即失败，张镇芳于7月9日从北京狼狈

---

[1]《中国近代通史》第6卷，第163—174页。
[2] 由于自己事务繁多，张勋指定侄子张肇达代表自己行使相关职权。见寓真：《张伯驹身世钩沉》，《黄河》2013年第4期，第18页。
[3] 张伯驹：《盐业银行与北洋政府和国民党政权》，《天津文史资料选辑》第13辑，第72页。
[4] 史华：《张勋藏札》，《近代史资料》总35号，第48、50页。张勋，字绍轩，亦写作少轩。

返回天津，行至丰台，即被段芝贵下令逮捕，解至铁狮子胡同陆军部羁押。据张伯驹透露，拘押和受审期间，张镇芳仍表示"世受君恩，忠于故主"[1]，认为恢复清朝是他的职责。

1917年11月5日，大理院以"内乱罪"判处张镇芳无期徒刑，送交监狱执行。两天后又以有病为由，允许张氏保外就医，移住首善医院，年终又令发往"军前效力"。就这样，张镇芳同雷震春前往湖北报到，到了汉口，督军王占元在督军府设宴招待。三天后，张镇芳返回北京，再转往天津，寓居英租界马场道。[2]因此，尽管名义上仍是以戴罪之身在军前效力，但张镇芳其实并未真正服刑。

张镇芳被拘押期间，京畿地区发生洪水，五百多万人受灾。为作营救之计，张伯驹听从赈灾督办熊希龄等人的建议，替张镇芳捐出赈款四十万元。熊希龄即以此款创建香山慈幼院，收留水灾难童，并在慈幼院旁建了一座"镇芳楼"，以示褒奖。[3]

1918年初，张怀芝、曹锟、张作霖、倪嗣冲等十八位北洋将领向代理大总统冯国璋递呈，认为雷震春、张镇芳"历居要职，卓著勤劳"，请求将其暂行释放。2月28日，冯国璋签署总统令，"雷震春、张镇芳着即行开释，发交曹锟军前随营效力，一俟军事完竣，再行听候处置"。[4]10月23日，新任民国大总统徐世昌发布特赦令，对张勋"免予缉究"。[5]张勋复辟一幕，至此烟消云散。

经此一事，张镇芳对政治敬而远之。1927年，张作霖来到北京，

---

[1]张伯驹：《盐业银行与北洋政府和国民党政权》，《天津文史资料选辑》第13辑，第73页。

[2]张伯驹：《盐业银行与北洋政府和国民党政权》，《天津文史资料选辑》第13辑，第74页。

[3]张伯驹：《盐业银行与北洋政府和国民党政权》，《天津文史资料选辑》第13辑，第74—75页。

[4]《北洋政府公报》第122册，第3页，1918年3月1日。

[5]《申报》1918年10月26日，第2版；亦见于《北洋政府公报》第134册，第627页，1918年10月24日。

自任大元帅，邀张镇芳担任国务总理，出面组阁。张伯驹获悉后，对张镇芳说："你的政治生命，在复辟一役中已经决定了一生毁誉，而且现在南方革命军是一种新生力量，揆诸大势，胜败难言，以不出来为是。"[1]张镇芳听从了张伯驹的意见，短暂北京游后，即婉辞回津。

1933年5月20日，张镇芳"以微疾终于津邸"，享年七十一岁，第二年葬于天津东南郊佟楼。[2]

和承平时期文官当权、士人是政治主体不同，在纷乱动荡的民初，武人趋于强势，变成社会的实际主导力量。无论是主宰北京政府的段祺瑞、冯国璋、吴佩孚、曹锟、张作霖，还是把控南方政府的唐继尧、陈炯明等，都是手握兵权的军阀，士人反而成了附庸。即便是精明玲珑有"水晶狐狸"之称的徐世昌，在出任民国总统时，也不得不唯段祺瑞马首是瞻——尽管无论是在北洋系中的地位还是在前清的官阶，徐世昌都在段祺瑞之上。

民初变局中，利益驱动是多数军阀行动的圭臬，造成民初国体在民主与专制、君宪与共和之间来回跳转，执政者如走马灯般更换。对于作为武人附庸者的张镇芳而言，茫然、无措成了常态，步步失据成了必然。

据《张勋藏札》，冯国璋在1917年5月30日的信中，曾信誓旦旦地对张勋表示"遇事总与我哥取一致行动"[3]，但实际上，身为江苏督军的他，并没有亲自出席徐州会议，而是派代表前往徐州与张勋密谋，为自己留退路。有说法，徐世昌也曾参与筹谋张勋复辟，"复辟宣告文章，徐世昌曾亲笔改易数字"。[4]但在探知日本人不支持复辟后，徐世昌即幡然变计，最终安然抽身，还当上了民国总统。而张镇

---

[1] 张伯驹：《盐业银行与北洋政府和国民党政权》，《天津文史资料选辑》第13辑，第79页。
[2] 《清故光禄大夫署直隶总督张公馨庵墓志铭》。佟楼位于今天津河西区。
[3] 史华：《张勋藏札》，《近代史资料》总35号，第52页。
[4] 寓真：《张伯驹身世钩沉》，《黄河》2013年第4期，第24页。

芳在1892年到1917年这二十五年的从政生涯中，经历了十一年京官的蹉跎，任湖南提法使时的被濡滞，任直隶都督时的被抵制，任河南都督时的被免职，更有身陷袁世凯称帝、张勋复辟两出闹剧中不能自拔的困厄……这些都证明：多次表示过自己"性迂直"[1]的张镇芳，确实缺乏政客的四面玲珑和为官的政治嗅觉。

古云知子莫若父，而张伯驹劝张镇芳不要为张作霖组阁的明智之举，则为这句古语提供了新的诠释：知父莫若子。

---

[1]《津寓感怀诗草》，第2页。

此材岂堪论时局*
——"青发总督"张鸣岐的腾达与落魄

张鸣岐（1875—1945），字坚白，山东无棣人，官至广西巡抚、两广总督，推行新政，但镇压革命党人起义。辛亥革命后，潜逃日本。袁世凯执政后回国，因拥护袁世凯复辟帝制被封为一等伯爵。1931年"九·一八"事变爆发后投靠日本，沦为汉奸。

宣统二年（1910）九月二十七日，署理两广总督的袁树勋因病解职，清廷下旨由广西巡抚张鸣岐接任。[1]此时的张鸣岐，年仅三十六岁，是晚清最年轻的总督，也因此获"青发总督"之美誉。[2]

---

* 语句化自丘逢甲诗《寄张坚白桂林》："一别一年久，相思日几回？桂林多胜境，藩伯况雄才。未敢论时局，惟应借酒杯。寄书无别语，千里索诗来。"丘诗本意是赞扬张鸣岐之雄才大略。见丘逢甲：《岭云海日楼诗钞》，上海古籍出版社2009年版，第220页。

[1]《宣统政纪》卷四二。

[2] 有清一代最年轻的总督应是乾隆朝的傅恒，二十七岁以户部尚书、协办大学士署理川陕总督，雍正朝四十岁出任浙江总督的李卫、道光朝三十六岁出任两江总督的琦善等也属年轻之辈。

仅仅一年之后，辛亥革命爆发，广东独立，张鸣岐避往香港。此后很长一段时间，他基本销声匿迹于政坛，在上海、天津做寓公，吃斋念佛，一度靠在家设牌局抽头供日常花销。1945年9月15日逝世后，被世人指为汉奸。

青发总督、落魄寓公、卖国汉奸，孰为真实的张鸣岐？

献策岑春煊庚子勤王

张鸣岐祖籍为今山东无棣县[1]，光绪元年（1875）七月二十九日生于湖南。由于父亲在湖南做县丞小官，他从小便随父母在湖南生活。其子张镈回忆，"先父自幼在湖南长大，一生未改乡音"[2]，操着一口湖南口音。

张家与纪晓岚一家有姻亲关系。张鸣岐母亲为纪晓岚后人，表兄纪香骢为纪晓岚六世孙，晚清名士，曾入张之洞幕，与梁鼎芬齐名。光绪三十一年（1905）六月，两广总督岑春煊代新授广西太平思顺道张鸣岐递折谢恩，其中说"鸣岐亲母纪氏于光绪二十七年九月间病故，荏苒五载，停柩西安"[3]，这也侧面证明张家与纪家的关系。

张鸣岐"幼而颖悟"[4]，经纪香骢开蒙讲授四书五经、诸子百家，接受系统的传统教育。[5]光绪二十年（1894），二十岁的张鸣岐中举后赴京游学，等待第二年参加会试。这次会试，张鸣岐没有考中。落第后，他没有回湖南，而是留在国子监南学继续读书。其间，他结识了梁启超、丘逢甲等人，并因聪明多智被同学比作《红楼梦》中

---

[1] 无棣县为山东最北端的县，明清时改为海丰县，1914年又因与广东海丰县重名而复名无棣县。
[2] 张镈：《我的建筑创作道路》（增订版），天津大学出版社2011年版，第9页。
[3] 《光绪朝朱批奏折》第二一辑，第500页。
[4] 《当代名人小传》卷上，第86页。
[5] 李静：《张鸣岐研究》，山东大学硕士学位论文，第11页。

的王熙凤。[1]光绪二十一年,张鸣岐考取宗室官学教习,二十三年(1897),又考取了总理衙门同文馆汉教习。[2]

也是在这一时期,张鸣岐结识了岑春煊,为其日后腾达张本。

岑春煊(1861—1933),云贵总督岑毓英之子,祖籍广西西林,又称岑西林,属晚清政坛的清流派。张鸣岐与岑春煊的结识,一般认为始于光绪二十四年。二人结识的缘由,据张鸣岐1943年回忆,是岑春煊找他帮忙写奏稿,向皇帝进言,才思敏捷的他"夺笔而成"。起初,岑春煊对张鸣岐的才能还有所怀疑,特将张氏所写奏稿拿去征询时为礼部尚书的李端棻之意见,"尚书一见余稿,谓深合陈言之体。西林遂决用之"。主张变法的光绪皇帝看后十分高兴,岑春煊大喜过望,立即增加给张鸣岐的酬金,以示奖赏。[3]

此奏折上递后仅八天,七月十五日,光绪帝即下旨任命岑春煊为广东布政使,而张鸣岐也凭一篇奏折进入岑春煊幕府,开始走南闯北。

台湾史学家沈云龙评价:"春煊以戊戌一疏而获清帝知遇,为其一生发皇胜蹄之始,实则此疏出之张鸣岐手笔。"[4]而后庚子勤王时岑春煊又因忠心护主,赢得了慈禧、光绪帝的信任,自此青云直上。

光绪二十六年(1900)七月,八国联军进攻北京,时为甘肃布政使的岑春煊,不顾陕甘总督魏光焘的反对,率部日夜兼程,用了二十八天的时间,由兰州赶至北京勤王护驾。[5]此时,慈禧、光绪帝仓皇西逃,后勤、护卫等皆准备不足,岑春煊率部八十人护卫两宫,亲自手刃溃兵三十余人,力保慈禧、光绪帝等人的安全。[6]

七月二十一日,慈禧、光绪帝仓促出宫。此时的慈禧,因自己错

---

[1]《当代名人小传》卷上,第86页。
[2]《光绪朝朱批奏折》第一七辑,第72页。
[3]本段所引,见瞿兑之:《铢庵文存》,辽宁教育出版社2001年版,第90—91页。
[4]沈云龙:《现代政治人物述评》(增订本),文海出版社1966年版,第123页。
[5]《乐斋漫笔》,第12—13页。
[6]《岑春煊集》第5册,第616—617页。

判形势、贸然向各国宣战引发八国联军侵华，造成京师陷落，既感无颜面对列祖列宗，也难以向全国臣民交代，内心可谓处于慌乱之中，自强雪耻之志"此时亦为最切"。然而，当她在问"此耻如何可雪"时，众人竟不知如何应对，唯有岑春煊进以兴教育、培植人才之策，并一路以"多难兴邦，殷忧启圣"之语安慰慈禧。[1]

可以说，在慈禧危难之际，岑春煊既保障了慈禧一行的安全，也为其提供了心理慰藉。因此，他的勤王之举赢得了慈禧极大的信任。此后，岑春煊步步高升：先是被任命为前路粮台督办，为慈禧等筹措补给；光绪二十六年闰八月出任陕西巡抚；光绪二十七年正月调任山西巡抚；光绪二十八年改任广东巡抚，未及到任，即署理四川总督；光绪二十九年（1903）署理两广总督；光绪三十二年任云贵总督；光绪三十三年任邮传部尚书、两广总督。

实际上，岑春煊勤王奇策的背后有着张鸣岐的莫大支持。首先，在大多数人反对的情况下，他坚定支持岑春煊的主张。[2]光绪二十八年七月，岑春煊在奏调张鸣岐来四川襄助的奏折中透露，当年他提出进京勤王时，包括陕甘总督魏光焘在内的很多人或劝阻或观望，唯独张鸣岐"痛哭流涕，促臣立行"。其次，在赶往北京勤王的路上，张鸣岐每日奔驰数百里，"昼董军旅，夜治文书，往往连日不寝息"。岑春煊因此赞道："忠勇奋发，尤出天性。"[3]

从幕宾到巡抚的十年

在岑春煊仕途平步青云的同时，他开始在慈禧面前不吝举荐比自己小十四岁的张鸣岐。

---

[1]《乐斋漫笔》，第14—16页。
[2] 张鸣岐1943年坦承，当时支持岑春煊进京，也有自己想顺道看望父母的私心。见《铢庵文存》，第91页。
[3]《岑春煊集》第2册，第250页。

光绪二十八年七月，岑春煊由山西巡抚调署四川总督。接奉谕旨仅六天之后，他即上折调正在丁母忧的张鸣岐来四川。在奏折中，岑春煊特意铺叙了张鸣岐在当年庚子勤王中的作用，称赞他"忠勇奋发，尤出天性"，又强调张鸣岐人才难得，"其心术之正，品格之峻，操守之洁，才调之敏，实臣服官京外以来所仅见也"，甚至将张鸣岐比作名臣左宗棠，"胸有经纬，胆识过人……其谋略智虑胜臣十倍"。经岑春煊此番力荐，清廷同意时为分省补用知县的张鸣岐免补知府，越级"以道员发往四川，交岑春煊差遣委用"。[1]张鸣岐到任后，岑春煊委任其督办学务处，"凡一切有关学堂事宜，统归主持"。[2]

　　光绪二十九年三月，岑春煊又调署两广总督，在他从四川调往广东的得力人员名单中，张鸣岐排在首位。[3]上任伊始，岑春煊厉行新政，对发展广东新式教育尤为重视，设立两广学务处，委任张鸣岐为督办，规定"凡总督对于两广学务权力之所及，即学务处督办权力之所及，总督所任两广学务之责即督办之责"。[4]张鸣岐上任后，制定《两广学务处章程》，有力推动了两广新式学务的发展。

　　为平定广西匪患，岑春煊在广西设立行营，张鸣岐也跟随他两次督师广西，出谋划策。光绪三十年十二月，清廷命太平思顺道余诚格转任广西按察使，经岑春煊推荐，太平思顺道一职由张鸣岐接任。[5]仅仅两个月之后，岑春煊又上《边疆善后需人敬举广西贤才张鸣岐等密折》[6]，力请清廷任命张鸣岐为广西布政使，总理全省营务，辅助巡抚李经羲管理广西一省财政与民政。

　　值得一提的是，为了使张鸣岐能顺利获任，岑春煊在密折中既

---

[1]本段所引，见《岑春煊集》第2册，第250—251页。
[2]《大公报》（天津）1903年2月22日，第3版。
[3]《岑春煊集》第3册，第86页。
[4]徐文勇：《两广学务处沿革考略》，《历史教学（高校版）》2008年第9期，第69页。
[5]《郑孝胥日记》第2册，第983页。
[6]《岑春煊集》第4册，第323页。

点评现任布政使张廷燎过于稳重不适合在匪患刚平、百废待举的广西任事，又认为新授广西按察使余诚格"论器局识量，似尚逊张鸣岐一筹"，还指出广西巡抚李经羲"体气非强"，拖延政事。要知道，李经羲是重臣李鸿章的侄子，余诚格刚刚从广西太平思顺道升任。最终，清廷于光绪三十一年六月将张廷燎"开缺另候简用"[1]，张鸣岐则越过余诚格，出任巡抚之下、按察使之上的布政使。这一任命，可谓逾格。实际上，李经羲对张鸣岐也颇为赏识，曾在奏折中评价张鸣岐"谋略胜众，运筹帷幄。近时军事转机得手，无一不出其赞助"，请求朝廷破格擢用。[2]

不久，岑春煊借李经羲一再称病之机奏请将其免职。[3]慈禧听从岑氏的意见，命林绍年接任广西巡抚一职。林绍年履职不久即奉调进京，张鸣岐即以布政使身份署理广西巡抚，光绪三十三年四月，改为实授。至此，三十三岁的张鸣岐成为主政一省的封疆大吏，此时距他光绪二十四年入岑春煊幕府不过短短十年的时间——升迁之快，"清代所罕见也"。[4]

要知道，岑春煊有"官屠"之名，纠参同僚不留情面，打击贪渎大刀阔斧。吴永在《庚子西狩丛谈》中写道："岑在粤督任内，凡参罢文武大小官员至一千四百余人，因而获罪者亦数百人。"[5]从这个角度讲，张鸣岐能得岑春煊如此青睐，更属不易。

新政奠基广西近代化

从署理广西巡抚至宣统二年九月升署两广总督，张鸣岐任广西

---

[1]《德宗实录》卷五四六。
[2]《录副档》，档号：03-5436-175。
[3]《德宗实录》卷五四八。
[4]《当代名人小传》卷上，第87页。
[5]《庚子西狩丛谈》，第160页。

巡抚整整四年，已属较长。这也为他推行新政提供了足够的时间。毕竟，任期太短的督抚实在难有作为。

曾任中华民国代总统的李宗仁在其回忆录中说："那时的广西巡抚张鸣岐，是一位年轻有为、好大喜功的人。他锐意延揽新政人材，推广新政。"[1]教育方面，张鸣岐开办各级师范学堂、实业学堂、农林学堂、法政学堂、典狱学堂等。其中，他对陆军小学堂尤为重视。光绪三十三年（1907）春，陆军小学堂在桂林正式开课后，张鸣岐聘用日本军官学校毕业归国的蔡锷担任学堂总办。在广西财政异常困难的情况下，他始终千方百计保证及时拨发经费。张鸣岐抚桂四年，陆军小学堂也办了四期。李宗仁便是第三期学生。据李氏回忆：陆军学堂的学生待遇特别优厚，学校除供学生膳食、服装、书籍、文具外，每月还有少则八钱、多则一两八钱的补助金——那时桂林的物价极低，一碗叉烧面不过制钱十文，而一两银子可换制钱一千四五百文。学堂的训练，完全是模仿日本式的，十分严格。[2]李宗仁之外，白崇禧、李品仙、黄绍竑等桂系名将均是该校的毕业生。可以说，民国时期赫赫有名的桂系，正肇始于张鸣岐当年推广新政播下的种子。

因辖境与越南接壤，所以同当时的法越当局交涉，也是广西巡抚的工作之一。清末，孙中山等革命党人常常以越南为基地策动反清起义：光绪三十三年至三十四年，孙中山以越南河内为中心在桂滇边境先后发动了广西镇南关起义、云南河口起义等。光绪三十四年河口起义前，法越当局通报，截至光绪三十三年十二月，法方已抓捕参与起义人员六十一人，起义失败后，起义军六百余人撤入越南，被法方缴械，强行遣散。[3]为此，法越当局要求清廷赔付缉拿、遣散、食宿等

---

[1]李宗仁口述，唐德刚撰写：《李宗仁回忆录》，广西人民出版社1988年版，第27页。
[2]《李宗仁回忆录》，第30—33页。
[3]陈元惠：《1908年河口起义与中法交涉》，《云南民族大学学报（哲学社会科学版）》2011年第7期，第106页。

相关费用。[1]

　　赔款案未了，又发生了双方士兵冲突事件。光绪三十三年十一月，法国驻华公使向清廷内阁递交节略，称中国官兵多次向法国兵队开枪，要求"严饬确查，将开枪之兵，从重惩办"。[2]尽管清廷解释开枪是为了缉拿参与起义的革命党人，并非有意针对法兵，但法国驻越南总督并不认可。第二年五月，又发生了所谓中国汛兵越界于越南飞龙枪伤法越汛兵的"飞龙事件"和中国汛兵越界在越南峙马村抢掠的"峙马村事件"。法方再度向清外务部抗议，要求惩凶、赔偿。[3]

　　拘捕革命党人的费用、"飞龙事件"和"峙马村事件"的善后，主要由广西巡抚张鸣岐负责与法方交涉。法方声称后来拘捕的革命党人"增至千二百余，越督自行解散，将该党运送越南各地，因此费益加多"，最终索赔16981元。[4]至于"峙马村事件"，则"被害之二人应赔恤款一千元，所失洋银二百二十八元，亦当如数赔补"。[5]

　　清廷外务部的主张是息事宁人。时为外务部尚书的袁世凯指示张鸣岐，赔偿法方的数目，不必与外务部商量，与法方代表就近商定即可，以尽快了结、免生波折。尽管张鸣岐觉得法国方面拘禁、驱逐革命党人只是出于维护当地治安考虑，如今"令我出费用，未免不值"，而且法方提供的清单中，"姓名、人数及拘管起日期，均未列明"，但弱国无外交，他最终还是代表清廷如数支付了赔偿金。[6]只是，在处理这一系列案件中，张鸣岐间或与外务部意见不一致，比如针对外务部尽快赔偿法方缉拿革命党人费用的指示，张鸣岐致电外务部认为可

---

[1]《袁世凯全集》第17卷，第227页。

[2]《袁世凯全集》第17卷，第210页。

[3]《法国驻华公使为清政府官兵击毙越兵给清政府的外务部的照会》（1908年6月7日），转引自陈元惠：《1908年河口起义与中法交涉》，《云南民族大学学报（哲学社会科学版）》2011年第7期，第107页。

[4]《袁世凯全集》第18卷，第236、330页。

[5]《袁世凯全集》第18卷，第128页。

[6]《袁世凯全集》第17卷，第223页；第18卷，第237、329页。

以等法方移交匪党后再结算,不必提前支付。[1]这多少显示出其并非一味盲从上级的个性。

光绪三十一年(1905)九月,清廷裁撤广西边防督办一职,将边防事务归太平思顺道办理,并"责成广西巡抚,每隔一年,巡边一次,考察交涉事宜及民间疾苦,随时整顿,以固边疆"。[2]为执行此谕旨,同时更加清楚地了解法方的意图,张鸣岐经清廷同意,从光绪三十三年十一月下旬开始出省巡边,并拟赴河内,拜会法国驻越南总督,当面协商赔偿等事宜。[3]直至第二年六月初才由南宁取道浔州、柳州返回桂林,此番"出省巡阅,已逾半年"。[4]时为标统[5]的蔡锷亦跟随张鸣岐巡边,后来据此写成了《越南重塞图说》和《桂边要塞图说》。著名军事家蒋百里如此描述蔡锷巡边情形:"短衣匹马,巡行四千余里,于边情地势,逐一札记,草绘略图,'出入于瘴疠者经月,欣然有以自得'。"[6]张鸣岐巡边之艰苦,由此亦可见一斑。

巡边之后,张鸣岐于光绪三十四年五月上折提出修筑南宁到桂林的桂邕铁路,以加强广西边防。[7]宣统元年(1909),他开始筹划修筑桂林至全州的铁路,邀请英国工程师进行线路勘测,第二年又奏请借洋款两百万两修建铁路,以将广西富贺煤矿所产的煤运往广东。但种种努力最终都没有成功,以致在张鸣岐任内,广西并未建成一寸铁路。直到1938年9月湘桂铁路"衡桂段"通车,才结束了广西境内无

---

[1]《袁世凯全集》第17卷,第223页。
[2]《郑孝胥日记》第2册,第1016页;亦见于《德宗实录》卷五四九。
[3]《袁世凯全集》第17卷,第218、310页。就在此时,法驻越南总督新旧更替。由于新总督迟迟未定,张鸣岐只好于光绪三十四年正月暂回南宁。直到六月,新法越总督始终没有上任,张鸣岐此时已须返回桂林,最终双方未能会面。见《袁世凯全集》第17卷,第363、660页。
[4]《袁世凯全集》第17卷,第660页。
[5]清末统辖一标军队的长官,大约相当于团长。
[6]郭汉民:《杰出的爱国主义者——简论蔡锷一生所走过的道路》,《益阳师专学报》1997年第2期,第61页。
[7]《宫中朱批奏折》,档号:04-01-01-1087-039。

铁路的历史。

尽管筹办铁路的效果不理想,尽管新军只编练成一协而未达到清廷练成一镇的要求,尽管新政的规模不及当年袁世凯治下的山东和张之洞治下的湖北,但广西新政还是在一些方面取得了较为突出的成绩,如在筹办地方自治方面,宣统元年宪政编查馆考察全国各省第二届宪政成绩后,在当年十月的奏折中指出,"筹办城乡镇地方自治,则以直隶广西两省成绩最著"。[1]还有评论说,张鸣岐抚桂期间力行新政,为广西近代化打下了基础,也使广西成为当时全国最有生气的省份之一。[2]

辛亥革命后去岑附袁

宣统二年(1910)九月二十七日,原署理两广总督的袁树勋因病解职,清廷任命三十六岁的张鸣岐署理两广总督,次年实授并令他兼任广州将军。一介寒微书生,十数年间即成为全国九大总督之一,并且是最年轻的一位,以致时人评论,"以举人未十年骤跻兼圻,逊清一代官吏进阶之速,无伦比也"[3]、"一举人至兼圻不逾九年,清代所罕见也"[4]。

有观点认为,张鸣岐升迁如此迅速,是因为他通过李经羲向首席军机大臣奕劻报效了大量钱财。而奕劻曾和袁世凯联手在光绪三十三年(1907)"丁未政潮"中使岑春煊被解除了两广总督,岑春煊也因此与张鸣岐产生了怨隙。[5]

---

[1]《宣统政纪》卷二四。
[2] 李静:《张鸣岐研究》,山东大学硕士学位论文,第40页。
[3] 章伯锋统编,庄建平编:《晚清民初政坛百态》,四川人民出版社1999年版,第279页。
[4]《当代名人小传》卷上,第87页。
[5] 李静:《张鸣岐研究》,山东大学硕士学位论文,第21页。

张鸣岐是否贿赂了奕劻，目前尚未找到直接证据。但可以肯定的是，清廷任命颁布之前，张鸣岐曾进京。雷飙在《蔡东坡先生事略》中写道，当时张鸣岐想离开广西，"请假进京觐见，清廷许之，并任魏景桐为广西巡抚"。[1]时为军机大臣、外务部尚书的那桐在宣统二年八月十一日的日记中也写道："到庆王府答拜张坚白中丞。"[2]可知，张鸣岐确实去过奕劻的庆亲王府活动。

　　不过，在当时前往革命党人活动频繁的广东任职，并不是件美差。除了早在光绪三十三年爆发的黄冈起义、七女湖起义，仅张鸣岐上任前后，广州就爆发了多次革命党起义和暗杀事件：宣统二年四月，倪英典领导广州新军起义；宣统三年三月初十日，新任广州将军孚琦被革命党人温生才枪杀；三月二十九日，革命党人发起黄花岗起义，攻入两广总督署，张鸣岐仓皇出逃；闰六月二十一日，广东水师提督李准在由城外水师公所进城途中遭遇革命党人伏击。虽然李准"跃登屋顶"[3]与革命党相持，并击毙革命党人一名、拿获一名，但李准"腰部被严重炸伤……手腕也中了一枪"[4]。就在李准遇袭当天，清廷调荆州将军凤山为广州将军，但凤山迟迟不敢上任，经张鸣岐一再催促，才于九月初四日抵广州。未及进城，就被革命党人炸死。

　　黄花岗起义中，黄兴率林觉民、方声洞、喻培伦等敢死队员攻入两广总督署，搜捕张鸣岐。由于卫队抵挡不住，"张鸣岐慌忙从二楼抛出绳索，沿绳索滑下，落荒而逃，路上遇到李准派去救驾的水师将领吴宗禹，便被接到水师行台与李准会合。此时他被吓得魂不附体，连连央求李准救救他的家眷。李准随即派人杀入总督署救出张鸣岐的

---

[1]《辛亥革命回忆录》第三集，第408页。
[2]《那桐日记》（下册），第667页。张鸣岐，字坚白，也写作坚伯。《申报》在《宣布载泽罪状》一文中说，张鸣岐为谋两广总督之职曾贿赂镇国公载泽银36万两。见《申报》1912年2月25日，第3版。
[3]《宣统政纪》卷五七。
[4]《南海何曾隐风流：清末广东水师提督李准纪事》，第189页。

老父、夫人和其他眷属"。[1]张鸣岐之子张镈在回忆文章中说:"这天我已在督府官邸内降生半月(阴历三月十四日生),革命党人不伤及妇孺无辜,我得以幸免。"[2]由于革命活动蓬勃发展,且黄花岗起义时"革党对其老父及妻共妾暨各员役均不加害"[3],张鸣岐力主对革命党人从宽办理,以为自己留一条退路。除林觉民、喻培伦等外,被捕革命党人多被平反,被冤捕的剪发学生全部准予保释。之后,他曾于三月中旬奏请进京陛见,想借机离开广东,但清廷以"两广地方重要"为由,让其"不必远来陛见也"。[4]凤山被炸身亡后,张鸣岐又于宣统三年九月上折"自恳立予罢斥",清廷还是以"广东尤关紧要"为由未予批准,要张鸣岐"体念时艰,力任其难"。[5]

  面对危若累卵的形势,七月十一日,张鸣岐曾上《时局艰危敬陈管见折》,直指朝廷立宪有名无实、亲贵专权失去民心、官员贪求无厌、各处危机四伏等问题,吁请朝廷"颁布明诏,确定内阁责任,并将亲贵不任总理永着为令"。此折上后,清廷并未采纳,而是将其留中。一个多月后,武昌起义爆发,张鸣岐"不幸而言中"。九月初二日,在江苏巡抚程德全等人的邀请下,张鸣岐再次上折,在重申亲贵不得任总理之外,吁请清帝下罪己诏、朝廷宣布明年召开国会,以收拾民心。[6]可以说,这是张鸣岐作为臣子最后一次向清廷表忠心。

---

[1]《南海何曾隐风流:清末广东水师提督李准纪事》,第187页。
[2]《我的建筑创作道路》(增订版),第9页。时为张鸣岐幕僚的刘乃勋在《温生才刺孚琦与广州起义见闻纪实》一文中也说,黄花岗起义时,"革党直入二堂、三堂上房,遍觅张鸣岐不获。乃父张步堂及其一妻一妾瑟缩房隅。革党谓之曰:'不干汝等之事,不必害怕。'旋至他处分头搜索,署中员役均无伤害"。见《辛亥革命回忆录》第二集,第332页。
[3]《辛亥革命回忆录》第二集,第332页。
[4]《宣统政纪》卷五二;《录副档》,档号:03-7453-089。
[5]《宣统政纪》卷六二。
[6]本段所引,见《清代档案史料丛编》第8辑,第331页。

九月初八日，广东各界议决宣布独立。[1]对此，张鸣岐并没有立即派兵拿办，而是派有声望的绅商前往劝解，劝他们"立即摘去旗灯，准其悔过自新，概免追究"。[2]就这样，广东的第一次独立无果而终。据时为广东水师提督的李准所言，张鸣岐之所以下令拔旗，是因为"接到汉口的电报，得知清军对革命军进行猛烈反扑，已经夺回了汉口大智门一带，胜利在望，同时清廷来电要求他维持广东的社会秩序"。[3]

十天之后，九月十八日（11月8日），广东咨议局议决广东独立，张鸣岐接受，表示将择期宣布。第二天一早，咨议局再次开会，"定议张鸣岐为大都督"。[4]当革命党人捧着广东大都督印信赶往督署时，得知张鸣岐已于头一天晚上逃离广州。这位"受国厚恩"[5]的"青发总督"，这位在"过去几星期一直为悲痛和精神忧虑所压倒"[6]，甚至有可能寻求自杀以解脱困境的末代两广总督，最终选择了临阵脱逃。

逃离的原因，有说法是九月十八日晚张鸣岐接到了香港革命党人的恐吓电报，"告诉他革命党人将会扣留他进行审判"。[7]在此之下，如李准在回忆中所写：张鸣岐知道自己不为革命党人所容，"遂于十八夜潜逃"。[8]

张鸣岐逃离广东，得到了英国驻广州领事馆的帮助。当时的香港总督路夏德（Frederick Lugard）在致国会议员的信中，披露了张鸣岐

---

[1]《清代档案史料丛编》第8辑，第334页。
[2]《宣统政纪》卷六三。
[3]《南海何曾隐风流：清末广东水师提督李准纪事》，第192页。此处作者李昕的分析不尽符合史实。据清宫档案，清廷让张鸣岐"剀切晓谕解散"广东独立民众的电谕（见《宣统政纪》卷六二），九月初十日才发出——是在拔旗之后。因而，清廷的来电并不是张鸣岐此举的主因。
[4]《辛亥革命》（七），第230—231页。
[5]《宣统政纪》卷六五。
[6]《辛亥革命史资料新编》第8册，第31页。
[7]《南海何曾隐风流：清末广东水师提督李准纪事》，第195页。
[8]《辛亥革命》（七），第246页。

出逃的经过：11月8日夜，张鸣岐逃到英国驻广州领事馆避难，"在总领事的安排下，他于11月9日上午8点离开广州，乘英国船'汉第号'前往香港。……晚上，他上岸到汇丰银行经理提供的一所房屋下榻，因为过于疲劳而谢绝了总督府的晚宴邀请"。[1]次日，张鸣岐出席总督府午宴，并在饭后与路夏德私下会晤。

在与香港总督会谈时，张鸣岐表示："如果一个政府腐败，那么人民应当改变它。他认为目前的革命直到10月30日都是正当的，这一天皇上颁布敕令承认其错误，允诺改良和颁布宪法。在此之后，运动就不再是正当的。改革者本应协助皇上制定宪法，这不是一朝一夕的事。"[2]在张鸣岐看来，继续进行革命，很有可能使国家陷入混乱，给中国造成灾难，甚至还会引起列强之间的战争。

逗留香港期间，广东革命党人还电邀张鸣岐回广州出任广东都督，但他没有答应。谈及今后的计划，他向香港总督表示准备在香港住上一个星期或十天，然后去欧洲学习行政管理艺术，将来服务于国家。为此，他甚至请香港总督帮忙写推荐信。

但最终，张鸣岐并没有去欧洲，而是携家带小从香港去了上海。当时人在上海的郑孝胥在九月三十日（11月20日）的日记中记载："夜，雅辛来，言张坚伯剪辫剃须，戴西人小帽，同坐洋车至杨寿彤寓中。"过了十天，郑孝胥又听到张鸣岐要去日本的消息，"子益言，张坚白欲往日本，实亦不能安居"。[3]

1912年3月23日，民国交通部曾向驻日本国公使馆发函，请其帮忙追查张鸣岐所欠的银两，"查得沪行各户往来项下，有前清粤督张鸣岐欠银五十二万五千七百两……张鸣岐欠款如许之多，并未与该行算结，殊属不合。闻伊现在匿迹日本神户等处。应请就近传询，此

---

[1]《辛亥革命史资料新编》第8册，第23页。
[2]《辛亥革命史资料新编》第8册，第23页。
[3]《郑孝胥日记》第3册，第1357、1365页。

项欠款，当时究竟作何开支，饬其从速回粤料理清楚。倘系私欠，尤应赶紧措交。如仍支吾延宕，定当从严究追，决不能因其鼠窜海外，置之不问也"。[1]信中透露，张鸣岐当时正在神户，这也证实，回到上海后，张鸣岐一度避往日本。至于为何会出现郑孝胥所说的"实亦不能安居"，是因为拖欠了交通银行的巨款，还是因为革命党人的追索，抑或其他原因，目前笔者尚未找到确凿的史料。

袁世凯执政后，张鸣岐于1912年7月受邀回到上海，并与郑孝胥多次见面。据《郑孝胥日记》，1913年2月，张鸣岐曾向他透露后悔自己前年没有殉清，否则尚可保全名节。这样的表态，让人觉得张鸣岐是一位清室荩臣。而实际上，张鸣岐从日本回来后很快就投靠了袁世凯，出仕民国。就在张鸣岐表态殉清的同一个月，袁世凯密召其进京，命他担任高等顾问。[2]

同年3月，进京组阁的国民党理事长宋教仁遇刺，袁世凯与国民党的关系日趋紧张。经孙中山、黄兴等派人劝说，与袁世凯素有积怨的岑春煊开始积极反袁：5月4日，岑春煊与伍廷芳、李经羲等发出《主张和平解决大局通电》，提出民国政府缉拿洪述祖归案、让国务总理赵秉钧到上海出庭、革命军即日南撤，以及袁世凯方面暂不撤换江西、安徽都督等主张[3]；6月，岑春煊又辞去粤汉、川汉铁路督办之职，以示反袁态度。[4]

岑春煊与袁世凯公开决裂的同时，他与张鸣岐的情谊也走到了尽头。5月下旬，岑春煊以个人名义致电张鸣岐，请其将自己的调和主张转达袁世凯及国民党、共和党、民主党等三党总部。但张鸣岐很快复电告知"政府不以其调和策为然，三党亦不赞同，鸣岐之意亦

---

[1]《南京临时政府公报》，《近代史资料》总25号，第346页。
[2]《郑孝胥日记》第3册，第1424、1452、1453页。
[3]《岑春煊集》第5册，第495—496页。
[4]《申报》1913年6月4日，第2版。

同"。[1]岑春煊接电之后,即于5月26日以"大总统转张坚伯鉴"名义复电,将自己与袁世凯和张鸣岐的分歧公之于众。对张鸣岐不赞同自己的主张,岑春煊也毫不掩饰地表示"真堪骇怪",希望张鸣岐今后"好自为之",不满之情溢于言表。[2]

不仅如此,岑春煊还在报上刊登公开信,宣布与张鸣岐绝交。[3]此公开信至今未见,但据郑孝胥6月23日的日记,"报载《岑云阶与张坚白书》,尽暴其相知以来事实,丑态百露"。[4]曾任江苏都督府秘书长的沈同芳致函岑春煊,谈及此公开信,有"公致坚白书,词气凌万,犹见本色"[5]之语,可知岑春煊信中语气之严厉。

至此,岑、张二人自光绪二十年(1894)起近二十年的交谊画上了句号。

去岑附袁的张鸣岐,得到了袁世凯的重用。从1913年10月至1915年10月,张鸣岐先后出任广西民政长、广东巡按使等。[6]由于父亲去世,张鸣岐于1915年10月请辞广东巡按使职务。一再呈请下,袁世凯赏假两个月,让张鸣岐回天津营葬,"假满即行回任,用副倚畀"。[7]

"用副倚畀"透露出袁世凯对包括张鸣岐在内的前清高官的笼络。1914年11月,袁世凯赏张鸣岐二等嘉禾章;1915年3月,赏二等文虎章;1915年8月赏颁扇纱等礼品。[8]1915年12月12日,袁世凯宣布接受帝位,推翻共和,复辟帝制,改中华民国为"中华帝国"。由

---

[1]《申报》1913年6月2日,第6版。
[2]《岑春煊集》第5册,第498页。
[3]《申报》1913年6月4日,第2版。
[4]《郑孝胥日记》第3册,第1468页。
[5]《岑春煊集》第5册,第499页。
[6]《袁世凯全集》第24卷,第111页;第32卷,第18页。1914年,各省民政长改称巡按使。
[7]《袁世凯全集》第33卷,第99、146页。
[8]《袁世凯全集》第29卷,第295页;第30卷,第712页;第32卷,第415页。

于劝进有功，12月21日，袁世凯下旨特封张鸣岐、张锡銮、朱家宝等十二人为"一等伯"。[1]关于张鸣岐对于袁世凯称帝的态度，尽管没有看到张氏是否接受爵位的相关史料，但从他1916年1月奏报回任广东巡抚、2月上折谢袁世凯颁赐碑文、3月上折谢颁给勋章等行为来看[2]，张鸣岐不反对袁世凯称帝，应该是可信的。

当汉奸的传闻与辨正

1916年6月，袁世凯去世，黎元洪继任总统。7月6日，黎元洪发布大总统令，将各省督理军务长官改称督军，民政长官改称省长。同日，国务总理兼内务总长许世英任命了各省督军、省长，其中已无张鸣岐之名。[3]这表明，袁世凯甫一去世，张鸣岐失去靠山，立即被边缘化。

1912年，张鸣岐从日本回国一度居住在上海，从其1915年请假回天津葬父的禀请可知，他也有家眷住在天津。1916年被解职后，张鸣岐隐居上海租界做寓公。其子张镈回忆："辛亥革命成功了。先父携家带小流亡日本，归国后，以清末遗老身份定居天津日本租界。……1917年先父又移居上海英租界。"[4]

从《郑孝胥日记》，可以看到张鸣岐这一时期生活的只鳞片爪：1924年，直系军阀吴佩孚曾想聘请张鸣岐，但张鸣岐没去，而是推荐好友前往。[5]

---

[1]《袁世凯全集》第33卷，第666页。袁世凯的封爵分为亲王（黎元洪）、公爵、侯爵、伯爵、子爵、男爵。从12月21日至23日特封的公侯伯子男爵共一百二十八人。见李宗一：《袁世凯传》，第337页。
[2]《袁世凯全集》第34卷，第281、472、702页。
[3]《北洋政府公报》第89册，第159—161页。
[4]《我的建筑创作道路》，第9页。
[5]《郑孝胥日记》第4册，第2011页。

隐居上海期间，爱妾于1926年去世，张鸣岐更加心灰意冷，皈依了佛门，终日吃斋念经。1927年，长子张锐获美国哈佛大学市政管理系学位回国抵沪，张鸣岐带着他和张镈回天津省亲。刚到天津不久，上海的家人发来急电说，南京国民政府以杀害黄花岗七十二烈士的罪名，派军警通过英租界巡捕房来搜捕张鸣岐。从此，张鸣岐不再回上海而定居天津。[1]张镈回忆：那时，不少宾朋好友对张鸣岐都不再称昔日官衔，而称其为"张大师"。由于家道中落，张家"常借打牌抽头供宴席和随从的开支"。[2]

尽管过得不尽如人意，但此期间的张鸣岐颇有诗兴：1930年4月曾作"《春柳》七律四首"，5月他还托人"以所作《落花诗》十首"求郑孝胥作和诗，但为郑所拒。[3]这年11月，他还参加了段祺瑞长孙的婚礼。[4]

有说法称，1931年"九·一八"事变后，张鸣岐通过汉奸白坚武攀附日本人和日伪华北政务委员会，还发起"乙酉法会"祈祷"大东亚战争必胜"，并最终于1945年9月15日在举国唾骂声中逝去。

事实是否真的如此？

晚年的张鸣岐深居简出，外界对其知之甚少。1937年9月，白坚武被冯玉祥以"汉奸首领"罪下令枪决。但据笔者查询，《白坚武日记》中并无白坚武将张鸣岐介绍给日本人的记载。而伪华北政务委员会成立于1940年3月，张鸣岐并非该委员会及组成部门成员。

但1942年3月，大汉奸王揖唐出任伪华北政务委员会委员长后，为了拉拢住在华北的"元老"，于1942年3月借口"咨询善政，隆礼

---

[1] 天津还有四处张鸣岐旧居，其中位于意租界马可波罗路（今河北区民族路80号）的一栋与梁启超的饮冰室为邻。

[2] 《我的建筑创作道路》，第10页。

[3] 《郑孝胥日记》第4册，第2276、2284页。郑孝胥在日记中提到的张鸣岐原诗，迄今未见。

[4] 《大公报》1930年11月5日，第7版。

耆贤",聘请"国家著有功劳及硕学高德之士"——王克敏、曹汝霖、靳云鹏、张鸣岐、章宗祥、吴毓麟、龚心湛、曾毓隽八人为咨询委员,以"应委员长之咨询"。[1]

据东北知名将领张作相之孙张杰回忆,1943年日本华北司令官冈村宁次,为拖在野要人下水,暗示华北政权傀儡王揖唐在北平设宴演戏,柬请各在野要人前往,"前清总督张坚白被邀未允,遂被日本宪兵传去"。[2]

1944年5月21日,日军华北司令官冈村宁次在其官邸召开华北中日要人恳谈会,据当时的《申报》报道,中方出席者"有王克敏委员长、王揖唐咨询会议议长、齐燮元副议长,及曹汝霖、张鸣岐、靳云鹏、章宗祥、汤芗铭、曾毓俊(隽)各委员"。[3]

如果说被邀看戏还有些强迫的意味,那后来一系列活动,张鸣岐显然是自愿的。尽管咨询委员的作用,更多只是装点门面,但无论如何,张鸣岐允任咨询委员、出席相关宴戏,可见其气节有亏。那次宴戏,奉系将领张作相同样被邀请,但坚辞不就,他此前甚至还当面拒绝日本关东军高级参谋板垣征四郎的出山邀请,虽遭暗杀不改其志。

公义之外,在与岑春煊的交谊等私情方面,张鸣岐的处理也不算妥善。晚清时期,岑春煊对张鸣岐既有知遇之恩,也有举荐之功。民国初期,二人关系一度颇为融洽。1912年7月,张鸣岐从日本回到上海,岑春煊还亲往迎接。[4]1913年,岑春煊公开反袁,开"二次革命"之先声。尽管目前学界对国民党发动"二次革命"的必要性和程序正当性尚存争议,但岑氏此举是为了维护共和与民国,值得肯定。张鸣

---

[1] 张炳如:《华北敌伪政权的建立和解体》,全国政协文史资料研究委员会编:《文史资料选辑》第39辑,文史资料出版社1963年版,第161页。
[2] 吉林省政协文史资料委员会编:《吉林百年》,吉林人民出版社1990年版,第91页。
[3] 《申报》1944年5月23日,第1张第1版。
[4] 《郑孝胥日记》第3册,第1424页。

岐与岑春煊决裂，有对岑春煊政治主张的不认同，不可否认也有攀附袁世凯的考量，因此外界对其颇有微词。[1]只是，无论是岑春煊还是张鸣岐，都是热衷权力、贪图富贵之人，袁世凯曾评价张鸣岐"斯人知有富贵而已，我以好爵宠之，叛岑必矣"。[2]最终，事实证明袁世凯所言不虚，两人分道扬镳，多少也显示出张鸣岐的凉薄无情。[3]

尽管晚景落魄、晚节有亏，但张鸣岐始终重视教育：四子四女中，除早夭的两个女儿外，均为知名科学家和专家：长子张锐获美国哈佛大学市政管理系学位，后与梁思成共同完成了《天津特别市物质建设方案》。该方案是天津历史上第一个现代意义上的城市规划，也是中国设计师完成的第一个城市规划方案。次子张铸毕业于南开大学，文科毕业的他改行学机械、化学，后成为化学专家。三子张镈为人民大会堂总设计师、北京市建筑设计研究院总建筑师，参与规划、设计、指导的大型建筑工程还包括友谊宾馆、民族文化宫等百余项，被誉为在长安街上作品最多的建筑师。

尤其值得一提的是，张铸之子也就是张鸣岐之孙张存浩，为我国著名化学家、中科院院士，曾与"两弹一星"元勋程开甲共同获得2013年度国家最高科学技术奖。据统计，张鸣岐孙子女辈十九人当中，称得上科学家的就有六人。儿孙奋发有为，报效祖国，也算是张鸣岐对社会的一大贡献。

据张镈回忆，1927年，他与父亲张鸣岐、长兄张锐由沪返津途中，父亲当面告诉他："宦海浮沉，为官不义、不易。改朝换代，必受牵连。……家有良田千顷，不如薄技在身"，并告诫张镈：为人万不可轻诺寡信，见异思迁。[4]但对于张鸣岐自己而言，显然并未做到。

---

[1] 费行简（沃丘仲子）评论说，"春煊奉若神明，末路竟为所厄。使人者借若此，朋友之道危矣"。见《当代名人小传》卷上，第88页。
[2]《当代名人小传》卷上，第87页。
[3] 据说，岑春煊在绝交书中"力祗其天性凉薄"。见《当代名人小传》卷上，第87页。
[4]《我的建筑创作道路》，第9页。

辛亥鼎革之际，先允许革命党人在广东搞独立，后又拒绝当临时都督，远走他乡，可谓首鼠两端；得岑春煊不吝举荐，民国后却改投袁世凯门下；在与香港总督会晤时，言之凿凿忠于清室，后来又出仕民国；既助袁世凯称帝，又在后来发通电逼迫袁氏让出大总统之位[1]，并最终依附日伪政权……诸般"见异思迁"，在告诉世人"知易行难"的同时，诉说着张鸣岐一生的复杂幽微。而他所说的"改朝换代，必受牵连"一句一语成谶，书写着他的命运，也映照着清末民初时代巨变下无数人的命运。

---

[1] 1916年4月7日，龙济光、张鸣岐发表广东独立通电，以使袁世凯"知人心全去，不敢相持"，退出大总统之位。见《护国运动资料选编》（下），第593页。

对手

一位是驻守朝鲜多年、参与中英西藏事务谈判的唐绍仪,一位是亲历甲午战后谈判、两度出任驻美公使的伍廷芳,从前一同效忠清廷的二人却在辛亥革命后,分任南北和谈代表,为清帝逊位、民国肇建贡献颇多,并在民国初年的政界占据一席之地。

他们的际遇,代表着晚清留洋一代的崛起。而他们的命运,则从侧面映照出民初国会制、责任内阁制在中国的水土不服,以及武人政治的种种乱象。

不复恋此马蹄声*
——唐绍仪与袁世凯的交恶

唐绍仪（1862—1938），字少川，广东中山县人，晚清第三批留美幼童，官至奉天巡抚、邮传部尚书。辛亥革命后，作为北方代表主持南北议和，民国时成为首任内阁总理。因与袁世凯政见不合辞职，但始终支持共和，反对帝制，而后不断被边缘化。1938年涉嫌投日，惨遭暗杀。

1912年2月12日，清帝退位，存续两千多年的封建帝制正式退出历史舞台，由唐绍仪任总理的中华民国首届内阁被推到了历史前台。

这样一个近代史上赫赫有名的人物，其出生年份竟记载不一：有咸丰九年（1859）、咸丰十年（1860）、同治元年（1862）、同治二年至同治三年（1863—1864）[1]等说法。清宫档案所记，也互为龃龉：

---

* 语出1913年2月唐绍仪辞谢袁世凯任命其为参议院议长之复电，见珠海市政协、暨南大学历史编：《唐绍仪研究论文集》，广东人民出版社1989年版，第16页。

[1] 一般记传、辞书有关条目均作咸丰十年生，台湾传记文学出版社所出《民国人物小传》记为咸丰九年，另据《徐愚斋自叙年谱》载，唐绍仪乃"癸亥生"（即1863—1864年间）。见张晓辉：《唐绍仪出生年月考》，《近代史研究》1988年第3期，第315页。

光绪二十八年（1902）正月唐绍仪补授直隶津海关道时，履历中写为四十一岁——按照旧时中国人以虚岁计年龄之习惯，应为同治元年出生[1]；光绪三十一年（1905）十月署理外务部右侍郎时，履历中说时为四十六岁——照此推算，唐绍仪出生年份为咸丰十年[2]。而《唐绍仪传》作者之一的张晓辉经过考证认为，唐绍仪的出生年份为咸丰十一年十二月初三日（1862年1月2日）。[3]

唐绍仪虽出生在广东香山县，但父亲唐巨川在上海经营茶叶出口贸易，故自幼在上海读书。同治十二年（1873）八月，十二岁的他作为第三批幼童赴美留学[4]，后考入哥伦比亚大学文科学习[5]。

唐绍仪能出洋留学，和母亲有着莫大的关系。据说，他出生的时候，正巧家前的万年青开花，母亲因此认为他"与众不同"，在其成长中花费了更多的心血。后又力排众议，说服族人同意把唐绍仪送去美国留学，此事在唐绍仪家乡传为美谈。唐氏对母亲也十分感念，后在母亲坟前的空地上建"望慈山房"以示纪念。[6]

由于担心幼童逐渐西化，在监督委员吴嘉善等人的推动下，清廷于光绪七年（1881）五月十二日下旨撤回全部幼童。就这样，尚未完成学业的唐绍仪等人结束了七年的留美生活，于当年八月回国。最初，这批留美学生被视为"无益于国家的人"，被安置在一所荒废了十年的

---

[1] 叶秀云、秦国经编选：《光绪年间官员履历单选载》，《历史档案》1985年第1期，第30—31页。

[2] 丁进军编选：《清外务部部分主要官员履历》，《历史档案》1986年第4期，第41—42页。

[3] 学者张晓辉观点的主要依据是对唐绍仪直系亲属的访问，其中最直接的证据是一份唐绍仪算命测八字的档案资料，唐氏生于"辛酉年十二月初三丑时"（原件存于上海图书馆特藏部）。见张晓辉：《唐绍仪出生年月考》，《近代史研究》1988年第3期，第315页。本书采用此说法。

[4] 叶秀云、秦国经编选：《光绪年间官员履历单选载》，《历史档案》1985年第1期，第30页。

[5] 张晓辉、苏苑：《唐绍仪传》，珠海出版社2004年版，第13页。

[6] 《唐绍仪研究论文集》，第342—343页。

书院里。原本就读于耶鲁大学的黄开甲归国后,写信给他的美国"家长"巴特拉夫人,信中记录了他们回国之初的情景:到上海后,他们被带到上海海关道台衙门,"点过名后,我们享用了一份简单的晚餐。为防我们脱逃,一队中国水兵,押送我们去上海道台衙门后面的'求知书院'。……'求知书院'已关闭十年了,……大门十年未开启,墙壁剥落,地板肮脏,石阶布满青苔,门窗均已潮湿腐烂。一跨进门坎,立即毒气熏鼻,这些阴暗似乎象征着我们的命运"。[1]

后经北洋大臣李鸿章奏请,九十四名留美生中,二十一人被派往上海及附近的电报局学习,二十三人到上海机器局,五十人去"天津的水师、机器、鱼雷、水雷、电报、医馆等处"[2]学习当差。唐绍仪被分派到天津水师学堂。

七年留美,使得唐绍仪深受西方生活方式和观念的影响。宣统三年(1911)代表袁世凯参加辛亥南北和谈时,他就告诉民军方面,"我共和思想尚早于君,我在美国留学,素受共和思想故也"。[3]同自幼在南洋、英国读书而对中国传统文化缺乏了解的伍廷芳等人不一样,由于赴美幼童也得学习四书五经等,唐绍仪得以具备较为深厚的国学基础。这样的成长经历,让唐绍仪兼具东西文化的学识素养与思想观念,容易被或激进或保守的各方势力接纳。

得袁世凯赏识

在天津水师学堂见习不久,唐绍仪被安排到天津海关工作,担

---

[1] 钱钢、胡劲草:《120名清朝幼童赴美留学的前前后后》,《档案》2004年第6期,第18页。
[2] 黎照寰:《关于唐绍仪的生平及其与孙中山袁世凯容闳的关系》,《广东文史资料》第19辑,第50页。
[3] 丁贤俊、喻作凤编:《伍廷芳集》,中华书局1993年版,第391页;详见《清朝最后的120天》,第282页。

任海关道周馥的秘书。[1]此后不久，朝鲜议设税务署。直隶总督、北洋通商大臣李鸿章奏派天津税务司、德国人穆麟德（Paul Georg von Möllendorff）前往任朝鲜总税务司。应穆麟德之请，李鸿章推荐了唐绍仪、吴仲贤、周长龄、蔡绍基、梁如浩、林沛泉六名留美生一同前往。[2]光绪八年（1882）十月，穆麟德、唐绍仪等抵达朝鲜仁川。随后，穆麟德被朝鲜国王任命为朝鲜政府统理衙门参议及负责通商外交事务的外衙门协办[3]，唐绍仪等则协助穆麟德处理具体事务性工作。自此至光绪二十四年（1898）九月"丁父忧，交卸回籍"[4]，唐绍仪在朝鲜整整工作了十六年。

光绪十三年（1887）正月，唐绍仪遵海防新例，报捐双月选用县丞[5]——这是清廷官制中最低的一级。至光绪二十四年交卸回籍时，唐绍仪已官封三品衔候选知府。而比升职更为重要的是，在朝鲜期间，他与袁世凯建立了亲密的交谊。

唐绍仪与袁世凯的结识，一般认为是在光绪十年（1884）。这年十月十七日，朝鲜"开化派"头目金玉均等在日本的唆使下，发动"甲申政变"。应邀出席晚宴的穆麟德目睹了政变的发生过程，并保护了被政变者刺伤的朝鲜高宗王妃闵妃的侄子闵泳翊。唐绍仪闻讯，立即与另外两人乘马车、携武器赶到邮政总局，护送穆麟德与闵泳翊回

---

[1] 权赫秀：《唐绍仪在近代朝鲜十六年活动考述》，《韩国研究论丛》2009年第2期，第290页。
[2] 另据台湾学者林明德的研究，唐绍仪赴朝鲜，是时任直隶总督李鸿章的幕宾、《马氏文通》作者马建忠所推荐。见林明德：《袁世凯与朝鲜》，《"中央研究院"近代史研究所专刊》1970年，第174页。
[3] 权赫秀：《唐绍仪在近代朝鲜十六年活动考述》，《韩国研究论丛》2009年第2期，第291页。
[4] 郭廷以等主编：《清季中日韩关系史料》第7卷，台湾"中央研究院"近代史研究所1972年版，第5167页；丁进军编选：《清外务部部分主要官员履历》，《历史档案》1986年第4期，第41页。
[5] 丁进军编选：《清外务部部分主要官员履历》，《历史档案》1986年第4期，第41页。

到穆麟德住所，随后又请来美国医生为身受重伤的闵泳翊治疗。[1]

获悉政变消息后，时为"总理亲庆等营营务处、会办朝鲜防务"[2]的袁世凯率兵前往镇压。得知闵泳翊在穆宅，袁氏便前往探望，"泳翊昏迷，不知人事，但言为开化党所贼而已"。[3]这次探望中，临危不惧的唐绍仪，自然给袁世凯留下了深刻印象。[4]

镇压"甲申政变"后，经李鸿章举荐，袁世凯被任命为驻朝鲜总理交涉通商大臣，成为清廷在朝鲜的最高代表。唐绍仪在《袁世凯全集》中的第一次出现，便是在光绪十二年（1886）正月十一日袁世凯给北洋大臣李鸿章的禀文中，奏调唐绍仪前来襄助。

尽管袁世凯调唐绍仪前来只是充西文翻译，而非众多著作所说的西文翻译兼随办商务委员。[5]但袁氏对唐绍仪还是另眼相待的——在品阶及序列上，唐绍仪虽然在汉城公署的地位低于袁世凯的其他两名随员，但其一百二十两月俸仅次于袁世凯的三百二十两，高于那两名随员的八十两。[6]

经历过低谷的人，更知机会的不易。袁世凯为唐绍仪开高薪，或

---

[1] 权赫秀：《唐绍仪在近代朝鲜十六年活动考述》，《韩国研究论丛》2009年第2期，第292页。
[2]《袁世凯全集》第1卷，第31页。
[3]《袁世凯全集》第1卷，第41页。
[4] 国内的一些著作说袁世凯到访时，唐绍仪持枪亲自守卫，"有一人持枪当门，不听入，意气凛然"，见沈祖宪、吴闿生编纂：《容庵弟子记》第1卷，文海出版社1966年版，第17—18页。还有说法，袁、唐两人自此次兵变后订交，见《魂断紫禁城》，第176页。但据台湾学者林明德研究，袁世凯编练朝鲜军队，所需军饷及购买武器经费就是唐绍仪之族叔唐廷枢用开平矿务局在朝鲜开矿的利润资助的。鉴于唐绍仪与唐廷枢的叔侄关系，袁世凯应早已知道两年前被派到朝鲜海关工作的唐绍仪，见《袁世凯与朝鲜》，第32页。也就是说，袁世凯、唐绍仪在"甲申政变"中才认识的说法并不准确。
[5] 据《袁世凯全集》所收禀文，唐绍仪此时只是英文翻译，"西翻译一员：候选从九品唐绍仪，于十一年十月十六日到差，即日开支薪水"，见《袁世凯全集》第1卷，第100页。
[6]《袁世凯与朝鲜》，第131页。

许有笼络之意,或许有对唐绍仪族叔唐廷枢的投桃报李。但归国之初遭受冷遇的唐绍仪,自然感戴袁世凯的礼遇之恩,此后为袁世凯不惜肝脑涂地,也就在情理之中了。

"甲申政变"后,朝鲜亲日分子金玉均逃亡日本,欲勾结日本侵犯朝鲜。为绝后患,李鸿章、袁世凯密谋派人前往日本暗杀,唐绍仪主动请缨前往。光绪十二年正月袁世凯给李鸿章的一份密电写道:"唐绍仪娴习洋务,胆识俱优,慎密老成,堪派往。"[1]尽管暗杀计划后因朝鲜方面一时找不到合适的人选而搁置,但这次毛遂自荐无疑增加了李鸿章、袁世凯对唐绍仪的好感。光绪十五年(1889)十月,仁川商务委员内调回国,原龙山商务委员调往仁川,袁世凯立即推荐"优有识略,明敏谙练"[2]的唐绍仪接任龙山商务委员。

光绪十七年八月,因母亲病重,袁世凯请假两个月回原籍河南照料。代理驻朝鲜总理交涉通商大臣的人选,袁氏向李鸿章推荐唐绍仪,并力陈唐氏"忠直明敏,胆识兼优……于洋务交涉及韩人情形均甚熟悉"。[3]

光绪二十年(1894),朝鲜东学党率领农民起义,朝鲜政府派人面见时任驻朝鲜总理交涉通商大臣的袁世凯,乞求清廷出兵助剿。起初,李鸿章担心中国出兵会引起日本出兵而持慎重态度,但袁世凯认为"韩归华保护,其内乱不能自了,求华代戡,自为上国体面,未便固却"。与此同时,他告诉李鸿章,日本肯定不会出兵,"日如多事,似不过借保护使馆为名,调兵百余名来汉"。[4]

但实际上,日本侵占朝鲜的图谋由来已久。清廷甫一出兵,日本驻朝公使大鸟圭介即率领三百多人从日本回任,接着大批日军陆续开到朝鲜。至五月初十日,在仁川登陆的日军已达八千人,并派兵进

---

[1]《袁世凯全集》第1卷,第102页。
[2]《袁世凯全集》第2卷,第189页。
[3]《袁世凯全集》第2卷,第468页。
[4]本段所引,均见《袁世凯全集》第3卷,第344页。

占汉城。日方认为袁世凯是清廷出兵的主谋，故对其心生忌恨，扬言"必欲置之死地"。[1]身处汉城的袁世凯因此感到惶恐不安，自五月二十六日起屡请回国，以免受日军拘送之辱。[2]他多次向李鸿章举荐唐绍仪代其职，说唐氏"优智略，明机宜，确有应变才，与韩、西员均熟，必不至误事"。[3]

六月十六日，清廷终于批准袁世凯回国，并令其"将经手各事交唐守绍仪代办"。袁世凯当时正发烧，"头目昏瞀，周身疼痛……热过百度，首置冰，始稍轻"。[4]收到国内电报后，他没有片刻耽搁，次日即乔装逃出汉城赶赴出海口仁川。唐绍仪和时任翻译的蔡绍基，雇轿夫三十二名亲自护送袁氏至仁川登中国军舰。当时日兵欲加害于袁世凯，已派兵占据了汉城诸门，对出入华人严行搜索盘问。唐绍仪亲挟短铳护卫，一群人猛冲而出，守卫的日兵纷纷退避，当地华侨亦随同逃出不少。袁氏登船后，日方开船追赶不及，便前来驻朝鲜总理交涉通商公署寻衅泄愤。唐绍仪和蔡绍基因得某国领事消息而提前逃脱，而署中其他八名中国官员则惨遭杀害。袁世凯这次临难能够脱身，唐绍仪功莫大焉。二人因此"有莫逆之交"。[5]

六月二十一日，日军包围通商公署及龙山分署、汉城电报总局等处，唐绍仪携总理关防大印等逃至英国领事署暂避。日方还施加压力，令朝鲜缉拿唐绍仪等。在此情况下，六月二十六日一早，英方派员护送唐绍仪等至仁川避于英国军舰之中。七月初二日，唐绍仪乘坐德国船只返回烟台，并于七月初四日到天津向李鸿章述职，正式交卸"代理总理朝鲜交涉通商事宜"职务。

---

[1]徐润：《徐愚斋自叙年谱》，《近代中国史料丛刊续编》第50辑，文海出版社1978年版，第150页。
[2]《袁世凯全集》第3卷，第383页。
[3]《袁世凯全集》第3卷，第394、405页。
[4]《袁世凯全集》第3卷，第405—406页。
[5]《徐愚斋自叙年谱》，第151页。

《马关条约》签订后，受署北洋大臣的王文韶，委派唐绍仪以"朝鲜通商各口华民总商董"[1]的身份再回朝鲜，负责管理朝鲜华商，并向国内提供朝鲜方面的情报。唐氏后出任驻朝鲜总领事，直至光绪二十四年（1898）丁父忧回籍奔丧[2]，才离开了派驻十六年的朝鲜。此时，他已由当年的一名未入流的随员，升至三品衔候选知府。

更为关键的是，在朝鲜十六年，唐绍仪赢得了袁世凯的信任和赏识，被袁氏倚为左右手：光绪二十一年小站练兵伊始，袁世凯即邀请唐绍仪前来，协助徐世昌负责营务处。[3]光绪二十六年（1900）二月袁世凯实授山东巡抚后，又奏调唐绍仪为山东省洋务局总办，后兼任商务局总办——袁氏在奏折中盛赞唐绍仪"血性忠诚，才识卓越。曩在朝鲜，随臣办理交涉商务，十数年中，深资臂助"。[4]光绪二十七年，袁世凯任直隶总督，唐绍仪很快被奏调到天津担任津海关道，负责天津财政与对外事务。光绪三十年，清廷调时为津海关道的唐绍仪前往印度与英国交涉西藏事务。此番谈判，迫使英国政府废除了《拉萨条约》，承认西藏属于中国领土，为维护国家领土和主权完整做出重大贡献，这也成了唐绍仪外交生涯的得意之笔。清廷下旨之初，时为直隶总督的袁世凯亲自上折阻留，其中说，天津接收后"两年来中外相安无大枝节者。讵臣一手一足之烈所能济事，实唐绍仪赞佐之力居多"。[5]而后辛亥南北和谈伊始，袁世凯即委任唐绍仪代表自己前往上海，与南方革命党代表磋商停战、清帝退位等重大事宜。

---

[1]后更名为"委办朝鲜商务总董"，见《唐绍仪传》，第28页。这一职位实际上就是中国驻朝鲜总领事，只是由于清廷最初不愿承认朝鲜为独立国家，故不以总领事命名。
[2]丁进军编选：《清外务部部分主要官员履历》，《历史档案》1986年第4期，第41页。
[3]《唐绍仪研究论文集》，第180页。
[4]《袁世凯全集》第5卷，第408页。
[5]《袁世凯全集》第12卷，第477页。

南北和谈中，唐绍仪并不掩饰自己对共和制度的喜爱，还与南方代表伍廷芳密切配合，促使清帝溥仪于宣统三年十二月二十五日（1912年2月12日）发布退位诏书。至此，辛亥革命取得了推翻帝制这一最大成果。英国人濮兰德（John Otway Percy Bland）认为，中华民国的建立系由三个人直接促成：孙中山是主动革命的共和党人，黎元洪是被动进行革命的革命党人，唐绍仪则是接受共和主义的共和党人。[1]应该说，这是对唐绍仪很高的评价。

组织内阁遇挫

清帝退位诏书颁布第二天，孙中山即向南京临时参议院递交咨文，辞去临时大总统职务，并推荐袁世凯继任。

2月15日参议院选举袁世凯为临时大总统，组织内阁问题提上议事日程。3月8日，袁世凯提名唐绍仪为国务总理。这期间近一个月的酝酿和争斗，与唐绍仪内阁后来不足百日即告垮台，关系綦重。

为捍卫辛亥革命成果，南方革命党人在同意袁世凯为总统的同时，也进行了一系列制度设计，以钳制袁世凯。这其中，就包括改总统制为责任内阁制、由同盟会会员担任国务总理。

南京临时政府甫一成立，就着手将《临时政府组织大纲》修改为具有宪法性质的《中华民国临时约法》。临时参议院自1月31日开始审议约法，历时三十二天，至3月8日方全体同意通过并公布。

和《临时政府组织大纲》相比，《中华民国临时约法》最大的变化是将原来的总统制改为内阁制。[2]《临时政府组织大纲》第二条和

---

[1] 李恩涵：《唐绍仪与晚清外交》，《"中央研究院"近代史研究所集刊》第4期，第372页。

[2] 时为临时参议院议员的谷钟秀说，其最重要者，即《临时政府组织大纲》采总统制，而《临时约法》则采内阁制也。见谷钟秀：《中华民国开国史》，文海出版社1966年版，第91页。

第三条分别规定"临时大总统有统治全国之权"、"临时大总统有统率海陆军之权"[1]，但并未规定国务总理等国务员的设置[2]。到了《中华民国临时约法》，第四条规定"中华民国以参议院、临时大总统、国务员、法院行使其统治权"。[3] 至此，国务总理[4]的设立，才有了法律和程序上的保障。

为何要将总统制改为内阁制？众多说法认为，是为了限制总统袁世凯的权力，明显带有因人立法的倾向。比如康有为曾说："吾国责任内阁制……令总统垂拱画诺。此为约法之意，盖以制袁世凯也。"[5] 1912年任北京政府国务院秘书长的张国淦回忆说："袁为总统，群思抑制袁，故改为内阁制。因人立法，无可讳言。"[6] 学者李宗一在《袁世凯传》中也持此观点，"按照《中华民国临时约法》，政府采用责任内阁制。袁世凯深知革命党人因人立法以防范他独裁的用意"。[7] 甚至，有学者调查后认为："所有现行中国法制史教材几乎一致认为'以法制袁'即'从各方面设置条款约束限制袁世凯搞独裁专制'是《临时约法》的主要特点。"[8]

毋庸置疑，《中华民国临时约法》改总统制为内阁制，确实能起到限制总统权力的作用，但说是专为防范袁世凯独裁而制定，则与事实不尽相符。从档案等史料可知，1912年2月15日，临时参议院才

---

[1]《南京临时政府公报》，《近代史资料》总25号，第9页；亦见《辛亥革命》（八），第5页。
[2] 林长民在《参议院一年史》中说："国务总理本为组织大纲所无，改制约法始置也。"见《辛亥革命》（八），第559页。
[3]《孙中山全集》第2卷，第220页。
[4] 据相关档案，此职务一开始名为内阁总理，3月12日的临时参议院会议议决"内阁"改为"国务"。见张国福选编：《参议院议事录》，北京大学出版社1989年版，第111页。
[5]《康有为全集》第11集，第4页。
[6] 张国淦：《国会篇》，《近代史资料》总91号，第115页。
[7] 李宗一版《袁世凯传》，第207页。
[8] 刘笃才：《〈临时约法〉"因人立法"说辨正》，《法学研究》2002年第5期，第152页。

选举袁世凯为临时大总统，而从1月31日开始，临时参议院就提出了《中华民国临时约法草案》，2月9日的参议院会议上，议决设立责任内阁。[1]也就是说，临时参议院讨论《中华民国临时约法》之际，清帝何时退位、袁世凯是否被选为总统，还存在很大的不确定性。责任内阁制一旦获得通过，受此约束者，当时的临时大总统孙中山无疑首当其冲。

无奈民国草创，百废待兴，须审议之事项太多，尽管临时参议院几乎每日开会，但此议案直至3月8日方三读完毕，获全数通过。

时为临时参议院议员的吴景濂就否认"因人立法"说，他在1942年时回忆说，"议约法时，关于取美国制抑取法国制，当时争论甚多，有速记录可证，并非为袁氏要作临时大总统，故定此种约法，以为牵制。予始终厕身与议，故知之较详"。[2]谷钟秀也说，由总统制改为责任制，是为了从联邦制改为单一制国家，"盖各省联合之始，实有类于美利坚十三州之联合，因其自然之势，宜建为联邦国家，故采美之总统制。自临时政府成立后，感于南北统一之必要，宜建为单一国家，如法兰西之集权政府，故采法之内阁制"。[3]

近年来，不少学者从史实和法理等方面，驳斥为限制袁世凯而设立责任内阁制的说法[4]，并认为：和总统制下内阁成员对总统负责不同，责任内阁制下内阁由议会产生并对议会负责。因此，改用责任内阁制，是"临时参议院基于自身的利益考虑而采取的扩大自身权力的措置"。[5]

---

[1]《参议院议事录》，第9、32页。
[2]吴叔班记录，张树勇整理：《吴景濂自述年谱》(上)，《近代史资料》总106号，第46—47页。
[3]《中华民国开国史》，第91—92页。
[4]刘笃才：《〈临时约法〉"因人立法"说辨正》，《法学研究》2002年第5期；陈永鸿：《〈临时约法〉"因人立法"说考辨》，《汕头大学学报（人文社会科学版）》，2024年第1期。
[5]刘笃才：《〈临时约法〉"因人立法"说辨正》，《法学研究》2002年第5期，第159页。

至于此时的袁世凯，并不反对实行内阁制。1912年3月初，迎袁专使蔡元培在北京与袁世凯会晤时，曾当面问袁"是否设立内阁"？袁世凯回答说："内阁总须设立，但宜格外详慎，庶可组织妥善。"[1]

从法理上讲，中华民国的政府架构，包括国务总理的诞生程序，须由宪法规定。因此，在《中华民国临时约法》公布之前，关于谁出任总理，更多只是猜想，能否实现，尚缺乏程序的保障。但史料表明，早在南北和谈期间，南北双方就开始讨论由谁出任总理的话题。革命党方面曾强烈主张国务总理应由同盟会会员担任。为了能让袁世凯接受，立宪派人士、惜阴堂主人赵凤昌提出了由唐绍仪加入同盟会并出任总理的折中方案。[2]

由于唐绍仪在和谈中倾向共和，且与南方革命党人相处融洽，因此，孙中山、黄兴表示欢迎唐氏加入同盟会，并同意其出任总理。至于袁世凯的态度，目前尚未见到相关史料。但应该说，由唐绍仪加入同盟会并出任国务总理，是当时南北双方都能接受的方案——在革命党人看来，唐绍仪早年留学美国，深受共和思想影响。南北议和期间，唐绍仪就说："共和立宪，我等由北京来者，无反对之意向。"[3]同盟会元老冯自由评价"少川既左袒革命军，名为清廷代表，实则事事为革命军设计"。[4]而在袁世凯看来，唐绍仪是自己的私交好友，他自己曾表示与唐绍仪"二十年深交，生死一意"[5]，因此自不会反对唐氏出任总理一职。

3月8日，袁世凯致电孙中山，提议唐绍仪为国务总理人选，电文中的"华洋信服、阅历中外"点出了唐绍仪身份的独特性。临时参议院通过后，3月13日，袁世凯发布命令，"特任唐绍仪为国务总

---

[1]《袁世凯全集》第19卷，第619页。
[2]《张謇传记》，第196—197页。
[3]《辛亥革命》（八），第77页。
[4]《革命逸史》（上），第387页。
[5]黄远庸：《黄远生遗著》，华文书局1938年版，第134页。

理"。[1]3月30日，经黄兴与蔡元培联名介绍、孙中山签字主盟，唐绍仪加入中国同盟会，扫清了出任国务总理最后的障碍。

天时地利人和之下，唐绍仪迎来了他人生的高光时刻。但与此同时，中国大地，满目疮痍，财政竭蹶。这些，注定唐绍仪的总理之路不会平坦。

首先在国务院组成部门设置上，袁唐二人与临时参议院意见不一。《中华民国临时约法》第三十四条规定："临时大总统任免文武职员，但任命国务员及外交大使、公使，须得参议院之同意。"[2]3月15日[3]，参议院商讨袁世凯提交的十二部总长名单。[4]但就在三天前的3月12日，临时参议院已经通过了《各部官制通则》。通则根据议员谷钟秀的提议，"添设农林部不须复设拓殖部……工业部与商业部应并设一工商部，邮电部应并入交通部"。[5]经此修改，原来的十二部变成了十部。如此一来，袁世凯提交的国务员名单因与《各部官制通则》不符而遭否决。[6]

据相关记载，临时参议院3月12日通过《各部官制通则》后，曾知会孙中山并请转达袁世凯。[7]但不知为何，3月15日讨论的仍是袁世凯提出的十二部名单——是沟通不畅还是袁氏有意为之，尚未见到

---

[1]《袁世凯全集》第19卷，第622、633页。

[2]《孙中山全集》第2卷，第223页。

[3]袁世凯提交的具体日期，未见确切记载。林长民在《参议院一年史》中认为是3月14日，见《辛亥革命》（八），第559页。而参议院开议此名单的时间为3月15日，见《参议院议事录》，第120页。今从《参议院议事录》所记。

[4]《袁世凯全集》第19卷，第641页。

[5]《参议院议事录》，第111页。据档案，各部的设置几经反复，如3月10日参议院讨论《各部官制通则》时，议员张耀曾提议增设"拓殖部"获得通过，但到3月12日，又被改为农林部；财政部一开始叫理财部，12日又改回财政部。见《参议院议事录》，第106、111页。

[6]张国福选编：《参议院议决案汇编·否决案》（甲部二册），北京大学出版社1989年版，第1页。

[7]《参议院议决案汇编·文电》（甲部二册），第26页。

相关史料。

临时参议院否决袁世凯国务员名单草案,引起了舆论的关注和黎元洪的来电质询。为此,参议院专门致电黎元洪加以解释,"本院对于此事毫无成见,报纸所载多有不实"[1],并透露袁世凯已同意按照十部方案重新确立人选。

只是,如此一来,无疑延误了政府组阁的进展。

组阁遇到的第二个难题,是海军总长和教育总长的人选。

袁世凯最初提议范源濂为教育总长,蓝天蔚为海军总长。但此二人都力辞不任。范源濂在征得孙中山同意后,面见袁世凯时称"自维才力万难胜任"[2],推荐"学望优隆,众所仰佩"的蔡元培。至于蓝天蔚,从报上得知自己被提名为海军总长后,立即通电要求收回成命。[3]

组阁遇到的第三个挑战,则是陆军总长的选任。

不少说法认为,革命党方面有意由南京临时政府陆军总长黄兴续任陆军总长,但遭到袁世凯的反对。因为袁世凯心里很清楚,兵权就是后盾,没有兵权,就没有话语权,所以他极力推举自己的老部下段祺瑞为陆军总长。而南方也看到了掌握兵权的重要性,"各军将领及社会团体纷电袁氏,要求准黄兴留任陆军总长"。[4] 如此一来,袁世凯和民军在陆军总长人选上产生尖锐对立。

民军方面确实有不少人希望黄兴留任陆军总长。沪军都督陈其美在3月1日的电报中说,"当此军政时代,陆军部尤关重要。总、次长非有醉心共和、威望道德学术经验确为全国军界所信仰者,不能胜

---

[1]《参议院议决案汇编·文电》(甲部二册),第33页。
[2]《袁世凯全集》第19卷,第652页。范源濂后出任唐绍仪内阁教育部次长。
[3]《临时政府公报》第45号,《近代史资料》总25号,第344页。
[4] 罗家伦主编,黄季陆增订:《国父年谱》,近代中国出版社1994年版,第426—427页。

任"。[1]时为民军第一军军长的柏文蔚回忆,在南京召开军事会议时,"关于陆军总长问题,大家一致主张仍应由黄克强担任"。[2]

但实际上,黄兴并无此意。

清帝退位前,在谈及首届内阁组成人选时,唐绍仪曾提议黄兴出任陆军总长或参谋总长,黄兴就明确表示反对。孙中山在2月22日给章太炎的信中说:"清帝未宣布退位之前,季新、少川曾私约克仍掌陆军或参谋。而克拒之曰:奈何仍以是污我。"当时甚至还有黄兴出任国务总理之说,传言过盛,孙中山在信中也予以否认,称黄兴一心想解职,连广东都督也不愿意做,何况任务更重的国务总理?[3] 2月24日,黄兴致电袁世凯,驳斥外界关于自己贪恋权位的传闻,表示要交卸兵权,请袁世凯简员接替,"现正从事整饬,将经手事项一律检清……一星期内即可完竣……务恳速简贤能接充……比者外间言论,或疑临时政府诸人意欲恋据要津,此中误会,未免太甚"。[4]

3月24日,唐绍仪由上海抵南京,与孙中山、黄兴等磋商国务员名单。[5]经临时参议院两度来函催促,迟迟未能决定的内阁名单终于在3月29日提交参议院表决:三十九名议员出席,段祺瑞获二十九票,成功当选陆军总长。

综上,如果对陆军总长人选不满意,临时参议院完全可以否决。[6]此时的袁世凯不管是发自内心还是为了应付舆论,对临时参议

---

[1]《黄兴集》,第141页;亦见于黄兴:《黄兴自述》,人民日报出版社2011年版,第103页。

[2] 柏文蔚:《五十年经历》,《近代史资料》总40号,第25页。

[3]《孙中山全集》第2卷,第121页。克,指黄兴,字克强;汪兆铭,即汪精卫,字季新。

[4]《黄兴集》,第133页。

[5]《孙中山年谱长编》,第682页。

[6] 1912年4月10日,袁世凯未经参议院议决而任命张元奇、荣勋为内务部次长。但参议院认为此举不仅违背《中华民国临时约法》中大总统只能任命国务员(各部总长)的规定,还与《各部官制通则》中各部只设次长一人的规定相悖。最终袁世凯于5月15日撤销对张元奇的任命。见《袁世凯全集》第20卷,第33页。

院还保持着应有的尊重。如果此时孙中山或临时参议院反对段祺瑞出任陆军总长，袁氏应该会有所调整。[1]但无论是《孙中山全集》还是《参议院议事录》等，都没有发现对段祺瑞出任陆军总长提出异议的记载。因此，有关孙中山等革命党人谋求黄兴出任陆军总长却被袁世凯所阻的说法，并不可信。

至此，中华民国首届内阁正式组成。最终任命的十名国务员中，内务总长赵秉钧、陆军总长段祺瑞、海军总长刘冠雄为袁世凯旧部，司法总长王宠惠、教育总长蔡元培、农林总长宋教仁、工商总长陈其美是同盟会会员或革命军首领，外交总长陆征祥为无党派超然人士，财政总长熊希龄则属共和党，均非袁世凯一派。加上暂代交通总长的唐绍仪，同盟会会员居半数，占有表决的多数。因此，这届内阁也被称为以"同盟会为中心"的内阁。[2]

若说袁世凯在组阁过程中毫无私心，自然是言过其实，但批评其处心积虑剥夺南方革命党人之权力，也不尽符合事实。这些谣言之所以产生，在曾任南京临时政府实业总长的张謇看来是革命党人与袁世凯方面尚未相互信任所致，"南北谣言都极离奇，推考缘由……其故由于积猜，而猜生于分之未定。所谓分者，位也，权也，利也，党也，人也"。[3]

1912年4月29日，参议院由南京迁至北京重新开院，袁世凯在开院典礼上致辞，对首届内阁如此评价，"此次特任国务总理唐君与各部总长，皆一时济变之才。世凯正资倚任，相与共支大局。愿国民深信之、赞助之"。[4]这一席话虽不免有客套成分，但多少也透露出

---

[1] 1912年3月下旬，因黎元洪指定的三名议员辞职等，湖北发起成立中央临时议会，以对抗南京临时参议院。当参议院裁定湖北的做法为无效并呈报袁世凯时，袁氏明确表示支持已经议决公布的《中华民国临时约法》，反对湖北的做法。见《袁世凯全集》第19卷，第655、660页。
[2]《辛亥革命》（八），第604页。
[3]《张謇全集》第2卷，第365页。
[4]《袁世凯全集》第19卷，第753页。

1912年唐绍仪内阁阁员合影（前排右一为唐绍仪）

袁世凯对首届内阁的肯定。

只是，由于华比银行和四国银行团借款案，以及王芝祥督直改委等事件，袁世凯与唐绍仪很快就产生矛盾，直至分道扬镳。

借外款遭掣肘

首届中华民国责任内阁甫一成立，即面临着严重的财政危机。

一方面国库空虚。1912年4月17日，在给梁士诒等人的电报中，新任财政总长熊希龄透露，南京临时政府财政部的存款只有15万元；5月15日，熊希龄告诉黄兴，北京财政部库存银仅6万；5月24日的通电中，熊希龄说，接任后清理发现"南京库储反（仅）余三万，北京倍之，不及六万"。[1]若真如此，国库现银竟不足10万元，比清末最严重时国库存银仅20万两[2]的状况更为恶化。

[1]《熊希龄集》第2卷，第580、623、643页。
[2]《清朝最后的120天》，第326—327页。

另一方面赤字严重。4月27日，熊希龄对全国的财政状况做了一个估算：宣统三年（1911）岁入2.97亿两，但岁出3.5亿两，赤字5300万两，加上新旧债务，"不敷款共有二万六千万之巨额"。也就是说，宣统三年财政赤字高达2.6亿两，并在5月13日熊希龄向参议院正式报告时增至2.8亿两，"共不敷银二万八千零五十二万两"。[1] 此外，还有外债约计20亿元，纸币超发欠款3.3亿元。

了解民国财政危机的，自然还有国务总理唐绍仪和临时大总统袁世凯等。由于财政紧张，3月24日，袁世凯致电人在南京的唐绍仪，提议筹划"缓解各国赔款"。[2] 唐绍仪自己在参议院的演说中也直言，"今日现状最困难者，莫如财政"，以致"非借外债即不能办兴利之事务"。[3] 这其中，四国银行团和华比银行借款案在民初影响最大。

四国银行团借款肇始于宣统元年（1909）三月湖广铁路借款协定。协定最初由英国汇丰银行、法国东方汇理银行、德国德华银行同清政府签订。正主张加强美国在远东地位、遏制日本在华野心的塔夫特政府获悉后，立即指示美国驻华公使向清政府提出美国加入湖广借款的要求，并成立了由摩根公司、坤洛公司、第一国家银行和花旗银行组成的美国财团。[4] 1910年11月10日，汇丰银行、德华银行、东方汇理银行、美国财团在伦敦缔结了组织对华国际银行团的《四国协定》，规定今后四国财团联合经营并均分在华投资的权益与机会。[5] 1911年4月，为整顿币制、兴办东三省实业，清廷以东三省烟酒税、出产税、销场税等作抵押，向四国银行团借款1000万英镑

---

[1]上海社会科学院历史研究所编：《辛亥革命在上海史料选辑》，上海人民出版社1981年版，第1037页；《熊希龄集》第2卷，第617页。
[2]《袁世凯全集》第19卷，第665页。
[3]《申报》1912年4月3日，第1版。
[4]汪熙、吴心伯：《司戴德与美国对华"金元外交"》（上），《复旦学报（社会科学版）》，1990年第6期，第92页。
[5]汪熙、吴心伯：《司戴德与美国对华"金元外交"》（上），《复旦学报（社会科学版）》1990年第6期，第95页。

（当时1镑约合银7两[1]），年息5厘，还本期限45年。同年5月，四国银行团交付垫款40万镑。[2]

武昌起义爆发后，美国等提议各国保持中立，四国银行团因此停止了对华借款。1912年2月清帝逊位，3月起，唐绍仪继续与四国银行团磋商，敦促银行团履行此前的1000万英镑借款合同。2月28日，银行团支付首批垫款200万两。[3]但2月29日，北京发生兵变，银行团又借口局势不稳，暂停续付垫款。[4]

据1913年4月26日签订的《善后借款合同及附件》，1913年4月至9月政府各部门支出预算为3732万余元，如果再加上特别用款，将多达5525万元。也就是说，民国政府平均每月仅行政经费用款就超过1000万元，还不包括偿还到期外债、裁遣军队、整顿盐务等费用。[5]需款如此庞大的情况下，四国银行团200万两垫款无疑杯水车薪，更何况还暂停垫付。

无奈之下，唐绍仪转与比利时人经理的华比银行议借，"以国家通常岁入及京张铁路之净利及财产为担保"，于1912年3月14日订立100万英镑的借款合同。之后又于4月6日续借了25万英镑。[6]

这下捅了马蜂窝！

四国银行团认为：唐绍仪以京张铁路余利作抵押，属于一路两抵，侵犯了四国银行团的利益[7]；再者，3月9日，袁世凯刚刚答应，

---

[1]《清朝最后的120天》，第349页。

[2] 财政科学研究所、中国第二历史档案馆编：《民国外债档案史料》第3卷，档案出版社1989年版，第615页。

[3]《参议院议决案汇编·财政案》，第12页；《袁世凯全集》第19卷，第626页；《民国外债档案史料》第4卷，第78页。

[4]《唐绍仪研究论文集》，第113页。

[5]《民国外债档案史料》第4卷，第425—431页；亦见于《中外旧约章汇编》第2册，第867—892页。

[6]《民国外债档案史料》第4卷，第86页。双方合同本以借至1000万英镑（至少为500万镑）为限。

[7]《辛亥革命》（八），第568页。

在条件相同的情况下，中国政府将来如再借洋款，应先向四国银行团商借。[1]唐绍仪向华比银行贷款之举违背了袁世凯的承诺。

事实是否真的如此？

光绪三十四年（1908）十月，邮传部曾向英国汇丰银行、法国东方汇理银行借款500万英镑，以赎回京汉铁路路权。但无论是借款合同还是合同附件，并无"邮传部所造一切枝路，均须作为抵押"之语。[2]而且，即便邮传部曾同意以"一切枝路"作抵押，也不妨碍京张铁路的两次抵押。民国专栏作家高劳在《临时政府借债汇记》一文中就认为，"至京张铁路……此次之作为英比借款担保品，于从前借款，并无损害。例如海关进款，作为抵押之处甚多，岂独限于一处"。[3]

而且袁世凯虽然同意优先向四国银行团借款，但前提是同等条件下。唐绍仪指出："比款扣头为九七，四国扣头为九五，舍重取轻可以自由。"[4]也就是说，两笔贷款的条件并不一致，中方并无失信之处，四国银行团的要求甚为无理。

选择哪国银行借款，本是中国的财政主权，外人无权干涉。但弱国无外交，也无财权。四国银行团一方面不给放款，同时也不允许民国政府找其他银行借款。3月16日，四国银行团将原拟交付的100万两垫款扣住不发；3月25日，英美德法四国公使向袁世凯送交抗议书，要求取消华比银行借款。[5]4月15日，袁世凯复函表示"中国政府对于四国银行团并无排斥之意。此次纠葛，盖系一时误会所致"。[6]最终，由于四国银行团的反对，华比银行借款合同被迫

---

[1]《袁世凯全集》第19卷，第626页。
[2]《民国外债档案史料》第3卷，第413、398—404页。
[3]《辛亥革命》（八），第568页。
[4]《唐绍仪传》，第147页。
[5]《唐绍仪研究论文集》，第113页；《辛亥革命》（八），第567页。
[6]《袁世凯全集》第19卷，第722页。

取消。

当四国公使向袁世凯抗议时，唐绍仪正在南京忙于组阁。4月20日，唐绍仪返京，23日接见各国公使，解释借比款理由。[1] 4月30日，唐绍仪与署理外交总长的胡惟德等人同四国银行团开始第一轮会谈，希望在6月15日前息借上海规银3500万两，以备遣散军队，收回军用钞票，暨中央政府行政之需。[2] 次日，四国银行团同意垫借350万两，作为南京、上海两处遣散军队之用，还提出由中方和各使馆选派军官组团前往南京或上海，会同地方军政府，监督发付饷银、遣散军队的工作。这一要求遭到唐绍仪的明确拒绝。唐氏5月2日告诉四国银行团，这些要求有损中国主权，"碍难承认"，"如果必欲监督撤（裁）兵，惟有将借款作为罢论"。[3] 谈判因此陷入僵局。

当年西藏谈判，唐绍仪折冲樽俎，为国家赢得主权；如今为五斗米而折腰，屡遭银行团责难，可谓时过境迁，今非昔比。5月5日，唐绍仪致函银行团，表示"总理无暇，以后由熊总长直接磋商"。[4] 5月6日起，借款由财政总长熊希龄接办。期间几经波折，直到1913年4月26日签订最后的借款合同——借款总额为2500万英镑，年息5厘，47年还清。[5] 1913年3月"宋教仁案"发生后，急于扩充势力的袁世凯，为了尽快拿到借款，最终接受了银行团提出的指定垫款用途、担保税收应由海关或类似之机关管理以及借款用途应由六国银行团监视等七项条件。[6]

华比银行和四国银行团借款案，是导致唐绍仪在1912年6月辞职

---

[1]《申报》1912年4月25日，第2版。
[2]《民国外债档案史料》第4卷，第390页。
[3]《民国外债档案史料》第4卷，第393、395页。
[4]《黄远生遗著》，第132页。
[5]《民国外债档案史料》第4卷，第388页。此次借款亦简称"善后借款"或"善后大借款"。
[6]《民国外债档案史料》第4卷，第487页。

的重要因素。关于此事，有着众多的传闻，确有略作辨析之必要。

唐绍仪因此向银行团道歉？

民国著名记者黄远生在《大借款波折详记》一文中说，"唐总理到京后，银行团即提出抗议。第一，取消比款；第二，谢罪"。[1]但从唐绍仪与四国银行团几次会议记录看，唐绍仪的语气颇为强硬，一再强调"自专制改为共和，颇为自雄。如有妨碍国体之处，万难应允"[2]——道歉说，明显与史实不符。

唐绍仪借比款以挥霍？

据当时报纸报道，四国银行团因民国政府屡次所借的六七百万两转瞬用罄，"疑为滥费，并归咎于唐总理之挥霍"；还有一种说法是身为同盟会会员的唐绍仪，用所借款项中的600万暗中资助民军添兵购械，反对袁世凯。[3]

唐绍仪生活奢侈，知者甚众。反对者在《申报》撰文攻击他"挥霍之性无间公私，抚奉时月耗三百金豢双马一狗，有馈松花江白鱼一尾，赏使者四十元，素所然也"。[4]但是，唐绍仪将华比借款用于个人享受之说，同样没有确证。不少学者质疑："在北京库空如洗的状态下，袁氏怎能容忍此种行为？同时，在袁的强力之下，唐又如何能做到这一点？"[5]至于四国银行团对借款转瞬用罄的怀疑，显然是不了解民国政府财政竭蹶真相所致。

唐绍仪将比款100万元交给孙中山？

此事于1912年3月在报界哄传，日有数起，章太炎曾因此致函孙中山询问。3月27日，孙氏复信予以否认，直指为"造谣生事，居

---

[1]《黄远生遗著》，第131页。
[2]《民国外债档案史料》第4卷，第390—395页。
[3]《熊希龄集》第2卷，第595页。四国银行团曾攻击唐绍仪，"此次所借比款有五百万，由唐氏携以南行，皆一律用尽，过于挥霍"。见《黄远生遗著》，第131页。
[4]《申报》1912年5月26日，第2版。
[5]李吉奎：《论民元唐绍仪内阁》，《学术研究》2013年第2期，第109页。

心叵测"。[1]《中国日报》《国民公报》随后又称孙中山"私攫比款50万，以30万饷同盟会"。孙中山获悉后，直斥"'私攫比款'，尤为无稽"。[2]6月29日，孙中山致电袁世凯、国务院等，要求公布华比银行贷款用途，以驳斥外界说其私受百万贷款传言。[3]财政总长熊希龄为此致电孙中山，明确告知"至于比款内，并无付先生百万之数。先生持身清洁，人所共知，幸勿介意"。[4]曾任南京临时政府财政总长的陈锦涛也声明："收比款，绝无交百万于先生事。"[5]由此可知，唐氏交孙中山100万元之事并不属实。

唐绍仪用比款为南京临时政府购买武器？

"购买武器"说出自刘厚生的《张謇传记》。刘厚生在书中说，临时政府陆军总长黄兴曾通过某洋行秘密订购了价值300万元左右的德国新式武器。双方商定，订金为总额的50%以上，6个月交货。但此事为袁世凯侦知。袁氏便将该洋行买办秘密诱至北京，不惜巨资使该洋行将此项军械悉数改运天津交货。该买办后来不敢再回南方，只好在天津落籍，托庇于北洋势力。刘厚生认为，南京临时政府财政如此窘迫，黄兴还能购买军械，"款从何来？既无人为之证明，即不免令唐绍仪受到更大之嫌疑"。[6]

刘厚生说此事为"任何官私文书所不载"。[7]按照"孤证不取"之原则，其可靠性本身就值得怀疑。而且，根据1912年7月30日公布的《南京财政部收支报告》，南京临时政府收到华比借款4552914两1钱5分（规平银），并注明："原借100万镑，续借25万镑，合计借125万镑，南京临时政府仅收到规平银4552914两1钱5分，其余均

---

[1]《孙中山全集》第2卷，第387页。
[2]《孙中山年谱长编》，第696页。
[3]《孙中山全集》第2卷，第387页。
[4]《熊希龄集》第2卷，第671页。
[5]《民立报》1912年7月9日，第6版。
[6]《张謇传记》，第201—202页。
[7]《张謇传记》，第201页。

由北京政府收用。"[1]按当时比价，125万镑约合银875万两。也就是说，南京临时政府用了一半多。这份收支报告，也表明唐绍仪并无挥霍比款、将其私赠孙中山，或为南京临时政府订购军火之举。

尽管诸般传言并不属实，唐氏的操作也并无原则问题，但引发了他与四国银行团以及四国公使的矛盾，需要袁世凯出面调停。这多少会让袁世凯心中有些不快，也给唐袁二人关系蒙上了阴影。

民国政府与四国银行团的交涉尚未完结，又发生了王芝祥督直改委事件。

督直改委事件

王芝祥督直改委事件是1912年上半年的一件大事，也是唐绍仪辞职的导火索。事件的高潮虽然出现在4月至6月，但肇始于2月。

民国以来，南北地方官制各异。2月16日，南京参议院议决《中华民国接收北方各省统治权办法案》（以下简称《接收北方统治权案》），规定未独立北方各省改行南方已实行的省制，由各省临时省议会代表人民公举本省都督。参议院出台此案，是认为清帝已经退位，"北方各省统治权，势必由中华民国迅即设法接收，以谋统一"。[2]

尽管《接收北方统治权案》早已通过，但据相关档案，出于各种考虑，直到一个多月后，孙中山才于3月20日电告袁世凯，并将议案公布。对于这个只针对"东三省、直隶、河南、山东、甘肃、新疆"等北方省的接收案，袁世凯的抵制是可想而知的。而在2月16日至3月21日期间，"相关各方仍基于自己需要，对《接收北方统治权案》

---

[1] 李吉奎：《论民元唐绍仪内阁》，《学术研究》2013年第2期，第109页。1912年3月10日袁世凯在北京宣誓就任中华民国临时大总统，4月1日孙中山正式解职，4月2日参议院议决临时政府迁往北京。因此，在4月2日之前，当时的中国存在一南一北两个政府，唐绍仪经办的华比借款，南北双方政府都可使用。
[2] 本段所引，均见《南京临时政府公报》，《近代史资料》总25号，第341页。

部分内容加以援用，作为自己行事的依据"。[1]

3月15日，袁世凯任命张锡銮为直隶都督，接替官声不佳的张镇芳。17日，顺直咨议局即根据《接收北方统治权案》选举王芝祥为直隶都督，要求袁世凯任命。未见袁氏行动后，3月20日，顺直咨议局再次致电要求袁世凯"准王芝祥为直隶都督"。[2] 同时，顺直咨议局还致电南京临时参议院，并得到吴景濂等议员的支持。3月20日，经黄兴说服，孙中山将参议员吴景濂、谷钟秀、彭占元、李磐、刘星南的来函转致袁世凯。信中说，"昨接直隶咨议局来电，已公举驻宁第三军军长即广西副都督王君芝祥为直隶都督，并径电袁大总统，即请电致袁大总统，照案加以委任"。[3] 应该说，孙中山函只是照转吴景濂等人的电报内容，并无自己的态度。

王芝祥，直隶通州人，原为广西布政使，辛亥革命时有功于广西独立，后出任民军第三军军长。

或许是出于防患于未然的考虑，3月18日，袁世凯已颁布命令，要求地方官制未公布前，各省不得再另举都督而是维持现状，[4] 但顺直咨议局并未遵此命令。3月21日，顺直咨议局议长阎凤阁等进京求见袁世凯，交涉王芝祥督直问题。对于临时参议院的决议，袁世凯不便明确反对。但在3月25日给国民共进会的复函中，袁世凯则强调"都督以军府总揽行政……惟世界通例，未有以军官而从民选者"。[5] 有观点认为，袁世凯此信，实质上等于"公开否决参议院通过的撤消北方各省督抚，另立都督，都督由各省公举的决议，公然蔑视参议院的立法权"。[6]

---

[1] 陈明：《〈中华民国接收北方各省统治权办法案〉与民初政争》，《广东社会科学》2023年第1期，第110页。
[2] 《大公报》1912年4月23日。
[3] 《南京临时政府公报》，《近代史资料》总25号，第341页。
[4] 《袁世凯全集》第19卷，第644页。
[5] 《袁世凯全集》第19卷，第666页。
[6] 《唐绍仪研究论文集》，第166页。

如此一来，王芝祥督直一事陷入僵局。就在此时，唐绍仪离京前往南京组阁，解决王芝祥督直问题、调和南北矛盾也被列入其南下计划之中。

史料表明，对于王芝祥督直，唐绍仪是支持的：4月5日，唐绍仪致电袁世凯，除照录参议院咨文及各处函电中"王芝祥既经直人举为都督，应请速予发表"之语外，还表明了自己支持王芝祥督直的态度——"请即从仪，勿复过虑"。[1]甚至有说法认为，经赵凤昌等人疏通，唐绍仪提议以安排革命党人出任直隶、山东、河南三省都督等举措，来换取南京方面让步。[2]时为民军第一军军长的柏文蔚就回忆，唐绍仪在南京组阁期间，曾"有调新成立之第三军军长王芝祥为直隶都督、余为山东都督计划"。[3]

袁世凯是否愿意落实唐绍仪的提议呢？

一直以来，包括蔡元培《自写年谱》在内的众多著作认为，经过唐绍仪的斡旋，袁世凯同意王芝祥出任直隶都督。[4]但此说似有谬误：4月5日，唐绍仪来电催促公布王芝祥督直的任命，袁世凯次日的复电明确反对公举都督及南军北上[5]，"各省自举都督及南军北上两事，万难承认，请代转阻"。在此电中，袁世凯甚至表示"兄老矣，生死不足计。倘使大局从此糜烂，谁执其咎"。电文末还有"区区之忱，弟尚不谅，何望国人。惟有痛哭而已"之语。4月13日，袁世凯重申

---

[1]《袁世凯全集》第19卷，第699页。

[2]陈明：《〈中华民国接收北方各省统治权办法案〉与民初政争》，《广东社会科学》2023年第1期，第114页。

[3]柏文蔚：《五十年经历》，《近代史资料》总40号，第26页。

[4]高平叔编：《蔡元培全集》第7卷，中华书局1984年版，第310—311页。今人著作中，持类似观点的也不少，见《唐绍仪研究论文集》，第166页；李宗一版《袁世凯传》，第208页；赵宝玲：《从"直督之争"透视民初直隶地方议会的权能与地位》，《沧桑》2009年第6期，第30页。

[5]"南军北上"，指的是由王芝祥率军队三千人护送参议员与在南方的国务员北上就职。据《民权报》报道，这是迎袁专使3月初在北京与袁世凯达成的协议。见《唐绍仪研究论文集》，第168页。

反对干涉北方三省都督任命之意，并以辞职相威胁，"都督由地方公举，抑由中央任命，此固为国会成立后解决问题。但就目前而论，北方三省都督业由本总统委定，决无更改之理。若参议院必欲迫令取消已发之命令，则请先取消本总统之职任"。[1]可见，袁世凯强烈反对王芝祥督直和落实《接收北方统治权案》。

此外，关于袁世凯同意王芝祥督直的种种说法，不少细节也互相矛盾：比如袁世凯答应的时间，蔡元培的《自写年谱》说是在唐绍仪组阁时，也就是3月底；曾为总统府秘书长的梁士诒则说是唐绍仪4月20日回京时袁世凯当面所允。[2]这些矛盾之处，多少降低了袁世凯同意说的可信度。

4月11日，顺直咨议局议长阎凤阁和新直隶会代表温世霖进京，再度要求袁世凯任命王芝祥为直督，并表示如不得总统承认，咨议局即行宣布解散。之后，尽管阎凤阁以及新直隶会、统一党直隶支部等在4月19日、20日、28日多次致电催促，但袁世凯以王芝祥未到京为由，始终未发布委任命令。[3]

5月26日王芝祥抵京，冯国璋、段祺瑞等北洋将领即公开反对其出任直隶总督。[4]袁世凯随即以军队反对为借口，拒绝委任王芝祥为直隶都督。[5]除了北洋将领，顺直全省保卫局等团体于5月29日也通过直隶都督张锡銮致电袁世凯，反对王芝祥督直。[6]袁世凯虽批评顺

---

[1]《袁世凯全集》第19卷，第699、716页。
[2]《民国梁燕孙先生士诒年谱》，第131页。
[3]赵艳玲：《从"直督之争"透视民初直隶地方议会的权能与地位》，《沧桑》2009年第6期，第31页。
[4]《申报》1912年5月30日，第2版；《冯国璋年谱》，第20页。
[5]严泉：《民国初年王芝祥"督直改委"事件考》，《民国档案》2013年第2期，第142页。有说法认为冯国璋、段祺瑞等人反对是袁世凯所指使。见赵艳玲：《从"直督之争"透视民初直隶地方议会的权能与地位》，《沧桑》2009年第6期，第31页。
[6]《袁世凯全集》第20卷，第75—76、80页。

直全省保卫局干涉中央用人权、批评各统领有军人干政之嫌，但最终，王芝祥也未能出任直隶总督，而是重返南京，协助南京留守府做遣散南方军队的工作。

在以往的著作中，一般认为王芝祥南下的身份为南方军队宣慰使或宣抚使。[1]而实际上，袁世凯给王芝祥的职务，是"督办整理南京军队事务"，并非宣慰使。[2]由此可知，王芝祥担任的是一种临时性职务，其职责是协助江苏都督程德全完成黄兴辞职后的南方军队整编、遣散工作。

此外，还有一些说法认为唐绍仪与袁世凯的矛盾激化点在于袁世凯无视《临时约法》的规定，发布了未经唐绍仪副署的王芝祥任命状。[3]但实际上，关于王芝祥的任命始终没有正式公布。[4]个中原因，据学者严泉分析，是由于唐绍仪认为"政府不当失信于直人"而拒绝副署。[5]袁世凯若贸然公布任命，有违约法。毕竟，3月11日刚刚颁布的《中华民国临时约法》第四十五条规定："国务员于临时大总统提出法律案、公布法律，及发布命令时，须副署之"[6]，否则无法律效力。

而"督办""宣慰使"等临时性职务的任命，是否需要国务总理的副署呢？4月21日，国务院在北京成立。第二天，袁世凯发布命

---

[1]《中国近代通史》第6卷，第22页；《唐绍仪传》，第149页；《魂断紫禁城》，第104页。

[2]《申报》1912年6月3日，第1版。更权威的史料，是1912年7月28日的《北洋政府公报》刊载了王芝祥、柏文蔚等致袁世凯和国务院等的电文，其中王芝祥的署名为"南京王督办"，见《北洋政府公报》第3册，第650页，1912年7月28日。

[3]姜伟：《唐绍仪与中国现代化——以任内阁总理期间为例》，《中北大学学报（社会科学版）》2005年第5期，第44页。

[4]严泉查阅《北洋政府公报》，未见王芝祥任命的公布。见严泉：《民国初年王芝祥"督直改委"事件考》，《民国档案》2013年第2期，第142—143页。笔者在《袁世凯全集》等史料中，也没有发现有关王芝祥此次任命的记载。

[5]见《民国梁燕孙先生士诒年谱》，第131页。

[6]《孙中山全集》第2卷，第223页。

令:"自本日起,所有本大总统颁布命令,均着于盖印后送至国务院,暂由该院发布。俟该院正式成立,再行照章区分事项,由国务总理及国务员分别署名,以昭郑重。"[1]此后,诸如4月24日任命颜惠庆为外交次长、陈懋鼎等为外交部参事、王广圻为外交部秘书等,落款都有大总统盖印、国务总理唐绍仪和暂时署理外交总长的胡惟德署名。[2]这表明,自4月22日起,袁世凯发布的命令,需经时任国务总理的唐绍仪副署。因此,由于唐绍仪拒绝副署以致王芝祥委任状不合法而没有公布的说法,应该是符合事实的。

《接收北方统治权案》和王芝祥督直事件,最终以袁世凯占了上风而告一段落。综上所述,在此过程中,袁世凯嗾使冯国璋等北洋将领反对王芝祥督直,并对外界说王芝祥不愿出任直隶都督、自愿去南京,这些举措[3]虽不免有耍阴谋之嫌,但其底气在于认为《接收北方统治权案》并不具备法律效力。6月在回复参议院议员关于拒绝任命王芝祥为直隶都督的质询时,袁世凯就说,"此案系二月二十八日决议。在约法成立以前,据约法:大总统除国务员须参议院同意外,有任命文武官吏之权。自然含有都督在内,此案当然无效"。[4]随后,国务院对谷钟秀的正式答复一方面强调《接收北方统治权案》既未公布又未实施,谈不到违反,该案虽在2月经南京临时参议院议决,但孙中山并未公布,直至3月20日才电告袁世凯;另一方面认为《接收北方统治权案》与3月11日公布的《临时约法》第三十四条"临时大总统任免文武官员,但任命国务员及外交大使、公使,须得参议院之同意"相抵触,因此不具有法律效力。[5]

至此,关于王芝祥"督直改委"事件,我们可以有这样的判

---

[1]《袁世凯全集》第19卷,第740页。
[2]《袁世凯全集》第19卷,第743页。
[3]《袁世凯全集》第20卷,第111页。
[4]《袁世凯全集》第20卷,第100页。
[5]《申报》1912年8月8日,第1—2版。

断：尽管南京临时参议院和顺直咨议局一再吁请，尽管唐绍仪首肯，但袁世凯始终未同意。只是，唐绍仪答应此事在先。因此，袁世凯的拒绝无疑严重影响了唐氏的威信。最终，袁世凯委任王芝祥督办整理南京军队事务，唐绍仪选择拒绝副署。对此，胡绳武、金冲及先生认为："袁世凯不顾唐的反对，不经唐副署，就将委任令交给王芝祥，公开破坏了《临时约法》规定的大总统必须由内阁副署的规定，给唐绍仪以难堪。"[1]也正是由于唐绍仪拒绝副署，关于王芝祥的此项任命并未公布。此事之后，袁世凯、唐绍仪二人间的矛盾愈加突出。

同袁世凯决裂

5月20日，参议院为政府借外债事召开秘密会议。会上，共和党籍议员李国珍当面批评唐绍仪外交无术，"轻逞意气"，以致比款谈而被停、四国银行团借款停而复活再次告吹，"实陷吾国外交上之地位于一败涂地"，"辱己辱国"，认为此次借款是"民国第一次外交上之大失败"，"不能不认为唐总理之责任上问题"。[2]甚至有议员当面称唐绍仪为"亡国总理"[3]。据说，在国务院被议员李国珍等人责难后，唐绍仪及国务员均感难堪。当天，唐氏就率全体国务员提出辞职，经袁世凯慰留，方才作罢。[4]

参议员责难之辱，自视甚高的唐绍仪忍了下来。而王芝祥督直改委事件不仅让唐绍仪觉得自己大失颜面，而且可能招致同盟会的批评。这成为他辞去国务总理之职的导火索。6月15日，他留下辞呈，

---

[1] 胡绳武、金冲及：《辛亥革命史稿》第4卷，上海辞书出版社2011年版，第1506页。
[2] 本段所引，见《申报》1912年5月31日，第3版。
[3] 《蔡元培全集》第7卷，第310页；《袁世凯全集》第20卷，第60页。
[4] 《黄远生遗著》，第135页。

不告而别，出走天津。[1]

获悉唐氏离京后，袁世凯立即派梁士诒、段祺瑞等赴津劝其回京、继续任职，但为唐所拒。无奈之下，袁世凯只好于6月27日批准唐绍仪辞职，又于29日特任陆征祥为总理。从3月13日被袁世凯正式任命，到6月15日出走，唐绍仪担任国务总理的时间为3个月2天，不足百日。

唐绍仪辞职后，熊希龄曾于6月17日致电赵凤昌，请其劝黄兴入都调解。谈及唐绍仪辞职的具体诱因，熊希龄认为是王芝祥督直改委事件，"唐总理因王芝祥督直，于（与）总统意见两歧，昨于十五早晨不辞而行，租居天津租界。总统特派梁燕孙、段芝泉前往劝驾，坚不肯回"。[2]

蔡元培则认为除王芝祥督直改委事件外，导致唐绍仪辞职的原因还有内阁的派系纷争，"及政府北迁，内阁组织，遂有甲、乙两派，参互其间，甲派即同盟会，乙派即非同盟会"。两派党争使得"两三月来，政府毫无大政策发表……于大局万分危险"。[3]在此情况下，6月初，蔡元培等五位同盟会籍国务员曾举唐绍仪为代表向袁世凯请辞。经袁世凯慰留，加上觉得自己与袁氏有三十多年交谊，唐绍仪不便贸然去职。但与此同时，"王芝祥都督问题发生，唐绍仪不得已而去"。[4]

此外还有熊希龄为谋国务总理一职而排挤唐绍仪，使得唐绍仪不得不辞职之说。尽管此说在当时颇为盛行，但熊希龄始终认为，自己和唐绍仪关系颇为融洽，并未有排挤唐绍仪之举，"希龄到京后，与

---

[1]唐绍仪出走细节，按蔡元培所述，颇具戏剧性。唐绍仪搭乘一洋妇人的马车前往车站，"乃于□月□□日晨间与一西妇同车，赴车站，乘火车往天津。到天津寓所后，始电请辞职。照例慰留，唐君决不肯回，而陆君子欣适已回国，乃由陆君以外交总长代理总理"。见《蔡元培全集》第7卷，第311页。
[2]《熊希龄集》第2卷，第696页。
[3]《蔡元培全集》第2卷，第266页。
[4]《蔡元培全集》第2卷，第266—268页。

唐总理同事，并无丝毫意见"。据笔者考证，熊希龄自接任财政总长后，先后五度恳辞，直至袁世凯出面挽留，才勉强同意留任，排挤唐绍仪说自不可信。[1]

当梁士诒、段祺瑞等赴津劝说时，唐绍仪本人曾表示辞职是因为与袁世凯有政见分歧，而非个人恩怨。他对梁士诒说："我与项城交谊，君所深知。但观察今日国家大势，统一中国非项城莫办。而欲治理中国，非项城诚心与国民党合作不可。然三月以来，审机度势，恐将来终于事与愿违，故不如及早为计也。国家大事，我又何能以私交徇公义哉！"[2]

在6月给参议院的咨文中，袁世凯说唐绍仪辞职是由于身体原因，"前据国务总理唐绍仪呈称，因病请假，赴津调治。当经本大总统给假五日，并任命外交总长陆征祥暂行代理国务总理事务在案。兹复据该总理呈称，连日延医诊视，旧病转剧……恳请准免国务总理本官……本大总统迭次派员赴津，诊视勉留。据各该员回称，该总理一再固辞，情辞恳切，毫无回京就职之意"。[3]

众说纷纭，哪种说法更接近历史真相呢？

其实，除了王芝祥督直改委事件，袁世凯、唐绍仪还在很多方面存在分歧：

首先，体现在是否应该恪守《中华民国临时约法》上。在总理任内，唐绍仪力图摆脱袁世凯以总统身份直接插手政务的干扰，以求完全行使内阁总理应有的职责。这种尊重约法的精神，同护法运动期间他反对孙中山在法定人数不足情况下召集国会如出一辙。他强调内阁副署权，坚持大总统发布命令时，必须经内阁副署。如此，无疑对袁世凯产生制约。对于袁世凯下发的公文，唐以为不可行便予以驳回，

---

[1]《熊希龄集》第2卷，第573—703页。
[2]《民国梁燕孙先生士诒年谱》，第132页。
[3]《袁世凯全集》第20卷，第137页。

甚至在总统府也敢与袁据理力争，不留情面，比如袁世凯为了笼络张勋，答应拨饷银三十万元，唐绍仪却拒绝副署，只允发三万元。[1]据袁世凯的侍从武官唐在礼回忆，唐绍仪总是说"责任内阁凡事要对国家负责，自己任总理也要对国家负责"这一类话。袁氏既不便反对，又没有适当的辞句回答，因此很不满意，便不时话里有话地回击唐绍仪说："我们是没有几天好做的，这个位子早晚要让给你们的。"[2]

其次，众多材料表明，严重的派系之争制约着唐绍仪施政。而派系争斗的背后，有着袁世凯的影子。时为教育总长的蔡元培说："国务会议中，显然分为两派，袁派要用总统制，同盟会派要用责任内阁制，袁则用责任内阁之名而行总统制之实，军政、财政及任免名单，皆由总统府决定而后交政府发表。熊君、赵君常常不参加会议，袁派惟段君一人来敷衍，事事以迎合总统为要点。"[3]在此之下，内阁运行困难，外交总长陆征祥在阁员名单公布一个多月才到任；海军总长刘冠雄从6月起，以营造私宅为由，不到部里视事；交通总长施肇基也告病假回天津；而段祺瑞在国务会议中公开和蔡元培、宋教仁等人唱对台戏，还经常以辞职相要挟，致使内阁每次讨论重大问题都难以做出决断。[4]众多的羁绊，让唐绍仪难以行使内阁之权，不免心灰意冷。

显然，与袁世凯在践行约法、施政理念等方面难以调和的矛盾，才是唐绍仪辞职的根本原因，借款受挫、王芝祥督直改委事件只是导火索。

令人惊讶的是，辞职之后，唐绍仪对袁世凯的态度发生了一百八十度的大转弯，既没有了下级对上级的隐忍，也撕下了多年友情的面纱，变得决绝而不留任何情面。

---

[1]《唐绍仪研究论文集》，第12页。
[2]《魂断紫禁城》，第104页。
[3]《蔡元培全集》第7卷，第309页。熊君指财政总长熊希龄，赵君指内务总长赵秉钧，段君指陆军总长段祺瑞。
[4]宋慧娟：《唐绍仪内阁刍议》，《吉林省教育学院学报》2005年第3期，第55页。

6月27日，袁世凯同意唐绍仪辞职的同时，任命唐氏为高级政治顾问。[1]但唐绍仪辞去国务总理的职务，实际上已同袁世凯决裂。为了表示决心，他毅然将天津房产、古董拍卖，然后南下上海，不久又回到家乡广东唐家湾小住。1913年2月，广东省议会选举唐绍仪为参议员，袁世凯闻讯后令唐绍仪进京担任参议院议长。唐绍仪再三恳辞参议员，并以"不复恋此马蹄声"来拒绝袁世凯的"慰勉"。[2]"二次革命"爆发后，唐绍仪和蔡元培、汪精卫等于7月19日联名致电袁世凯，希望袁氏"不忍以一人之故，令天下血流"，指出"为公仆者，受国民反对，例当引避"，敦促袁世凯宣布辞职。[3]

1915年称帝前夕，袁世凯曾派人前往拉拢唐绍仪。但唐绍仪"翘然高迈，不受尘污"[4]，严词拒绝。不仅如此，唐绍仪还同蔡元培、汪精卫联名致电袁世凯，提出严厉警告，要袁取消帝制野心，"辞职以谢天下"。电文抬头不称袁世凯总统职衔，而是直呼"慰廷先生"。据说，袁世凯在接到这封电报时，曾"气呃不语者多时"，对梁士诒感慨说："少川以数十年老友，对我如此称谓，如何可堪？"[5]

迫于护国运动的巨大声势，1916年3月22日袁世凯宣布取消帝制，却仍以大总统自居。3月26日，唐绍仪发表《忠告袁世凯退位电》，历数袁世凯数年来"所有不衷于约法之行政"，批评袁氏虽"撤消承认帝制之令，而仍居总统之职"，属于"廉耻道丧，为自来中外历史所无"，正告袁世凯当下人心已去，"唯一良策，则只有请执事以毅力自退"，敦促袁世凯尽早退位。唐之态度，与段祺瑞辞职以保身、冯国璋运作保留袁氏总统职位等迥然不同，文末"最后之忠告"等

---

[1]《袁世凯全集》第20卷，第129页。
[2]《唐绍仪研究论文集》，第16页。
[3]《蔡元培全集》第2卷，第308页。
[4]《护国运动资料选编》（下），第585页。
[5]《革命逸史》（上），第389页。

语，再度显示其与袁世凯"割席"的决心。[1]

1916年6月6日，袁世凯逝世，袁唐二人三十多年的交往，画上了句号。

卅载交谊百日空

从光绪八年（1882）结识至1912年辞职，唐绍仪与袁世凯有着三十年的交谊。为何这份交谊会在短短的九十三天即被消耗殆尽，以至于唐绍仪当总理不足百日即挂冠而去，并在辞职后和袁世凯势同水火？

首先，从成长环境与生活方式上来讲，两人迥然不同。作为留美幼童，唐绍仪受过正规的西方教育，回国入仕以后，长期从事涉外工作。特殊的经历造就了他中西交融的生活方式：每天都阅读《泰晤士报》，为官追求排场，喜欢应酬，生活讲究，出手阔绰。光绪二十七年（1901）至三十年担任津海关道期间，唐绍仪以不能损国体为由，时常置美酒佳肴招待洋人。虽然这一职位是肥缺，"一任辄积资百十万"，但一年下来，不但所有官俸被花光，还需家里不时接济，"举世以为异事"。[2]而袁世凯出身传统官宦家族，虽喜欢以金钱贿赂部属，但本人生活不算太奢侈。据其女儿袁静雪回忆，袁世凯爱吃的菜中，清蒸鸭子、红烧肉算是比较高档的了，日常主食是经久不变的，除了馒头、米饭就是各种大米粥、小米粥、绿豆粥等。[3]

其次，就施政方式而言，袁世凯属传统旧官僚阶层，总体上仍是帝王术一套，很少现代体制色彩。而曾经留美的唐绍仪则有着较为开明的施政方式：据报道，任津海关道时，唐绍仪曾乔装成异乡客人，

---

[1]《护国运动资料选编》（下），第638—639页。
[2]《辛亥人物碑传集》，第338页。
[3]《魂断紫禁城》，第41页。

随带零星货物，暗访税卡，将那些以查税单为名吓诈讹索的巡役抓获惩办；在钞关局门首设立禀箱，以便社会随时检举不法官吏。[1]光绪三十三年（1907）三月出任奉天巡抚后，他与东三省总督徐世昌密切配合，大胆改革行政方式。督抚同城，向来相处不易，经常出现总督同意而巡抚不准行的情况——曾国荃任湖北巡抚时，与湖广总督官文势同水火，竟致上折参劾；郭嵩焘任广东巡抚时，与瑞麟、毛鸿宾两任两广总督矛盾重重——但唐绍仪仿效西制进行改革：凡属员禀见公事，总督巡抚同坐一室，共受参谒。如此一来，大大提高了行政效率，开东三省整顿工作之先声。[2]因而，出任民国总理后，唐绍仪推行效仿西方、维护约法、限制总统权力等种种举措，同袁世凯发生冲突也就在所难免。

但在性格上，两人又都喜欢包揽把持一切。袁世凯大半生浸淫于封建体制，又曾被解职、勒令"回籍养疴"三年，深知拥有权力的风光和失去权力的落寞，可谓视权力如生命。1914年5月袁世凯主导制定的《中华民国约法》获得通过，新约法废除内阁制，改行总统制，大大扩充总统权力。对此，袁世凯喜不自禁地说"予今日始入政治新生涯"。[3]而唐绍仪本质上也是个喜欢"极力把持一切"的人：身为邮传部侍郎，他敢架空尚书张百熙，"任用亲信，排除异己"。[4]唐绍仪的好友、英国《泰晤士报》驻北京记者莫理循曾透露：唐绍仪在海关、铁路及邮传部里的空缺，只要能捞到手的都安插了他自己的亲属、姻亲或广东同乡。在邮传部任职期间任命的四百个人中，就有三百五十个是他安插进来的。[5]两个都喜欢把持权力的人，为权力分配而起纷争，只是时间早晚的问题。

---

[1]《唐绍仪传》，第119页。
[2]《唐绍仪传》，第120页。
[3]《袁氏当国史》，第387页。
[4]《录副档》，档号：03-5472-012。
[5]《清末民初政情内幕》（上），第496页。

光绪三十二年十一月，唐绍仪出任邮传部左侍郎仅两个月，内阁学士吴郁生就上折参劾其重用"在天津时挟妓酗酒，秽声在道"的同乡陈昭常和刚刚毕业、毫无工作经验的亲戚施肇基等。[1]唐氏因此遭清廷"严行申饬"。[2]十二月，翰林院侍读马吉樟等又参劾唐氏"揽权纳贿、植党营私、依附钻营"。[3]最终，清廷下旨免去陈昭常的邮传部右丞和施肇基的邮传部右参议之职，责令唐绍仪"谨慎奉公，认真办事。倘再师心自用，定不宽恕"。[4]

尽管屡遭弹劾，唐绍仪却官运亨通。光绪三十一年（1905），唐绍仪署外务部右侍郎，光绪三十二年任奉天巡抚，宣统二年署邮传部尚书，成为留美归国学生中第一位出任侍郎、尚书级与巡抚级要职者。客观而言，这一切和袁世凯及北洋集团的支持不无关系。[5]因此，进入民国之后，当昔日部属同自己平起平坐又时时限制自己行使权力时，袁世凯的不满可想而知。

除与袁世凯交恶外，唐绍仪和孙中山最终也走向决裂。辛亥和谈时二人相识，孙中山还签字同意唐绍仪加入同盟会。1916年袁世凯逝世后，唐绍仪力主恢复旧约法（《中华民国临时约法》）和国会，南下支持孙中山，加入护法运动，还于1919年作为南方代表与北京政府谈判。

但孙、唐二人在政治主张上存在分歧，矛盾日益激化：唐氏始终力主召集正式国会，依照法统否定北京政府的非法行为。因此，他既反对北洋政府的军人专政，也不主张组织非常国会和成立军政府。而孙中山本人，对议会政治已失去兴趣，主张通过武力革命实现"以党

---

[1]《录副档》，档号：03-5472-012。
[2]《德宗实录》卷五六七。
[3]《录副档》，档号：03-5472-012。
[4]《德宗实录》卷五六八。
[5] 宣统元年（1909）袁世凯被解职，唐绍仪很快被开去奉天巡抚之职，以侍郎候补。宣统二年七月唐氏虽署邮传部尚书，但很快于十二月辞职。

治国"。[1] 1921年4月7日，广州非常国会选举孙中山为非常大总统。据档案记载，孙中山出任大总统，"少川反对在先"[2]，这是孙中山、唐绍仪分歧的公开化。之后，唐绍仪支持陈炯明兵变，并连续发表言论反对孙中山的新三民主义思想和北伐主张。[3] 1924年2月，孙中山公开批评唐绍仪"虽野心勃勃，然利欲之念，好色之情甚盛，不足以集众望"。[4] 这标志着孙、唐二人关系正式破裂。[5]

显然，唐绍仪行事任性、亢直自为、自视甚高，极易引发争议。欣赏他的人，称他为"新进气锐之政治家"、"外务部中最具才干能力的尚书"[6]；不喜欢他的人则认为他才能平庸，如日本人佐原笃介在1912年2月26日致莫理循的信中就说，"把国家事务委托给像唐绍仪那样一些只知皮毛不懂得严肃的行政管理问题的人，是极大的错误"。[7]

1924年10月，冯玉祥发动政变，推翻了由曹锟、吴佩孚控制的直系北洋政府，邀请段祺瑞、孙中山进京稳定局势。11月22日，段氏入京，以临时执政兼摄总理事务，提名唐绍仪为外交总长。尽管段氏一再相邀，但由于其拒绝召开国会，毕生主张国会和政党政治的唐绍仪始终没有进京履职。[8] 此后，随着北伐战争向北推进，北洋各派军阀相继倾覆，唐绍仪在政治上日益被边缘化，基本上躲在上海做寓公。

1927年南京国民政府成立后，唐绍仪挂名中国国民党中央监察

---

[1]《唐绍仪传》，第238页。
[2]《云南档案史料》，第4页。
[3]《唐绍仪传》，第262页。
[4]《孙中山全集》第9卷，第534页。
[5]《唐绍仪研究论文集》，第219页。
[6] 李恩涵：《唐绍仪与晚清外交》，《"中央研究院"近代史研究所集刊》第4期，第106页。
[7]《清末民初政情内幕》（上），第897页。
[8]《唐绍仪传》，第269页。

1919年南北和谈（会议桌左侧为南方代表，左起第五人为总代表唐绍仪）

委员和国民政府委员。1931年3月起兼任中山"模范县"县长。[1]尽管官声颇佳,但由于多次得罪广东军阀陈济棠,1934年10月,陈济棠授意中山县县兵总队以索饷为名包围唐绍仪的私邸——望慈山房,另行推举临时县长。唐绍仪被迫宣布辞去本、兼各职。1936年后,他举家寓居上海,从此不再参与政治。

1937年,日本发动全面侵华战争后,出于所谓对华新政策的需要,曾想策动唐绍仪和吴佩孚出面建立"新的中央政权",即"南唐北吴"计划。[2]1938年初,日军占领南京之后,开始计划在华中成立伪政权,将唐绍仪作为"名列前茅的候选人"。为此,日本驻上海特务机关长楠本等多次拜访唐绍仪,并贿赂唐氏好友,以游说唐绍仪答应出任伪政权总统。日方甚至计划不惜以绑架方式将唐绍仪挟持至南京,迫其就范。[3]

军统的情报透露:日本欲利用唐绍仪组织伪政权,负责在中国占领区筹建伪政权的日本间谍头目土肥原贤二特别关心唐绍仪的安全,提出要给他派保镖,被唐绍仪拒绝,但日本方面始终没有放弃。而对国民政府劝其离开上海这个是非之地、外界劝其发表声明力辟汉奸谣言的呼吁,唐绍仪也没有听从。[4]

唐绍仪对日伪不正常笼络的暧昧态度,唐绍仪与日本人的频繁交往,最终引起国民政府的警觉。由于担心首任民国政府总理投敌造

---

[1] 中山县即原香山县,孙中山逝世后改名中山县,以示纪念。唐绍仪以古稀之年,从昔日国务总理到七品县令。1957年1月18日,毛泽东在省市自治区党委书记会议上,谈到干部能上能下问题时,还引入了唐绍仪的例子:以前北洋军阀政府里有个内阁总理,叫唐绍仪,后头当了广东中山县的县长。旧社会的一个内阁总理可以去当县长,为什么我们的部长倒不能去当县长?我看,那些闹级别,升得降不得的人,在这一点上,还不如这个旧官僚。见毛泽东:《毛泽东选集》第5卷,人民出版社1977年版,第330页。

[2]《唐绍仪传》,第325页。

[3] 郑会欣:《唐绍仪被日蒋争夺及被刺经过》,《文史资料选辑》第113辑,中国文史出版社1987年版,第170页。

[4]《唐绍仪研究论文集》,第309—326页。

成不良影响，国民党方面制订了暗杀唐绍仪的计划。唐绍仪一向"好鉴别名瓷，收藏甚富"[1]，1938年9月30日上午9时许，国民党蓝衣社特务谢志磐与两名假古董商携带古物八件，以兜售古董为名求见唐绍仪。乘仆役上楼取款之际，谢志磐等持利斧砍向唐绍仪，后悄然遁去。待仆人回来时，唐氏已倒卧在沙发上，血流满面，人事不知，斧头还嵌在头上。唐绍仪当即被送往医院抢救，终因年迈体衰，加之失血过多，于当日下午4时许去世，享年七十七岁。[2]

唐绍仪被刺身亡后，为掩盖事实真相，也为了稳定其他动摇分子的情绪，10月5日，国民政府以政府主席林森、行政院院长孔祥熙等名义下令褒奖唐绍仪，同时拨付治丧费五千元，"并将生平事迹存备宣付国史，用彰政府笃念勋耆之至意"。[3]

有研究者认为，唐绍仪从未答应出任伪职，并没有投靠日本之行动，但也不曾坚决主张抗战。就政治主张而言，他始终把议和作为救国的唯一途径，而且不顾日本占领南京、中国形势进一步恶化的现实，仍执意于"和平"工作。因此，他被国民党特务暗杀，虽证据不足、有被误会和冤枉的成分，但在客观上却有利于抗战形势。[4]

作为"肇始民国的元勋"[5]，唐绍仪最终却惨遭暗杀，被迫结束了跌宕起伏的一生。1912年3月8日，在提议唐绍仪为国务总理人选时，袁世凯曾致电孙中山，夸赞唐绍仪"华洋信服、阅历中外"。简单的八个字，点出了在清末民初唐绍仪身份的特殊性。七年留美的教育背景和成长经历，数十年涉外工作的经验，多次对外谈判的成就，使颇具威望的唐绍仪在辛亥鼎革之际成为平衡多方势力的重要人物，解决了南北和谈、民国建立等基本问题，成为政权更迭、帝制覆灭的重要

---

[1]《辛亥人物碑传集》，第340页。
[2]郑会欣：《唐绍仪被日蒋争夺及被刺经过》，《文史资料选辑》第113辑，第175页。
[3]郑会欣：《唐绍仪被日蒋争夺及被刺经过》，《文史资料选辑》第113辑，第175页。
[4]《唐绍仪研究论文集》，第309—326页。
[5]《唐绍仪研究论文集》，第146页。

推手。但在中华民国成立之后,他却似乎显得"格格不入":既是袁世凯亲信,又是同盟会成员;既反对废除旧约法、复辟帝制的袁世凯,但也只是有保留地支持孙中山的革命活动,在北洋集团与南方革命党之间"摇摆"。

究其根本,唐绍仪不同于中国传统官僚,他有着自己鲜明的政治理念与主张,始终信奉民主精神,积极拥抱共和制,谋求国家统一、共和重建。其民主共和的坚定立场,使得他最终与袁世凯、孙中山等人分道扬镳,并不断被边缘化,逐渐退出了政治舞台。而在政治手段上,他多采取"调和"的方式,在多方势力的政治斗争间运作、谈判,呈现出一种看似"摇摆"的行事风格,这种风格也延续到日本侵华以后。正是在日本和国民政府之间的"摇摆",导致了他被国民党当局无情诛杀的悲惨结局。

缔造艰难思元老*

——开国总长伍廷芳的民初反转

伍廷芳（1842—1922），号秩庸，广东新会人，生于新加坡，求学于香港，赴英国攻读法学，参与《马关条约》谈判，任驻美公使。辛亥时，作为南方革命军代表主持南北议和，短暂出任南京临时政府司法总长。后因坚持民主共和，任护法军政府外交总长、财政总长兼广东省省长。

在有清一代二百六十八年难以计数的官吏中，系统接受过西方教育、以执业律师身份跻身清廷高官之列者，伍廷芳是唯一一人。

伍廷芳一生中，有参与创办中国第一份日报、第一位获得英国律师资格的华人、第一位华人"太平绅士"等荣光[1]，有代表民军与清

---

* 语句化自孙中山1922年所作《祭伍廷芳文》中"缔造艰难，英俊弗少；日有典型，皤皤元老"句，见中国社会科学院近代史研究所等编：《孙中山全集》第6卷，中华书局1985年版，第641页。

[1] 1925年1月，孙中山在《伍廷芳墓表》中写道："论者谓国人得为外国律师者，公为第一人。香港侨民得为议员，以公为嚆矢，任法官者，公一人而已。"见《孙中山全集》第11卷，第575页。光绪四年（1878）十一月二十三日，香港总督（转下页）

廷谈判、协助孙中山主持广州大元帅府工作等壮丽篇章,有追回庚子事变中美国劫银、筹建中国驻美使馆的爱国之举,也有《马关条约》签订前后向日本人泄露机密的不光彩一面。

中日谈判泄露机密

伍廷芳,1842年生于新加坡,五岁时随在南洋经商的父亲回国。祖上贫苦异常,其子伍朝枢在《伍廷芳博士哀思录》中写道:"先世家故贫,先王父荣彰府君,贾于南洋星架坡。"[1]但或许因为父亲在南洋经商,十三岁的伍廷芳曾被当成富家子弟遭土匪绑架,关在深山岩洞一个多月后侥幸逃脱。[2]当时他的家乡正因太平军起事、官军征剿而满目疮痍,在外国传教士和在香港办报的亲戚陈言的帮助下,伍廷芳前往完全免费的香港圣保罗书院求学。新加坡出生、香港求学的经历,加上少小离家、远离双亲的恓惶,在伍廷芳心中,传统儒家思想及君臣观念并未根深蒂固。

伍廷芳就读的圣保罗书院与当时的孖剌报馆隔街相望。《孖剌报》曾于咸丰七年(1857)九月推出中文附刊《香港船头货价纸》,以香港各铺户为报道对象,主要刊载行情、船期和广告,也登载少量新闻。后改版更名为《中外新报》,这是近代中国第一份中文日报。同治元年(1862),在香港高等审判厅做译员期间,伍廷芳参与了《中外新报》的编辑和主持工作,也因此在中国新闻史上留下了自己特殊的印记。

同治十三年(1874),新婚刚刚两年的伍廷芳,告别了小自己五

(接上页)轩尼诗委任伍廷芳为太平绅士。当时港府委任的太平绅士共计四十人,伍廷芳是第一位华人。

[1]《伍廷芳评传》,第29页。星架坡,即新加坡。

[2]伍廷芳之所以能逃脱,是由于得到一个自称被掳、在洞中充当"厨夫"的同乡救助,他们用酒灌醉看守,一同逃脱。见《伍廷芳评传》,第36页。

岁的娇妻何妙龄，自费赴伦敦林肯法学院攻读法学。妻子何家家道殷实，香港启德机场名中的"启"字，就源自伍廷芳妻弟何启。[1]何启与同乡区德（原名显德）创办了启德地产投资公司，九龙湾的巨大填海工程，据说是由伍廷芳构想、何启等人完成的。后港英政府收回该公司的其余地段用来建筑机场，定名启德机场，沿用至今。但伍廷芳赴英并未依靠何家资助，而是用自己在香港工作十年的薪俸积蓄，"以为游学资"。[2]两年后，从林肯法学院结业的他，经过考试获得律师证书，成为第一个取得英国律师资格的中国人。

晚清社会仍视科举为正途，大多数士人埋首四书五经，汲汲于功名举业。据伍廷芳回忆，幼年时期的他虽然也入私塾、读四书，但内心并不喜欢，上课偷看《三国演义》《红楼梦》等小说，任意解说经书。[3]在当时，他无意秀才举人、远走香港求学的选择无疑属于另类。但歪打正着，这位"前卫"青年赶上了历史剧变的时代——被迫打开国门的清政府与西方各国交往日渐频繁，通晓中西语言和法律的伍廷芳成了稀缺人才。

光绪二年（1876），应英国要求，清政府命郭嵩焘、刘锡鸿为正副使，出使英国——这是清廷首次向外国派遣全权公使，建立第一个驻外使馆。郭、刘途经天津时，听到伍廷芳在英国取得律师资格的消息，便有招其入使馆工作的想法。[4]光绪二年十二月初八日，郭嵩焘等抵达伦敦。两天后，伍廷芳来见，在肯定清朝派公使驻外"诚中肯綮"的同时，建议郭、刘二人"多蓄才智人"、利用新闻纸。[5]交谈过后，郭嵩焘盛情邀请伍廷芳，希望他能留在伦敦协助外交事务。

---

[1] 何启亦为香港议员，光绪二十六年（1900）时曾谋划李鸿章与孙中山见面。详见《清朝最后的120天》，第549—553页。
[2]《伍廷芳评传》，第63页。
[3]《伍廷芳评传》，第33页。
[4] 郭嵩焘著，杨坚校补：《郭嵩焘奏稿》，岳麓书社1983年版，第371页。
[5] 郭廷以：《郭嵩焘年谱》，台湾"中央研究院"近代史研究所1971年版，第576页。

面对驻英使馆的工作邀请，伍廷芳答说出使美国大臣陈兰彬几天前已来电，聘他为驻美领事。经郭嵩焘等争取，清廷下旨让陈兰彬令伍廷芳返英，并任命伍廷芳为"三等参赞官"。[1]但最终，伍廷芳既没有留英，也没有赴美，而是返回了香港。只是，两地的争聘使伍廷芳名声大噪，一时间他成为公认的难得人才。光绪三年（1877）九月，直隶总督李鸿章提出要聘用伍廷芳时，就说"前出使英、美之郭侍郎、陈太常争欲罗致之，盖有由矣"。[2]

至于伍廷芳返港的原因，表面上看是回国丁母忧，实际是在香港做执行律师的收入更为丰厚。按当时的标准，在使馆任翻译、参赞，月薪为二百到五百两[3]；而回香港做律师，每月收入至少可达千两。

这样的薪水差，也为后来李鸿章以年薪六千两聘用伍廷芳埋下了伏笔。

身为直隶总督、北洋大臣多年，李鸿章在办理洋务和对外交涉中一直苦于找不到一个既通晓中英文又熟悉西洋法律的人才，以至于在对外交涉中频频受阻。经天津海关道黎兆棠等人引荐，光绪三年八月，李鸿章接见了伍廷芳。第二天，他立即给总理衙门去函，提出聘用伍廷芳。在信中，李鸿章夸伍廷芳"熟习西洋律例，曾在英国学馆考取上等。……虽住香港及外国多年，尚恂恂然有儒士风，绝无外洋习气，尤为难得"。与此同时，他告诉总理衙门，由于伍廷芳在香港做律师每年收入万余两，因此想留住他，每年至少需要俸薪六千两。在表示"为数似觉太多"之余，李鸿章告诉总理衙门，这笔钱应该是物有所值的：首先，总理衙门及各海关遇到事情均可请伍廷芳前往帮

---

[1]《郭嵩焘奏稿》，第371—372页。

[2]《李鸿章全集》，第4349页。

[3] 按光绪二年制定的外交官每月俸薪标准，出使大臣为八百到一千四百两，领事官为四百到六百两，参赞官为三百到五百两，翻译官为二百到四百两，随员、军医为二百两。见刘锦藻编：《清朝续文献通考》卷三三七，商务印书馆1955年版，第10783—10785页。

忙,"若能办正一事,有裨大局,所值当不止数千金"。其次,日本外务省每年花费万金聘请美国律师担任驻天津领事,有例在先。至于给伍廷芳的六千两年薪如何筹措,李鸿章则表示由南、北洋两位通商大臣负责。[1]

得到总理衙门同意后,李鸿章九月致信南洋通商大臣、两江总督沈葆桢,商定"请津、沪两关岁各筹给三千金"作为伍廷芳的俸金,若"南北各口有事",伍廷芳"皆可前往襄助"。[2]

尽管如此,伍廷芳还是没有立即答应入李鸿章幕府,而是南返香港,并在光绪四年(1878)、光绪六年(1880)先后成为香港第一位华人"太平绅士"、香港立法会第一位华人议员。直到光绪八年(1882),经李鸿章再度奏调,伍廷芳才答应入李鸿章幕府,"随办洋务"。[3]

敢于任用伍廷芳这样非科举正途出身者,无论是总理衙门还是李鸿章,应该说都冒着一定的风险。伍廷芳入北洋幕府后,李鸿章对其十分信任、赏识有加。经李鸿章保奏和委派,伍廷芳先后因随同办理蚕池口教堂迁移有功被赏二品衔,因随办洋务有力而被交部从优议叙、赏从一品封典,并充任唐山铁路公司总办、办理北洋铁路官商两局事务等[4],成为中国铁路公司的第一任总办。

光绪二十年(1894),甲午战争爆发,李鸿章苦心经营的北洋舰队全军覆没。无奈之下,清廷只能屈辱求和。伍廷芳作为头等参赞官,全程参与了同日方的谈判。

近年,历史学家孔祥吉先生和日本东京大学教授村雄田二郎从日本外务省解密档案中发现:中日双方磋商和落实《马关条约》期间,伍廷芳多次与日本首相伊藤博文、日本驻天津领事荒川已次、日

---

[1] 本段所引,均见《李鸿章全集》,第4349页。
[2]《李鸿章全集》,第3704页。
[3] 本段所引,见丁进军编选:《清外务部部分主要官员履历》,《历史档案》1986年第4期,第40、41页。
[4] 丁进军编选:《清外务部部分主要官员履历》,《历史档案》1986年第4期,第41页。

本驻华公使林董和内田康哉等接触，希望日本政府能够出力，"向清国提出派遣伍廷芳这样的通晓国内外大势的人物到东京出任公使的要求"。[1] 此外，伍氏还向日方透露了诸如军机大臣孙毓汶受到言官弹劾而辞职、军机大臣徐用仪被光绪帝逐出军机处、李鸿章与翁同龢不睦等清廷政情内幕，寄希望于联合日人对付朝廷中以翁同龢为首的主战派。在中日谈判的关键时刻，伍廷芳的所作所为，以及挟洋自重、希望日本施压由自己出任驻日公使的想法，说明他并不了解官场运作机制与外交事务禁忌，未能切割国家公义与个人私谊，也暴露了他人生中不甚光彩的一面。[2]

追索庚子劫银始末

光绪二十二年（1896）十月十九日，清廷任命伍廷芳为驻美国、日本、秘鲁大臣并赏给四品卿衔[3]，至光绪二十八年（1902）九月交卸。任上，震惊中外的"庚子事变"发生。

光绪二十六年（1900），八国联军侵华，迫使清政府签订《辛丑条约》，赔偿白银4.5亿两——按当时的中国人口估算，无论老少每个人都摊债一两。如此巨额赔款，清政府自然无法一次性全部付清，不得不乞求列强"宽定年限"。最后，赔款期限定为39年，年息4厘，本息合计赔款高达9.82亿两。

八国联军侵华期间，美军曾在天津抢夺了数十万两库银。这批库银并未被瓜分，而是换成美元被解送回华盛顿由海军部存库。伍廷芳获悉后，开始向美方交涉、追索。按照当时的国际公法，开战后抢得

---

[1] 孔祥吉、村雄田二郎：《日本机密档案中的伍廷芳》，《清史研究》2005年第1期，第8页。

[2] 详见孔祥吉、村雄田二郎：《日本机密档案中的伍廷芳》，《清史研究》2005年第1期，第1—20页。

[3] 《德宗实录》卷三九六。

的国家财物不能追索。因此,很多人一开始并不看好。伍廷芳虽"知事不易成",但认为"义所当为,宜尽心力"。经其不懈努力,光绪二十七年十二月,美方归还了抢夺的库银,合376300美元。[1]

统计表明,美国在庚款中分得关平银32939055两,合24440778美元。而美军战争支出9655492美元、民间赔偿2455928美元,合计12111420美元。也就是说,美国获得的赔款是其支出的一倍多。[2]而伍廷芳成功索回的库银,和美国所得的赔偿相比,实在是小巫见大巫。

但此笔款项的追索成功为中国修建驻美使馆提供了条件。在华盛顿,大小国家的使馆都由各国自行购置,像朝鲜那样的小国也不例外。伍廷芳出任驻美公使时,中美互派大使通好已经三十年了,但使臣所住的馆所一直是租赁的,有失国家体面。[3]尽管此前驻美各使曾屡次建议兴建使馆,但因清廷财政紧张,始终未有成议。

从经济的角度看,租赁民房作为使馆办公地并不划算。据伍廷芳估算,以华盛顿当时的租价,"使馆月租额须美银五百元。每年综计约库平银一万两",而且租价还会继续上涨,"近年地价日贵,租项日昂,日引月长,尤为失算"。[4]此外,租赁民房充作使署,还易引发纠纷。光绪九年至十九年(1883—1893)间,清方租用斯图尔特堡作为使馆。房东斯图尔特为人苛刻,对使臣们在房间墙上挂画、开办舞会等都很不满意,甚至还闹上了法庭。第四任驻美公使崔国以节俭著称,城堡内的卫生事宜由使臣们自己动手,但方法不当,许多物品颇有损坏;使臣们因用不惯煤气炉而在厨房垒灶用煤做饭,将城堡地毯

---

[1] 本段所引,均见《伍廷芳集》,第161页。
[2]《伍廷芳评传》,第211页。根据曾任美国驻华公使的柔克义估算,在八国联军侵华战争中,美国的军费开支不会超过500万美元,因为其大部分军队是从菲律宾派出的。见崔志海:《关于美国第一次退还部分庚款的几个问题》,《近代史研究》2004年第1期,第70—71页。
[3]《伍廷芳集》,第161页。
[4]《伍廷芳集》,第161页。

弄得黑乎乎的；还有些物品因保管不善而丢失[1]，斯图尔特便以"损失什物"为由将中国驻美使馆告上法庭，索赔15000美元。最后使馆赔了3000美元而结案。此事更让伍廷芳觉得"言之汗颜"。[2]

此时，清廷在德国和日本都已建造了使署，伍廷芳早已打算按照成例在华盛顿择地建造使馆，并事先进行了遴选地段、招商估价等工作。估算下来，建馆预计约需8万美元。但由于经费无出，迟迟未有进展。如今成功追索庚子劫银，伍廷芳便建议清廷"在此项拨出八万元以为建馆之用"。如此一来，不仅符合外交体制，且十年的租金即可抵销建馆花费，可谓经济划算，"使馆永为中国之业，无须时时搬迁，尤为合算。此诚一劳永逸之计，亦合理财节用之方"。[3]

清廷最终采纳了伍廷芳的建议，拨款8万美元作为建馆之费。剩下的296300美元，存入汇丰银行。[4]光绪二十九年（1903），使馆落成，中国在美国终于有了自主产权的使馆衙署——这座红砖楼房位于华盛顿19街2001号，至1944年充任中国驻美使馆共41年。

担任驻美公使期间，伍廷芳还曾出面请美国斡旋，使得清廷于光绪二十八年顺利收回天津的行政权。当时的直隶总督袁世凯高度赞扬伍廷芳的功绩，上折密保并奏请清廷破格使用，"查出使美、日、秘国大臣四品卿衔道员伍廷芳，干练忠勤，熟谙西律……此次定期还津，美廷甚为出力，实由伍廷芳悉心筹画，因应得宜，故能收效甚巨……迹其遇事效忠，实为使臣中尤为出色之员。可否仰恳天恩，破格擢用"。[5]袁世凯此折上后，清廷下旨：伍廷芳着以四品京堂候补。

---

[1]任青、马忠文整理：《张荫桓日记》，上海书店出版社2004年版，第481页。
[2]《伍廷芳集》，第161页。
[3]本段所引，均见《伍廷芳集》，第162页。
[4]清廷一开始计划将这笔钱由汇丰银行汇至北京，后来考虑到汇费等，决定留存美国拨用。至光绪二十八年八月十六日，全部奉外务部之命汇拨完毕。见《伍廷芳集》，第195页。
[5]《袁世凯全集》第10卷，第360页。

驻美公使任上的伍廷芳

因而，新使馆尚未投入使用，伍廷芳就于光绪二十八年底奉调回国，既负责与列强谈判新通商条约，又出任商部和刑部侍郎，与沈家本一道主持改革律例、制订新律的工作，为清廷实施新政做准备。在此期间，他们不仅主持制定了中国近代第一部商业法典《大清商律》，还推动废除凌迟、枭首、戮尸、刺字等极残酷、极野蛮的重刑，以及连坐等不近人情的法律条款。

二品官转投革命军

宣统三年八月十九日（1911年10月10日），武昌起义爆发。十月十五日（12月5日），南方各省代表在武昌举行会议，推举伍廷芳为南北和谈全权总代表。十七日，黎元洪以中华民国中央军政府大都督名义发布照会，称伍廷芳"学问纯深，阅历素优，洞悉外交机宜"，已被各省代表公举为南方和谈总代表，希望伍廷芳"迅速首途来鄂，以便对付一切"。[1]十九日，黎元洪致电伍廷芳，告知"请（清）袁

---

[1] 观渡庐编：《共和关键录》，《近代中国史料丛刊续编》第八十六辑，文海出版社1989年版，第16页。

缔造艰难思元老 | 403

内阁派唐绍仪为代表来鄂讨论大局，十一省公推先生为民军代表与之谈判"。黎元洪在电报中说"此举关系至重"，并已委托江苏代表雷奋前往迎接。同一天，伍廷芳复电黎元洪，同意接受此任务，"辱十一省公推廷为民国代表，谊不敢辞"。[1]

曾经担任过清廷商部和外务部侍郎的伍廷芳，为何会转而支持革命，愿意出任南方和谈总代表呢？

原来，宣统元年（1909）年底伍廷芳任满回国之际，曾途经欧洲，广泛接触了积极鼓吹革命的海外华人。长期在海外浸淫于西方民主共和制度之中，又看到清廷朝政腐败、官场黑暗、国势衰微、民不聊生的社会现实，以及光宣之际的假立宪把戏，原来一直持维新救国主张的他，逐渐对清廷实行民主不抱希望。归国后，伍廷芳并未进京，而是寓居上海。

宣统二年（1910）九月，伍廷芳向清廷呈递了《奏请剪发不易服折》。剪发虽只是移风易俗事项，但由于留辫子是清朝服饰的组成部分，入关之初强迫汉人剃发留辫时竟有"留头不留发，留发不留头"之说。如今伍廷芳提倡剪发、否定辫子，实际上含有否定"国朝旧制"并与祖宗成法割裂的意义，"对于伍廷芳这样曾经官居二品的大员来说，可以视为对清王朝失去信赖的象征，也可以说是他思想转变的标志之一"。[2]

出任南方和谈总代表前后，伍廷芳还上书摄政王载沣、庆亲王奕劻，呼吁清帝主动退位，呼吁清廷接受共和。在宣统三年九月上摄政王书中，伍廷芳直接提出"君主立宪政体，断难相容于此后之中国"，希望宣统帝溥仪和摄政王载沣"幡然改悟，共赞共和"。[3]在十月给庆亲王的信中，伍廷芳还透露，因为他答应出任南方和谈总代表，加

---

[1]《伍廷芳集》，第371页。
[2]《伍廷芳集》，第8页。
[3]《伍廷芳集》，第367页。

上思想转向支持共和,一度被清廷视为背叛,还被载涛、良弼列入暗杀名单,"比闻涛邸及良弼等,重募死士,暗杀汉人,悬赏三等,廷芳亦在应杀之列,道路传闻,必非无因而至"。[1]

而革命党人为何也愿意推举本为清廷高官的伍廷芳代表己方与清廷进行和谈呢?这主要是因为在此之前伍廷芳为沪军都督府办理外交颇有成绩。

九月十三日,上海光复,陈其美出任沪军都督。此时,各国在上海的领事团急需了解革命党人的政策和实力,以确定自己国家对此次事件的态度。于是他们纷纷找到当时寓居上海并长期参与清廷外交事务的伍廷芳。另一方面,上海革命党人也深知革命要取得胜利,列强的态度至关重要。曾参与上海光复的沪上名人李平书回忆,上海军政府刚成立,陈其美就请他出任民政总长,"又浼余劝驾伍秩庸先生担任外交"。[2]伍廷芳起初以年老为由婉拒,后经李平书和温宗尧力劝,方肯就任。就任沪军都督府外交总长期间,伍廷芳做了不少卓有成效的工作,比如在革命军队占领上海的过程中,与租界交涉妥善处理租界安全问题;推动西方国家对民军政府的承认,此前上海的领事团始终只重视北方的清政府,对沪军都督府一开始总以乱党相称,经伍廷芳交涉,才改称"革命党"。[3]1925年孙中山在《伍廷芳墓表》中评价说,"公被推为外交总代表,驻上海,代表光复诸省与各国交涉,各国由是认光复诸省为交战团体"。[4]

如此,伍廷芳这位清朝二品大员,一变而成南方革命军和议总代表,后又出任中华民国南京临时政府司法总长,与北方议和代表唐绍仪等谈判南北停战——昔日的同僚变成了"对手"。

光绪三十四年(1908)六月,清廷曾派奉天巡抚唐绍仪作为专

---

[1]《伍廷芳集》,第369—370页。
[2]李平书:《李平书七十自叙》,上海古籍出版社1989年版,第58页。
[3]参见《伍廷芳评传》,第286—289页。
[4]《孙中山全集》第11卷,第576页。

上图：1908年，唐绍仪（中）访美，与伍廷芳（左）、载搜（右）合影
下图：1911年南北和谈代表唐绍仪（左）与伍廷芳（右）合影，中间为上海外商代表李德立

使,赴美感谢美国同意退还部分"庚子赔款",并计划联美制日。当时负责接待唐绍仪的,就是第二次出任驻美公使的伍廷芳。

从前一同效忠清廷的二人如今各为其主。几经反复,南北双方就清室优待条件等达成一致。宣统三年十二月二十五日(1912年2月12日),清帝退位,南北宣布将组织统一的共和政府。这其中,伍廷芳功莫大焉。孙中山曾如此评价伍廷芳等南方和谈代表之功:"公等为民国议和事,鞠躬尽瘁,不避嫌怨,卒能于樽俎之间,使清帝退位,南北统一,不流血而贯彻共和之目的,厥功甚懋。"[1]

出任司法总长风波

然而,从1912年3月底交卸司法总长开始[2],伍廷芳即与革命党人渐行渐远,长达八年之久,直至第一次护法运动结束才重归于好。

这期间发生了什么?

宣统三年十一月十三日(1912年1月1日),孙中山宣誓就任中华民国临时大总统。次日,他莅临各省代表会,依照组织大纲提出各部总长名单。孙中山最初所提名单中,九部的总长分别为:"黄兴陆军、黄钟瑛海军、王宠惠外交、宋教仁内务、陈锦涛财政、伍廷芳司法、汤寿潜交通、张季直实业、章炳麟教育。"[3]名单一经提出,就遭到部分代表的反对。

反对的意见主要有:不同意宋教仁出任内务总长和章炳麟出任教

---

[1]《孙中山全集》第2卷,第104页。

[2]关于伍廷芳交卸的具体日期,笔者目前未见具体史料。3月29日,伍廷芳仍以司法总长身份给陈其美发咨文,讨论宋汉章案。而4月5日的《复陈其美书》开头便说"四月三号接到大咨,适廷已辞职,不能再以正式公文互相商榷"。见《伍廷芳集》,第514、517页。唐绍仪内阁于3月29日正式成立,孙中山率南京临时政府内阁于4月2日正式解职。由此看来,伍廷芳辞职的时间,应在3月29日至4月2日之间。

[3]《孙中山年谱长编》,第618页。

育总长,同时认为司法总长伍廷芳和外交总长王宠惠应该对调。据后来出任内务部次长的居正回忆,"代表中有一派反对宋教仁与王宠惠及章炳麟者,又有以伍廷芳改外交者,争持不决"。[1]在此之前,孙中山酝酿各部总长人选时,以王宠惠为外交总长的消息即传出,上海广肇公所潮州会馆致电孙中山和参议院,反对王宠惠主外交,提议由伍廷芳出任。[2]此前,广肇公所曾答应借款给临时政府以济急需。出于对伍廷芳改任司法总长的不满,他们表示要推举代表前去南京面见孙中山,并威胁说"欲将认定之借款四十万两暂不交付"。[3]

见此情形,黄兴与孙中山商量,放弃宋教仁提出的"初组政府,须全用革命党,不用旧官僚"主张,按照"部长取名,次长取实"的原则,除陆军、外交、教育三部总长为同盟会会员外,其他各部总长席位让给立宪派和前清旧官僚,"惟次长悉为党员"。[4]与此同时,黄兴提议由程德全出任内务总长、蔡元培出任教育总长,并调换伍廷芳和王宠惠的职务。

但孙中山坚持以王宠惠为外交总长,认为"内、教两部,依兄(即黄兴)议。外交问题我欲直接,秩老长者,诸多不便,故用亮畴,可以随时指示,我意甚决"。经黄兴再次向代表会说明并转达了孙中山的意见,新一届内阁总长名单始获通过:陆军总长黄兴,海军总长黄钟瑛,司法总长伍廷芳,财政总长陈锦涛,外交总长王宠惠,内务总长程德全,教育总长蔡元培,实业总长张謇,交通总长汤寿潜。[5]

十一月十五日,孙中山正式公布总长名单。至此,有关各部总长任命的组织程序可以说已经结束,但争议远未平息,"南京临时政府组织时,时人皆以外交一席,当属伍廷芳,及各部总长名单公布,伍

---

[1]《孙中山年谱长编》,第618页。
[2]《伍廷芳集》,第423页。
[3]《伍廷芳集》,第422页。
[4]胡汉民:《胡汉民自传》,《近代史资料》总45号,第56页。
[5]本段所引,均见《孙中山年谱长编》,第618页。王宠惠,字亮畴。

为司法总长，均感意外"。[1]十一月十八日，上海《大陆报》记者在采访孙中山时就直言，外间"以伍廷芳派任法部总长一事，颇滋群疑"。[2]

王宠惠是何人？他生于光绪七年（1881），祖籍广东东莞，字亮畴。光绪二十一年（1895），十五岁的他考入北洋大学堂法科学习；光绪二十六年以第一名的成绩获颁我国第一张新式大学毕业文凭[3]；光绪二十七年东渡日本"研读法政"[4]；光绪二十八年赴美求学，获耶鲁大学法学博士学位；后赴英国研究国际法并取得英国律师资格，"懂得五国语言：国语、英语、日语、法语、德语"。[5]尽管曾有留洋经历，但在出任外交总长之前，王宠惠唯一的外交事务经历，只有光绪三十年（1904）在美国求学期间协助孙中山草拟《中国问题之真解决》的对外宣言。[6]宣统三年秋，年仅三十一岁的王宠惠学成回国，辛亥革命爆发后被沪军都督陈其美聘为顾问。南北议和开始后，被公举为议和参赞之一参加议和代表团，协助伍廷芳。

而伍廷芳时年七十岁，参与过《马关条约》谈判、两度出任驻美公使、成功索回美军在八国联军侵华期间抢夺的天津库银、与秘鲁交涉保护在秘华工利益，还多次参与修改商约谈判等，外交经验可谓丰富。

---

[1] 罗刚编著：《中华民国国父实录》第3册，正中书局1988年版，第1652页。
[2] 《孙中山全集》第2卷，第14页。
[3] 王宠惠作为北洋大学堂第一届毕业生中的第一名、最优等生，由"钦差大臣办理北洋通商事务直隶总督部堂"裕禄亲自颁发考凭（即毕业证书）。考凭上写着"钦字第壹号"——因此他所持的文凭被认定为我国第一张大学毕业文凭，王宠惠也成为在中国本土大学毕业的第一位大学生。见林海：《王宠惠：中国第一位法科毕业生》，《检察日报》2017年12月12日，第3版。
[4] 朱传誉主编：《王宠惠传记资料》，天一出版社1979年版，第10页。
[5] 《王宠惠传记资料》，第20—21页。
[6] 也译作《支那问题真解》，见中国社会科学院近代史研究所等编：《孙中山全集》第1卷，中华书局1981年版，第243页。

其实，王宠惠本人也自认为难以胜任外交总长一职，曾向孙中山递交辞呈，并建议由伍廷芳、温宗尧主持外交，"此次民军初起，伍、温两公担任外交，使全国军民对外交涉，得所依托，而外国舆论，亦极表赞成。此时外交总长舍两公外，实难其人"。[1]

但孙中山不同意王宠惠辞职。胡汉民回忆，"亮畴以资格不足，欲辞。先生曰：'吾人正当破除所谓官僚资格，外交问题，吾自决之，勿怯也'"。[2]经多方面做工作，孙中山终于将伍、温二人安排妥帖，任命伍廷芳为司法总长、温宗尧为驻沪通商交涉使。[3]十一月二十三日，"伍廷芳、温宗尧交卸外交事务"[4]，王宠惠走马上任。

关于选择伍廷芳出任司法总长的原因，孙中山做过多次解释。他曾在答复上海广肇公所的电文中说："民国新立，司法重任非伍公不可。"[5]随后在回答《大陆报》记者提问时，他进一步解释："本政府派伍博士为法部总长，并非失察。伍君固以外交见重于外人，惟吾华人以伍君法律胜于外交。……中华民国建设伊始，宜首重法律，本政府派伍博士任法部总长，职是故也。"[6]此外，在劝说王宠惠出任外交总长时，他也说过"伍公方驻沪全权办理议和事件，温公参赞其间，一时难以兼任他项繁剧之职"。[7]由此看来，孙中山认为司法总长的任命是对伍廷芳的重用，同时也表明，此番人事安排是他深思熟虑后的决定，而非一时心血来潮。

---

[1]本段所引，均见中国国民党中央委员会党史委员会编：《王宠惠先生文集》，台湾文物供应社1981年版，第631页。

[2]胡汉民：《胡汉民自传》，《近代史资料》总45号，第56页。

[3]《孙中山年谱长编》，第627页。

[4]《中国大事记正月十一日》，《东方杂志》1912年第8卷第10号，第9页，转引自吴佩林、董清平：《王宠惠何以担任民国首任外交总长》，《史学月刊》2014年第10期，第49页。

[5]《孙中山全集》第2卷，第13页。

[6]《孙中山全集》第2卷，第14页。

[7]《王宠惠先生文集》，第631页。

但也不可否认，孙中山重用王宠惠夹杂着个人好恶的因素。和孙中山相比，王宠惠属于晚辈——他的父亲王煜初早年就与孙中山交好。1955年，王宠惠回忆，孙中山在香港西医学院就读时，"课余辄偕学侣陈夔石君（字少白）与先君子相过从，互相研讨耶稣与革命之理想"。而王宠惠"留学时即参加同盟会，献身革命，不避艰危，为国父所倚任"。[1]

在长期领导革命以及远走各国争取支援的过程中，孙中山与日本、美国、英国、法国、俄国的政商学各界均有接触，自信可以有效地领导外交工作。为此，他任命晚辈王宠惠为外交总长，便于指挥。由此可知，他对黄兴所说的"秩老长者，诸多不便"一席话确属肺腑之言。

至于伍廷芳，孙中山是宣统三年十一月初六日归国后才认识的。对这样一位前清高官，孙中山尚不能十分信任，也是人之常情。据曾任南方议和代表团秘书的张竞生回忆，孙中山曾在南京总统府一间密室指示说：

> 这次南方议和代表虽是伍廷芳，但实权我已暗中令汪精卫负责。伍是我方外交部长，并且为各方所推荐，表面上是很合适的，但其人是大官僚，贪图物质享受，过去做驻美公使，声名很不好。他不是革命党人。在他任代表往上海时曾问我，这次议和，如能达到像英国一样成立内阁制度，清廷则保存虚君位，这样能否接受？——我坚决对他说，我们革命的宗旨，在推翻清朝，建立民国，断不能再由清朝保留虚君位。总之，无论从哪方面看，伍不是真正代表我们革命宗旨的，只因各省代表推荐他，

---

[1]《王宠惠先生文集》，第440、679页。王宠惠父亲王煜初为牧师，与孙中山交往甚多。

不能不任命他为代表，但我总怀疑他是否能称职？[1]

张竞生的回忆尚属孤证，但如果追溯更早之前，伍廷芳出任驻美公使时，职责所系，曾严密监控并多次向清廷密报孙中山的行踪，以便缉拿。[2]由此也可以推断，两人的关系要想在短短的十天内即变为亲密无间，确有难度。关于自己在内阁中的职务，伍廷芳本人则并未明确表态。当有记者问伍廷芳"愿就外交总长抑司法总长之职"时，伍廷芳回答说"予朝夕忙甚，不得休暇"，实在没有时间考虑这些事情。记者又进一步追问"君所喜者何职？"伍廷芳回答说："予视两者无甚差异，无所好亦无所恶。但予能兼任两职，予俟新政府建立坚固，即须辞职。此非有他故，盖予尚有他事要做。"[3]

这表明，伍廷芳对出任司法总长之职是接受的。十一月十六日，他和温宗尧还联名致函上海粤籍绅商，希望他们取消抗议集会、如数呈缴认定款项，以免被清廷和外国人所轻。在信中，伍廷芳表示自己为民军服务并非为一己争权力，因此不愿意诸同乡为自己争利而大失共和国民之人格，这充分显示出他以大局为重的胸怀。[4]

伍廷芳此番表态，避免了围绕外交总长人选的争议进一步升级，但这不意味着他对孙中山的人事安排没有看法。1915年3月，他在所著的《中华民国图治刍议》中，谈及南京临时政府的失误，就暗讽孙中山等人对那些"稍识新学，侈然自高，殊无事功之经验"的东西洋留学生，"不加甄别"，贸然"委以总次长之要津，或为专城之重寄"。[5]这一评论指向王宠惠的意图非常明显。毕竟，在南京临时政府任命的九个总长中，只有王宠惠是刚刚留学归来的洋学生。

---

[1]《辛亥革命回忆录》第八集，第364—365页。
[2]《清朝最后的120天》，第268页。
[3]本段所引，均见《伍廷芳集》，第442页。
[4]本段所引，均见《伍廷芳集》，第422—423页。
[5]《伍廷芳集》，第649页。

十一月十七日的总长委任典礼和南京临时政府首次内阁会议，非同盟会成员担任的总长多未出席，但伍廷芳特地赶回南京参加，然后再返上海主持和谈，以示融洽无间。然而，在和谈中，孙中山和伍廷芳在很多问题上意见并不一致：比如南北磋商议题的顺序，伍廷芳认为当务之急是先解决清帝退位问题，而孙中山认为，清帝退位已成定局，更为迫切的，是南北政府的统一问题；又比如南北政府的过渡办法，孙中山主张各国承认民国政府后自己再辞职，伍廷芳则认为只有南北成立了统一政府方能获得外国政府承认；再比如清室优待条件的具体条文、孙中山辞去临时大总统条件的表述等。如此种种，导致南北和谈期间，伍廷芳多次提出要辞去南方和谈总代表之职。[1]

南北议和中与孙中山的矛盾，以及随后发生的姚荣泽案和宋汉章案，最终使得伍廷芳与革命党人日渐疏远。

围绕司法独立论争

1912年3月11日，孙中山公布了经南京临时参议院议决通过的《中华民国临时约法》。《临时约法》基本确立了立法、行政、司法三权分立的模式，其中明确规定："中华民国之立法权，以参议院行之"，总统、副总统"总揽政务"，"国务员辅佐临时大总统负其责任"，"法官独立审判，不受上级官厅之干涉"。[2]

而姚荣泽案所引发的伍廷芳与沪军都督陈其美之间的争论，实质上是行政权和司法权界限之争，也是如何保障公民权利之争。

姚荣泽是清末江苏山阳县令。[3] 宣统三年九月十四日（1911年11月4日），上海光复后，该县同盟会会员周实丹由上海返回山阳县，

---

[1]《清朝最后的120天》，第396—413页。
[2] 本段所引，均见《孙中山全集》第2卷，第220—223页。
[3] 山阳县后改为淮安县，今淮安市淮安区。

创办学生团，响应革命，被举为队长，山阳高等小学教习阮式为副队长。在山阳独立后，二人向沪军都督署控告姚荣泽贪赃枉法，亏欠公款。姚怀恨在心，便唆使该县团练枪杀周实丹，残忍地将阮式剖腹挖心，并逮捕周父、阮兄，下狱判刑。不久，姚氏借口母病，逃匿南通，周父、阮兄出狱。

姚荣泽的恶行引起了当时舆论的关注，与此同时，周实丹、阮式的家属向沪军都督陈其美申冤。十二月二十三日，孙中山电令陈其美"讯明律办"[1]，命江苏都督庄蕴宽将周实丹、阮式案卷宗移交陈其美，并令江苏南通州司令张察将姚荣泽押送沪军都督署。

十二月二十五日（1912年2月12日），清帝退位。2月16日，伍廷芳辞去议和总代表之职。两天后，他致电孙中山，指出"民国方新，对于一切诉讼应采文明办法"，反对陈其美欲以军法处置姚荣泽，提议由法院依法进行审理，同时选派陪审员，并允许姚荣泽聘请律师到堂辩护。[2] 2月19日，孙中山复电同意。[3]

伍廷芳如此建议，是因为"民国建设之初，此案尤为首次"，可借此向外界宣扬民国公正、透明司法的形象。[4] 但陈其美在庭长人选[5]、审判员和陪审员组成、是否允许姚荣泽聘请外国律师等问题上，与伍廷芳反复论争。从3月2日至3月22日，伍廷芳不厌其烦，先后五度致书陈其美与其沟通，并部分接受了陈其美的意见。但对陈其美干预司法的举动，伍廷芳十分不满，"执三权鼎立之说，……倘必事事干涉，司法一部几不同于虚设耶？"[6]

---

[1]《孙中山全集》第2卷，第75页。
[2]《伍廷芳集》，第501页。
[3]《孙中山全集》第2卷，第109页。
[4]《伍廷芳集》，第502—504页。
[5] 2月29日，陈其美单方面委任"（沪军都督府）军法司总长蔡寅为临时庭长，日本法律学士金泯澜二人为民国代表"。见佚名编：《伍先生（秩庸）公牍》，《近代中国史料丛刊》第66辑，文海出版社1971年版，第55页。
[6]《伍廷芳集》，第509页。

尽管伍廷芳一再强调借鉴国外通例审判该案"非为姚荣泽一人计，为民国之前途计"，但陈其美对此似乎并不认可，转而指责伍廷芳掌管司法近百日，既未修订过一部法律，也没有制定相关审判程序等。对此，一直忙于南北和谈的伍廷芳虽承认"诚廷之过"，但又辩解说："此百日中，廷曾有一刻之闲从事于编纂否？即此百日中究能将法律编订妥协，审判方法颁布实行否？"并对陈其美干预司法的做法提出质疑："即使编订，如此案所定审判方法，执事遂以为不然，又何能实行乎？"[1]

3月31日，姚荣泽案审结，判处姚犯死刑。但陪审员研究后表决同意向临时大总统袁世凯申请减刑。随后，法庭向伍廷芳汇报，"力主轻减"。但当时伍廷芳已交卸司法总长职务，无法再用印发文，改由驻沪通商交涉使温宗尧于4月11日代为呈文袁世凯请求"恩减"。[2]

就在姚荣泽案审讯期间，袁世凯以新举大总统名义颁布大赦令，宣布对3月10日之前的犯罪行为，除了命案和抢劫之外，一律赦免，并据此于4月13日特赦姚荣泽免于死刑。[3]

这让部分革命党人义愤难平，转而抨击伍廷芳。4月16日，同盟会成员主办的《太平洋报》发表题为《伍廷芳破坏法律》的短评，批评伍廷芳"司法总长一手掩之"为姚荣泽求情，并以问罪的口吻提出："姚荣泽可杀，以可杀者而纵之不杀，其罪可作何等议？"同日，伍廷芳以《答客问》的形式为自己辩护。文中，他在声明自己"为主持遵守法律之人，讵有破坏法律之理"的同时，解释说减刑是陪审员和法官所为，自己"现已交卸司法职务，不能再发印电"。《太平洋报》显然并不认可伍廷芳的说法，第二天又刊登《赖账》一文和《伍廷芳说鬼话》的短评，认为伍廷芳撒谎。当日，伍廷芳又发表《答客

---

[1] 本段所引，见《伍廷芳集》，第502—503、510页。
[2]《伍先生（秩庸）公牍》，第80页。
[3]《袁世凯全集》第19卷，第627、715页。

问》一文,再度否认自己致电袁世凯为姚荣泽求情。[1]

尽管伍廷芳表示不与《太平洋报》计较,但也深感"好人难做"。在他看来,是否赦免,取决于袁世凯,"应赦与否,其权又悉操诸大总统之手",和自己并无关系。而革命党人如此不分青红皂白地加以攻击,自然使得伍廷芳与他们日益疏远。[2]

姚荣泽案尚未了结,又爆发了宋汉章案。

所谓宋汉章案是指中国银行(原大清银行)上海分行经理宋汉章被逮捕一案。宋汉章原名宋鲁,民国建立后改名,长期在银行界任职。上海光复之初,他随陈锦涛(后为财政总长)转向革命。1912年初,陈其美因军饷不足,向宋氏索取五十万两白银。[3]宋汉章以手续不合,拒绝付款。3月24日陈其美乘宋汉章赴宴之机,派人将其逮捕。

陈其美逮捕宋汉章案是民元时期轰动申城的大案。近年来越来越多的研究表明,"陈其美之所以要制造宋案,其矛头并非对着宋本人,而是意在破坏与中华商业储蓄银行争夺央行权利的中国银行的名声"。[4]

而对身为司法总长的伍廷芳来说,他更关心的不是中央银行花落谁家,而是司法的独立与公正。在伍廷芳看来,宋汉章现为中国银行经理,即便有罪,应由财政总长或中国银行监督查办,再向司法机关起诉。陈其美悍然派兵将其逮捕,"实为蔑视司法,侵越权限"。在3月29日的咨文中,伍廷芳直言陈其美在此案中犯了违法受理、妄加诱捕、没有于二十四小时内送交法庭正式审判三项错误,批评陈其美

---

[1] 本段所引,均见《伍廷芳集》,第330—331、522—523页。

[2] 《伍廷芳集》,第521—523页。

[3] 也有说"沪军都督陈其美曾多次提出商借一百万库存资金以为军用,均遭拒绝,遂起惩办宋汉章之念",见张礼恒:《论辛亥革命期间伍廷芳与革命党人的关系》,《近代史研究》2002年第1期,第141页。

[4] 邢建榕:《宋汉章与小万柳堂绑架案》,《档案春秋》2011年第11期,第16页。

之举"为满清行政官吏所不敢为之事","实属蹂躏人民之自由权,违犯《临时约法》第六条"。[1]

随着4月1日孙中山解临时大总统之职,伍廷芳也交卸司法总长,但他与陈其美关于宋汉章案的辩论一直持续到4月25日。尽管伍廷芳曾为执业律师,但碰到陈其美这样的武夫,恰是秀才遇到兵。争论激烈之际,伍廷芳见无法说服陈其美,甚至提出以一千元为抵押,请中间人对二人的言论做评判。[2]类似儿戏之举,也显示出伍廷芳对陈其美的无可奈何。陈其美则不无讥讽地回复说:"美从未服官满清,阮囊羞涩,无以应命。"[3]

在社会各界的一致声援下,4月15日,被关押了二十多天的宋汉章取保获释,所谓的宋汉章舞弊案也不了了之。4月18日,宋汉章复任上海中国银行经理之职。此后,他长期主持中国银行上海分行及总行的工作,1948年担任中国银行董事长。

宣统三年九月沪军都督府成立后,伍廷芳曾以沪军都督府外交总长的身份,与沪军都督陈其美有过不错的合作。如今的断断辩争,估计远出二人意料之外。有观点认为,陈其美处理两案的动机并无私心。关于姚荣泽案,陈其美在2月4日致南京临时政府的信中说:"我辈之所以革命者,无非平其不平。今民国方新,岂容此民贼、汉奸戴反正之假面具,以报其私仇,杀我同志?其美不能不为同人昭雪,粉身碎骨,有所不辞。"[4]关于宋汉章案,他则说是为了纾解民国政府的财政困难,"总期一切公款,涓滴归公,不使一二奸商,任情乾没"。[5]

但在伍廷芳看来,陈其美处理两案的方式显然违背了独立司法、文明审判的宗旨。长期留洋生活的熏陶,加上青年时期研习法律甚

---

[1]《伍廷芳集》,第512、515—517页。
[2]《伍廷芳集》,第526页。
[3]《伍先生(秩庸)公牍》,第117页。
[4]《伍先生(秩庸)公牍》,第53页。
[5]《伍廷芳评传》,第333页。

深,使得伍廷芳视法律尊严为天条,视司法独立为生命。他曾自明心志,自己早年就对"民权"之说深为仰慕,"惜其时处异族专制政府之下,不能发展所能,以行平生志愿,抱憾良多"。[1]正是出于对清王朝专制的不满,伍廷芳才在古稀之年"反转",投身革命。如今,革命党人以推翻君主专制统治、建立以三权分立为原则的民主共和国为己任,却频频发生以长官意旨凌驾法律的举动,无疑令伍廷芳深感失望。

令人不解的是,查《孙中山全集》等史料,在伍廷芳与陈其美长达两个月迹近谩骂的辩论中,身为南京临时政府大总统的孙中山竟未置一词,更未出手调和;对革命党人掌握的《太平洋报》攻击伍廷芳之举,也从未阻止。这些,无疑令伍廷芳寒心。[2]

为此,辞去司法总长之职后,伍廷芳便与革命党人逐渐疏远了。据统计,在1911年冬到1913年春,曾有十二个政党把伍廷芳列为发起人、赞助者、内部领袖、名誉会长。但1912年8月,宋教仁联合四个小党与同盟会重组国民党时,伍廷芳并未加入。[3]甚至,对于孙中山等在1913年发动的"二次革命",伍廷芳"颇有微词"。[4]

与孙中山重修于好

从1912年辞去南京临时政府司法总长职务,到1916年11月接受黎元洪之聘出任中华民国外交总长,伍廷芳在上海观渡庐过了四年多的寓公生活。他虽然一度对现实深感失望,醉心于灵学研究,但很快

---

[1]《伍廷芳集》,第517页。
[2] 有观点认为,孙中山在法理上完全赞同伍廷芳的见解,主张遵循三权分立原则,以法治代人治,官吏施政处事必须遵守法律。但在实际政治斗争中,他又必须保护支撑东南大局的陈其美。如此,陷入左右为难。见《伍廷芳评传》,第334页。
[3] 丁贤俊:《论孙中山与伍廷芳》,《近代史研究》1987年第4期,第129页。
[4]《伍廷芳评传》,第445页。伍廷芳批评说:"上年赣省煽乱,变起仓皇,殊形卤莽,追原祸始,亦具理由,盖误会政府潜行专制耳。"见《伍廷芳集》,第651页。

重新振作，撰写了《中华民国图治刍议》，反思南京临时政府治理的经验教训，出版了《美国视察记》等书为民国治理提供借鉴。

1915年底袁世凯筹划称帝，当时在"筹安会"等的策划下，全国各省督军等已纷纷表示同意，而追求民主共和的伍廷芳和唐绍仪公开反对，"不管他洪宪还是宪洪，只晓得今年是民国五年，明年是民国六年。维持这个年号，以至万年万万年"。[1]

1916年6月袁世凯去世后，黎元洪继任总统，段祺瑞出任国务总理。11月13日，黎元洪任命伍廷芳为外交总长。[2]

年逾古稀的伍廷芳履新未久，就陷入"府院之争"的旋涡。1917年5月上旬，段祺瑞为取得日本的经济援助和武器供应，以壮大皖系实力，紧急向国会提出对德宣战案。为了迫使国会通过，以他为代表的皖系要员组织五族请愿团、公民请愿团、军政商界请愿团共三千多人，包围众议院殴辱议员，扬言通过参战案才解散。这种野蛮的行为，激怒了议员——他们宣布停止会议，包括伍廷芳在内的国务员先后辞职。

5月23日，黎元洪任命伍廷芳代理国务总理，副署总统命令，免去段祺瑞国务总理职务，随后任命李经羲为国务总理。随着"府院之争"的进一步升级，由北洋军阀担任督军的安徽、山东、陕西各省纷纷通电脱离中央。黎元洪无奈之下，邀请张勋进京调解。张勋答应进京的同时，要求黎元洪三天之内下令解散国会。但是，总统解散国会，须国务总理副署。尽管有张勋的威逼、陆军总长王士珍和步兵统领江朝宗的劝说以及黎元洪的利诱[3]，伍廷芳依然表示"职可辞而名不可署；头可断而法不可违"。在个人安全遭到威胁时，他仍坦然回答："我研究灵魂学颇有心得，不副署这道命令，充其量不过是一死

---

[1]《伍先生（秩庸）公牍》，第32页。
[2]《北洋政府公报》第96册，第463页，1916年11月14日。段祺瑞组阁之初，提名唐绍仪为外交总长，但遭到张勋等人的反对。后来改为提名伍廷芳，获国会通过。
[3]《伍廷芳集》，第801—803页。

而已,但是死并不是一件可怕的事情。凡是没有做过坏事的人,死后的灵魂都比生前的躯壳快乐得多。"[1]他始终维护《中华民国临时约法》的尊严和地位,坚持"约法无解散国会明文",无论如何不肯副署。

无奈之下,6月12日凌晨,黎元洪任命江朝宗代伍廷芳充总理,副署了解散国会的命令。

后来的事实证明伍廷芳的担心并非多余。带兵进京的张勋策动了复辟,恢复帝制。交通总长梁敦彦出任溥仪小朝廷外务部尚书。当梁敦彦通电各国要求承认复辟朝廷时,携外交总长印信出走上海的伍廷芳于7月7日发表声明,表示自己"虽曾呈请辞职,然未奉大总统批准,于名义上、实际上仍为民国外交总长",与复辟派针锋相对;同时通电直斥溥仪复辟小朝廷为"伪政府"、梁敦彦为"伪外务部尚书"、外务部为"伪外务部";还提醒各省督军省长和各国驻华公使"所有外交一切事件""所有国际上一切外交事宜及应行商办事件"仍直接与他联系办理。[2]

短短十二天后,张勋复辟失败。段祺瑞再度出任国务总理,掌握北京政府实权。由于段氏拒绝恢复旧国会,宣称重新进行议员选举、成立"新"国会。1917年7、8月间,孙中山发起第一次护法运动,与一百五十余名国会议员先后抵达广州,召开非常国会,成立中华民国广州军政府,自任大元帅,伍廷芳任外交总长。[3]然而,1918年5月,桂系军阀陆荣廷改组军政府、废除大元帅制改为总裁合议制,孙中山被迫"向国会非常会议辞大元帅之职"[4],回到上海。第一次护法运动以失败告终。

---

[1]《北洋军阀统治时期史话》第3册,第155—156页。
[2]《伍廷芳集》,第804—805页。
[3]由于财政部长唐绍仪迟迟未到任,1918年9月政务会议公推伍廷芳兼任财政部长。见《伍廷芳集》,第842页。
[4]《孙中山全集》第4卷,第470—472页。

关键时刻，伍廷芳致电孙中山，对其愤然离粤提出批评，希望孙中山早日南下就任总裁之职，继续护法运动。[1]孙中山虽并未南下，但在7月接受了政务总裁证书，并于9月指派徐谦为代表，赴广州参加军政府政务会议。[2]

尽管孙中山接受了政务总裁之职，维持了广州军政府表面的统一，但军政府内部依然矛盾重重：广东地方政府"擅以国会经费挪作军用，致国会无形解散，护法精神扫地以尽"[3]；主席总裁岑春煊独断专行，大事小情均由其一人定夺，身为财政总长的伍廷芳竟对公款支出的详细用途无从过问，以致自嘲为"伴食总裁"。[4]1920年3月29日，不愿再"虚与委蛇，供人傀儡"[5]的伍廷芳离开广州，前往上海。

离粤之时，伍廷芳带走了所兼的财政、外交两部总长印信，以及代理财政总长时交涉所得关余的节存一百八十余万元。如此，他的出走既使广州军政府的政务会议不足法定人数，又让军政府库空如洗。抵沪不久，他便于6月与孙中山、唐绍仪、唐敬尧在上海另筹成立军政府，继续护法运动。[6]

1920年，陈炯明率援闽粤军返粤讨桂，驱逐桂系军阀。10月下旬，岑春煊等发表宣言，取消广州军政府，解除总裁职务，逃离广州。11月下旬，孙中山离沪返粤重组政府机构。伍廷芳不顾七十九岁高龄，亲自随行，再度出任外交总长兼财政总长。

这是伍廷芳与孙中山重交于好的重要节点。1917年孙中山组织广州军政府时，伍廷芳"和中山的交情并未深厚，平素见孙公的手下

---

[1]《伍廷芳集》，第825—826页。
[2]《孙中山全集》第4卷，第492、503页。
[3]《伍廷芳集》，第870页。
[4]《伍先生（秩庸）公牍》，第45页。
[5]《伍廷芳集》，第869页。
[6]《伍廷芳集》，第871、874—876页。

作事也不大对",所以对孙中山不免心存成见。如今,在与袁世凯、岑春煊等人的对比下,伍廷芳认识到孙中山尽管有做事操切等缺点,但心胸坦荡,是一位真正的民主斗士。因此,重返广州后,伍廷芳多次表示"今知孙公实一爱国男儿,我决意竭我能力和他合力作事"。[1]

1921年4月7日,广州国会召开非常会议,议决中华民国组织大纲,选举孙中山为非常大总统。此后,孙中山一改往日成见,对伍廷芳极为倚重:同年10月,孙中山赴广西桂林筹划北伐时,代行非常大总统权力的便是伍廷芳;1922年3月他免去陈炯明广东省长职务时,继任省长的人选又是伍廷芳;在孙中山离粤期间,伍廷芳成了广东民国政府的发言人。[2]而伍廷芳对孙中山也颇为推重。有记载说:孙中山在桂林期间,伍廷芳因有事要征求孙中山意见,便嘱秘书起草函稿。秘书认为伍廷芳和孙中山都是民国元老,而且伍年龄比孙大,信函台头便写成"中山仁兄大鉴"。伍廷芳见了"忙说不对,亲笔改为'孙大总统钧鉴'"。[3]

1922年6月16日,陈炯明叛变。孙中山为叛军围困,脱险后退据珠海海军司令部,暂居永丰舰。第二天,伍廷芳不顾危险,同卫戍司令魏邦平登舰慰问孙中山,商议讨伐陈炯明事宜。回来之后,伍廷芳为陈炯明叛变之事忧愤交集,6月18日突发肺炎,6月23日病逝于广东。

听闻伍廷芳逝世噩耗,正在永丰舰的孙中山悲痛地对将士们说:"今日伍总长之殁,无异代我先死,亦即代诸君而死。为伍总长个人计,诚死得其所。惟元老凋谢,自后共谋国事,同德一心,恐无伍总长其人矣!吾军惟有奋勇杀贼,继承其志,使其瞑目于九泉之下,以尽后死者之责而已。"[4]

---

[1]本段所引,均见《伍先生(秩庸)公牍》,第47页。
[2]《伍廷芳评传》,第460页。
[3]《伍先生(秩庸)公牍》,第47页。
[4]《孙中山全集》第6卷,第153页。

12月17日，伍廷芳追悼会在上海举行。孙中山亲临主祭，敬献祭文，另致挽幛"天下憝遗"，题挽额"人亡国瘁"。[1]

作为前清高官的伍廷芳，与作为前清通缉犯的孙中山，在一段时期曾视彼此为仇敌。宣统元年（1909），伍廷芳致电清廷，呈报革命党从美国运送军火回国策划起义的消息，"访闻近有逆党由南洋电美华侨筹办款项，及有美人代购炸药乘美国丸赴香港，转运京师各省，希图举事"。[2]在当时，伍廷芳尚称革命人士为"逆党"。1922年5月，伍廷芳还曾对《字林报》记者说："余于孙中山氏，有一时期亦尝不之信任，当余为（驻）美国公使时，固尝竭力运动美国外交部力阻其登岸。"[3]

一直以来，伍廷芳对欧美政治体制推崇有加。依照三权分立原则，在中国建立一个司法独立的资产阶级共和国是其毕生的政治追求。尽管他既没有加入同盟会，也没有涉足国民党，更没有参加中华革命党，但他始终坚持民主共和倾向，确认民主革命建立的共和政体不可毁弃。张勋复辟后的1917年7月12日，伍廷芳在一次演讲中曾批驳共和制度不适合中国国情的观点："外人辄曰：华人尚不适共和政体，应徐徐为之。今宜行君主立宪，以一强固人物为之元首，斯言或亦不误。吾亦谓中国应有一强固人物总揽一切。然而此人非具有新思想及以民治精神施行政治不可……余之唯一目的为拥护民国。"[4]

对政治人物而言，公谊重于私情。对民主共和政体的共同追求，使得孙中山、伍廷芳在政治大方向上保持一致，并最终走到了一起。通过"二次革命"、护国运动、两次护法运动，伍廷芳对孙中山的认识逐渐加深。1921年5月，他在答记者问时由衷地说："余观孙大总统，确是爱国之人。余前数年未与他共事，因当时未知其人也。今时

---

[1]《孙中山全集》第6卷，第641页。
[2]《伍廷芳集》，第301页。
[3]丁贤俊、梁尚贤整理：《〈伍廷芳集〉补遗》，《近代史资料》总88号，第207页。
[4]《伍廷芳集》，第810—811页。

知之矣。其人宁牺牲性命而救祖国，其人又非自私自利者。"1922年5月，他还告诉《字林报》记者，自1919年以后，自己对孙中山完全信任，"绝对信仰其人格之完全，爱国之诚挚"。[1]

1923年6月22日，伍廷芳逝世一周年之际，孙中山特颁《褒扬伍廷芳令》，赞扬伍氏"学术闳通，名重中外"，"拒绝副署解散国会命令，大节凛然。随本大元帅南来，以护法倡率各省，屡经艰阻，志气不挠"，认为伍氏"非惟民国之元勋，实乃人伦之楷模"[2]，并派胡汉民代表自己前往致祭，表达哀思。1924年12月3日，孙中山签署大总统令，为伍廷芳举行国葬，并再度亲撰祭文。[3]1925年1月，时在北京的孙中山，还抱病写了《伍廷芳墓表》长文，记述伍氏"生平志事关系家国之大者"，"以告天下后世，俾知所楷模焉"。[4]

人之相交相知，有"白首如新、倾盖如故"的一见倾心，有"路遥知马力、日久见人心"的逐渐了解。伍廷芳和孙中山，两位有着长期旅外经历的广东同乡，两位民主共和制度的推崇者，尽管曾有种种矛盾，但最终冰释前嫌、殊途同归，成为革命征程上的同路知己，成就了一段千载之下依然动人的友情。

---

[1] 本段所引，均见丁贤俊、梁尚贤整理：《〈伍廷芳集〉补遗》，《近代史资料》总88号，第187、207页。
[2] 中国社会科学院近代史研究所等编：《孙中山全集》第7卷，中华书局1985年版，第56—61页。
[3]《孙中山全集》第11卷，第445、478—479页。
[4]《孙中山全集》第11卷，第577—578页。

参考书目

档案与史料

- 中国第一历史档案馆藏：《军机处上谕档》《军机处录副档》《宫中朱批奏折》《大清宣宗成皇帝实录》《大清文宗显皇帝实录》《大清穆宗毅皇帝实录》《大清德宗景皇帝实录》《大清宣统政纪》《宗人府档案》《内务府全宗》《民政部全宗》《赵尔巽全宗档案》
- 中国第一历史档案馆、海峡两岸出版交流中心编：《清宫辛亥革命档案汇编》，九州出版社，2011年
- 中国第一历史档案馆编：《清代官员履历档案全编》第6册，华东师范大学出版社，1997年
- 中国第一历史档案馆编：《光绪朝朱批奏折》，中华书局，1996年
- 中国第一历史档案馆编：《清代军机处电报档汇编》第24册，中国人民大学出版社，2005年
- 中国第一历史档案馆编：《光绪朝上谕档》第三十一册，广西师范大学出版社，1996年
- 中国第一历史档案馆编：《清代档案史料丛编》第8辑，中华书局，1982年
- 中国第一历史档案馆编：《义和团档案史料续编》下册，中华书局，1990年
- 中国第二历史档案馆编：《善后会议》，档案出版社，1985年
- 中国第二历史档案馆编：《中华民国史档案资料汇编》，江苏古籍出版社，1991年

- 上海图书馆藏：盛宣怀未刊档案

- 安维峻：《谏垣存稿》，甘肃人民出版社，1991年
- 北京大学历史系中国近代史教研室编：《义和团运动史料丛编》第1辑，中华书局，1964年
- 北京市档案馆编：《那桐日记》，新华出版社，2006年
- 卞孝萱、唐文权编：《辛亥人物碑传集》，团结出版社，1991年
- 财政科学研究所、中国第二历史档案馆编：《民国外债档案史料》，档案出版社，1989年
- 岑春煊：《乐斋漫笔》，中华书局，2007年
- 陈灨一：《新语林》，上海书店出版社，1997年
- 陈夔龙：《梦蕉亭杂记》，中华书局，2007年
- 陈旭麓、顾廷龙、汪熙主编：《辛亥革命前后——盛宣怀档案资料选辑之一》，上海人民出版社，1979年
- 陈旭麓主编：《宋教仁集》，中华书局，1981年
- 陈锡祺主编：《孙中山年谱长编》，中华书局，1991年
- 崇彝：《道咸以来朝野杂记》，北京古籍出版社，1982年
- 端方：《端忠敏公奏稿》卷八，文海出版社，1967年
- 丁文江、赵丰田：《梁启超年谱长编》，上海人民出版社，1983年
- 丁贤俊、喻作凤编：《伍廷芳集》，中华书局，1993年
- 高平叔编：《蔡元培全集》，中华书局，1984年
- 郭廷以等主编：《清季中日韩关系史料》第7卷，台湾"中央研究院"近代史研究所，1972年
- 公孙訇：《冯国璋年谱》，河北人民出版社，1989年
- 郭嵩焘著，杨坚校补：《郭嵩焘奏稿》，岳麓书社，1983年
- 郭廷以：《郭嵩焘年谱》，台湾"中央研究院"近代史研究所，1971年
- 国家图书馆编：《清内务府档案文献汇编》第9册，全国图书馆文献缩微复制中心，2004年
- 韩延龙、苏亦工等：《中国近代警察史》，社会科学文献出版社，2000年
- 湖南省社会科学院编：《黄兴集》，中华书局，1981年

- 黄兴：《黄兴自述》，人民日报出版社，2011年
- 劳乃宣：《桐乡劳先生（乃宣）遗稿》，文海出版社，1969年
- 李鸿章：《李鸿章全集》，时代文艺出版社，1998年
- 李希沁等编：《护国运动资料选编》，中华书局，1984年
- 辽宁省档案馆编：《辛亥革命在辽宁档案史料》，1981年
- 刘锦藻编：《清朝续文献通考》卷三三七，商务印书馆，1955年
- 罗刚编著：《中华民国国父实录》第3册，正中书局，1988年
- 罗家伦主编，黄季陆增订：《国父年谱》，近代中国出版社，1994年
- 骆宝善、刘路生主编：《袁世凯全集》，河南大学出版社，2013年
- 毛泽东：《毛泽东选集》第5卷，人民出版社，1977年
- 冒怀苏编著：《冒鹤亭先生年谱》，学林出版社，1998年
- 钱实甫编著：《北洋政府职官年表》，华东师范大学出版社，1991年
- 清华大学校史研究室：《清华大学史料选编》第1卷，清华大学出版社，1991年
- 《清末筹备立宪档案史料》下册，中华书局，1979年
- 《清实录》第28册，中华书局，1986年
- 全国政协文史资料研究委员会编：《晚清宫廷生活见闻》，文史资料出版社，1982年
- 全国政协文史资料研究委员会编：《辛亥革命回忆录》，文史资料出版社，1961—1963年
- 全国政协文史资料研究委员会编：《文史资料选辑》第39辑，文史资料出版社，1963年
- 任青、马忠文整理：《张荫桓日记》，上海书店出版社，2004年
- 荣庆著，谢兴尧点校：《荣庆日记》，西北大学出版社，1986年
- 善著：《肃忠亲王遗集》，小平总治刊刻版，1928年
- 上海社会科学院历史研究所编：《辛亥革命在上海史料选辑》，上海人民出版社，1981年
- 绍英著，张剑整理：《绍英日记》，中华书局，2018年
- 沈祖宪、吴闿生编纂：《容庵弟子记》第1卷，文海出版社，1966年
- 盛宣怀：《愚斋未刊信稿》，文海出版社，1974年

- 盛宣怀:《愚斋存稿》,文海出版社,1975年
- 奭良:《清史馆馆长前东三省总督盛京将军赵公行状》,《无补老人哀挽录》,民国铅印本,国家图书馆古籍馆藏
- 司马迁:《史记》,中华书局,1959年
- 《肃忠亲王纪念碑拓本》,小平总冶赠呈南满洲铁道株式会社,大连图书馆藏
- 孙宝瑄:《忘山庐日记》,上海人民出版社,2015年
- 谭群玉、曹天忠编:《岑春煊集》,广东人民出版社,2019年
- 汪荣宝:《汪荣宝日记》,中华书局,2003年
- 汪敬虞编:《中国近代工业史资料》,科学出版社,1957年
- 王尔敏、吴伦霓霞合编:《盛宣怀实业朋僚函稿》(下),台湾"中央研究院"近代史研究所,1997年
- 王树枏:《陶庐老人随年录》,中华书局,2007年
- 王树枏、吴廷燮、金毓黻等纂:《奉天通志》,东北文史丛书编辑委员会,1983年
- 王云五主编,凤冈及门弟子谨编:《民国梁燕孙先生士诒年谱》,台湾商务印书馆,1978年
- 温肃:《清温侍御毅夫年谱》,台湾商务印书馆,1986年
- 翁同龢:《翁同龢日记》,中华书局,1992—1998年
- 吴廷燮:《段祺瑞年谱》,中华书局,2007年
- 武汉大学经济学系编:《旧中国汉冶萍公司与日本关系史料选辑》,上海人民出版社,1985年
- 夏东元:《盛宣怀年谱长编》,上海交通大学出版社,2004年
- 徐润:《徐愚斋自叙年谱》,《近代中国史料丛刊续编》第50辑,文海出版社,1978年
- 徐世昌:《徐世昌日记》,北京人民出版社,2013年
- 苑书义、孙华峰、李秉新主编:《张之洞全集》第2册,河北人民出版社,1998年
- 恽毓鼎著,史晓风整理:《恽毓鼎澄斋日记》第2册,浙江古籍出版社,2004年

- 佚名编：《伍先生（秩庸）公牍》，《近代中国史料丛刊》第66辑，文海出版社，1971年
- 载沣：《醇亲王载沣日记》，群众出版社，2014年
- 曾国藩：《曾国藩全集·日记三》，岳麓书社，2011年
- 章开沅、罗福惠、严昌洪：《辛亥革命史资料新编》，湖北人民出版社，2006年
- 《张謇全集》编纂委员会编：《张謇全集》，上海辞书出版社，2012年
- 赵炳麟：《赵柏严集》，文海出版社，1975年
- 赵尔巽等：《清史稿》，中华书局，1977年
- 张国福选编：《参议院议事录》，北京大学出版社，1989年
- 张国福选编：《参议院议决案汇编》（甲部二册），北京大学出版社，1989年
- 张守中编：《张人骏家书日记》，中国文史出版社，1993年
- 张廷玉等撰：《明史》，中华书局，1974年
- 郑孝胥著，劳祖德整理：《郑孝胥日记》，中华书局，1993年
- 中国国民党中央委员会党史委员会编：《王宠惠先生文集》，台湾文物供应社，1981年
- 中国科学院历史研究所第三所编：《庚子记事》，科学出版社，1959年
- 中国科学院历史研究所第三所主编：《锡良遗稿·奏稿》（二），中华书局，1959年
- 中国人民政治协商会议湖北省委员会编：《辛亥首义回忆录》，湖北人民出版社，1979—1981年
- 中国人民政治协商会议北京市委员会文史资料委员会编：《文史资料选编》第12辑，北京出版社，1982年
- 中国社会科学院近代史研究所等编：《孙中山全集》，中华书局，1981—1986年
- 中国史学会主编：《辛亥革命》，上海人民出版社，1957年
- 钟碧容、孙彩霞编：《民国人物碑传集》，四川人民出版社，1997年
- 周秋光编：《熊希龄集》，湖南人民出版社，2008年
- 邹念之编译：《日本外交文书选译——关于辛亥革命》，中国社会科学出版社，1980年
- 左宗棠：《左宗棠全集·奏稿八》，岳麓书社，1996年

- 《北洋政府公报》
- 《大公报》
- 《东方杂志》
- 《国风报》
- 《申报》
- 《时报》
- 《盛京时报》

论 著

- 艾永明、李晟：《臣纲：清代文官的游戏规则》，法律出版社，2008年
- 白钢主编：《中国政治制度通史》（清代卷），人民出版社，1996年
- 北京市政协文史资料委员会编：《辛亥革命后的北京满族》，北京出版社，2002年
- 北京市政协文史资料委员会：《府园名址》，北京出版社，2000年
- 陈旭麓、方诗铭、魏建猷主编：《中国近代史词典》，上海辞书出版社，1982年
- 池子华：《红十字与近代中国》，安徽人民出版社，2004年
- 大陆杂志社编：《中国近代学人象传》，文海出版社，1985年
- 戴逸、李文海主编：《清通鉴》，山西人民出版社，2000年
- 丁士源：《梅楞章京笔记》，中华书局，2007年
- 丁贤俊、喻作凤：《伍廷芳评传》，人民出版社，2005年
- 定宜庄：《最后的记忆——十六位旗人妇女的口述历史》，中国广播电视出版社，1999年
- 杜格尔德·克里斯蒂著，张士尊、信丹娜译：《奉天三十年（1883—1913）——杜格尔德·克里斯蒂的经历与回忆》，湖北人民出版社，2007年
- 杜春和编：《白朗起义》，中国社会科学出版社，1980年
- 费正清：《剑桥中国晚清史：1800—1911年》，中国社会科学出版社，1985年
- 费正清：《剑桥中华民国史》，中国社会科学出版社，1994年
- 费行简：《近代名人小传》，文海出版社，1967年
- 冯尔康：《雍正传》，人民出版社，1985年

- 冯其利：《清代王爷坟》，紫禁城出版社，1996年
- 冯其利、周莎：《重访清代王爷坟》，北京燕山出版社，2007年
- 冯天瑜、张笃勤：《辛亥首义史》，湖北人民出版社，2011年
- 冯自由：《革命逸史》，新星出版社，2009年
- 冯玉祥：《我的生活》，上海教育书店，1947年
- 谷钟秀：《中华民国开国史》，文海出版社，1966年
- 何刚德：《春明梦录》，北京古籍出版社，1995年
- 河南省地方史志编纂委员会主编：《河南辛亥革命史事长编》，河南人民出版社，1986年
- 赫德兰：《权谋档案——一个美国人眼中的晚清宫廷》，团结出版社，2011年
- 侯宜杰：《袁世凯传》，百花文艺出版社，2005年
- 胡滨译：《英国蓝皮书有关辛亥革命资料选译》上册，中华书局，1984年
- 胡平生：《民国初期的复辟派》，台湾学生书局，1985年
- 胡绳武、金冲及：《辛亥革命史稿》，上海辞书出版社，2011年
- 胡思敬：《国闻备乘》，中华书局，2007年
- 胡思敬：《退庐全集》，文海出版社，1969年
- 黄远庸：《黄远生遗著》，华文书局，1938年
- 黄毅编：《袁氏盗国记》，文海出版社，1967年
- 黄宗汉、王灿炽编著：《孙中山与北京》，人民出版社，1996年
- 黄藻鞠人编述：《河南福公司矿案纪实》，国家图书馆藏
- 吉林省政协文史资料委员会编：《吉林百年》，吉林人民出版社，1990年
- 贾英华：《末代皇帝的非常人生》，人民文学出版社，2012年
- 江西省轻工业厅陶瓷研究所编：《景德镇陶瓷史稿》，生活·读书·新知三联书店，1959年
- 蒋芜苇、隋鸿跃：《爱新觉罗氏的后裔们》，上海人民出版社，1997年
- 金宏达、于青编：《张爱玲文集》第4卷，安徽文艺出版社，1992年
- 康有为撰，姜义华、张荣华编校：《康有为全集》，中国人民大学出版社，2020年
- 李平书：《李平书七十自叙》，上海古籍出版社，1989年
- 李文海等：《近代中国灾荒纪年》，湖南教育出版社，1990年

- 李新芝、谭晓萍主编：《朱德纪事》，中央文献出版社，2011年
- 李昕：《南海何曾隐风流：清末广东水师提督李准纪事》，海南出版社，2020年
- 李泽厚：《中国思想史论》，安徽文艺出版社，1999年
- 李宗仁口述，唐德刚撰写：《李宗仁回忆录》，广西人民出版社，1988年
- 李宗一：《袁世凯传》，中华书局，1980年
- 辽宁省地方志编纂委员会办公室主编：《辽宁省志·教育志》，辽宁大学出版社，2001年
- 梁启超：《饮冰室合集》，中华书局，1989年
- 林克光等主编：《近代京华史迹》，中国人民大学出版社，1985年
- 林志宏：《民国乃敌国也——政治文化转型下的清遗民》，中华书局，2013年
- 刘成禺、张伯驹：《洪宪纪事诗三种》，上海古籍出版社，1983年
- 刘江华：《清朝最后的120天》，生活·读书·新知三联书店，2021年
- 刘厚生：《张謇传记》，上海书店出版社，1985年
- 龙翔、泉明：《最后的皇族：大清十二家"铁帽子王"逸事》，北京大学出版社，2011年
- 鲁海：《青岛民国往事》，青岛出版社，2012年
- 鲁宁：《瑰宝遗梦：恭王府流失文物寻踪》，北京出版社，2010年
- 鲁迅：《鲁迅全集》，人民文学出版社，2005年
- 鲁勇、鲁军编：《历史的诉说：清宫与青岛》，延边大学出版社，2003年
- 陆仰渊、方庆秋主编：《民国社会经济史》，中国经济出版社，1991年
- 罗尔纲：《晚清兵志》第3卷，中华书局，1997年
- 罗志田：《权势转移：近代中国的思想与社会》（增订版），生活·读书·新知三联书店，2024年
- 骆惠敏编：《清末民初政情内幕：〈泰晤士报〉驻北京记者、袁世凯政治顾问乔·尼·莫理循书信集下：1912—1920》，知识出版社，1986年
- 马达汉：《马达汉西域考察日记（1906—1908）》，中国民族摄影艺术出版社，2004年
- 马平安：《最后一个铁帽子王：爱新觉罗·奕劻的是是非非》，中华书局，2016年
- 马震东：《袁氏当国史》，团结出版社，2008年

- 茅海建：《天朝的崩溃：鸦片战争再研究》（修订版），生活·读书·新知三联书店，2014年
- 溥仪：《我的前半生》，群众出版社，1964年
- 青海省志编纂委员会编：《青海历史纪要》，青海人民出版社，1987年
- 邱远猷主编：《中国近代官制词典》，北京图书馆出版社，1991年
- 丘逢甲：《岭云海日楼诗钞》，上海古籍出版社，2009年
- 秦国经：《逊清王室秘闻》，故宫出版社，2014年
- 瞿兑之：《铢庵文存》，辽宁教育出版社，2001年
- 任光椿：《将军行——蔡锷传》，团结出版社，1996年
- 单士元：《故宫札记》，紫禁城出版社，1990年
- 沈云龙：《现代政治人物述评》（增订本），文海出版社，1966年
- 升允著，宫岛大八编纂：《东海吟·东海吟拾遗》，1935年
- 宋路霞：《李鸿章家族：晚清第一家》，重庆出版社，2005年
- 孙永都、孟昭星：《简明古代职官辞典》，北京图书馆出版社，1987年
- 唐德刚：《从晚清到民国》，中国文史出版社，2015年
- 陶菊隐：《北洋军阀统治时期史话》，生活·读书·新知三联书店，1958年
- 托克维尔著，冯棠译：《旧制度与大革命》，商务印书馆，1992年
- 王鸿宾、向南、孙孝恩主编：《东北教育通史》，辽宁教育出版社，1992年
- 王家诚：《溥心畬传》，百花文艺出版社，2007年
- 王天奖、邓亦兵：《辛亥革命在河南》，河南人民出版社，1981年
- 王铁崖：《中外旧约章汇编》第2册，生活·读书·新知三联书店，1959年
- 沃丘仲子：《当代名人小传》，中原书局，1926年
- 卫礼贤：《青岛的故人们》，青岛出版社，2007年
- 卫礼贤：《德国孔夫子的中国日志——卫礼贤博士一战青岛亲历记》，福建教育出版社，2012年
- 吴长翼编：《魂断紫禁城——袁世凯秘事见闻》，中国文史出版社，2001年
- 夏东元：《盛宣怀传》，四川人民出版社，1988年
- 肖宗志：《候补文官群体与晚清政治》，巴蜀书社，2007年
- 徐一士：《一士谭荟》，中华书局，2007年
- 徐铸成：《徐铸成传记三种》，学林出版社，1999年

- 许指严：《十叶野闻》，三晋出版社，2022年
- 杨国强：《两头不到岸：二十世纪初年中国的社会、政治和文化》，生活·读书·新知三联书店，2023年
- 杨天石、李遇春主编：《近代旧体诗文集萃编》第53册，国家图书馆出版社，2023年
- 杨学琛、周远廉：《清代八旗王公贵族兴衰史》，辽宁人民出版社，1986年
- 杨荫溥：《上海金融组织概要》，商务印书馆，1930年
- 杨幼炯：《近代中国立法史》，商务印书馆，1936年
- 叶景葵：《叶景葵杂著》，上海古籍出版社，1986年
- 郁达夫：《郁达夫日记集》，浙江文艺出版社，1986年
- 赵琪等：《胶澳志》，成文出版社，1968年
- 赵珩：《二条十年》，中华书局，2019年
- 章伯锋统编，庄建平主编：《晚清民初政坛百态》，四川人民出版社，1999年
- 章永乐：《旧邦新造：1911—1917》，北京大学出版社，2011年
- 章开沅：《辛亥革命与近代社会》，华中师范大学出版社，2011年
- 张爱玲：《对照记》，北京十月文艺出版社，2007年
- 张镈：《我的建筑创作道路》（增订版），天津大学出版社，2011年
- 张德泽：《清代国家机关考略》，故宫出版社，2012年
- 张江裁：《汪精卫先生庚戌蒙难别录》，双照楼校印，1941年
- 张江裁：《汪精卫先生行实续录》，中国风土学会，1943年
- 张良福编著：《让历史告诉未来——中国管辖南海诸岛百年纪实》，海洋出版社，2011年
- 张守中编著：《方北集》，河北美术出版社，2014年
- 张晓辉、苏苑：《唐绍仪传》，珠海出版社，2004年
- 张寅彭主编：《民国诗话丛编》（二），上海书店出版社，2002年
- 张玉法：《民国初年的政党》，台湾"中央研究院"近代史研究所，2002年
- 中华民国史事纪要编委会：《中华民国史事纪要（初稿）》（1912年1月至6月），台湾"中华民国史料研究中心"，1971年
- 中共中央文献研究室编：《朱德传》，中央文献出版社，2006年
- 中共中央文献研究室编：《朱德年谱》（新编本），中央文献出版社，2016年

- 中国社会科学院近代史研究所主编：《中国近代通史》第6卷，江苏人民出版社，2007年
- 中国社会科学院近代史研究所编：《中国社会科学院近代史研究所青年学术论坛2005年卷》，社会科学文献出版社，2006年
- 珠海市政协、暨南大学历史系编：《唐绍仪研究论文集》，广东人民出版社，1989年
- 朱师辙：《清史述闻》卷十，上海书店出版社，2009年
- 朱寿朋编：《光绪朝东华录》，中华书局，1958年
- 庄士敦著，陈时伟等译：《紫禁城的黄昏》，求实出版社，1989年
- 周保銮：《中华银行史》第二编，商务印书馆，1919年
- 周叶中、江国华主编：《博弈与妥协——晚清预备立宪评论》，武汉大学出版社，2010年
- 朱传誉主编：《王宠惠传记资料》，天一出版社，1979年
- 邹念之编译：《日本外交文书选译——关于辛亥革命》，中国社会科学出版社，1980年
- 坐观老人：《清代野记》，巴蜀书社，1988年

- 爱新觉罗·连绅作，徐志刚整理：《我的爷爷肃亲王善耆》，《武汉文史资料》2009年第6期
- 白杰：《清末政坛中的肃清王善耆》，《满族研究》1993年第2期
- 柏文蔚：《五十年经历》，《近代史资料》总40号
- 蔡杰：《简论赵尔巽与清末监狱改良》，《牡丹江师范学院学报（哲学社会科学版）》2013年第1期
- 陈明：《〈中华民国接收北方各省统治权办法案〉与民初政争》，《广东社会科学》2023年第1期
- 陈元惠：《1908年河口起义与中法交涉》，《云南民族大学学报（哲学社会科学版）》2011年第7期
- 陈永鸿：《〈临时约法〉"因人立法"说考辩》，《汕头大学学报（人文社会科学版）》2024年第1期
- 崔鹏飞：《清政府发行"昭信股票"始末》，《金融教学与研究》1999年第5期

- 崔志海：《关于美国第一次退还部分庚款的几个问题》,《近代史研究》2004年第1期
- 崔巍：《庚子事件后那桐、盛宣怀给吕海寰的信》,《历史教学》1986年第4期
- 崔志海：《美国政府与晚清朝政（1901—1912）》,复旦大学博士学位论文
- 邓明：《一则民谣见两督》,《档案》2004年第3期
- 丁进军编选：《慈禧西逃时漕粮京饷转输史料》,《历史档案》1986年第3期
- 丁进军编选：《清外务部部分主要官员履历》,《历史档案》1986年第4期
- 丁进军编选：《有关川岛浪速的几件史料》,《历史档案》1993年第4期
- 丁士华整理：《盛宣怀遗产分析史料》,《近代史资料》总111号
- 《丁巳同难图记》,《近代史资料》总35号
- 丁贤俊、梁尚贤整理：《〈伍廷芳集〉补遗》,《近代史资料》总88号
- 丁贤俊：《论孙中山与伍廷芳》,《近代史研究》1987年第4期
- 冬烘刚：《从〈荣禄存札〉看晚清官场请托》,《历史档案》2013年第4期
- 杜春和：《关于白朗起义的几个问题》,《近代史研究》1981年第1期
- 丰杰：《论〈肃忠亲王遗集〉的辛亥革命叙事》,《南京晓庄学院学报》2014年第2期
- 伏传伟：《新朝与旧主的抉择——清史馆设置缘起与赵尔巽的就任》,《学术研究》2006年第5期
- 关捷：《赵尔巽在辛亥革命时期的政治行为》,《满族研究》1992年第1期
- 郭汉民：《杰出的爱国主义者——简论蔡锷一生所走过的道路》,《益阳师专学报》1997年第2期
- 郭建平：《辛亥革命张作霖进驻奉天新论》,《历史档案》1995年第1期
- 海纯良：《清末新政与外蒙古独立》,《内蒙古民族大学学报》2009年第1期
- 韩世杰：《黄钺与民国元年的秦州起义》,《档案》2012年第5期
- 韩永福：《〈清史稿〉的编修过程》,《历史档案》2004年第1期
- 胡汉民：《胡汉民自传》,《近代史资料》总45号
- 胡晓：《洪宪帝制时期的御用机构》,《安徽史学》2020年第5期
- 胡雪涛：《近代天津寓公群体研究（1912—1937）》,华中师范大学博士学位论文
- 会田勉：《川岛浪速与"满蒙独立运动"》,《近代史资料》总48号

- 吉迪整理：《大树堂来鸿集》，《近代史资料》总50号
- 吉迪注：《袁克定致冯国璋函》，《近代史资料》总45号
- 贾珺：《台榭富丽 水石含趣——记清末京城名园那家花园》，《中国园林》2002年第4期
- 姜伟：《唐绍仪与中国现代化——以任内阁总理期间为例》，《中北大学学报（社会科学版）》2005年第5期
- 蒋贵麟辑：《康有为收文录》，《近代史资料》总96号
- 蒋立场：《清末银价变动研究（1901—1911）》，苏州大学硕士学位论文
- 井振武：《从〈那桐日记〉看满清王公贵胄民初归隐津门的寓公生活》，《天津政协》2014年第10期
- 孔祥吉、村田雄二郎：《日本机密档案中的伍廷芳》，《清史研究》2005年第1期
- 孔祥吉：《晚清的北京当铺——以〈那桐日记〉为线索》，《博览群书》2009年第7期
- 黎照寰：《关于唐绍仪的生平及其与孙中山袁世凯容闳的关系》，《广东文史资料》第19辑
- 李恩涵：《唐绍仪与晚清外交》，《"中央研究院"近代史研究所集刊》第4期
- 李富厚：《京西北庆王园寝》，《北京档案》2011年第11期
- 李皓：《盛京将军赵尔巽赴任准备述论》，《历史档案》2013年第1期
- 李皓：《盛京将军赵尔巽与日俄战争后的奉天政局》，东北师范大学博士学位论文，2009年
- 李红光：《白朗研究》，山东大学硕士学位论文
- 李鸿斌：《孙中山与北京园林》，《北京园林》1995年第3期
- 李吉奎：《论民元唐绍仪内阁》，《学术研究》2013年第2期
- 李静：《张鸣岐研究》，山东大学硕士学位论文
- 李庆南：《清末最后三任湖广总督小传》，《武汉文史资料》2014年第8期
- 李少军：《国民革命前日本海军在长江流域的扩张》，《历史研究》2014年第1期
- 李细珠：《辛亥鼎革之际地方督抚的出处抉择——兼论清末"内外皆轻"权力格局的影响》，《近代史研究》2012年第3期

- 李振武:《李经羲与国会请愿运动》,《学术研究》2003年第3期
- 连振斌:《〈清史稿·瑞澂传〉补正》,《满族研究》2017年第1期
- 廖克玉口述,王铿整理:《哈同夫妇轶事点滴》,《社会科学战线》1979年第3期
- 林明德:《袁世凯与朝鲜》,《"中央研究院"近代史研究所专刊》1970年
- 《临时政府公报》第45号,《近代史资料》总25号
- 林志宏:《"我的朋友胡适之":1920年代的胡适与清遗民》,《近代中国》第十八辑
- 刘笃才:《〈临时约法〉"因人立法"说辩正》,《法学研究》2002年第5期
- 刘锋辑:《升允复辟阴谋》,《近代史资料》总35号
- 刘军学、彭秀良:《清朝末年的国民捐运动》,《档案天地》2009年第5期
- 刘天昌:《张人骏谈判收复东沙岛考证》(上),《军事史林》2019年第1—2期合刊
- 鲁海、张树枫、鲁军:《胶澳租界与封建复辟》,《东岳论丛》1989年第2期
- 吕坚:《方苏雅与昆明教案》,《北京档案》2000年第4期
- 马长林、黎霞选编:《辛亥江浙联军光复南京史料》,《上海档案》1991年第6期
- 马亚娜:《末代云贵总督李经羲研究》,云南大学博士学位论文
- 马延玉:《绍英奕劻两家联姻记》,《紫禁城》2003年第3期
- 《内务部通饬保护人民财产令》,《近代史资料》总25号
- 《南京临时政府公报》,《近代史资料》总25号
- 钱钢、胡劲草:《120名清朝幼童赴美留学的前前后后》,《档案》2004年第6期
- 钱永贤、耿明、邵白整理:《庞鸿书讨论立宪电文》,《近代史资料》总59号
- 乔叙五:《记白狼事》,《近代史资料》总10号
- 《清政府镇压武昌起义电文一组》,《历史档案》1981年第3期
- 权赫秀:《唐绍仪在近代朝鲜十六年活动考述》,《韩国研究论丛》2009年第2期
- 《日本与宗社党的关系》,《近代史资料》总35号
- 桑兵:《民国学界的老辈》,《历史研究》2005年第6期

- 山座圆次郎：《中国要人会见录》,《近代史资料》总48号
- 盛恩颐等：《盛宣怀行述》,《常州文史资料》第11辑
- 史华：《张勋藏札》,《近代史资料》总35号
- 宋慧娟：《唐绍仪入阁当议》,《吉林省教育学院学报》2005年第3期
- 宋路霞：《李鸿章家族海上沉浮录》(上),《江淮文史》2000年第1期
- 宋路霞：《李鸿章家族海上沉浮录》(中),《江淮文史》2000年第2期
- 宋欣：《宗社党研究》,西北民族大学硕士学位论文
- 孙宝田：《大连地方人士及往来书画名家轶事》,《大连文史资料》第3辑
- 孙燕京：《从〈那桐日记〉看清末权贵心态》,《史学月刊》2009年第2期
- 孙玉溱：《末代孤臣的哀鸣——清末蒙古族诗人升允简介》,《内蒙古大学学报(哲学社会科学版)》1987年第4期
- 孙械蔚：《恭亲王溥伟在大连》,《大连文史资料》第5辑
- 孙械蔚：《肃亲王善耆在旅顺》,《大连文史资料》第5辑
- 《孙中山致盛宣怀函两通》,《社会科学战线》1981年第4期
- 汪旻：《善耆与正金银行的贷款问题》,《大连近代史研究》第8卷
- 汪熙、吴心伯：《司戴德与美国对华"金元外交"》(上),《复旦学报(社会科学版)》1990年第6期
- 王公度：《清末彭英甲举办甘肃洋务实业的一些情况》,《甘肃文史资料选辑》第4辑
- 王桂云：《张人骏避居青岛始末》,《青岛史鉴》2010年第1期
- 王国彬辑：《1914年设立清史馆的几件史料》,《历史档案》2003年第4期
- 王民权、谢书文、柏雪梅：《西安市档案馆新征集五件历史文献简介》,《西安档案》2003年第2期
- 王守谦：《政治变迁中的中外企业竞争——福公司矿案研究(1898—1940)》,华中师范大学博士学位论文
- 王显国：《清末民初北京地区银元的兴起、盛行及其原因》,《博物院》2022年第3期
- 王益知注释：《沈曾植函稿》,《近代史资料》总35号
- 温广义：《清朝蒙古族进士科名小议》,《内蒙古社会科学》1982年第2期
- 吴佩林、董清平：《王宠惠何以担任民国首任外交总长》,《史学月刊》2014

年第10期
- 吴叔班记录，张树勇整理：《吴景濂自述年谱》（上），《近代史资料》总106号
- 吴永明：《民元日本策动满蒙"独立"阴谋述略》，《民国档案》2002年第2期
- 吴宝璋：《朱德与云南辛亥革命研究四题》，《研究朱德》（第一辑），2015年
- 西原龟三：《西原借款回忆》，《近代史资料》总38号
- 晓尧：《几页书札　一段历史——孙中山先生1912年在北京会晤摄政王载沣之探源》，《艺术市场》2003年第Z2期
- 宪均：《善耆反对宣统退位图谋复辟》，《文史资料选编》第12辑
- 项小玲：《善耆与〈肃忠亲王遗集〉》，《满族研究》1997年第1期
- 邢建榕：《宋汉章与小万柳堂绑架案》，《档案春秋》2011年第11期
- 徐文勇：《两广学务处沿革考略》，《历史教学（高校版）》2008年第9期
- 徐一士：《清史稿与赵尔巽》，《逸经》1936年第2期
- 薛毅：《袁世凯与福中总公司的建立》，《河南职技师院学报》1989年第2期
- 严泉：《民国初年王芝祥"督直改委"事件考》，《民国档案》2013年第2期
- 杨飞、乔海东：《清末湖广总督瑞澂的多面人生》，《文史天地》2012年第4期
- 杨乃济：《漫话恭王府》，《紫禁城》1980年第3期
- 杨天石：《"小恭王"的复辟活动》，《书屋》1997年第1期
- 阳信生：《赵尔巽与清末湖南新政》，《株洲师范高等专科学校学报》2006年第6期
- 叶秀云、秦国经编选：《光绪年间官员履历单选载》，《历史档案》1985年第1期
- 《奕劻及其书画》，《紫禁城》1991年第4期
- 于植元：《升允给恭亲王阴谋复辟的秘信》，《大连文史资料》第3辑
- 毓君固：《恭王府和恭王府典卖房产、土地之经过》，《文史资料选辑》第20辑
- 寓真：《张伯驹身世钩沉》，《黄河》2013年第4期
- 云妍：《盛宣怀家产及其结构》，《近代史研究》2014年第4期
- 詹伟鸿：《资金短缺困境下的清末民初民族工业》，《城市史研究》第37辑
- 周福振：《清末肃亲王善耆研究》，北京师范大学硕士学位论文
- 张波、赵玉敏：《道光十二年至宣统三年王公大臣年岁生日表》，《历史档案》2010年第2期

- 张伯驹：《盐业银行与北洋政府和国民党政权》,《天津文史资料选辑》第13辑
- 张国淦：《国会篇》,《近代史资料》总91号
- 张锦贵整理：《退庐笺牍》(选录),《近代史资料》总35号
- 张礼恒：《论辛亥革命期间伍廷芳与革命党人的关系》,《近代史研究》2002年第1期
- 张守中：《先府君行述——张人骏生平资料的新发现》,《文物春秋》2014年第1期
- 张寿嵩：《那家花园往事琐谈》,《天津文史资料选辑》第44辑
- 张晓辉：《唐绍仪出生年月考》,《近代史研究》1988年第3期
- 《张勋与佃信夫》,《近代史资料》总35号
- 张永江：《民族认同还是国家认同：清朝覆亡后升允的政治抉择》,《清史研究》2012年第2期
- 赵津：《租界与中国近代房地产产业的诞生》,《历史研究》1993年第6期
- 赵金辉：《清代蒙古地区区域构成与演变探析》,《辽宁行政学院学报》2014年第6期
- 赵艳玲：《从"直督之争"透视民初直隶地方议会的权能与地位》,《沧桑》2009年第6期
- 郑会欣：《唐绍仪被日蒋争夺及被刺经过》,《文史资料选辑》第113辑
- 中国第一历史档案馆：《清末修建兰州黄河铁桥史料》,《历史档案》2003年第3期
- 中国第一历史档案馆：《一九一二年袁世凯被炸案》,《历史档案》1983年第3期
- 中国第一历史档案馆：《光绪年间官员履历单选载》,《历史档案》1985年第1期
- 中国历史博物馆供稿：《郑孝胥丙丁日记》,《近代史资料》总35号
- 朱浒：《滚动交易：辛亥革命后盛宣怀的捐赈复产活动》,《近代史研究》2009年第4期
- 宗方小太郎：《宗社党的复辟活动》,《近代史资料》总48号
- 邹爱莲、韩永福、卢经：《〈清史稿〉纂修始末研究》,《清史研究》2007年第1期